의사는 왜
여자의 말을 믿지 않는가

일러두기

1. gender bias는 '젠더 편향'으로 옮겼다. 단순히 남성과 여성이라는 '생물학적 성차'에 따른 차이뿐만 아니라 사회적으로 구조화된 젠더에 따라 복합적인 차별과 편향성이 작용하는지에 대한 문제의식을 담는다.

2. reproduction은 '재생산'으로 옮겼다. 생물학적인 차원에서 임신과 출산에 한정하는 것이 아닌 한 세대가 다음 세대를 재생산하는 과정 전반의 사회문화적인 행위를 포괄하는 개념이다.

3. abortion은 국가나 타의에 의해 이루어진 경우는 '낙태'를, 임신중지에 대한 의료적 개입과 기술 자체를 의미하는 경우는 '(인공)임신중절'을, 여성 당사자의 자기 의사가 포함된 의미인 경우는 '임신중지'로 옮겼다.

4. menopause는 '완경完經'으로 옮겼다. 단, 그 과정에서 의료 시스템 안에서 부정적인 방식으로 대상화되는 경우에는 그 의미를 강조하기 위해 '폐경閉經'을 썼다.

의사는 왜
여자의 말을 믿지 않는가

은밀하고 뿌리 깊은 의료계의 성 편견과 무지

마야 뒤센베리 지음 ㅣ 김보은 · 이유림 옮김 ㅣ 윤정원 감수

한문화

"잘 연구되었으며, 놀랍도록 위협적인 책!"

〈뉴욕타임스The New York Times〉

"탁월한 이 책은 여성의 건강관리를 괴롭히는 성차별을 무시하지 못하게 만든다."

〈퍼블리셔스 위클리Publishers Weekly〉

"현대 건강관리 시스템 내에서 젠더 격차에 대한 철두철미하고, 시의적절한 조명! 저자는 과학 및 사회 연구들과 개인들의 이야기를 체계적이고 균형 있게 조합했으며, 과감한 의료 개혁과 임상적 개선의 필요성을 설득력 있게 제시한다."

〈커커스Kirkus〉

"의료체계 전반에 걸쳐 있는 젠더 편견의 내력을 드러내는 역작!"

〈미즈 매거진Ms. Magazine〉

"여성들에게 자신의 몸을 통제하고, 출산을 조절하는 방법을 가르쳤다는 이유로 여성 치료사를 마녀로 몰아 화형에 처한 이래로, 의학이 인류 전체를 보듬지는 않았다. 이 책은 남아 있는 과제가 무엇인지를 보여주고, 여성과 남성 모두를 위한 치유의 방향성을 제시한다."

글로리아 스타이넘Gloria Steinem, 페미니스트 운동가, 언론인

"저자는 우리 시대의 페미니즘이 다루지 못한 가장 시급한 문제를 제기한다. 여성건강에 관심 있는 사람이라면 이 책을 읽어야 한다."

제시카 발렌티Jessica Valenti, 《Sex Object》의 저자

"저자는 이 놀라운 책을 통해, 여성을 사회에서 배제해온 힘이 보다 광범위하게 여성의 건강 문제에서도 상식 이하의 의료와 부적절한 치료로 이어지고 있음을 보여준다. 의사, 과학자, 보건의료계 종사자, 연구자 모두 이 책을 읽어야 한다. 그리고 여성이라면 반드시 읽어야 할 책이다."

질 필리포빅 Jill Filipovic, 《The H-Spot》의 저자

"이 책을 읽은 여성이라면 의료기관, 더 근본적으로는 자신의 몸을 이전과 같은 방식으로 볼 수 없을 것이다. 공정한 세상이라면, 오늘 이후로 이 책은 의과대학의 필수도서가 될 것이다."

코트니 E 마틴 Courtney E. Martin, 《The New Better Off》의 저자

"의료시스템에서 여성을 구조적으로 부당하게 대우해온 역사를 깊이 연구하고 쉽게 설명한다. 좋은 의도로 한 일조차 여성에 대한 학대를 어떻게 영속시켰는지 보여주는 이 책은 우리의 눈을 뜨게 해주며, 현실적이고 지속 가능한 변화를 요구한다.

케이트 하딩 Kate Harding, 《Asking for It》의 저자

저자는 의학계 곳곳에 만연한 성적 편견에 강렬한 조명을 비추며, 새로운 세대의 여성들과 의료인들에게 의료 형평성을 위해 이의를 제기할 것을 촉구한다. 여성건강에 대한 지식에 간극이 있음을 정부가 인지한 지 20년이 넘었음에도, 이러한 악의적인 방임이 계속되는 것은 너무나 충격적이다.

레슬리 로런스 Leslie Laurence, 《Outrageous Practices》의 저자

Do no harm, 환자에게 해가 되는 일을 하지 말라!

친구에게 들은 한 환자의 이야기이다. 어느 날 갑자기 한쪽 눈에 까만 점이 깜박거리는 것 같은 증상이 생겨 안과를 찾았다. 일시적일 수 있다고 해서 아무런 처방 없이 귀가한 후, 1주일 후 다시 병원을 찾았다. 의사는 여러 검사를 해보더니 원인이 없다면서 일단 약을 먹어보라고 처방전을 줬다. 의사에게서 약에 대한 설명을 못 들은 이 환자는 집에 와서 약 이름을 검색해봤다. 우울증에 사용되는 정신신경용제라는 사실을 안 후 충격에 빠졌다. 그리고 더 이상 진단을 받으려 하거나 치료하려는 노력을 그만두었다. 이분의 성별이 무엇일 것 같은가? 맞다, 여성이다.

아프기 시작했을 때 병원을 찾으면, 진통제도 먹어보고 대소변도 살펴보고 잠도 좀 자면서 지켜볼 일이지, 바로 병원에 달려오는 불안증 환자 취급을 받는다. 며칠 지켜보다 점점 심해져서 더는 참을 수 없어 병원에 오면 왜 이제야 왔냐고 책망받는다. 이 책에서는 덜 다뤘지만, 이런 편견이 특히나 여성에게 더욱 죄책감이라는 형벌로 내려지는 경우는 소아과 보호자의 경우이다. 아이가 아파도 엄마 탓, 아이를 병원에 데려와도 엄마 탓, 아이를 병원에 안 데려와도 엄마 탓이다.

의사인 나 역시 병원을 이용할 때 '아무것도 모르니 도와주세요' 하는 순진한 환자 역할을 했을 때 동정심을 살 수 있었고, 의사라는 걸 밝히지 않고 증상을 자세하게 설명하면 아는 척하는 건강염려증 환자로 최악의 취급을 받았다. 그런 경험을 한 이후로는 애초에 의사라는 것을 밝히고 진료를 받거나 아는 의사를 찾아가고 있다.

저자인 뒤센베리는 우리가 막연하게 '여자라서 내 말을 안 믿어 주는구나'라고 가지고 있던 의심이 실제적인 차별로 존재했음을 광범위한 전문가 인터뷰와 설문조사, 연구들을 통해 증명해낸다. 여성 환자가 2/3인 알츠하이머 치매나 만성통증질환들은 정부 연구비나 재정 지원 우선순위에서 밀리고, 약물이나 의료기기는 여성을 대상으로 임상시험을 하지 않기 때문에 어떤 효과가 나는지 정확히 모르며, 심장마비를 호소하는 환자 중 오진으로 집으로 돌려보내지는 환자는 여성이 남성의 7배에 이른다.

심한 월경통과 골반통을 일으키는 자궁내막증질환은 생리통에 대한 경시 때문에 진단되기까지 평균 10~12년이 걸린다. 여성건강 예산은 유방과 생식기(비키니 의학), 아니면 임신·출산에만 집중된다. 생소한 질병들도 많지만 한국과 유사한 사례들이 떠올라 더 재미있게 읽을 수 있었다. 라임병에 대한 흥미진진한 서사는 유행성출혈열과 오버랩되고, 화학물질과민증은 가습기살균제 사태와 생리대 파동을 떠올리게 한다.

이 책의 원서 제목인 'Doing harm'은 'Do no harm(환자에게 위해가 되는 일을 하지 말라)'라는 히포크라테스 선서의 의사결정 절제 명제에서 따온 것이다. 환자를 진료하고 치료하는 과정에서 의사는 환자의 몸, 정신, 생활에 어떤 식으로든 개입을 하게 된다. 그런데 득이 되는 방향의 개입을 하라는 명제보다 해가 되는 개입을 하지 말라는 명제가 먼저 나온다는 것은 의미심장하다. 우리는 무엇이 환자를 아프게 하는지 질병의 원인을 찾기 위해 검사를 하고 병원균을 찾아내고 수술을 한다. 이 노력은 점점 깊고 넓어져 DNA를 분석하고, 방사능과 환경오염을 연구하고, 해고와 성소수자에 대한 차별이 건강을 악화시킨다는 사회적 관계까지 고민의 범위가 넓어지고 있다. 하지만 이러한 'do good' 이전에 환자의 이야기를 듣지 않고 선입견으로 인식하는 것, 내가 아는 지식 안에서 설명되지 않으면 거짓말이라고 생각하는 오만, 이것들이 오히려 환자에게 위해를 가하고 아프게(doing harm) 하고 있었던 것이다.

한편, 한국의 환경과 달라 흥미롭게 읽은 부분이 있는데 바로 환자단체의 역할이었다. 원저에서는 'advocate'으로, 질환을 앓고 있는 환자와 그 가족뿐만 아니라 질환에 대한 인식을 고쳐시키는 노력을 하는 활동가, 자금 지원과 연구비를 늘리기 위한 로비스트, 해당 분야에 종사하는 의료인들을 포괄하는 개념인데 한국에서는 제일 비슷(하지만 좀 더 작은)한 개념인 환자권리단체로 표현할 수밖에 없었다. 특히 난소암환자들이 '소리 없는 살인자'라고 표현되어 있는 의료 교과서를 그들의 경험으로 다시 써내는 과정, 희귀질환 환자들의 자조 모임이 의료 정보와 의료인 정보를 공유하는 허브로써 기능하고 이 자료들이 다시 의료인을 교육하고 협력하는 자원이 되는 것은 꽤 고무적이었다.

아프다는 것이 실패로 받아들여지고 건강관리가 도덕이나 선으로 여겨지는 신자유주의 시대를 살아가는 우리는 아픔과 질병을 숨기는 것이 당연하고, 사회와 언론에서 날것으로 마주치는 정신질환 혐오, 장애 혐오, 소수자 혐오에 더 소외되고 위축되고 있다. 그런데 이 책을 읽으면서 이제부터라도 더 많이 말하고 가시화하는 것이 필요하 겠다 싶었다. 저자는 말하는 데 지쳤다 하지만 우리는 아직 제대로 말 해본 적이 없다. 더 말해야 한다.

내가 환자를 보는 태도는 이 책을 만나기 전과 후로 나뉜다고 말 해도 과언이 아니다. 나도 주요 원인 1, 2, 3번에서 벗어나면 스트레스 받는 일이 없는지부터 물어봤지만 지금은 구조화된 질문과 병력 청취 에 좀더 시간을 들이고 있다. 그리고 환자들의 생생한 목소리를 듣고 자 만성골반통환우회 카페에도 가입했다. 다른 무엇보다도, 환자가 말 하는 증상을 자르지 않고 들으려 한다.

이제 첫발을 내딛는 의사와 의학도들에게, 현재의 자신의 진료를 점검하길 원하는 의사들에게, 특히 의사를 교육하거나 연구비나 보건 의료 예산을 결정하는 분들에게 이 책을 권한다. 그리고 의사-환자의 관계에서 고립되어 의료시스템 자체를 불신하게 된 경험이 있는 모두 가 꼭 읽어보기를 바란다. 그래서 더 이야기들이 터져 나오고, 서로 연 결되고, 널리 지지받기를!

윤정원, 녹색병원 산부인과 과장

차 례

1부 눈 감고 무시해온 구조적 문제

1장. 지식의 간극

2장. 신뢰의 간극

7장. 경합하는 질병들

의료계의 젠더 편향이
아픈 여성을 더 아프게 만든다

몇 년 전 나는 류머티즘 관절염을 진단받았다. 사랑이나 상실의 슬픔 같은 삶의 중요한 경험처럼, 질병을 진부하지 않게 이야기하기란 어렵다. 건강은 잃어버리기 전에는 당연하다고 여기니 말이다. 아프기 전 27년 동안 건강했기에 내 몸이 튼튼하다고 믿었다. 평생 운동선수처럼 내 몸이 항상 편안하고 회복력이 높으며, 스스로 몸을 통제할 수 있다고 생각했다. 아프기 전 내 몸은 즐거움의 원천이었다. 통증을 느끼는 때는 오직 내 몸을 더 강하고, 더 빠르게 단련하기 위해 스스로 선택한 때뿐이었다. 하지만 대부분의 시간 동안 나는 내 몸의 존재 자체를 잊었다. 면역체계가 관절을 공격하기 시작했을 때, 내가 가장 절실하게 느낀 것이 이런 사치의 상실이었다. 갑작스럽게 내 몸을 항상 의식해야 했다. 무슨 일을 하든지 무릎과 관절의 지속적인 통증에 신경이 쏠렸고, 나는 통증의 침범에 몹시 분개했다.

    특히 어느 정도 나이가 든 여성이 자가면역질환을 진단받으면, 새 차를 사고 나니 어디에서나 내가 산 것과 같은 모델이 눈에 들어오는 상황을 겪게 된다. 류머티즘 관절염을 포함한 자가면역질환을 앓는 미국인은 5,000만 명으로 추산되며[1], 이 비율은 해마다 높아지고 있다.[2] 그런데 이 유행하는 질병에 대해 더 많이 알수록 미국 사회와 미국 의료계 모두 이에 관심이 없다는 사실을 알게 되었다. 특히 의학은 절망스러울 정도로 해답이 부족해 보였다. 의학은 왜 내 면역 세포가 갑자기 내 관절을 공격하는지 설명하지 못했다. 그저 내 면역체계를 억제하고, 탈모를 일으키고, 간 상태를 정기적으로 관찰해야 하는 강한 약을 줄 뿐이다. 가장 당황스러운 점은 자가면역질환이 아주 흔한 질병인데도, 의학계는 이 질병을 진단할 능력이 없다는 사실이다. 나는 비교적 빨리 류머티즘 관절염이라고 진단받았지만, 다른 사람들은 나처럼 운이 좋지 않다는 사실을 나중에야 알았다. 미국자가면역질환협회가 실시한 설문조사에 따르면, 자가면역질환 환자가 질병을 진단받기까지 평균 4년 동안 네 명의 의사를 거친다고 한다. 환자의 절반 정도는 병을 진단받기 전까지 건강염려증이 심각한 '만성 불평꾼'으로 무시되었다고 말했다.[3]

페미니스트 작가로서, 나는 이 모든 상황이 자가면역질환 환자의 3/4 이상이 여성이고,[4] 의료계에서 진료를 보는 여성 의사는 1/3이 채 되지 않는다는[5] 사실과 관련이 있다고 생각했다. 최근까지도 남성 의사가 의학계를 지배했다. 수년간 여성의 재생산권에 대한 글을 써온 나는 여성의 건강에 문외한이 아니다. 그러나 내가 피임이나 임신중지를 둘러싼 정치가 공공연하게 의료 접근성에 영향을 미치는 과정에 정통한 만큼, 남성이 생의학 지식을 생산하는 수백 년 동안 서서히 퍼진 성에 대한 편향성이 오늘날 아픈 여성이 받는 의료에 어떤 영향을 남겼는지 포괄적으로 이해했다고는 말하기 어렵다.

나와 내 몸의 관계처럼, 나와 의료계의 관계에도 내 건강 상태가 크게 영향을 미쳤다. 몸이 아프기 전까지는 내 몸에 대해 거의 생각하지 않아도 되는 사치를 누렸던 것처럼, 의료체계가 나를 얼마나 잘 돌볼지에 대해서도 전혀 생각해보지 않았다. 물론 병에 걸리는 방법은 수천 가지나 된다는 사실을 알고는 있었지만, 그런 이론적인 확률은 천하무적의 이십 대의 몸에는 아무런 의미가 없었다. 마찬가지로 의사와 과학자도 실수할 수 있으며, 모두가 그렇듯이 이들도 편견을 가질 수 있고 생의학 지식이 불완전하다는 것을 머리로는 알고 있었다. 나 자신에게 의학이 절실하게 필요해지기 전까지는 이런 한계에 대해 생각하기가 쉽지 않았다.

그러나 이러한 한계를 마주하자, 상대적으로 무시되어온 여성 질병이 자가면역질환만은 아니라는 사실을 빠르게 깨달았다. 실제로 의사들이 간과해온 '유행하는' 질병이 여성에게 불균형적으로 영향을 미친다고 느꼈다. 알츠하이머 환자의 2/3는 여성인데,[6] 심장병과 암에 이어 사망원인 3위로 꼽히는[7] 알츠하이머 연구에 투자되는 비용은 터무니없이 적다. 1억 명의 미국 성인에게 영향을[8] 미치는 만성통증을 앓을 가능성이 적어도 두 배 이상 높지만,[9] 이해할 수 없을 정도로 치료도, 연구도 이루어지지 않는다. 섬유근육통,[10] 만성피로증후군,[11] 만성 라임병,[12] 그 외에 다양한 화학물질 과민증은[13] 환자의 70~80%를 여성이 차지하는데 연구조차 거의 되지 않아서 의학계에서는 아직 질병으로 인정하지도 않는다.

한편 나는 여성의 재생산권 문제와는 별개로, 의학이 여성과 남성의 잠재적 차이에 무심하다는 사실에 놀랐다. 임상 연구와 진료에서는 남성과 여성을 구분하지 않고 천편일률적인 모델을 이용한다. (모순적이게도, 바로 그 의학이 여성과 남성은 근본적으로 다르며, 여성이 남성보다 열등

글을 시작하며

하다고 주장해왔다.) 수십 년 동안 의학이 채택한 유일한 모델은 몸무게 70kg의 백인 남성에 맞춰져 있다. 가임기 여성은 임상 연구, 특히 신약 연구에서 아예 배제된다. 미국 국립보건원(NIH)의 연구 자금을 받는 연구에서 여성과 소수 인종을 연구 대상에 넣도록 연방법으로 규정한 1990년대 초 이후로 수가 점점 늘어나기는 했지만,[14] 아직도 남성을 중심으로 연구하고 그 결과를 추론해서 여성에게 적용한 세월의 잔재를 여전히 느낄 수 있다. 지난 이십 년간 이런 추론이 안전하지 않으며, 여성과 남성이 다양한 질병에 대해 위험 요인부터 약물 반응까지 모든 면에서 다르다는 증거가 많아졌지만, 과학자는 여전히 이런 차이점을 분석하거나 보고하지 않는다.

여성의 자가면역질환처럼 의료계가 심각하게 여기지 않는 다른 사례를 찾기 위해 멀리 갈 필요도 없다. 내 친구에게 간단한 설문조사를 해본 결과, 다양한 건강 문제를 가진 여성들이 비슷하게 의료계에서 외면당하고 있었다. 그저 불안 증상이라며 한 달 동안 여러 의료진이 무시한 찌르는 듯한 가슴 통증은 심낭염이었다. 심낭염은 심장을 둘러싼 막에 염증이 생기는 질병으로, 심장마비와 비슷한 증상을 일으킨다. 산부인과 의사 두 명은 복통과 유레아플라즈마균 감염에 따른 실금失禁을 스트레스 탓으로 돌리기도 했다. 어지럽고, 기운이 없고, 이명이 들리며, 눈에 무언가가 떠다니는 듯한 증상을 호소한 친구에게 감염병 전문의는 치유사를 찾아가라고 권했다. 나중에 알고 보니 그녀는 웨스트 나일 바이러스(뇌염의 일종-편집자)에 감염된 것이었다. 비슷한 이야기는 수도 없이 많다.

이런 일화는 인터넷상에도 흔하다. 여성의 증상은 우울, 불안, 스트레스 탓으로 돌리며 자주 무시된다. 때로는 월경통, 폐경, 심지어 임신 등 여성의 정상적인 생리적 상태와 주기 탓으로 돌리기도 한다. 질병과 관계없는 환자의 상태가 더 주목받기도 한다. 살찐 여성의 질환은 비만 탓으로 돌린다. 트랜스젠더 여성이 겪는 증상은 모두 호르몬 치료 탓이다. 흑인 여성은 처방전이 필요한 약에 중독됐다고 생각하고 이들이 호소하는 통증 자체를 의심한다. 무엇으로 그 원인을 설명하든지 여성의 몸에 정말로 심각한 이상이 생겼더라도 정확하게 진단받기 이려오, 불신하는 경향성이 존재한다.

이런 경험들을 뒷받침하는 연구가 있긴 하지만 녹자들의 기대에는 미치지 못한다. 전문가들이 의료계 내부의 광범위한 사각지대라고 말하는 진단 오류에 대한 연구 자체가 거의 없기 때문이다. 하지만 이 사각지대가 존재하는 곳에서 항상 같은 풍경이 나타난다. 의료기관에 들어서는 순간부터 여성은 남성에 비해 상대적으로 차별을 경험한다. 응급실에서 복통 치료를 받기까지 남성은 49분이 걸리지만, 여성은 65분을 기다려야 한다.[15] 심장마비가 온 젊은 여성은 집으로 돌려보내질 확률이 7배나 더 높다.[16] 여성은 여성에게 흔한 질병이더라도 병을 진단받기까지 더 오래 기다리고, 때로는 이 기간이 수년을 넘어가기도 한다.[17] 남성과 비교할 때 뇌종양에서[18] 희귀한 유전 질병까지,[19] 거의 모든 면에서 진단을 받기까지 더 오래 걸린다.

미국 의료계의 시작

서구 역사에서 병자를 돌보는 일은 대부분 여성의 몫이었다. 고대에는 여성이 치료사로서 존중받았지만, 중세시대와 근대 초기를 거치면서 여성의 입지는 줄어들었으며, 대학에서 훈련받은 남성 의사가 나오면서 의료계는 점차 부유층 엘리트가 지배하게 됐다. 오늘날 의학은 현대과학과 매우 밀접한 관계를 유지하므로, 의학계가 자신의 뿌리는 과학이라고 주장하거나 의학 지식이 과학 지식에서 나왔다고 생각하기 쉽다. 바버라 에런라이크Barbara Ehrenreich와 디어드리 잉글리시Deirdre English가 《여성을 위한 것(For Her Own Good)》에서 언급했듯이, 현대 의과학의 시작점은 "과학 대 미신의 우화로 종종 회자되었다.[20] 이 우화의 한쪽에는 명석한 두뇌를 가진 남성적인 과학의 영혼이, 다른 쪽에는 여성적인 미신과 늙은 여인들의 이야기, 소문이 사실로 가라앉은 어두운 늪이 있다." 하지만 사실 이 주장은 앞뒤 순서가 뒤바뀐 꼴이다. 의학이 과학에 뿌리내리기 훨씬 전부터 이미 남성이 직업을 지배해왔다.

미국에서는 남성이 의학계를 상대적으로 늦게 장악했다. 유럽 의사들이 미국에 건너오지 않았으므로, 여성들이 식민지 시기와 그 이후에도 치료사로 활동했다. 여성 치료사는 식물의 뿌리와 약초를 사용하면서 자신들이 물려받은 유럽과 아프리카의 의료 전통을 아메리카 원주민에게 배운 신대륙의 약초 지식과 결합하기도 했다. 여성의 손에서 이루어지는 치료는 직업이 아니라 '공동체를 위한 봉사'였다. 그러나 18세기 후반이 되자 새로운 전문가 집단인 '정규' 의사가 나타나 치료 행위를 사고팔 수 있는 상품으로 만들려고 했다. 이 일은 상당히 어려운 작업이었다. 특히나 그 시대는 유럽 대학에서 교육받은 의사라 해도 보통의 치유사보다 지식이 없었기 때문이다. 의사는 고대 철학을 배웠지만 그들의 상상력으로 가득한 의학 이론은 과학적 연구나 환자 진료에 근거한 것이 아니었다.

이른바 정규 의사들은 가장 강력한 효과가 보이는 치료를 해서 이 딜레마를 해결했다. 도움이 되는 경우는 거의 없었지만 그 놀라운 (부)작용은 의사에게 내는 진료비를 정당화했다. 때로 거머리를 이용해서 기절하기 직전까지 방혈하고, 구토·완화제·관장을 통해 정화하고, 비소나 감홍 같은 독을 만병통치약으로 이용했다. 말하자면 수세기에 걸친 관찰에 근거한 약초 치료법과 전수받은 지혜를 이용해서 치료한 여성 치료사는 후에 '모험적인 의학'이라고 불린 정규 의사보다 뛰어났다. 사실 이 말조차 상당히 절제한 표현이다. 18세기의 한 논평가는 이 모험적인 의학이 행한 방혈과 정화를 가리켜 "지구 인구를 줄이기 위해 이따금 만들어지던 위대한 발견 중의 하나"라고 말했다.[21]

　　19세기 초에 정규 의사는 치료 부문을 독점하는 전문가가 되기 위한 첫 번째 시도를 했다. 17개 주를 설득해서 의사 면허증이 있는 사람만 의료 행위를 할 수 있게 하는 법안을 통과시키려 한 것이다. 그러나 이러한 시도는 오히려 대중건강운동의 형태로 대규모 반발을 일으켰다. 여성, 소농장주, 상점 주인, 장인, 공장 노동자들이 하나로 뭉쳐 원시적인 치료법을 사용하고, 사실상 더 나은 전문가라고 볼 수 없는 의사의 권력 독점 시도에 저항했다. 1830년에 이르자 모든 주에서 의사 면허증에 대한 법률을 완화하거나 폐지했다. 대중건강운동은 애초에 직업 의사라는 발상 자체를 반대했다. 하지만 의료 지식의 민주화를 요구하는 대신 점차 소수의 '변칙적인' 의학 분파 조직을 탄생시켰다. 즉 절충주의, 약초학, 동종 요법, 물 치료 등이 탄생했으며 각자 자신의 의과대학을 설립하기 시작했다.

　　여성은 대중건강운동의 핵심 인력이었으며 이러한 변칙적인 의학 분파에서 활발하게 활동했다. 19세기 중반에 이르자 이들도 정규 의사로 자리 잡기 시작했다. 남성 학교가 여성을 수용하지 않자 여성은 자신들을 위한 학교를 설립했다. 1847년 엘리자베스 블랙웰은 여성으로서는 미국 최초로 정규 의과대학 진학을 승인받았다. 1900년까지 여성 의사의 수는 점점 증가해서 7,000명 이상이 되어 전체 미국 의사의 5%에 이르렀고,[22] 여성 의과대학 19곳과 여성 병원이 9곳 설립됐다.[23]

이러한 선구적인 여성 의사들은 남성 의사가 여성 환자를 진료하기에 부적절한 사례를 들어 여성 의사의 필요성을 주장했다. 당시는 상류층 여성에게 정숙을 엄격하게 요구했고, 당시 출현한 신흥 의학의 전문성이 대중의 신뢰를 얻지 못했으므로 이는 상당히 설득력이 있었다. 여성이 의학 분야에 진입하는 일에 남성 의사가 강력하게 저항했다는 사실은, 남성 의사가 여성 의사와 경쟁해야 한다는 전망에 위협을 느꼈다는 뜻이다. 비정규 여성 의사가 1861년에 지적했듯이, "여성 의사가 나타나면 보통 사람들은 모두 일어나 존경을 표했고, 남성인 고위급 '전문가'는 이런 '반란'을 진정시키기 위해 애써야 했다."[24] 여자대학의 한 교수는 1855년 의대생들에게 "자신이 밀려날까 봐 두려운 사람들은 '저 여자는 여기에 있으면 안 된다'라고 목소리를 높일 것이다.[25] '여자는 의료행위를 할 수 없다'라고 소리치는 것은 여성이 할 수 있다는 것에 두려움을 느끼기 때문이다.

20세기가 다가오자 유럽 의학은 생물학, 병리학, 해부학의 발달에 힘입어 과학에 뿌리내리기 시작했다. 그러나 미국은 여전히 의사가 되기 위한 기준이 거의 없었다. 유럽처럼 의학을 남성의 영역으로 돌려놓고 싶었던 미국 엘리트 의사들은 점점 경쟁이 치열해지자 '하급 계층'의 경쟁자를 없애고자 했다. 정규 의학 전문가 모임인 미국의학협회는 카네기재단에 미국 의과대학의 상황을 점검해달라고 요청했다. 1910년 플렉스너 보고서Flexner Report는 미국에 의사가 너무 많으며, 너무 많은 의사가 제대로 훈련받지 않았다고 결론 내렸다.[26] 플렉스너 보고서는 모든 학교가 더 엄격한 입학 자격 심사를 통해 학생을 더 오랜 기간 훈련시키고, 기초과학 교육과 실험실을 갖추게 하는 의학교육 개혁을 권고했다. 이러한 여파 속에서, 재단의 기금은 이 보고서가 옳은 방향이라고 선언한 소수 분야로 흘러 들어갔고, 미국 의과대학의 절반이 문을 닫거나 합병했다.

이후 몇 십 년 동안 의학 분야에서는 여성과 유색인종을 철저히 배제했는데, 이는 플렉스너 보고서의 '의도치 않은' 결과였다고 한다. 보고서는 사회에 '여성 의사 수요가 많지 않고,[27] 여성이 전문직에 참여하려는 욕망이 없기' 때문에 여성 의사가 이토록 많을 필요가 없다고 뻔뻔한 거짓말로 결론을 내렸음에도 말이다. 한편 플렉스너 보고서는 흑인 공동체를 위한 아프리카계 미국인 의사의 수요 역시 많지 않다고 주장했다. 1915년에 의과대학을 졸업한 여성의 수는 전체의 2.9%에 지나지 않았다.[28] 여성과 흑인 의과대학은 대부분 문을 닫았고, 1930년에 이르러서는 여성 의과대학이 단 하나만 남았다. 모든 의과대학생은 2년 동안 훈련받아야 한다는 새로운 규정은 의학 교육을 받는 학생이 상류층이 아니면 감내할 수 없는 조건이었다. 한편 의사 면허증에 대한 주 법령도 바뀌어서 과학에 근거한 정규 의과대학을 졸업한 사람만이 의사 시험을 볼 수 있게 되었고, 대부분 주에서는 의사 면허증 없이 진료하는 행위를 불법이라 못 박았다.

정규 의사는 마침내 진료 행위에 대해 법적으로 독점 지위를 얻었다. 그리고 그 과정에서 의학은 백인, 남성, 부유층이 지배하게 되었다.

더 많은 변화가 일어나다

그다음 반세기 동안은 공공연한 차별 정책 덕분에 여성 의사의 비율이 두 자릿수로 올라서는 일이 없었다. 1970년대 여성 의과대학생은 10% 이하였고,[29] 입학사정관들을 조사한 결과 미국 의과대학 25곳 중 19곳에서 여성 지원자가 눈에 띄게 훌륭한 경우가 아니면 남성 지원자에게 우선권을 주었다는 사실을 인정했다.[30] 모든 의과대학에 성차별에 대한 집단소송이나 고소장이 쌓였다. 1972년 기념비적인 헌법 수정 조항인 교육 수정법 제9장이 통과되면서 연방 자금을 지원받는 교육 과정에서는 성차별이 금지되었다. 그러자 1970년대 중반까지 여성 의과대학생 수는 거의 세 배로 늘어났다.[31]

이후 여성은 모든 의과대학생 수의 거의 절반을 차지했다.[32] 지난 몇 년간 임상의의 1/3가량이 여성 의사로 채워졌고,[33] 여성 의사의 지위는 나이 든 남성이 주류였던 세대의 의사들이 퇴진하면 더 높아질 것이다.

여성이 전문직 대열에 발을 들여놓았지만 여성 의사는 대개 1차 의료(의료가 필요한 사람이 제일 처음 의료 인력과 접촉할 때 제공되는 기본적이고 일반적인 의료-옮긴이) 쪽에 편중됐다. 여성 산부인과 의사 비율은 현저하게 증가하여 1980년에 12%였는데 현재는 50% 이상을 넘어선다.[34] 최근 소아과 의사의 60%는 여성이다.[35] 이런 경향은 계속 이어질 것이다. 최근 여성은 산부인과 수련의의 85%를 차지하며, 소아과 수련의 비율도 75%를 차지한다.[36] 가정의학과와 정신건강의학과에서도 큰 비중을 차지한다.

이런 경향 때문에 보통 환자들은 남성의 의료계 지배력을 과소평가한다. 대다수 건강한 여성이 자신의 건강이나 가족의 건강을 위해 일상적으로 만나는 의사는 성비가 균형을 이루는 과나 심지어 여성 의사가 대다수인 과의 전문의다. 하지만 사실 이런 과들이 여성 의사가 있는 유일한 전공과다. 의료계 대부분은 남성이 수적으로 우세하며 응급의학과, 신경과, 마취과는 거의 1/4만이 여성이다.[37] 외과 전문의는 20% 이하, 심장 전문의는 12% 이하, 비뇨기과 전문의는 7% 이하, 정형외과 전문의는 5% 이하만이 여성이다.

환자가 모르는 또 다른 현실은 의학 교육 내부 위계적인 구조 속에 존재하는 냉혹한 젠더 불평등이다. 여성은 현재 의과대학 전임 교직원의 38%를 차지하지만[38] 낮은 직급에만 몰려 있다. 높은 직급으로 올라갈수록 여성의 수는 적어진다. 2014년 현재, 미국 의과대학은 정교수의 21%, 학과장의 15%, 학장의 16%만이 여성이다.[39] 9만 명이 넘는 의사를 대상으로 한 2015년 분석 결과를 보면, 나이·경험·전문성·연구논문 편수 등의 승진 요건을 고려하더라도 남성은 정교수가 될 확률이 여성보다 2.5배나 높다.[40] 연구 자금과 자원을 어떻게 분배할지, 다음 세대 의사에게 무엇을 가르칠지, 누구를 고용하고 승진시킬지 등 중요한 결정을 내리는 사람은 여전히 압도적으로 백인 남성이다.

생의학 연구 지원과 논문 발표 측면에서 여성은 계속 남성에 뒤처지고 있다. 미국 국립보건원에서 연구 자금을 받는 연구자의 30%만이 여성이다.[41] 2016년 〈영국의학저널〉에 실린 연구를 보면, 여성이 발표한 생의학 논문 편수의 증가율은 최근 몇 년간 지지부진했다.[42] 주요 의학 잡지 여섯 곳에 발표된 논문 수천 편의 총계를 보면, 1994년 이후 여성이 제1 저자로 등록된 비율은 27%에서 37%로 늘어났다. 하지만 이러한 진전은 현재 답보 상태이며, 몇몇 잡지에서는 2009년 이

후 감소하는 추세다. 흥미롭게도 여성이 편집장을 맡은 잡지에는 여성이 제1 저자인 논문 비율이 더 높았다. 하지만 성별의 간극은 편집자 사이에도 존재해서 여성은 주요 의학 잡지 60곳, 전체 편집위원의 17.5%에 불과하다.[43]

여성 의사는 남성 의사보다 급여도 적다. 2016년 〈미국의학협회저널〉이 발표한 연구에 따르면, 의과대학 24곳의 의학교수 1만여 명 중에 여성은 남성보다 한 해 평균 5,600만 원을 적게 받았다.[44] 급여에 나타나는 성별의 간극은 여성이 많이 몰리는 1차 의료 전공의 급여가 적기 때문이기도 하다. 하지만 전공과 급여에 영향을 미치는 나이, 숙련도 등의 몇 가지 요인을 고려하더라도 2,250만 원의 차이는 여전히 설명되지 않는다. 사실 몇몇 연구는 최근 몇 년간 이 격차가 점점 더 커지고 있다고 주장한다.[45]

의료계 여성에 대한 설문조사 결과는 여성이 직면한 끈질긴 성차별을 증언한다. 2000년에 발표한 연구에서 미국 의과대학 24곳의 3,000명이 넘는 전임 교직원 중 젊은 여성 교수의 47%와 나이 든 여성 교수의 70%가 성차별을 받은 경험이 있다고 대답했다.[46] 절반가량의 여성은 성희롱을 겪었다. 2016년 〈미국의학협회저널〉에 실린 논문은 성공한 중견 임상과학자 1,000명 이상을 대상으로 조사했는데 결과는 거의 변한 것이 없음을 보여줬다.[47] 조사에 응답한 여성들은 의과 대학생의 거의 절반이 여성이었을 때 의학교육을 받았지만, 이들의 경험은 이전 세대의 여성 의학 개척자들이 겪어야 했던 경험과 별다르지 않았다. 여성의 70%는 젠더 편향을 느꼈고, 2/3는 직접 성적 차별을 받았다고 했다. 또 1/3은 성희롱을 당했다고 말했다.

우리 모두는 당연히 여성이 의학계에서 겪는 성차별에 관심을 기울여야 한다. 일하는 모든 여성은 동일 업무에 대해 동일 임금을 보장받아야 하고, 성희롱과 성차별에서 자유로워야 하며, 일터에서 능력을 최대한 발휘할 수 있어야 한다. 더불어 여성은 모든 환자에게 더 나은 의사가 될 수 있으며, 의학계의 성 평등이 이루어지도록 지지하는 것이 온당하다. 당뇨병 환자를 진료하는 의사 870명을 대상으로 한 2013년 캐나다 연구에 따르면, 진료의 질에서 여성 의사가 남성 의사보다 모든 측면에서 더 나은 평가를 받았다.[48] 여성 의사는 환자를 진료하는 데 남성 의사보다 시간을 10% 더 투자했다. 남성 의사보다 더 환자 중심으로 진료하고, 더 많은 공감과 배려를 보였으며, 환자의 증상이나 삶, 감정에 대한 정보를 더 잘 끌어냈다.[49]

그러나 이 책에서는 환자가 받는 의료에 젠더 편향성이 어떤 영향을 미치는지만 살펴보려 한다. 의료계에서 여성을 과소평가하는 것이 의료체계에서 젠더 편향의 근원이다. 이는 단순히 더 많은 여성이 의료계로 진출한다고 해서 저절로 고쳐지지 않는다. 여성 의사는 새로운 관점을 이끌어내는 경향이 있다. 연구자로서 여성 의사는 남성보다 여성건강이나 젠더 격차에 대해 더 많이 연구한다.[50] 하지만 지금 여기서는 의사의 성별보다는 의료계의 젠더 편향이라는 주제를 더 깊이 파헤치려 한다. 의료계의 젠더 편향은 대체로 무의식적이며 구조적인 문제로, 여성 의사 역시 여기서 자유로울 수 없다.

구조적인 문제, 지식의 간극과 신뢰의 간극

역사적으로 남성이 지배해온 의료체계에는 여성 환자 진료의 질에 영향을 미치는 두 가지 문제가 서로 맞물려 있다.

첫째는 지식의 간극이다. 보통 의사는 여성의 몸과 여성을 괴롭히는 건강 문제를 잘 모른다. 이 문제는 가장 기초적인 수준의 생의학 연구에서부터 시작된다. 과학자가 임상연구 전 단계에서부터 남성 세포와 수컷 동물을 압도적으로 실험 대상으로 삼기 때문이다.[51] 이런 현상은 임상연구 과정 전체에서 계속되므로 여성은 실제보다 과소평가되고, 성별에 따른 분석 자체가 거의 없으며, 여성 호르몬 상태와 주기가 남성과 다르다는 사실이 완전히 무시된다. 한편 여성에게 주로 나타나는 질병에 대해서는 연구 자금이나 시간을 투자할 가치를 고려하지 않는다. 미국 국립보건원 여성건강 연구분과 부국장인 재닌 오스틴 클레이턴Janine Austin Clayton 박사는 2014년 〈뉴욕타임스〉 기사에서 "남성 생물학에 비하면 여성 생물학은 모든 측면에서 문자 그대로 아는 바가 적다"라고 지적했다.[52]

둘째, 신뢰의 간극이다. 여성이 자신의 증상을 설명하는 말을 의사가 믿지 않는다. 수 세기 동안 서구의학은 설명하기 힘든 수많은 여성의 병적 증상을 히스테리라는 포괄적인 진단명에 쓸어 넣었다. 아리송한 여성의 질병을 설명하는 일을 수 세기 동안 계속 미루다가, 19세기 말에는 히스테리를 심리적 문제로 보기 시작했다. 그 이후로 수많은 질병의 기저 원인을 더 많이 이해하게 되면서, 그리고 환자가 호소하는 증상을 혈액검사와 신기술로 측정해 객관적으로 확인할 수 있게 되면서, 의사는 보이지 않고 설명할 수 없는 질병은 모두 '마음' 탓으로 돌렸다. 히스테리부터 신체화(정신적 경험이나 상태가 신체 징후나 증상으로 나타나는 것-옮긴이), 전환 장애(심리적인 원인으로 운동이나 감각기관에 이상 증세나 결함이 나타나는 것-옮긴이), '의학적으로 설명할 수 없는 증상'까지 용어는 바뀌었지만 용어가 나타내는 생각은 거의 바뀌지 않았다. 여성이 특히 이런 심인성 질환에 잘 걸린다는 생각도 바뀌지 않았다. 달리 말하면, 여성의 증상은 '모두 머릿속에서 생긴' 증상이라는 고정관념이 의학 지식으로 굳어졌다.

지식의 간극과 신뢰의 간극이 상호작용하면서 고치기 어려운 수준까지 고착되었다. 여성에게 더 많이 생기는 질병과 증상, 그리고 여성이 몸에 대해 의사가 단순히 잘 모르기 때문에 여성 환자가 질병을 호소해도 무시하는 것일까? 아니면 의사에게 여성 환자는 신뢰할 수 없다는 무의식적인 선입견이 있어서 여성의 증상을 무시하는 걸까? 지식의 부재일까, 신뢰의 부재일까? 내 생각에는 양쪽 모두다. 지식의 간극과 신뢰의 간극은 이 지점에서 너무나 긴밀하게 얽혀 있어서 동전의 양면이나 다름없다. 의학은 여성의 몸이나 건강 문제에 대해 잘 모르기 때문에 여성의 질병을 심각하게 받아들이지 않는다. 여성의 질병을 심각하게 여기지 않기 때문에 의학은 여성의 몸이나 건강 문제에 대해 잘 모른다.

이 책은 의학계에 있는 몇몇 성차별주의자를 골라내는 데는 관심이 없다. 의학계에 편견이 어떻게 스며들었는지에 대해 다룬다. 여성에 대해 특정 편견을 가진 문화권에서 살아온 우리 모두와 보건의료 종사자들이 어떻게 무의식적인 편견을 체화하는지에 관한 이야기다. 그리고 최고의 의사들조차도 여성에 대해서는 남성보다 상대적으로 잘 모를 수밖에 없는 현실이 의사 개개인의 문제가 아니라 의사들 역시도 여성 건강에 대해 배우지 않았기 때문이라는 점을 보여주려고 한다. 단순하게 말하면, 그들도 모른다는 것이다.

이 책은 의학계의 성별과 젠더 편견에 대한 이야기다. '성sex'은 염

색체, 호르몬, 생식기관의 차이 같은 생물 특성을 가리킨다. '젠더gender'
는 특정 문화권에서 남성 또는 여성에게 사회가 기대하는 행동 양식
과 그에 따른 경험이다. 성 정체성과 성별은 대개 일치하지만 항상 그
렇지는 않다. 시스젠더cisgender는 신체적 성과 사회적 성이 일치하는 사
람이다. 트랜스젠더transgender는 신체적 성과 사회적 성이 일치하지 않는
사람이다. 성과 젠더는 종종 이원적으로 다루어지지만, 현실에서 자연
은 우리가 나누는 두 범주보다 더 다양한 범주를 보여준다. 여성의 생
물적 특성과 남성의 생물적 특성을 모두 갖춘 간성인間性人(intersex)의
비율은 무시할 수 없다. 여성과 남성 어느 쪽으로도 명확하게 구분할
수 없는 사람도 있다.

　　이 책에서 남성과 여성의 차이점을 논할 때, 즉 특정 질병에 걸릴
상대적 위험도나 의료진이 환자를 대하는 태도를 거론할 때는 보통
시스젠더를 지칭한다. 남성과 여성의 차이에 대한 지식 대부분이 시
스젠더를 대상으로 한 연구에서 나왔기 때문이다. 하지만 이 책에서
다룬 문제점이 시스젠더 여성에게만 국한하지는 않는다는 사실을 기
억하기 바란다. 모든 여성은 시스젠더든 트랜스젠더든 신뢰의 간극에
영향을 받는다. 그리고 지식의 간극은 젠더에 상관없이 성별이 여성
인 모두에게 영향을 미친다.

　　사실 여성에게만 발병하는 질병은 상대적으로 적다고 해도 의학
계에 만연한 편견은 모두에게 영향을 미친다. 수많은 시스젠더 남성
도 여성이 주로 걸리는 질병에 대한 지식 부족으로 고통받는다. 인류
의 절반을 차지하는 여성의 몸과 여성에게만 특별히 영향을 미치는
질병을 이해하려는 노력을 상대적으로 적게 기울인 결과, 인류의 과
학 지식에는 틈새가 벌어져 모두를 불행하게 하고 있다.

접근을 막는 장애 요인

이 책은 젠더 편향이 의학 지식과 여성이 받는 의료에 어떤 영향을 미치는지에 초점을 맞춘다. 그러나 의료체계에 접근하는 과정에서 많은 여성이 넘어서야 할 장애물에 대해 생각해보는 것도 의미가 있다.

이 글을 집필하는 현재, 건강보험 개혁법은 여성에게 중요한 혜택을 몇 가지 제공한다. 이 개혁법이 시행되기 전에는 18~64세 여성의 20%가량이 보험을 보장받지 못했다.[53] 2015년에 이 수치는 11%까지 떨어졌다.[54] 건강보험 개혁은 오랫동안 이어져온 보험 산업의 부당 행위도 바꾸었다.[55] 보험사는 이제 여성 건강에 중요한 기본적인 예방 관리인 피임, 매년 여성 건강검진, 성적 접촉에 의한 감염병 검사, 모유 수유 지원과 보급, 가정폭력을 식별하기 위한 검진도 비용 추가나 자기부담금 없이 시행해야 한다.[56] 오바마케어(국민의 건강보험 가입을 의무화하는 것을 골자로 하는 미국의 의료보험 시스템 개혁 법안-편집자) 시대 이전에 흔했던 관행, 즉 '성별에 따른 비용'을 매겨 똑같은 보험을 단지 여성이라는 이유로 남성에 비해 추가금을 부과하는 것 역시 금지되었다. 제왕절개수술, 임신, 가정폭력 경험 등을 '기존 병력'으로 분류해서 여성 보장을 거부할 수도 없다. 이전의 보험 산업계가 대부분 해왔던 관행인 출산 관련 보장을 거부하는 일도 금지한다.

아직도 1,120만 명의 여성, 대부분은 유색인종이며 저소득층 여성, 특히 이민자나 라틴계 여성은 미국 보험계에서 배제된다.[57] 이들이 보험 보장을 받지 못하는 가난한 성인의 대부분을 차지하므로, 여성은 메디케이드Medicaid(극빈층에게 연방 정부와 주 정부가 공동으로 의료비 전액을 지원하는 제도-옮긴이) 보장 범위를 넓히는 일에 반대하는 19개 주,

특히 남부의 공화당 지배하에 있는 주의 거부에 큰 영향을 받는다.[58] 한편 보험 상태와 관계없이 여성은 남성보다 의료비 지출에 더 많은 문제를 겪는다. 2013년 카이저 가족재단이 미국 전역에 실시한 표본 가구 조사에 따르면, 지난해 여성의 26%는 비용 때문에 진료를 미루 거나 포기했다고 대답했다.[59] 남성의 경우는 이 수치가 20%였다. 의료 비는 특히 보험이 없는 여성의 경우에 큰 문제지만, 보험이 있는 여성 도 종종 진료를 포기한다. 메디케이드를 받는 여성의 35%와 개인보 험을 든 여성의 16%도 의료비 때문에 진료를 미루거나 포기했다고 답했다.

여성이 의료체계에 접근하는 데 방해가 되는 것은 경제적인 장벽 만이 아니다. 여성의 1/4은 소득에 상관없이 건강관리를 하지 않는 이 유가 의사를 방문할 시간이 없기 때문이라고 답했다. 저소득층 여성 은 특히나 일터에서 조퇴하기가 어렵고, 교통수단이 없으며, 진료하러 갈 때 아이를 맡길 곳이 없는 등 여러 장애물을 넘어야 한다.[60] 여성은 저임금 노동과 아르바이트 노동의 다수를 차지하며, 따라서 병가를 내기가 어렵다. 연방법으로 국가가 병가와 아이 돌봄을 제공하기 전 까지는 수많은 여성이 필요한 의료에 접근하지 못한 채로 남아 있을 것이다. 두세 번은 고사하고 한 번이라도 진료를 받으러 갈 여유가 없 는 직업이라면, 보험이 있는지 추가 비용을 낼 수 있는지는 말할 필요 도 없다.

의료체계에 접근성이 떨어지는 문제는 당연히 여성 환자가 직면 한 모든 문제를 초월한다. 애초에 의사를 만날 여유가 전혀 없다면, 의 사가 환자의 증상을 심각하게 여기지 않을 가능성은 논의에 끼지도 못한다. 세상의 모든 생의학 지식은 그 지식의 혜택을 받아야 할 사람이 혜택을 받지 못한다면 무의미하다. 많은 여성과 의료체계의 빈약한 연결성은 이 책에서 논의한 문제를 더 악화시킨다. 제한된 접근성은 문턱을 높인다. 수백만 명의 미국 여성은 문자 그대로 자신을 돌보기 위해 의료기관에 돈을 낼 수가 없다. 이들은 추가 비용을 낼 수 없고, 제대로 진단해줄 전문의를 계속 찾아다닐 만큼 오래 병가를 낼 수도 없다. 이들의 증상이 한두 번 간과되는 것은 기나긴 진단 지연의 시작이 아니라 의료의 끝이 될 수도 있다.

실제로 이 책에서 설명한 수많은 질병에서도 특권층이 아닌 여성은 진단도, 치료도 전적으로 받지 못한다. 그 결과 저소득층 여성 약 1/5은 건강이 좋지 않다고 답했으며,[61] 더 많은 여성이 장애나 만성질환이 있어서 활동에 제약이 있다고 답했다.[62] 이 비율은 고소득층 여성의 두 배에 이른다. 하지만 건강 상태에 대해 지속적인 관리를 받고 있다고 응답한 비율은 저소득층 여성과 고소득층 여성에서 비슷했다. 한마디로 저소득층 여성은 더 많은 수가 아프지만, 대부분은 필요한 치료를 받지 못하고 있다.

재생산 건강 관리

이 책에서는 피임, 임신중지, 임신과 출산 관리와 같은 전형적인 재생산권에 대해 논하지 않는다. 궁극적으로 내가 관심 있는 것은, 젠더 편향이 여성이 아플 때 그들이 받는 의료에 어떤 영향을 미치느냐이다. 그런데 이 문제는 종종 간과된다. 우리 중에서 가장 건강한 사람조차도 완벽하게 정상적인 재생산 기능을 통제하고, 관리하며, 관찰하기 위해서 의료에 의존하고 있기 때문이다. '여성 건강'은 항상 '재생산 건강'과 연결되어서, 여성 생식기관이 여성 건강의 일부일 뿐이라는 사실을 종종 잊는다. 여성 건강은 자궁, 난소, 나팔관 외의 다른 많은 요인에 영향을 받는다.

재생산 건강에 초점을 맞춘 여성건강운동이 정당하지 않다는 이야기가 아니다. 대부분의 미국 여성은 가임기에 해당하는 30년 이상을 대개 의사에게 진료받아야 하는 피임법에 의존한다.[63] 여성의 1/4이 임신중지를 경험하며,[64] 80%는 아이를 출산한다.[65] 여성 평등에서 가장 근본적인 자유인 임신의 예방과 중단, 안전한 출산을 남성이 지배하는 의료체계에 주로 의존하게 되었기 때문에, 이것이 긴장감을 일으키는 것은 사실이다. 여성이 임신과 출산 과정에서 재생산 의료화에 따른 혜택을 받았다는 점에는 의심의 여지가 없다. 의학은 여성에게 더 효과적인 피임법, 안전한 임신중지, 임신합병증에서 생명을 구하는 치료술을 제공했다. 반면 여성은 의료체계에 접근성을 높이는 동시에 과잉 의료화에 저항하고, 재생산과 관련된 의사결정의 자율성을 지키기 위해서 다양한 분야에서 계속해서 싸워야 했다.

이런 투쟁은 주로 정치, 법, 문화 분야에서 일어난다. 미국의 임신중지를 다룰 때 가장 큰 문제는 임신중지를 의료 행위로 여기지 않는다는 점이다. 주 의원들 덕분에 임신중절시술의 가능 여부는 근거에 기반한 진료 표준안이 아니라 정치적 의도가 깔린 규제에 따라 좌우된다.[66] 몇몇 주의 의사는 환자에게 존재하지 않는 시술의 위험에 대해 거짓말을 해야 한다. 그 외의 주에서는 부작용도 더 많고 효과도 낮은 옛날 방식의 임신 중절을 시행해야 한다. 원치 않는 환자에게 의학적으로 불필요한 초음파 검사를 해야 한다. 숙려의무제(임신 진단 후 임신중지 시술까지 의무적으로 기다려야 하는 유예 기간-편집자)를 법으로 못 박은 주에서는, 의학적 사유가 무엇이든 상관없이 시술 시기가 가장 중요한 시술을 지연시켜야만 한다. 시술 시기가 지연될수록 임신은 진행되며, 위험성과 비용은 증가한다. 이 책은 젠더 편향이 의학 지식을 형성해온 과정에 대한 이야기이기도 하다. 인공임신중절 시술에 이르면 정치가는 의학 지식을 그냥 무시하기에 이른다.

의료가 성시적 논쟁의 근인은 아니지만, 의료계는 그에 단호하게 맞서는 데 실패한 책임이 있다. 미국의사협회(AMA) 같은 의료단체가 산부인과를 내세워 정치가에게 저항하긴 했지만, 주류 의학계는 여성 건강에서 인공임신중절 시술의 중요성을 주장하는 확고한 옹호자가 아니다. 매년 약 백만 건의 인공임신중절 시술이 이루어지는 미국에서[67] 2005년에 실시한 산부인과 양성 과정에 대한 설문조사에 따르면, 절반이 넘는 의사가 인공임신중절 시술 경험이 없었으며, 의사의 약 1/5은 시술에 대한 교육 자체를 받은 적이 없었다.[68] 97%의 산부인과 의사가 임신중지를 해야 하는 환자를 진료했지만 겨우 14%만이 인공임신중절 시술을 했다.[69] 임신중지에 대한 의료적 지원은 대개 독립한 산부인과 몫으로 밀려난다. 임신중지 시술을 제공하는 의사는 동료 의사에게 낙인찍히고, 의사와 환자 관계를 정립하는 과정에서 정치적 방해에 혼자 맞서야 한다. 이는 전체 의사 집단의 강한 항의를 유발한다.

의료계 외부에서 생기는 위험에서 계속 재생산권을 수호해야 하는 상황이 낳은 불행한 결과 중 하나는 의료계 내부의 문제가 간과되는 경향이 있다는 것이다. 예를 들어 최근 몇 년간 여성 건강을 옹호하는 보건의료인들은 성행위를 시작한 '여성의 99%가 언젠가는 하게 되는 피임을 추가비용 없이 보장하라'는[70] 오바마케어가 보험사에 요구한 내용을 옹호해야 하는 우스꽝스러운 역할을 떠맡았다. 우리는 1960년대식으로 피임할 권리를 논할 것이 아니라 더 나은 피임법을 요구할 수도 있다.[71] 피임약이 발명된 후 반세기가 지났지만, 피임 선택권의 범위는 놀라울 정도로 제한적이며, 심각한 부작용을 일으킬 수 있는 다양한 호르몬 피임법이 대부분이다. 의료체계가 여성의 증상을 더 심각하게 받아들였다면 지금쯤은 더 나은 피임법을 찾아냈을 것이다.

재생산 건강과 의료에 연관된 많은 문제는 미국 여성의 출산 경험에서 정점을 찍는다.[72] 미국은 선진국 중 산모 사망률이 증가하는 유일한 나라로 지난 25년 동안 두 배 이상 높아졌다.[73] 산모 사망 사례 중에서 최소한 절반은 예방할 수 있는 사고였고, 극명한 인종 차이를 드러냈다.[74] 출산 중에 사망하는 흑인 여성의 수는 백인 여성의 거의 네 배에 이른다.[75] 전문가들은 이 부끄러운 기록을 만든 요인을 다음과 같이 꼽는다. 첫째, 의료적 개입은 고위험 출산을 안전하게 만드는 것이 분명하지만, 일반적인 출산 과정에서 불필요한 의료적 개입은 오히려 여성의 합병증 위험을 키운다. 지난 20년 동안 제왕절개 비율은 거의 60%까지 치솟았는데,[76] 세계보건기구가 권장한 비율보다 세 배 이상 높은 수치다.[77] 게다가 제왕절개술은 의학적 필요성에 따라서가 아니라 의사의 편의와 이익을 위해 이루어지는 경우가 많다.[78] 또, 계획 임신은 일반적으로 임신을 더 안전하게 만든다. 하지만 450만 명의 여성은 적절한 비용의 가족계획 상담을 받기 힘들고,[79] 임신의 거의 절반가량은 계획 없이 이루어진다.[80]

마지막으로 건강한 여성이 건강한 임신을 할 가능성이 높다. 하지만 미국 여성의 만성적인, 종종 관리되지 않는 질환의 높은 비율은 모성 보건을 악화하는 원인이 된다. 이 책에서는 전형적인 재생산권 문제를 다루지 않지만 현실의 삶에서는 이를 분리할 수 없다는 점을 상기해야 한다. 재생산 건강이 여성 건강과 동의어는 아니지만 서로 분리할 수도 없다.

경송을 울리다

보스턴 여성 건강서 모임의 원년 회원인 폴라 도레스 워터스Paula Doress-Worters는 여성 건강서의 고전이 된 《우리 몸, 우리 자신(Our Bodies, Ourselves)》을 펴내게 된 워크숍에 대해 이렇게 회상했다. "모두가 '의사 이야기'를 하나씩은 갖고 있었습니다.[81] 성차별주의자이고 가부장적이며 비판적인 남성 의사, 또는 그야말로 여성에게 중요한 정보를 모르는 남성 의사를 만난 이야기 말입니다." 그 이후 우리 사회와 의료계는 여러 면에서 근본적으로 변했다. 1960년대 후반까지 의사의 90%는 남성이었고, 여성은 자기 이름으로 신용카드를 만들 수도 없었으니 말이다.

하지만 지금도 여성들은 '의사 이야기'를 하나씩은 가지고 있다. 게다가 우리 생각처럼 크게 변하지도 않았다. 십 대인 흑인 친구는 피임법에 대해 설명을 듣고 부인과 의사에게 콘돔을 쓰겠다고 말했다. 그러자 그 남성 의사는 임신부용 비타민을 처방하면서, 곧 친구가 임신할 게 틀림없다고 말했다고 한다. 또 유방암에 걸린 라틴계 여성은 유방절제술을 하겠다고 했더니 의사가 "아직 미혼이시잖아요"라며 반대했다고 한다. 성 소수자 여성을 진료한 정형외과 의사가 탈구되어

부은 환자 손가락에 대해 '남편감이 반지를 끼워줄 수 있을 만큼' 부기가 가라앉았는지 물었다는 이야기도 있다. 지체장애와 지적장애가 있는 아이의 엄마가 딸의 진료기록부의 '발달상 우려사항'에 기재된 단한 줄이 '엄마가 집 밖에서 일함'인 것을 발견한 이야기도 있다.

일상에서 공공연하게 일어나는 미묘한 차별이 오늘날에는 조금 줄었을 수도 있고, 아니면 여성의 권력이 커지면서 이를 무시하기가 조금 더 쉬워졌을지도 모른다. 하지만 더 미묘한 이야기들이 구석구석 스며들고 있다. 이런 현상이 더 위험하다. 이들이 반영하는 젠더 편향은 따로따로 놓고 보면 콕 집어내기가 더 어렵기 때문이다. 환자의 말에 귀 기울이지 않는 의사는 어쩌면 누구에게나 그럴지도 모른다. 돌이켜 보면 당신의 증상이 무시당할 때, 자신을 위해 더 강력하게 주장해야 했을 수도 있다. '스트레스'로 수없이 오진되면서 남성이라면 이렇지 않으리라고 생각하지만, 그걸 어떻게 확신할 수 있는가? 이런 식으로 무시당했던 여성들이 이 책을 읽고 자신의 경험이 그저 운이 나빴다거나 잘못했기 때문이 아니라 의료계에 깊이 뿌리내린 구조적인 문제를 드러낸다는 점을 깨닫기 바란다.

이 책이 특히 내 동료인 밀레니엄 세대 여성들에게 경종을 울리길 바란다. 임상의학 연구에서 여성의 과소 대표성을 다루어 언론의 주목을 받았던 1990년 당시의 국회 청문회를 기억하기에는 나 역시도 너무 어렸다. 내가 자랄 때 주치의는 거의 여성 의사였고, 대학에 입학할 때는 거의 비슷한 수의 여성과 남성이 의과대학에 입학했다. 특권을 누리며 자란 내 세대의 수많은 여성처럼 나는 존중받으리라고 기대하며 살았다. 지난 십여 년간 페미니스트가 부활한 이유는 자신이 남성과 평등하다고 믿고 자란 여성 세대가 사회에 나와서 제도, 정책, 규범들이 여성들이 기대한 만큼 변하지 않았다는 사실을 깨달았기 때문이다. 이 책을 집필하기 위해 조사를 시작하기 전에는 의료계가 얼마나 뒤떨어져 있는지 나 역시도 알 수 없었다. 밀레니엄 페미니즘이 의료계에 남아 있는 젠더 편향에 관심을 돌려 미완의 혁명에 도전해야 할 때다.

특히 지금은 한시가 급하다. 많은 미국 여성이 병들었고 이 상황은 더 악화되고 있다. 20세기 전후로 여성의 수명은 평균적으로 남성보다 길었다. 하지만 1980년대 이후로 이 간격은 좁혀지고 있다.[82] 심혈관계 질환의 사망률이 줄어들면서 남성의 기대수명이 여성의 기대수명보다 훨씬 빠른 속도로 늘어났기 때문이다. 현재 여성의 기대수명은 남성보다 4.8년 더 길지만 건강한 삶은 아니다.[83] 여성은 남성보다 정신 건강과 육체 건강이 모두 더 나쁘고, 성인이 되면 남성보다 입원하는 기간이 더 길다.[84] 마찬가지로 노년기도 여성은 남성보다 삶의 질이 떨어진다. 일상을 영위하는 데 심각한 제약이 없는 유효 기대수명은 지난 30년 동안 남성이 여성을 추월했다.[85] 여성은 여전히 오래 살지만 남성이 더 '나은' 삶을 산다.

남성과 달리 여성은 사망률이 낮지만 질병 발생률은 높다. 이 간극을 '젠더 패러독스'라고 부른다. 1970년대부터 1990년대까지 몇몇 연구자들은 여성이 실제로는 남성보다 더 건강하다고 주장하면서(어쨌든, 여성이 곧 죽을 것 같지는 않으니까!) 여성이 말하는 것처럼 정말로 아픈지 의심했다. 그러고는 여성이 참을 수 없을 정도의 상황이 되어서야 건강이 나빠졌다고 생각했다. 현재 '젠더 패러독스'는 이전과 달리 간단하게 설명할 수 있다. 여성의 질병은 쇠약해질 가능성이 더 크지만 목숨을 위협하지는 않는 만성질환이다.[86] 같은 조건에서 여성이 남성보다 건강이 더 나쁜 게 아니라, 그저 질병에 걸릴 확률이 더 높을 뿐이다. 미국 여성의 절반 이상이 최소한 하나의 만성질환을 앓고 있으며 여성은 다양한 만성질환을 앓을 확률이 남성보다 높다.[87] 게다가 자가면역질환에서 알츠하이머까지, 수많은 질병 유병률의 여성 편중 성향이 점점 높아지고 있다.

요즘 내 병은 호전되고 있으며, 건강을 당연시하지 않으려고 노력한다. 내 몸의 통증을 종종 잊어버릴 수 있는 것에 대해 감사하고, 건강할 때 어떤 의식이나 노력 없이도 면역세포가 병원균만을 공격하는 일이 얼마나 놀라운지를 생각한다. 하지만 그러지 않을 때도 많다. 몸은 항상 아플 수 있고, 의사는 언제나 실수할 수 있으며, 과학이 곧장 사람의 몸에 얽힌 신비를 모두 밝힐 수는 없을 것이다. 하지만 우리의 젠더가 그러한 실수의 요인이 되어서도, 미지의 지식으로 남겨져서도 안 될 것이다. 무엇보다 인간의 질병을 이해하고 치유하려는 의학적 탐구가 계속 진행되어, 여성의 고통 역시 진지하게 받아들이고 의학에 여성의 목소리를 반영하기를 기대한다.

1부

눈 감고 무시해온 구조적 문제

1장. 지식의 간극

여성건강운동은 미국 의료계 역사를 만들어왔다. 1830년대와 1840년대에 대중적인 건강운동이 정규 의사의 직업 독점 시도에 저항했을 때, 여성은 '여성생리학협회(Ladies' Physiological Societies)'를 만들어서 자신의 몸에 대해 배우고 민간요법을 서로 나누었다. 20세기 초에는 여성 개혁가들이 영아와 산모 사망률을 개선하고 산아제한 법률화에 저항하기 위해 대중건강운동을 일으켰다. 1960년대와 1970년대 여성건강운동 활동가들은 의료계의 많은 부분을 성공적으로 바꾸었다. 임신중지를 할 법적 권리를 쟁취했고, 여성 전문병원을 설립했으며, 약품과 시술의 위험성에 대한 정보를 알리지 않고 거들먹거리는 의료계를 상대로 중요한 환자의 권리를 확보했다. 또 자조 집단(self-help group, 일반적인 집단치료의 하나로, 심리적 건강의 회복을 위해 모인 집단이 공통의 경험과 감정을 나누며 치료과정을 공유하는 것-옮긴이)과 《우리 몸, 우리 자신》과 같은 대중 안내서를 통해 19세기 전임자들처럼 여성에게 자신의 건강을 돌볼 수 있는 지식을 전하려 노력했다.

　　1980년대 말이 되어서야 여성 의료인의 수가 많아져서 의료계에 은밀히 퍼진 젠더 편향에 대해 널리 알릴 수 있는 위치를 확보했다. 20세기 동안 축적해온 의학 지식, 특히 지난 수십 년 동안 미국에서 폭발적으로 늘어난 생의학 연구는 남성 편향적으로 치우쳐져 있었다. 과학은 여성의 몸과 여성이 겪는 질병에 대해서는 잘 몰랐다. 더 최악인 사실은 의료계가 이 허점을 내버려둘 뿐, 바로잡을 생각이 없었다는 점이다. 1990년에 여성건강운동 활동가, 생의학 연구원, 법조인으로 이루어진 연대 조직은 이 지식의 간극을 대중에게 알리기로 했고, 그 이후 우리는 이 간극을 메우려 애쓰고 있다.

　　1985년 공중위생국 대책위원회는 보고서를 발표했다. 발표자는 당시 여성으로서는 유일하게 국립보건원에서 최초로 연구소장으로 일했던 루스 커스틴Ruth Kirschstein이었다. 보고서는 "역사를 통틀어 여성 건강에 관련된 연구가 많이 부족한 상황은 여성에게 유용한 건강 정보의 질뿐만 아니라 여성건강 관리의 질도 떨어뜨렸다"라고 경고했다.[1] 이에 국립보건원은 연방 연구기금을 지원받는 연구자들이 특별히 타당한 이유가 없는 한 임상연구 표본에 여성을 포함하도록 '권고'하는 새로운 정책을 발표했다. 그러나 당시 국립보건원의 여성 선임 정 책전문가와 연구자 수는 전체의 1/3에도 못 미쳤고, 여성 과학자들은 이 정책이 그다지 큰 변화를 일으키지 못하리라는 점을 알았다.

그래서 1980년대 말, 국립보건원 안과 밖에서 활동하던 여성 과학자들은 문제를 제기하기 위해 '여성건강연구증진협회'를 설립해서 의회와 함께 나섰다. 현재는 '여성건강연구협회(SWHR)'라고 부른다. 여성건강연구협회는 독립적인 연방정부 감독기관인 회계감사원에 국립보건원 감사를 요구했다. 회계감사원은 1990년에 조사 결과를 발표했다.[2] 예상대로 국립보건원은 여성을 시험 대상에 포함시키는 임상연구 정책을 거의 시행하지 않았다. 연구자를 위한 지침서에는 이와 관련된 내용이 없었고, 실제로 많은 국립보건원 직원은 이런 정책이 채택되었는지조차 몰랐다. 회계감사원이 조사한 국립보건원 지원 연구의 1/5이 연구 대상의 성별을 표시하지 않았고, 1/3은 연구 대상에 여성을 포함했다고 주장했지만 몇 명인지는 명시하지 않았다. 국립보건원은 미래의 국가 건강이 달린, 수십억 명의 납세자가 낸 세금으로 지원한 연구에 몇 명의 여성이 포함됐는지 분명하게 말할 수 없었다.

의회와 여성건강연구협회가 의도한 대로 회계감사원의 보고서는 대중에게 널리 주목받았다. 청문회는 기자들로 홍수를 이루었고, 미

1부. 눈 감고 무시해온 구조적 문제

의회 여성문제위원회 공동의장은 여성 건강을 소홀히 다뤘다며 국립보건원 관리자와 의학 연구 집단을 호되게 질책했다.[3] "의학 연구 대상에서 여성을 배제하는 의료 행위 때문에 미국 여성들이 위험에 처해 있다"라고 퍼트리샤 슈로더Patricia Schroeder 대변인이 말했다. 올림피아 스노우Olympia Snowe 대변인은 "국립보건원의 태도는 인구의 절반인 여성을 특수 사례로만 취급한 것이다"라고 비판했다.

국립보건원의 기록 관리가 부실한 탓에 여성의 과소 표기(under-representation)를 정확히 평가하기는 힘들었다. 하지만 지난 20년 동안 중요한 임상연구 대부분에서 여성이 배제되었다는 사실을 대중이 알게 되었다. 1958년 '인간의 정상적인 노화 현상'을 탐구하기 위해 시작한 볼티모어 노화 종단연구는 첫 20년 동안 여성 표본을 한 명도 조사하지 않았다. 최근 매일 아스피린을 먹으면 심장질환 위험이 낮아진다는 연구를 내놓은 의사건강연구(Physicians' Health Study)도 남성 22,071명을 대상으로 연구했지만, 여성은 한 명도 포함시키지 않았다. 1982년 미스터피트 연구로 알려진 '다중위험요소조정실험(MRFIT)'에서는 식이요법과 운동이 심장질환을 예방할 수 있는지 조사했는데, 연구 대상 13,000명이 모두 남성이었다.

남성만을 기본값으로 설정한 연구는 모순에 빠지기도 했다. 1960년대 초에 '에스트로겐 농도가 낮아지는 폐경기가 오기 전까지는 여성이 심장질환에 걸릴 위험이 낮다'는 사실을 관찰한 연구자들이 여성 호르몬 치료법이 심장질환에 효과적인 예방법인지를 연구했는데, 연구에는 남성 8,341명과 여성 0명이 참여했다. (의사들은 폐경 후 여성에게 에스트로겐을 무더기로 처방해서 1970년대 중반에는 여성의 1/3이 호르몬 치료를 받았다.[4] 그런데도 여성을 대상으로 호르몬 치료의 임상연구를 최초로 실시한 것은 1991년 이후였다.) 국립보건원이 지원해서 비만이 유방암과 자궁암에 미치는 영향을 조사한 록펠러대학교의 시범연구의 연구 대상에 여성은 한 명도 없었다. 물론 남성도 유방암에 걸릴 수 있고, 매년 소수의 남성이 실제로 유방암에 걸린다. 스노우 대변인은 국회 청문회에서 이에 대해 다음과 같이 꼬집어 말했다. "어쨌거나 남성 중심적인 의료계가 전립선암 연구를 여성 대상으로만 했다면 어떻게 반응했을지 궁금합니다."[5]

국립보건원이 여성 정책 업무에 돌입한 지 2년 뒤인 1992년, 미 의회 여성 문제위원회는 식품의약국(FDA)에서 이 건의를 어떻게 다루고 있는지 조사해달라고 회계감사원에 요청했다. 국립보건원은 생의학 연구를 지원하는 가장 큰 공공지원단체지만, 의약품 치료 연구는 대부분 신약을 개발한 사기업인 제약회사가 지원하고, 식품의약국은 의약품 허가제도를 통해 이를 감독한다. 1977년 이후 식품의약국은 초기 단계의 신약 시험에 '가임기' 여성의 참여를 금지하는 정책을 고수해왔다.[6] 기본적인 안전성과 투여 용량을 결정하는 초기 단계 시험 이후에는 여성이 임상시험에 참여할 수 있지만, 회계감사원 보고서는 최근 신약 임상시험의 60%에서 여성의 과소 대표성을 발견했다.[7] 1988년, 식품의약국은 지침을 통해 제약회사에 여성 시험 대상자를 포함한 신약 자료는 성별을 나누어 분석하도록 권고했다. 하지만 회계감사원이 조사한 결과 거의 절반에 가까운 연구가 이를 지키지 않았다. 게다가 수백만 명의 미국 여성이 피임약을 복용하는데도, 최근 승인받은 신약은 겨우 12%만이 경구피임약과의 약물상호작용에 대해 연구했다.

여성건강운동은 회계감사원 보고서를 통해 국립보건원의 저조한 정책 실행력을 드러냈으며, 현대 의학이 여성건강 연구를 소홀히 한

1부. 눈 감고 무시해온 구조적 문제

다는 측면을 부각시켰다. 또 생의학계가 남성과 여성 모두에게 영향을 미치거나 주로 남성에게 영향을 미치는 질병을 남성 위주로 연구하면서, 여기서 나타나는 성·젠더 차이를 고려하지 않았을 뿐만 아니라 주로 여성에게 영향을 미치는 질병은 연구 주제로서 우선순위에 있지 않다고 비판했다.

주로 여성에게 영향을 미치는 문제 중에 재생산 건강이 있다. 회계감사원의 보고서를 계기로 의학협회나 미국산부인과학회(ACOG)를 비롯한 다른 전문 의료 조직도 여성의 재생산 건강과 관련된 연구비 지원이 불충분했다는 목소리에 동참했다. 임신중지를 둘러싼 정치적 논란도 문제지만 관련 연구가 하찮게 여겨지는 것도 문제였다. 국립보건원 안에 산부인과 프로그램이 없는 상태에서는 연구를 진행할 곳도 없었다. 사실 국립보건원에 부인과 의사는 세 명뿐이었다. 반면 수의사는 39명이나 있었다.[8]

고해성사를 해야 할 부문이 재생산 건강만은 아니었다. 여성건강은 흔히 재생산 건강 이슈만으로 축소되기 쉽다. 여성운동계는 의학이 조금이라도 여성의 고유한 필요에 주의를 기울일 때는 남성의 신체와 확연하게 다른 여성 신체의 일부분에만 근시안적으로 초점을 맞춘다는 주장을 펼쳤다. 여성 심장질환 권위자인 내니트 웽어Nanette Wenger 박사는 "의료계는 비키니를 보듯이 여성건강에 접근했으며, 여성의 가슴과 생식기관만 쳐다보았다. 여성의 다른 신체 부분은 여성건강을 다룰 때 사실상 무시되었다."라고 언급했다.[9] '비키니 의학'은 남성과 똑같이 여성의 사망 원인도 심장질환, 뇌졸중, 온갖 종류의 암 이 세 가지라는 사실을 간과했다. 여성들도 재생산 건강이 아닌 다른 영역에서 고통을 경험해왔지만 이 역시 오랫동안 무시해왔다.

실제로 1980년대 말에 공중위생국 대책위원회는 많은 자료를 처리하는 과정에서 '여성에게 주로 생기거나 여성에게 더 흔한 질병, 여성에게서 남성과는 다른 양상을 보이거나 원인이 다른 질병, 여성의 경우 남성과는 다르게 나타나는 치료 결과나 시술'에 대한 연구에 국립보건원의 최근 예산 중 13.5%만이 지원된 사실을 발견했다.[10] 이 목록은 광범위해서 재생산 건강 문제뿐만 아니라 여성에게 주로 나타나는 흔한 질병인 유방암과 부인과 암, 알츠하이머, 우울증, 골다공증, 사가면역질환까지 포함한다. 그리고 이 책에서 설명한 질병 대부분은 연방정부의 연구 자금을 전혀 지원받지 못하고 있었다.

회계감사원 보고가 발표된 직후, 국립보건원은 여성건강연구사무국(ORWH)을 설치하고 상황을 취합해서 1991년에 첫 번째 연구 의제를 선정했다.[11] 주로 '연구자 그룹에 만연한 여성건강 경시, 특히 여성에만 생기는 질병과 여성과 남성 모두에게 생기지만 남성만을 대상으로 연구한 질병'에 주목했다.

또 모든 미국인의 주요 사망 원인 세 가지에 대해 '질병의 원인, 발현, 치료법에 해당하는 대부분의 생의학 지식이 모두 남성을 대상으로 한 연구에 기반하고 있으며, 여성과 남성의 차이가 없다는 추정 아래 여성에게 적용해왔다는 놀라운 사실'도 설명했다.

여성은 왜 배제되었을까?

임상연구에서 여성을 배제한 이유로 가장 많이 들을 수 있는 설명은 그 당시 사람들이 보호주의 정신에 사로잡혀 있었기 때문이라는 대답이다. 1970년대는 의학 연구의 위험성에 대해 과도한 경각심이 뒤늦게 커지던 시기였다. 또 부분적으로 여성은 임신 가능성 때문에 임상연구, 특히 신약 연구에서 배제되었다.[12]

하지만 이런 가부장적인 배려는 꽤나 새로운 현상이었다. 18세기와 19세기의 무모하고 모험적이며, 규제가 없고 통제되지 않는 의학실험에서는 여성을 배제하지 않았다. 정규 의사에게 진료비를 지급할수 있는 부유한 여성은 방혈, 설사, 온갖 종류의 약, (다음 장에서 자세히 설명하겠지만) 여성 생식기관에 시술하는 쓸모없거나 위험한 시술을 받았다. 에런라이크와 잉글리시가 지적했듯이, "중산층 여성은 의사의 진료에 고통받았지만, 가난한 여성과 흑인 여성은 잔혹한 실험으로 고통받았다." 예를 들면, 19세기 '현대 부인과의 아버지'로 알려진 매리언 심스Marion Sims 박사는 실험을 목적으로 노예 여성들을 사들여 자신의 시술을 실험했고, 획기적인 누공(출산이나 성폭력, 할례 이후 생식기와 장, 생식기와 방광 사이에 생기는 샛길, 구멍-편집자) 치료법을 개발했다. 나중에는 가난한 아일랜드 이민자를 대상으로 실험을 했다.

20세기가 되자 의학은 천천히 그러나 확실하게 과학에 뿌리내리게 되었다. 제2차 세계대전 이후에는 현대적인 임상연구가 시작되었다. 이중맹검 · 무작위 · 대조실험 등의 황금률이 만들어졌고, 막대한 연방자금의 유입은 미국을 생의학 연구의 세계적인 선두 주자로 만들었다. 그러나 이런 발전은 임상연구에 참여한 환자가 자신도 모르게 실험 대상으로 다뤄질 수 있다는 점에 대한 동의도 받지 않은 채 앞서 나갔다. 최소 1960년대까지 사회적 취약계층이거나 보호시설에 있는 사람들(가난한 사람, 죄수, 군인, 정신질환자 등)이 의학 연구 대상자가 되었다. 결국 동의도 없이 취약한 대상에게 실험을 진행한 부끄러운 사례 몇 가지가 신문의 머릿기사로 떠올랐다. 이중 가장 악명 높은 사례가 터스키기 매독 실험이다. 매독에 걸린 가난한 흑인들을 치료하지 않고 내버려 둔 사실이 알려진 것이다. 그 여파로 1970년대 말에 마침내 미국은 연구에 참여하는 인간 대상자를 위한 강제적인 윤리 기준을 시행했다.[13]

한편, 세간의 이목을 끄는 두 가지 참사를 통해 실험 중인 신약이 임신부와 태아에게 미칠 위험이 드러났다. 1950년대 말, 20개 나라에서 임신부가 임신 초기에 진정제와 구역질 억제제로 탈리도마이드를 처방전 없이 복용했다. 미국 식품의약국 승인을 받지 않은 약이었지만 몇몇 미국 여성도 탈리도마이드를 복용했다. 그리고 1960년대 초에 탈리도마이드가 만 명이 넘는 유아에게 심각한 사지 기형을 일으켰다는 사실이 밝혀졌다. 그 후 1960년대 말에는 임신 중에 합성 에스트로겐 제제인 디에틸스틸베스트롤을 복용한 수많은 환자의 딸이 희귀한 질암에 걸렸다. 디에틸스틸베스트롤은 많은 연구에서 약효가 없음을 증명했는데도 당시 유산을 예방하기 위해 널리 처방되었다. 몇몇 권위 있는 미국 학술기관의 의사들은 임신부에게 이 약이 '아기가 더 크고 건강하게' 자라게 도와주는 '비타민'이라고 말했다.[14]

대중은 이런 사례에 격렬하게 분노했고, 연방정부의 신약 규제에 박차가 가해졌다. 1938년 이후 제약회사는 시장에 판매하기 전에 제조한 신약의 안전성을 식품의약국에 입증해야 했지만 식품의약국의 규제력은 상당히 제한적이었다. 그러나 탈리도마이드 비극이 일어난 후 의회가 케파우버-해리스 수정안을 통과시켜 신약 허가 과정을 크게 강화했고, 특히 오늘날 우리가 당연히 여기는 규제 대부분이 이때

제정되었다. 신약을 판매하려면 식품의약국 허가를 받아야 하는 회사는 이제 안전성뿐만 아니라 잘 설계된 연구를 통해 신약의 효과도 증명해야 했다.[15] 연구 대상자에게 정보를 모두 공개하고 동의를 받아야 했으며, 신약 광고는 맨 앞에 부작용과 잠재적 위험을 명시해야 했고, 식품의약국은 신약이 시장에 풀린 이후 부작용이 있는지 추적 관찰해야 했다.

임상연구와 신약 규제에 환영할 만한 개혁이 이루어졌지만, 고루한 보호주의와 성차별적인 가부장제도 지나치게 선을 넘었다. 임상시험 대상자의 윤리적 치료에 대한 새 연방 지침은 '강요나 과도한 영향력에 취약할 수 있어서' 특별한 보호 장치가 필요한 시험 대상자를 명시했다. 여기에는 임신부를 비롯한 어린이, 죄수, 정신 장애가 있는 사람, 경제적으로 취약한 사람이 포함되었다. 특별 목록에 임신부를 넣은 것은 확실히 복잡한 윤리적 결론인데, 1990년대 여성건강운동 활동가들 중 일부는 임신의 어떤 측면이 여성을 특히 '강요'나 '과도한 영향력'에 취약하게 만드는지 의아해하기도 했다.[16]

한편 1977년에 식품의약국의 정책은 실제로 임신한 여성만 배제하는 데서 멈추지 않았다.[17] 식품의약국은 목숨을 위협하는 질병이 아닌 이상 '가임기' 여성이 초기 단계 신약 연구에 참여하는 행위를 금지했다. 비판 세력은 이 조치가 모든 가임기 여성을 잠재적인 임신부로 취급한다고 지적했다. 여성을 '걸어 다니는 자궁', 즉 의도치 않은 임신의 위험성을 인지하지 못하는 어린애로 취급하면서 임상시험을 진행하는 동안 여성은 스스로 임신을 예방할 수 없으며, 이를 여성이 스스로 결정하게 두면 임상시험 기간에 뜻하지 않게 임신할 것이라고 보는 것이다. 레즈비언 여성, 미혼 여성, 피임하는 여성, 배우자가 정관수술을 한 여성도 임상시험이 허락되지 않았다. 이 정책은 신약이 가임기 남성이 후손에게 물려줄 유전 물질을 손상시킬 수 있다는 가능성은 무시하는 극명한 이중 잣대를 보여주었다. 식품의약국 금지 조항은 초기 단계 연구에만 제한되었지만 이는 널리 퍼져나갔고, 신약 연구자는 가임기 여성을 대상자로 시험하기를 주저했다.

여성건강운동 활동가들은 더 나은 신약 규제와 정보에 대해 충분히 알고 사전 동의하는 것을 연구 대상자의 권리로 요구하는 청원을 했다. 여성에게 잠재적으로 혜택을 줄 수 있는 치료법에 대한 임상시험에, 여성이 스스로 위험을 가늠하고 참여할 수 있는 여성의 '행위성'을 완전히 배제하는 정책은 가상의 태아에게 미칠 이론적인 상해를 논하는 것과는 별개의 문제다. 그런 태도는 환자 개개인을 가르치려 드는 것일 뿐만 아니라 여성 전체가 안전한 치료를 받을 수 있도록 보장하지도 않기 때문이다. 탈리도마이드와 디에틸스틸베스트롤의 대참사는 1977년 식품의약국이 발표한 금지 조항의 기폭제가 되었고, 가임기 여성 전체를 연구 대상자로 꺼리는 상황을 정당화했다. 하지만 아이러니하게도 이 두 사건 모두 가임기 여성 전체가 아닌 임신부만 금지했더라도 막을 수 있는 사건이라는 점이다. 문제는 이런 약을 대중에게 판매하기 전에 충분히 연구하지 않았으며, 위험도에 대한 증거를 무시했다는 점이다. 여성을 배제하고 남성에게만 임상시험을 하고서 약을 여성에게 판매하는 것은 해결책이 될 수 없다.

논의의 중심이 보호주의 쪽으로 기우는 현상을 신약 임상시험에서는 여성의 과소 대표성으로 설명할 수 있지만, 그 외에 다른 생의학 연구는 어떻게 설명할 수 있을까? 심장질환은 여성의 주요 사망 원인이기도 한데, 심장질환의 위험 요소에 대한 미스터피트(다중위험요소조

1부. 눈 감고 무시해온 구조적 문제

정실험) 연구에서 여성이 배제된 이유를 보호주의로는 설명할 수 없다. 또 노인 인구의 2/3에 해당하는 여성이 왜 '인간의 정상적인 노화 현상' 연구에서 배제되었는지도 해명하지 못한다. (사실 우리는 이에 대한 해답을 한 가지는 알고 있다. 연구자의 해명에 따르면 연구소에 여성 샤워실이 없어서 남성만 연구 대상으로 뽑았다고 한다.)

연구 단체는 여성을 배제하는 이유를 해명할 때, 서로 충돌하는 두 가지 설명을 제시한다.[18] 때로 이들은 생식기관을 제외하면 남성과 여성은 아주 비슷해서 남성만 연구해서 결론을 도출해도 여성에게도 잘 들어맞는다고 주장한다. 여성건강운동 활동가들은 이런 주장은 연구를 통해 입증해야 하는 단순한 가정일 뿐이라며 반박한다. 실제로 성·젠더(sex·gender) 차이점을 연구한 의학 연구는 거의 없어서 누구도 차이가 있다고 장담할 수 없지만 차이가 없다고도 말할 수 없다. 게다가 이 논쟁은 상황을 설명하는 것이 아니라 남성 위주의 연구 결과를 정당화하려는 뒤늦은 시도일 뿐이다. 결국 성별에 따른 중요한 차이가 정말로 없다면 여성을 배제해야 할 이유도 없다. 이 논쟁은 또한 명백한 의문을 제기했다. 만약 남성을 대상으로 한 연구 결과를 여성에게 적용해도 된다고 그렇게 자신한다면, 왜 그 반대 상황은 전혀 없었을까?

생의학계가 자신들에게 정확히 반하는 설명을 내놓으면서 이 변명은 더욱 의심스러워졌다.[19] 여성과 남성이 너무나 유사해서 남성을 대상으로 한 연구를 여성에게도 적용할 수 있다는 앞의 주장과 달리, 생의학 연구자는 여성과 남성은 너무 달라서 여성을 시험 대상에 포함할 경우 연구 모집단의 균질성을 파괴하고, 연구 결과에 '혼동'을 불러온다고 주장한 것이다. 혼성 대상 연구는 남성과 여성 모두에게 통계적으로 유의미한 결과를 얻으려면 더 많은 임상시험 대상자가 필요하고, 이는 더 많은 비용을 의미한다. 게다가 여성은 다양한 호르몬 주기와 상태 때문에 남성보다 생물적으로 비균일한 집단이라고 주장했다. 여성은 남성과 다를 뿐만 아니라, 여성끼리도 서로 다르다는 뜻이다. 월경 주기에 따라 변하는 호르몬 농도와 호르몬 피임법, 호르몬 대체 요법, 임신이나 출산, 폐경 상태에 따라 여성은 너무 많은 '변수'가 끼어들어서 '명확한' 결과를 얻기가 더 힘들다고 말했다.[20] 요약하자면 남성만 연구하는 편이 비용도 적게 들고 쉬우며, 여성의 몸은 연구하기에 너무 복잡하다는 주장이다.

물론 이런 변명은 잠재적인 성 · 젠더 차이가 어느 정도 고의적인 결과이며, 자기 잇속만 차리는 이기적 편향의 결과물이라는 의학계의 맹점을 보여준다. 남성 연구를 통해 얻은 지식이 여성에게 적용되지 않을 수도 있지만, 그렇다고 아무에게도 일어나지 않은 일이라고 주장하는 것은 여성을 완벽하게 무시하는 자기변명일 뿐이다. 대신 연구에서 여성을 배제한 바로 그 이유는 왜 여성을 연구에 포함해야 하는지를 정확하게 드러내며, 이는 매우 실제로 중요한 문제다. 의학 전문기자 레슬리 로런스Leslie Laurence와 베스 와인하우스Beth Weinhouse는 1994년 출판한 저서 《충격적인 의료 현실(Outrageous Practices)》에서 의료계의 젠더 편향성을 다음과 같이 고발한다. "예를 들어, 신약이 거치는 대사과정에 여성 호르몬이 영향을 미쳐서 연구 결과에 영향을 줄 수 있다는 주장은 연구자들이 성별 차이를 인정하는 것이다. 그리고 나서는 그 차이점을 무시하고 남성만 대상으로 연구한 뒤, 그 결과를 여성에게 추정만으로 적용해 스스로의 논리를 뒤집는다."[21]

여성에게 주로 영향을 미치는 질병이 연구 의제에서 수면 아래로 가라앉게 된 이유는 생각보다 간단하지만 고치기는 쉽지 않다. 여성 건강운동 활동가들은 연구 계획을 제안하고, 연구 자금을 지원하고, 연구 결과를 출판하는 사람이 대부분 남성이기 때문에 자연히 남성의 관점과 관심사를 반영한다고 지적했다. 당시 국립보건원에 있던 소수의 부인과 의사 중에 한 명이었던 플로렌스 하셀틴Florence Haseltine 박사는 로런스와 와인하우스에게 "나는 이 현상이 악의적이거나 고의적인 결과라고 생각하지 않는다. 의사들에게 각자 관심 주제에 대해 연구하라고 하면, 50대이고, 남성인 의사라면 모두 심장질환을 연구할 것이다."라고 말했다.[22] 더 정확하게 말하자면 의학 연구에서 연구자가 '관심 있는 주제'는 연구자 자신이 가장 시급하다고 생각하는 주제이기 마련이다. 1990년에 슈뢰더 대변인이 "사람은 자신이 두려워하는 것에 자금을 쓴다. 남성이 대다수인 의학 연구 집단은 유방암보다는 전립선암을 더 걱정하기 마련이다."라고 언급했듯이 말이다.[23]

연구 대상에 포함하는 것으로 끝이 아니다

1990년대 초에는 지식의 간극을 메우려는 중요한 절차가 빠르게 진행되었다. 국립보건원은 즉시 여성건강연구사무국(ORWH)을 구성해서, 현재는 규정화되어 법이 된 권고인, 여성을 연구 대상으로 포함해야 한다는 정책이 지켜지는지 감독했다. 또 국립보건원에서 여성건강을 주제로 연구가 이루어지도록 조율했다. 그 후 버나딘 힐리Bernadine Healy 박사는 최초로 여성 국립보건원장이 되어 여성 노인의 심장질환,

암, 골다공증을 위한 식이요법, 호르몬 대체 요법, 비타민D 보충제가 미치는 효과를 연구하는 대규모의 장기 연구인 '여성건강계획'을 발표했다. 이제까지 잃어버린 시간을 단번에 벌충하려는 듯, 이 연구는 국립보건원이 지원한 사상 최대 규모의 연구로 16만 1,000명 이상의 여성이 참여했다. "기본적으로 우리는 이미 남성에 대해 가지고 있는 자료들을 여성에 대해서도 갖추려고 한다. 이런 기본 자료 없이는 여성 건강 연구를 진행할 수 없다."라고 힐리 박사는 설명했다.[24]

한편 의회는 이 개혁안을 법안으로 체계화했다. 1993년에 빌 클린턴 대통령은 국립보건원 재활성화 특별법에 서명했다.[25] 이 법안은 국립보건원이 지원하는 연구는 시험 대상자에 여성과 소수인종을 충분히 포함시켜 생물학적 차이를 '타당하게 분석'하도록 규정했다. 동시에 여성건강연구사무국을 국립보건원의 정규 분과로 만들었고 유방암, 난소암, 골다공증, 피임, 난임에 대한 연구에 자금을 배정했다. 같은 해에 식품의약국은 회계감사 보고서를 확인한 뒤 가임기 여성을 임상시험에서 배제하는 1977년의 정책을 폐기하고, 이 정책이 '융통성 없고 가부장적이며, 신약 개발 연구에서 여성의 참여를 제한하게 되며, 따라서 신약이 여성에 미치는 효과에 대한 정보가 부족할 수 있다'는 점을 인정했다.[26]

4반세기가 지났지만 아직도 남은 과제가 많다. 2015년 예일 의과대학교 여성건강연구소장인 캐롤린 마주르Carolyn M. Mazure 연구팀은 '여성을 임상시험에 동등하게 참여시키고, 성별과 젠더에 대한 생의학 연구를 보장하는 측면'에 대해서 지난 20년간 얼마나 진전이 이루어졌는지를 평가했다.[27] 이 논평은 몇 가지 중요한 단계가 시행되었지만 "고통스러울 정도로 진전이 느리다. 오랫동안 지연되거나 방향이 거꾸로 뒤집힌 적도 있다. 결론적으로 거의 진전이 이루어지지 않았다."
라고 평가했다.

이는 1990년대 초에 모든 단계가 시행되는 와중에 몇 가지가 빠졌기 때문이기도 하다. 1990년 회계감사보고 청문회에서 임상시험 전 단계인 동물 실험, 조직 실험, 세포 실험까지 모든 생의학 연구의 시험 대상이 남성뿐이었다는 사실에 분개한 의원들이 거세게 항의했다. 그러나 국립보건원 재활성화 특별법은 인간을 대상으로 한 시험에서만 여성을 시험 대상으로 포함하고, 임상시험 3단계에서만 충분한 수의 여성을 포함해 성별로 분류, 분석하도록 규정했다. 임상시험 3단계는 새 치료법이 안전하고 효과가 있음을 증명하는 초기 단계의 소규모 실험이 실시된 후에 시행하는, 수천 명의 환자를 상대로 하는 최종 시험이다. 국립보건원은 2014년에야 임상 전 과정에서 압도적인 남성 편향성에 대처하는 정책을 발표했다.[28]

한편, 식품의약국은 여성을 신약 시험 대상자에서 배제하는 정책을 철회한 후에도 여성을 다시 시험 대상자로 포함하는 일에 적극적이지 않았다. 물론 식품의약국은 제약 산업계에 신약이 여성의 월경 주기나 호르몬 치료, 경구 피임약에 어떤 영향을 받을지 고려하라고 격려하기는 했지만, 실제로 제약회사에 여성을 시험 대상에 포함하라거나 신약 효과에 대해 성별 분석을 하라고 요구하지는 않았다. 1998년에 법률이 다소 강화되어 제약회사에 나이, 인종, 성별 등 다양한 집단에 따른 효과와 안전성 자료가 있다면 식품의약국에 제출하라고 요구했다.[29] 하지만 여전히 시험 첫 단계부터 이런 자료를 수집하라고 강제하지는 않았다. 식품의약국은 2000년에야 임상시험에서 남성이든 여성이든 어느 한쪽이 배제되어 있다면 목숨을 위협하는 질병의 신약 연구를 중단시킬 권리를 명시한 새로운 규제를 발표했다.

그러자 이를 어떻게 강제할 것인지에 대한 문제가 남았다. 2000년에 국립보건원이 여성을 시험 대상에 포함하는 정책을 시행한 결과를 평가했다.[30] 회계감사원은 국립보건원이 지원한 연구에서 여성의 대표성이 향상되었지만 아직도 전체적으로는 성별에 따른 분석이 항상 이루어지지는 않으며, 성별 분석이 이루어져도 발표되지 않는다고 결론을 내렸다. 다음 해, 회계감사원은 식품의약국도 비슷하게 평가했다.[31] 최근에 승인받은 모든 신약 연구는 여성을 적절하게 포함시켰지만, 규모가 작은 초기 단계 연구에서는 여성이 1/4 이하였다. 1/3 이상의 연구는 여전히 연구 대상자에 대한 하위 정보를 기재하라는 정책을 지키지 않았다. 심지어 차이점이 발견되어도 제약회사나 식품의약국 어느 쪽도 그 정보에 반응하지 않았다. 현재 신약 연구의 문제점을 설명하자면, 식품의약국의 승인을 받아 시장에 나온 신약 중에서 '용인할 수 없는 건강 위험 요소'가 있어서 1997년에서 2001년 사이에 판매 중지된 신약 열 가지 중에 여덟은 남성보다 여성에게 더 위험하다.[32]

더 최근인 2015년 의회에 제출된 보고서에서 회계감사원은 국립보건원이 지원하는 모든 연구는 남성과 여성의 총계만 점검하므로 아직도 여성이 모든 분야에서 대표성을 충분히 나타내지 못한다고 결론내렸다. 이제 여성은 연방 연구지원금이 들어가는 연구 대상의 대부분을 차지한다고들 말한다.[33] 하지만 회계감사원 보고서는 여성건강계획처럼 여성만을 대상으로 하는 두어 가지의 대규모 연구 때문에 여전히 여성이 과소 대표성을 보이는 특정 연구 영역이 존재하는 현실을 왜곡할 수 있다고 경고했다. "다양한 질병과 증후군에 한정하거나 연구 영역을 통합한 자료처럼 시험 대상자 수에 대한 더 상세한 자료를 살펴보지 않으면, 국립보건원이 지원하는 연구가 여성을 적절하게 포함하고 있는지 알 수 없다."[34]

사실 국립보건원이 지원해서 발표한 연구를 외부에서 분석한 결과는 균형을 이루었다기보다는 살짝 기울어진 상태다. 2004년 주요 의학 잡지 아홉 군데에 발표된 연방정부가 지원한 무작위 통제 임상시험 논문을 살펴보면, 임상시험 대상이 된 여성은 평균 37%다.[35] 같은 의학 잡지에 같은 방법으로 2009년에 발표된 논문을 분석한 결과도 37%로 변함이 없었다.[36]

물론 국립보건원이 가장 큰 지원기관이기는 하지만 유일한 기관은 아니다. 민간 기업이나 재단이 후원하는 연구가 있지만 여성을 반드시 대상으로 포함해야 한다는 연방법은 없다. 결과적으로 여성은 현재 연구 영역에서 완전히 배제되지는 않지만, 대다수 연구에서 여성의 과소 대표성은 여전하다. 2001년에서 2010년 사이에 시행된 암 치료와 예방법 연구는 304건으로, 임상시험 대상의 60%는 남성이었고 이 중 80%는 백인이었다. 2013년 논평에서는 "여성과 소수 인종, 소수민족은 암 임상시험에서 심각한 수준으로 배제되었고, 따라서 암 임상시험의 일반화 가능성은 제한적이다."라고 결론 내렸다.[37]

그러나 아마도 가장 큰 문제는 실제 연구 결과에 젠더에 따른 차이점이 있는지 살펴보는 분석연구를 해당 연구가 당연히 지키고 따라야 하는 규범으로 받아들이지 않은 것이다. 결국 임상시험에서 여성의 대표성이 나아지기를 바라는 것은 그저 여성을 특별한 이유 없이 포함하려는 것이 아니라, 남성과 여성의 차이점이 있는지 없는지 알아내서 과학 지식을 발전시키려는 것이다.

국립보건원은 연구자에게 성별 분석을 하라고 '강력하게 권고'하는 일 외에는 할 수 있는 일이 별로 없다. 하물며 성별 분석을 통해 발견한 사실을 발표하는 논문에 신도록 강요할 수도 없다. 1990년대 초에 정책이 처음 발표되었을 때, 몇몇 연구자는 어떻게든 이 규제를 피해보려 했다고 인정했다. 한 여성건강 연구자는 1990년대 중반을 회상하면서 "국립보건원 직원이 회의에 와서 성별 분석에 대해 강조했을 때, 백인 남성 과학자들은 터무니없는 소리라며 일축했다"라고 말했다.[38] "발언대에 선 몇몇은 심지어 거짓으로 꾸미면 된다면서, 앞에서는 성별 분석을 하겠다고 말하고는 바로 돌아서서는 하지 않겠다고 말했다."

고의인지 아닌지와 별개로, 연구자들은 여전히 성별 분석을 하지 않는다. 앞서 언급한 연방지원 임상시험에 대한 논평에서 연구의 75%는 성별 분석 결과를 제시하지 않았고, 64%는 인종이나 소수민족 집단 분석 결과를 내놓지 않았다. 최근 우울증 치료에 대한 연구 150편을 분석한 2010년 논평에서는 분석한 논문의 절반만이 성별 분석을 했다고 밝혔다.[39] 현재 진행 중인 700건 이상의 연구에서 거의 90%의 연구자는 여성을 시험 대상에 포함했다고 말했지만, 결과를 성별 분석할 계획이 있다고 답한 사람은 1% 이하였다. 2006년에서 2009년 사이 응급의학에 초점을 맞춘 연구 750건을 분석한 2011년 논평에서는 대부분의 연구가 성별을 변수로 보고했지만 1/5 이하만이 성별에 따라 결과를 분석했다는 사실을 발표했다.[40]

여성운동 진영은 종종 '여성을 집어넣고 차이를 희석해버리는' 접근법이 일으키는 결과를 설명한다.[41] 1990년대에는 그저 여성을 연구에 포함하기만 하면 문제가 해결되리라는 생각이 지배적이었다고 '성과 젠더 여성건강 공동체' 대표인 잔 어빈스키Jan Werbinski 박사가 설명했다. "이후 25년이 지나자 여성이 포함된 연구 결과는 많아졌지만, 여성은 여전히 보이지 않는다. 과학자는 '자, 시키는 대로 여성을 집어넣었어!'라고 말하지만, 그들은 연구 결과를 성별로 분석해서 보고하지 않는다. 그래서 질병과 치료법에서 여성에게 일어나는 부작용과 반응은 여전히 알 수 없다."

국립보건원에 비해 비교적 관대한 규칙을 적용하는 식품의약국의 경우, 특히 신약 연구가 기준 미달이다. "제약회사가 성별 분석을 하도록 유도하는 일은 여전히 어렵다. 여성을 시험 대상에 넣는 일과 성별 분석을 하는 일은 전혀 다른 문제다. 아직 그 수준까지는 도달하지 못했다."라고 전 여성건강연구협회장이었던 필리스 그린버거Phyllis Greenberger는 말했다.[42] 2012년 미 의회는 통계학 하위집단, 즉 젠더·성별, 인종·소수민족, 나이별로 안전성과 효율성 자료를 제대로 수집하고 있는지 평가해 달라고 식품의약국에 요청했다. 분석 대상인 신약 승인 지원서 72건 대부분은 이러한 자료를 포함하고 있었지만, 여성·소수인종·노년층은 표본 수가 모자라 통계적으로 유의미한 분석을 할 수 없었다고 식품의약국이 인정했다.[43] 식품의약국 여성보건국장 수전 우드Susan Wood는 "그때그때 상황에 따라 시험 대상에 집어넣는다"라고 설명했다.[44] 이런 식이라면 실제로 하위집단의 차이점을 발견하기에 충분하지 않을 때도 있다.

식품의약국은 더 개선할 여지가 있다고 결론 내리고, 2014년 과소 대표성을 가진 집단을 시험 대상에 더 많이 포함시켜 분석의 질을 개선하는 실행 계획 스물일곱 항목을 내세웠다.[45] 또 대중이 더 쉽게 정보에 접근할 수 있도록 '신약 임상시험 스냅숏snapshot'을 발의했다. 이전에는 식품의약국 홈페이지에 있는 방대한 양의 자료를 뒤질 각오를 한 사람만이 신약 승인 지원서 임상시험에 기재된 하위집단 자료를 찾을 수 있었지만, 이 계획이 시행되면서 사용자 편의를 고려한 홈페이지에서 의사나 환자가 성별, 인종, 나이별로 신약의 효과와 부작용을 손쉽게 찾아볼 수 있게 되었다.[46] 운동가들은 이런 움직임을 환영했지만 홈페이지에 공개한 자료가 최종 임상시험 결과만 기재되어 있으며, 현재 시험을 진행하는 신약에만 해당하고, 이미 시장에 나와 있는 수많은 약에 대한 자료가 없다는 사실도 지적한다.[47] 덧붙여서, 홈페이지는 대중에게 정보를 알리는 가장 직접적인 방식이라고는 할 수 없다고도 했다. 우드는 "점차 이런 정보가 환자가 확인할 수 있는 약 상표에 기재되기를 바란다"고 말했다.

성·젠더 분석을 훌륭한 과학 연구의 기준으로 만들 확실한 방법이 하나 있다. 바로 동료심사 학술지에 게재하는 것을 조건으로 내거는 것이다. 일단 국립보건원 재활성화 특별법 법안을 제출했으니, 여성건강연구사무국은 시간을 들여서 논문 투고 지침을 바꾸도록 의학 학술지와 과학 학술지를 설득해야 한다. "학술지는 몇 가지 이유를 들어 오랫동안 저항했다. 우리는 이 문제를 계속 건의했지만, 몇몇 주요 학술지는 '과학적 이유'를 내세워서 아주 완강하게 거부했다."라고 전 여성건강연구 사무국장 비비안 핀Vivian Pinn 박사가 말했다.[48] 학술지 편집자들은 다양한 이유를 내세웠다.[49] 차이점이 없다면 군이 부정적 결과를 게재하기 위해 지면을 낭비하고 싶지 않고, 연방정부 지원을 받지 않아서 그런 분석이 통계적으로 가능하도록 실험 설계를 하지 않았을 때, 논문 저자에게 연구 전체를 다시 하라고 요구할 수 없다는 것이다.

최근 들어 드디어 학술지들이 태도를 바꾸기 시작했다. 2010년 여성건강연구협회는 유명한 과학 학술지와 의학 학술지 11개를 대상으로 비공식적인 설문조사를 했다.[50] 이중 〈미국 국립암연구소 저널 (Journal of the National Cancer Institute)〉과 〈순환계(Circulation)〉, 단 두 곳에서만 성·젠더의 차이에 대한 사항을 저자 지침에 실었다. 같은 해, 여성건강연구에 대한 경과 보고서에서 의학협회는 국제의학학술지 편집자위원회와 다른 학술지 편집위원에게 '모든 임상시험 논문은 특정한 성별에만 선택적으로 나타나는 질병에 대한 논문이 아닌 이상, 남성과 여성의 자료를 구분해서 보고하는 지침을 적용하라'고 권고했다.[51] 스탠퍼드대학교 젠더혁신 프로젝트에 따르면, 현재 전 세계 32개 학술지에서 논문을 받을 때 연구자가 결과 자료에 젠더·성별 분석을 제출하도록 하는 편집정책을 운용한다.[52] 하지만 핀에 따르면, 국립보건원의 새 정책이 새로운 지식의 원동력이 되었지만 아직도 '기대만큼은 논문에 나타나지 않고 있다.'

임신부는 의료계의 고아

임상시험에서 여성의 대표성을 높이는 과정에서 완전히 배제된 여성 그룹이 있다. 바로 임신부다.[53] 1994년 의학협회는 임신부가 '임상시험에 참여할 수 있으며, 임신부를 스스로 결정을 내릴 수 있는 성인으로 대해야 한다'고 권고했다.[54] 그러나 연방 정부의 지침은 정반대다. 임신부는 제한적인 조건에서만 임상시험에 참여할 수 있으며, 대개 기본적으로는 참여할 수 없다. 식품의약국은 신약이 임신부에 나타내는 효능을 입증하라고 요구하지 않으며, 제약회사도 대체로 이 시험을 시행하지 않는다.

임신부를 시험 대상에 포함해도 아무런 혜택이 없고, 태아에게 미칠 영향에 대한 두려움 때문에, 연구 공동체는 임신부 집단을 모든 생의학 연구에서 배제해서 이들을 '의료계의 고아'로 전락시켰다. 2013년 분석에 따르면, 기업의 지원을 받은 신약 임상시험의 95%가 임신부를 시험 대상에서 배제했고, 1%만이 임신부를 대상으로 연구했다. 임신 기간에 복용하도록 식품의약국에서 승인받은 약은 오직 여덟 종뿐이다.[56] 게다가 이 여덟 종의 약은 모두 구역질 완화제나 진통 유도제처럼 임신에 관련된 약으로, 오프라벨off-label(의료인이 적합, 타당하다고 판단할 때 이루어지는 허가 외 처방-옮긴이)로 처방된다. 식품의약국이 승인해야 하는 사전 시험이 아예 이루어지지 않는 것이다. 여성건강연구사무국은 2011년 보고서를 통해 "임신부는 전체 임상시험 과정에서 가장 존재가 드러나지 않는 집단"이라고 발표했다.[57]

물론 임신부는 누구보다도 안전하고 효율적인 치료를 받아야 한다. 매년 40만 명이 넘는 미국 여성이 임신 중에 심각한 질병으로 고통받는다.[58] 그리고 많은 여성이 고혈압, 자가면역 질병, 우울증 같은 임신 중에도 치료받아야만 하는 만성질환을 앓고 있다. 생명윤리학자 프랑수아즈 베일리스Francoise Baylis는 2010년 〈네이처〉 기사에 "임신한 여성은 아프고, 아픈 여성은 임신한다"라고 썼다.[59] 질병관리본부에 따르면, 사실 여성의 90%는 임신 중에 약을 먹는데, 그중 70%가 처방받은 약이라고 했다.[60] 여성은 산부인과를 방문할 때마다 평균 1.3종의 처방 약을 받으며,[61] 거의 2/3에 가까운 여성이 임신 중이거나 출산 중에 네다섯 종의 약을 먹는다.[62]

하지만 실제 진행한 연구는 거의 없고, 의사는 그저 그 약이 임신부에게 어떤 영향을 미칠지 추측만 하는 상황이며, 최상의 상황이 나타나길 바라는 의료인의 추측은 재앙으로 치달을 수 있다. 임신부를 임상시험 대상으로 포함시키려는 목표를 가지고 2009년에 설립한 여성건강연구자연합인 '더 세컨드 웨이브 이니셔티브the Second Wave Initiative'는 임신을 '와일드카드'에 비유한다. 임신이 일으키는 신체의 근본적인 변화(호르몬 농도의 극단적인 변화, 혈액량의 30~40% 증가, 신진대사와 심혈관계 기능의 변화 등)는 약의 대사과정과 효과가 나타나는 과정에 놀라울 정도로 큰 영향을 미칠 수 있다.[63] 여성을 단순히 조금 작은 남성으로 치환할 수 없듯이 '임신부를 배가 좀 큰 여성으로 치환할 수 없으며', 복용량과 위험도에 대한 정보를 임신하지 않은 환자의 연구 결과에서 추론할 수 없다.[64]

그런 결과는 의학적으로, 윤리적으로 수용할 수 없어서 임신부와 담당 의료진은 이러지도 저러지도 못하고 있다. '더 세컨드 웨이브 이니셔티브'는 "치료제의 안전성과 효능에 대한 정보도 모른 채, 임신부와 의료진은 다음 두 가지 사항 중에서 선택해야 한다. 안전성과 효능을 모른 채 약을 먹거나, 질병을 치료하지 못하고 여성과 태아를 의료 문제로 생겨난 위험에 방치해야 한다."라고 설명한다.[65]

물론 그 결과의 하나로, 임신부는 태아에게 해를 끼치는 약을 먹게 될 수도 있다. 애초에 임신부를 연구 대상에서 배제하는 것을 정당화한 바로 그 위험 말이다. 2011년 분석 결과에 따르면, 1980년에서 2010년 사이에 식품의약국의 승인을 받은 처방전 약 중에서 10% 이하만이 태아에 미칠 위험도를 예측할 수 있을 만큼 정보를 충분히 제시했다.[66] 임신 기간에 복용하는 약에 대한 시험 중에서 최대 규모였던

2004년 연구 결과에서는 "대략 절반가량의 임신부가 임신 중에 안전성이 입증되지 않은 처방 약이나, 동물이나 인간의 태아에 위험한 약을 먹고 있다"고 결론 내렸다.[67] 모든 임신부는 사실 실험용 쥐나 다름없다. "우리는 임신부를 대상으로 실험하지 않는 척하면서 임신부를 앞세워 정보를 알아내고 있다"고 '더 세컨드 웨이브 이니셔티브' 회원이며 존스홉킨스 베르만 생명윤리연구소장인 루스 페이든Ruth Faden은 2016년 〈프로퍼블리카ProPublica〉에 낸 기사에서 설명했다.[68] 게다가 우리가 배우는 속도는 너무나. 1980년부터 2000년 사이에 승인받은 약은 위험도를 측정할 충분한 자료가 축적되기까지 평균 27년이 걸렸다.[69]

하지만 반대의 결과 역시 똑같이 위험할 수 있다. 아마도 더 흔한 경우일 것이다. 태아에 미칠 위험에 대한 걱정 때문에 위험한 의학적 상황을 이유로 임신부를 치료하지 않거나 충분히 치료하지 않게 된다. 충분한 자료가 없을 때 의사와 여성은 태아에게 미칠 이론상의 위험에 두려움을 느낀 나머지, 치료하지 않는 위험에 대해 제대로 평가해 보지도 않고 아무런 치료도 하지 않는 우憂를 범한다. '더 세컨드 웨이브 이니셔티브'는 "약이 안전하지 않은 경우를 알려주는 것이 연구의 가치라면, 약이 안전하다고 안심시켜 주는 것 역시 중요한 연구 가치"라고 설명했다.[70] 결국 태아와 모성 건강은 밀접하게 연관된다. 대개 임신부를 해치는 것은 무엇이든 태아에게도 좋지 않다. 그리고 모든 의학적 치료는 어느 정도 위험 요소를 안고 있다. 문제는 손실과 혜택을 가늠하는 것이다. 임신 중이라면 이런 계산이 더 어려워지겠지만, 임부와 태아에게 미치는 위험도는 때에 따라 다를 수 있어도 궁극적으로는 다르지 않다.

하지만 이런 교환관계를 결정하도록 도와줄 자료가 충분하지 않다면, 치료가 태아에게 미칠 위험을 더 중시할지 치료가 태아와 임부 모두에게 줄 혜택을 더 중시할지는 의사의 성향에 달렸다고 전문가들은 말한다. 예를 들어 우울증을 앓는 여성은 가능하다면 임신 기간에 항우울제를 끊도록 권고받는다. 그러면 항우울제를 계속 복용하는 임신부보다 우울증이 악화할 가능성이 더 크다. 게다가 임신 중에 우울증을 치료하지 않으면 태아도 위험하다. 조산이나 저체중아, 태아의 성장 제한, 출산 후 합병증으로 이어질 수 있다.[71] 마찬가지로 천식을 앓는 여성은 임신 중에 치료 강도를 낮추기도 한다. 하지만 이는 산모의 고혈압, 임신중독증, 자궁출혈을 증가시키며 더불어 태아의 성장 제한, 조산, 저체중아로 태어날 위험이 커진다. 전문가들은 치료법이 태아에 해를 미치지 않는다는 타당한 증거가 있는데도 임신부들이 때때로 완전히 근거 없고 역효과를 낳기도 하며, 경고와 주의사항으로 점철된 부족한 치료를 받고 있다고 말한다.[72]

최근의 노력으로 마침내 임신부를 임상시험에 복귀시켰다. 식품의약국은 제약산업계가 임신부에게 미치는 신약의 생화학적, 생리적 효과를 측정하는 윤리적인 방법에 대한 지침을 마련했다.[73] 그리고 법률로 정하진 않았지만 일단 약품을 시장에 출시하면 임신부 기록부를 만들어 부작용을 추적하도록 했다.[74] 2014년 질병관리본부는 임신 기간에 의약품을 사용하는 데 있어 정보의 질을 개선하는 계획에 착수했다.

하지만 지금 당장은 임신부를 임상시험 대상에서 배제한 결과, 모든 임신부는 1990년대의 가임기 여성과 똑같은 처지가 되었다. 거의 매번 임신부는 통제되지 않는 실험 대상이 되어 약을 먹는 것이나 다름없다. 이는 연구 대상에 임신부를 포함하는 윤리적 문제의 진정한 해결책이 아니다. '더 세컨드 웨이브 이니셔티브'는 "임신부를 의료계에서 이등시민으로 분류하는 것은 임신부에 대한 책임감 있는 연구의 대안이 아니다. 임신부나 태아 모두에게 좋지 않다고 밝혀졌다"라고 기사를 마무리했다.[75]

성 · 젠더 차이를 인정하는 최신 과학

100% 남성으로 구성된 22,071명을 대상으로 한 의사건강연구에서 '저용량 아스피린이 50세 이상 남성의 심장질환 위험도를 낮춘다'는 사실을 발견한 지 16년이 지난 2005년에야 여성은 이 연구 결과가 자신에게도 해당하는지에 대한 해답을 얻었다. 4만 명에 이르는 여성을 대상으로 한 연구는 아스피린이 65세 이하 여성의 심장질환에는 효과가 없지만, 65세 이상 여성에게는 효과가 있다는 점을 밝혔다.[76] 더불어 뇌졸중 위험도 감소시킨다는 사실을 발견했는데, 이는 남성에게는 나타나지 않는 효과다.

아스피린 연구 사례는 1990년대 초 여성운동계가 제기한 우려를 입증했다. 당시 남성을 대상으로 연구한 결과를 여성에게 적용하는 것이 항상 들어맞지는 않는다는 확실한 신호가 있었지만, 성 · 젠더 차이가 존재한다는 가능성에 주목하지는 않았기에 실제로 얼마나 중요한지는 알 수 없었다. 어쨌든 성 · 젠더 차이가 항상 존재하지만, 이 차이점이 진료에 미치는 영향이 항상 크다고 주장하지는 않았다. 성 · 젠더 차이에 대해 한 번쯤 인지하고 살펴봐야 한다는 것이었다.

의료계에 이것이 가치 있는 시도라는 확신을 심어주는 데는 오랜 시간이 걸렸다. "1990년대 초 내 전문분야인 순환기내과에서도 관상동맥질환에서 남성과 여성 증상의 차이점을 다시 조사해야 한다고 의사들을 설득하는 데 10년이 걸렸다"고 심장 전문의이자 컬럼비아대학교 성인지의학연합(the Partnership for Gender-Specific Medicine) 설립자인 마리안 레가토Marianne Legato 박사는 말한다.[77] 하지만 지난 25년간 성·젠더 차이를 증명하는 논문이 계속 축적되면서 회의주의적 시각은 점점 설 자리를 잃게 되었다.

수많은 질병의 유병률, 심각도, 증상, 위험 요소에서 성·젠더 차이가 관찰되었다. 간단히 몇 가지 사례만 들어보자면, 여성은 자가면역질환에 걸릴 확률이 남성보다 2~10배 더 높다.[78] 여성은 남성보다 좌뇌에 뇌졸중이 왔을 때 언어능력을 회복할 가능성이 크다.[79] 폐암에 걸린 여성은 남성보다 흡연율이 현저히 낮다.[80] 여성은 심장마비가 올 때 가슴 통증을 느끼지 않는 일이 더 흔하다.[81]

성·젠더의 차이는 수많은 약에 대한 반응, 즉 몸이 약에 반응하는 과정인 약동학과 약이 몸에 영향을 미치는 과정인 약력학에서도 나타난다.[82] 여성은 항생제, 항우울제, 콜레스테롤 강하제 등 다양한 약으로 치명적인 부정맥을 일으킬 위험이 남성보다 크다. 베타 차단제는 남성보다 여성에 더 효과가 좋다. 우울증에 걸린 여성은 삼환계 항우울제보다 선택적 세로토닌 재흡수 억제제가 더 잘 듣는다. 남성은 여성과 반대다. 여성은 전신 마취에서 남성보다 빨리 회복하지만 부작용은 더 많이 겪는다.

약물 반응에서 보이는 성·젠더의 차이는 단순히 여성의 평균 체중이 남성보다 가볍기 때문이 아니다. 체중 역시 명백한 차이점의 하나지만, 약동학에 영향을 주는 다른 요인이 복합적으로 얽혀 있다. 체지방률, 호르몬 변동, 효소 농도, 신진대사 속도가 포함된다. 약물 반응에 관한 성·젠더의 차이를 연구한 한 논문에 따르면 이런 차이는 "종종 체중의 차이 탓으로만 돌려져서 임상적으로 중요하지 않은 것처럼 덮어버리고, 체중의 차이만 보정해서 적용했다"고 지적했다. 체중 차이를 보정하는 방법은 표준화된 진료 지침이 아니라고도 지적했다. "역설적으로 대부분 약의 권장량은 mg/kg 기반이 아니라 천편일률적으로 적용된다. 따라서 대체로 체중이 더 가벼운 여성은 약물을 더 많이 복용하게 된다."[83]

때로 이런 차이는 작을 수 있고 임상 권고안과 무관하기도 하지만, 때로는 큰 문제가 되기도 한다. 2013년 식품의약국은 졸피뎀 권장복용 지침이 필요하다고 발표했다.[84] 졸피뎀은 인기 있는 불면증 약인엠비엔의 활성 성분으로 매년 미국인 4,000만 명에게 처방되며, 여성에게는 한 번에 반 알만 처방한다. 시간이 흐르면서 식품의약국은 환자들이 졸피뎀을 복용한 다음 날 아침 자동차 사고를 일으켰다는 700여건의 보고를 받았다. 새로운 연구에서는 여성의 몸에서 약 성분이 빠져나가려면 남성보다 오래 걸리므로, 여성의 15%는 전날 졸피뎀을복용하면 8시간 수면 후에도 혈액 속에 졸피뎀 농도가 높아 운전할수 없다는 점을 밝혀냈다. 이와 비교하면 남성은 3%만이 이런 경우에해당한다.

졸피뎀이 신진대사를 거치는 과정에 성·젠더의 차이가 있다는사실 자체는 새롭지 않았다. 1992년에 식품의약국이 처음 졸피뎀을승인했을 때, 남성과 비교할 때 여성의 혈액 속에 남아 있는 졸피뎀의양이 45%나 많다는 자료가 이미 제시되었다. 식품의약국 담당자는사실 "실험 결과, 젠더와 연관된 차이가 발견된다."라는 문구를 졸피뎀

주의사항에 기재했다. 하지만 그 당시에는 이 점이 문제되지 않았다. 식품의약국 신약관리실 부실장인 샌드라 크위더Sandra Kweder 박사는 시사 보도 프로그램인 〈60분(60 Minutes)〉에서 저용량 복용 권고가 있었음을 인정했다. "현재 과학 수준을 바탕으로 이 사실을 알게 된 뒤 그때로 다시 돌아간다면 조금이라도 더 많은 정보를 알아내려 했을 것이다. 하지만 당시에는 … 임상약학 논문에서 흔히 보여온 일종의 관행이었다."[85]

당시 성·젠더의 차이를 그저 '일상적인 관행'으로 무시하거나 하찮게 여기고 승인받아 시장에 나온 약은 수없이 많다. 여성건강연구 사무국장 클레이턴은 〈뉴욕타임스〉 인터뷰에서 "이 사례는 비단 엠비엔Ambien(졸피뎀의 상표명-편집자)뿐만이 아니다. 이건 빙산의 일각일 뿐이다. 수많은 약이 성·젠더의 차이를 보이며, 그중에는 잘 알려진 것도, 아직 알려지지 않은 것도 많다."라고 밝혔다.[86] 수많은 약이 여성을 대상으로는 임상시험을 거치지 않았거나, 여성을 대상으로 했더라도 차이점을 드러낸 증거가 무시됐다. 그러니 남성과 비교할 때 여성의 50~75%가 약의 부작용을 더 많이 겪는 것도 당연하다.[87]

2001년에 미국 의학연구소(IOM)는 최신 지식을 하나로 엮어 '인간의 건강에서 생물학적인 측면의 기여 정도: 성이 문제인가?'라는 제목의 보고서를 발표했다.[88] 답은 '중요하다'이다. "성별은 중요하다. 우리가 전혀 예상하지 못했던 방식으로 영향을 미친다. 의심의 여지없이 우리가 미처 생각하지 못한 방향에서도 성별은 중요한 역할을 할 것이다."라고 보고서는 결론 내렸다. 성·젠더의 차이에 대한 연구가 '성숙한 과학으로 진화'한다는 점에 주목하며, 위원회는 "자궁에서 무덤까지 인간의 삶에서 생기는 건강과 질병 문제에서 성별 차이는 중요한 요소로 모든 분야, 모든 수준의 생의학 및 건강 관련 연구를 설계하고 분석할 때 고려해야 한다."라고 선언했다. 몇몇은 성별의 차이, 즉 유전적 차이나 호르몬 차이 같은 생물 요소에 주목했지만, 보고서는 젠더가 건강에 영향을 미치는 방식도 언급했다.

여기서 중요한 점이 부각된다. 성별과 젠더의 개념은 유용하지만, 건강과 질병에서 이들 요인의 영향을 결정하는 일은 복잡하다. 대부분의 사람은 젠더와 성별이 일치하지만, 눈에 보이는 일반적인 남성과 여성이 차이가 성별 때문인지 젠더 때문인지 구분하기가 종종 힘들 때도 있다. 이런 구분이 명확한 사례도 있다. 수십 년 동안 미국 남성은 흡연 비율이 더 높았기 때문에 여성보다 폐암에 걸릴 확률이 높았는데, 이는 명백하게 젠더 차이다. 남성이 생물적으로 질병에 더 취약하기 때문이 아니라, 그저 주요 발병 원인에 노출되는 빈도가 달랐을 뿐이다. 반면에 X 염색체의 유전적 돌연변이가 일으키는 장애는 여성에게는 거의 생기지 않는다. 여성은 대부분 X 염색체가 하나 더 있기 때문이다. 이 역시 명백한 성별 차이다.

그러나 대부분의 질병은 단일한 생물적 또는 문화적 요인과 명확하게 연관되는 일이 드물다. 대신 우리의 건강은 유전적 취약성과 환경 요인에 복합적으로 영향을 받는다. 건강에 영향을 미치는 사회 요인을 간과하곤 하는 의료계는 남성과 여성이라는 사회적인 두 집단 사이에서 발견되는 생물학적 차이가 선천적인 성별 차이라고 종종 추측하지만 꼭 그렇지만은 않다. 페미니스트 생물학자 앤 파우스토 스털링Anne Fausto-Sterling은 논문에서 여성에게 더 많이 발병해서 선천적 성별 차이가 원인으로 조명되는 골다공증이 젠더 차이의 결과물일 수도 있다는 점을 보여준다.[89] 나이가 들었을 때의 골밀도는 평생 유지해온 식사, 운동, 비타민D 결핍 등 다양한 요인에 영향을 받는다.

다시 말하면 우리의 경험은 문자 그대로 우리의 몸을 만들 수 있다는 것이다. 보기에는 단단하고 변하지 않을 것 같은 뼈도 성별과 젠더, 생물과 문화, 본성과 양육의 역할을 분배하려는 복잡한 시도의 결과다. 그래서 이 책에서는 남성과 여성의 평균적인 차이점을 설명할 때 '성·젠더의 차이'라는 단어를 사용했다.

그린버거는 미국 의학연구소 보고서가 중요한 전환점을 짚었다고 말한다. "미국 의학연구소 보고서가 나오기 전에는 이러한 차이에 대해 말하는 사람은 우리뿐이었다. 여성건강연구협회는 소규모 여성 기구이며, 사람들은 우리가 정치적 견해를 고수하려는 것뿐이라고 생각한다. 우리의 생각을 이해하고 지지해주는 조직과 의사 단체도 있지만, 널리 알려지지는 않았다. 미국 의학연구소 보고서가 발표된 뒤에도 수년이 걸리긴 했지만 그래도 보고서는 진지하게 받아들여졌다." 하지만 지금도 '교육 과정'은 진행 중이다. "한편으로는 대단한 성취를 이루어 왔고, 다른 한편으로는 절반쯤 목표에 다가선 것 같다. 사실 절반쯤 왔는지도 확신할 수는 없다."라고 그린버거는 말한다.

성·젠더 차이의 가능성에 주목하는 일은 우리 모두에게 중요하다. 수십 년 전에는 연구자들이 거의 남성만 연구하고 그 결과를 여성에게 적용했다. 이는 여성에게는 해가 되었지만 남성에게는 상당히 잘 맞아 들었다. 여기서 얻은 의학지식은 원래 의도대로 남성에게 적용된다. 그러나 이제는 남성과 항상 동등하지는 않지만 결과에 영향을 주기에는 충분한 수의 여성이 연구에 진입하기 시작했다. 연구자가 여기서 발생할 수 있는 차이점을 고려하지 않으면 남성과 여성 모두 해를 입을 수 있다. 남성은 남성에게 가장 효과적인 치료를 받지 못할 수도 있다. 여성은 여성에게는 전혀 효과적이지 않거나 여성에게 더 심각하게 일어나는 부작용을 겪을 수도 있다. 특히 골다공증이나 편두통처럼 여성에게 더 많이 나타나는 질병이라면, 남성의 반응 차이는 대다수를 이루는 여성의 반응에 파묻혀버릴 수 있다. 레가토는 이를 위해 '여성의 건강' 대신 성인지의학(Gender Specific Medicine, 진단·치료에 남녀의 차이를 적극적으로 반영해야 한다는 의학-편집자)을 논의하는 산을 옮기는 과업에 뛰어들었다. "남성에게도 남성만의 문제가 있다."

더 넓게는 이런 차이점이 생기는 이유를 알게 되면 사람의 몸이 움직이는 방식에 대한 중요한 통찰을 얻을 수 있다는 것이다. 추상적인 공정성을 위해 여성과 남성을 똑같이 임상시험에 참여시키자는 것이 아니라, 남성과 여성의 차이점이 있는지를 실제로 분석하자는 것이다. 탐색은 성·젠더의 차이를 발견하는 데 그쳐서는 안 되고, 도약의 발판이 되어야 한다. 여성 또는 남성이 왜 특정 약에 더 나은 반응을 나타내는지, 왜 특정 질병에 걸리는 확률이 더 높은지, 왜 더 높은 회복력을 보이는지 등은 과학 지식이 모두의 건강을 개선하도록 도울 수 있다. 사실, 미국 의학연구소 보고서는 아주 작고 의학과 직접적인 관련이 없는 차이점이라도 "새로운 생물학 문제를 해결하는 데 이용한다기보다는 단서를 제공할 수 있다"고 지적했다. 레가토는 "여성에 대해 더 많이 연구해서 현재 가진 남성에 대한 지식과 비교하는 일은 정치적 올바름과 전혀 상관없다. 이것은 지적인 과제다. 올바르게 이용하면 생물학적 성별에 대한 실험은 사람의 질병을 이해할 수 있는 가장 강력한 도구의 하나다."라고 언급했다.[90]

한편 1990년대 이후 여성에게만 또는 여성에게 더 흔히 나타나는 질병 연구가 늘어나면서 세심한 과학적 연구의 중요성을 강조하는 이득도 있었다. 호르몬 대체요법의 발견은 훌륭한 사례다. 1970년대에는 심장질환을 예방한다는 관찰 연구 결과에 따라 폐경기 여성의 1/3이 에스트로겐을 복용했다. 1991년에 시작된 여성건강계획은 호르몬 요법의 안전성과 효율성을 검증한 최초의 통제된 임상시험이었다.(남성을 대상으로 한 에스트로겐 심장질환 예방 효과에 대한 무작위 시험이 최초로 이루어진 지 35년을 꽉 채운 후였다.) 에스트로겐, 에스트로겐과 프로게스테론의 조합을 시험한 두 논문을 각각 2002년과 2004년에 발표했는데, 연구자들은 이득보다 건강상 위험이 더 크다고 판단해서 실험을 조기 종료했다.[91]

여성에게 주로 발병하는 질병 연구를 지원하는 연방 연구지원금은 지난 수십 년 동안 계속 증가했고, 대부분이 1980년대와 1990년대에 늘어난 환우회 덕분이다. 하지만 아직도 따라잡아야 할 과제가 많다. 2008년 의회는 지난 20년 동안 여성에게만 발병하는 질병, 여성에게 더 많이 발병하거나 더 심각한 증상이 나타나는 질병, 여성에서 뚜렷한 원인이나 징후를 보이는 질병, 여성에서 결과나 치료 효과가 남성과 다르게 나타나는 질병, 여성에서 발생률이나 사망률이 높은 질병에 대한 연구가 얼마나 진전됐는지 평가해 달라고 미국 의학연구소에 요청했다. 이 결과보고서의 제목은 '여성 건강 연구-진전, 위험, 희망'으로, 위원회는 유방암·심혈관계 질환·자궁경부암 연구가 상당히 진전을 보였다고 결론 내렸다.[92] 또 우울증, 에이즈, 골다공증에서도 어느 정도 진전을 이루었다고 평가했다.

하지만 보고서는 위원회가 '거의 진전이 없다'라고 평가한 분야에 대해서도 논했다. 이런 분야에는 의도하지 않은 임신, 산모 사망률과 질병률, 자가면역질환, 알코올과 약물 중독, 폐암, 난소암, 자궁내막암, 비악성 부인과 장애에 해당하는 자궁근종, 자궁내막증, 만성 골반통, 골반저질환, 다낭성 난소 증후군, 성 매개 감염병, 알츠하이머 등이 있다. 또 '많은 여성의 삶의 질에 영향을 미치는 질병'도 올라가 있지만 너무 많아서 여기에 모두 언급할 수는 없다. '연구 결과가 없어서 논의할 수 없는' 질병에는 관절염, 만성피로증후군, 만성통증, 대장암, 섭식장애, 섬유근육통, 실금, 과민성 대장증후군, 많은 임신 관련 증상, 악성 흑색종, 폐경, 우울증 이외의 정신질환, 편두통, 성 기능장애, 스트레스 관련 질환, 그리고 갑상샘 질환, 2형 당뇨병이 있다.

암컷 쥐는 어디로 갔을까?

임신부 외에도 새롭게 시험 대상을 확대해야 하는 집단이 또 있다. 바로 암컷 실험 동물이다. 1990년 회계감사원 보고서 청문회가 열린 후, 슈뢰더 대변인은 "엘리트 과학자들이 연구 대상에 암쥐를 포함하지 않아도 여성들이 계속 건강 보험료의 절반을 내리라고 생각한다면 어리석다고밖에 할 수 없다."라고 말했다.[93] 그러나 국립보건원 재활성화 특별법이 권고하는 여성의 시험 대상 포함 권고는 사람 대상 연구에 국한되며, 지난 25년 동안 연구자 대부분은 임상시험 전 단계 연구에서 주로 숫쥐와 수컷 세포주로 실험했다.

　　2011년 〈신경과학과 생물행동 리뷰〉에 발표한 논문에서는 2009년에 발표한 약리학, 내분비학, 신경과학에 이르는 열 가지 생물학 분야에서 수행한 동물실험을 분석했다.[94] 그리고 열 개 분야 중 여덟 개 분야에서 수컷에 편중된 실험 편향성을 발견했다. 신경과학에서는 수컷만 사용한 논문과 암컷만 사용한 논문의 비율이 5.5:1로 편향되었다. 약리학은 5:1, 생리학은 3.7:1이었다. 신경과학과 생리학, 통합 생물학 학술지에 실린 논문의 22~42%는 실험 동물의 성별을 언급하지도 않았고, 면역학은 이 비율이 60% 이상이었다. 양쪽 성별이 혼합된 논문은 1/3만이 실험 결과를 성별 분석했다.

선임 연구자인 애널리스 비어리Annaliese Beery는 〈허핑턴포스트〉와의 인터뷰에서 수컷 실험 동물로만 실험하는 일은 깊이 고착된 현상이라고 설명했다.[95] "암컷으로만 연구하면 '수컷은 왜 포함하지 않았는가?'라는 질문을 항상 받는다. 하지만 수컷으로만 연구하면 대부분 이런 질문을 받지 않는다." 사실 수컷만 연구한 논문 비율은 줄어들지 않았을 뿐만 아니라 실제로는 지난 수십 년 동안 오히려 증가했다.

사람 세포주와 조직으로 실험하는 연구자는 실험 대상인 세포주가 XX 염색체인지 XY 염색체인지조차 신경 쓰지 않는다. 최근 저명한 외과 학술지에 실린 논문 600여 편을 분석한 2014년 논평에서는 세포주 연구의 3/4이 세포주의 성별을 명시하지 않았으며, 세포주 성별을 기록한 논문 중에 70%는 남성 세포만 사용했다는 사실을 발견했다.[96] 하지만 2001년 미국 의학연구소 보고서가 "모든 세포에는 성별이 있다"라고 발표한 데서 알 수 있듯이, 성별 차이가 세포 수준에서도 관찰되었다. 예를 들어, 여성 골격근 줄기세포는 남성 줄기세포보다 새 조직을 더 빨리 재생하고, 여성 골수단핵세포만이 쥐의 동맥에 혈전이 쌓이는 현상을 예방할 수 있다는 사실이 밝혀졌다.[97]

동물 연구를 설명하자면, 연구자는 태아 손상이라는 핑계로 암컷을 배제한 사실을 합리화할 수 없다. 비어리는 수많은 변명을 들었는데, "암쥐는 소변량이 적어서"라는 말도 들었다고 했다. 하지만 널리 퍼진 수컷 동물 편중성은 대개 암컷 동물의 호르몬 주기(쥐는 4일이 한 주기)가 실험 결과를 복잡하게 만든다는 추정에서 나온 듯하다.[98] 연구자는 이런 변동성을 설명하려면 암컷 동물 표본 수를 더 많이 늘려서, 호르몬 주기 각 단계로 나누어서 실험해야 하므로 실험이 더 힘들어지고 연구 비용도 늘어난다고 주장했다. 물론, 여성을 임상실험에서 배제하는 것에 대한 반론을 똑같이 적용할 수 있다. 연구 결과가 '정말로' 난소호르몬 변동에 따라 심각하게 바뀐다면 더더욱 비용에 상관없이 암컷 실험동물을 연구해야 한다.

하지만 흥미롭게도 오랜 세월 이어져 온 추정, 즉 수컷 동물과 비교할 때 여성 호르몬 주기 때문에 암컷 동물이 선천적으로 더 큰 변동성을 보인다는 주장은 말 그대로 추정일 뿐이다. 거의 300편에 가까운 논문을 분석한 2014년의 메타분석을 보면, 암쥐의 변동성은 행동이나 형태적, 생리적, 분자적 특성에서 숫쥐와 크게 다르지 않았다.[99] 몇 가지 특성에서는 숫쥐가 오히려 변동성이 더 높았다. 숫쥐를 집단으로 사육하면 무리 내에 서열을 두고 자주 싸우면서 스트레스 호르몬과 테스토스테론 농도가 달라지기 때문이라고 과학자는 설명했다.

수컷 실험 동물 모델을 고집하는 일은 여성에게 더 흔한 질병을 연구할 때 특히 문제가 된다. 2009년 기본 통증 연구의 수컷 실험 동물 편향성에 대한 논평은 만성통증 장애는 여성에게 더 많이 발병하며, "임상 전 단계 연구에서 암컷 동물을 배제한 연구는 잘 해봐야 불완전하고, 최악의 경우에는 효력이 없는 연구"라고 결론 내렸다.[100] 그런데도 2005년 연구는 최근 발표한 동물 통증 연구의 거의 80%가 수컷 동물만을 이용했다는 점을 발견했다.[101] 이는 "윤리적으로 변명의 여지가 없다"라고 맥길대학교 통증유전학 연구실의 제프리 모길Jeffrey Mogil 박사는 비판했다.[102] "한쪽 성별만 대상으로 실험하기로 했다면 당연히 암컷으로 해야 했다." 모길은 최근 동료들에게 이 운동에 동참해주기를 호소했다. "통증 환자는 대부분 여성이다. 수컷 쥐만 연구해서 남성에게만 적용되는 결과를 도출한다면, 의무를 소홀히 하는 일이다."[103]

이 현상은 통증 연구에만 해당하지 않는다. 불안과 우울증을 앓는 환자는 여성이 남성의 두 배인데도, 해당 질병의 동물 연구 중에 45% 이하만이 암컷 동물을 사용했다. 여성은 남성보다 뇌졸중을 더 많이 앓으며 예후도 더 나쁘지만, 뇌졸중 동물 모델 연구의 65%는 수컷 동물만 사용했다. 그레이브스병이나 전신 홍반성 루푸스 같은 자가면역질환은 여성의 유병률이 거의 7~10배나 더 높다(다른 자가면역질환은 남성 발생률이 더 높다). 그러나 면역질환 연구의 3/4은 실험대상의 성별을 명시하지 않는다. 한편 2007년 연구에서는 성별에 따른 약물 효과 연구에 대해 반복적으로 문제가 제기됐는데도 설치류 약물 연구의 거의 80%가 수컷 동물만 사용했다는 사실을 발견했다.[104]

2014년 국립보건원은 지난 20년 동안 여러 번 시정 요구를 했는데도 임상 전 단계 연구에서 실험동물의 수컷 편향성이 개선되지 않았으며,[105,106] 따라서 한쪽 성별만 연구해야 하는 합당한 근거를 설명하지 않는 한, 모든 연구자에게 실험동물과 실험 세포주의 성별 균형을 맞추도록 강제하겠다고 발표했다.[107] "임상 전 단계 실험에서 나타나는 수컷 동물과 수컷 세포주의 과도한 편향성은 임상연구의 방향성을 제시할 수 있는 중요한 성별 차이를 덮어버린다.[108] 임상 전 단계 논문에서는 성별에 따른 고찰이나 분석을 계속 무시한다. 그리고 검토위원은 대개 이런 결점을 눈여겨보지 않는다."라고 국립보건원장 프랜시스 콜린스Francis Collins와 여성건강연구 사무국장 클레이턴은 〈네이처〉 사설에서 말했다. 결국 새 정책의 효력이 발생하는 2016년에는 '성별을 생물적 변수로 고려한다'는 사항을 임상 전 단계 연구 중 척추동물과 사람으로만 한정하고, 세포주나 조직에는 적용하지 않는 쪽으로 축소했다.

최근 국립보건원이 성별 사이에 시선을 집중하면서, 25년 전 임상연구 대상에 여성을 포함했을 때 일어났던 저항이 비슷하게 일어났고, 타당한 시행 방법에 대한 문제가 제기되었다. 덧붙여서 몇몇 페미니스트 과학자와 학자는 수컷 쥐와 암컷 쥐, 페트리디시 속 세포주 성별의 차이점은 유전자, 호르몬, 환경의 복잡한 상호작용으로 나타나는 남성과 여성의 차이점에 대해 실제로 알려줄 수 있는 것이 적다고 반박했다.[109] 페미니스트 과학자와 학자들은 이 정책이 '화성에서 온 남자, 금성에서 온 여자'라는 관점을 강조해서, 젠더 간의 건강 격차와 여성 집단 간의 건강 격차를 일으키는 사회적 요인에 대한 필수 연구가 더더욱 외면받을 상황을 우려했다. 이들의 주장은 사실이다. 물론 여성은 암쥐와는 다르다. 하지만 숫쥐는 더더욱 아니다. 동물 연구가 사람의 건강에 대한 사실을 제시하는 데 확실히 한계가 있기는 하지만,[110] 질병 기전과 새로운 치료법의 단서를 얻기 위해서는 동물 연구에 종종 의지해야 한다.[111] 동물 연구를 할 수밖에 없다면, 숫쥐보다는 암쥐가 나를 대표하길 바란다.

1부. 눈 감고 무시해온 구조적 문제

의학교육의 변화

1995년 보고서에서 전공의 교육협의회는 "의사는 여성 건강을 다룰 준비가 제대로 되지 않았다. 여성 건강을 충족하려면 의사를 교육하고 관리하는 방식에 근본적인 변화가 필요하다."라고 결론 내렸다.[112] 이러한 변화는 더디게 온다. 사실 생의학 연구자에게 연구 방식을 바꾸라고 설득하기도 힘들지만, 그 연구에서 도출한 지식을 시험문제로 출제하게 하는 일은 더더욱 어렵다. 하지만 여성 건강 연구에서는 그다지 특별하지 않은 장애물이다. 어떤 최신 과학지식이든지 의학교육 현장에 진입해서 궁극적으로 실제 의료 현장을 바꾸는데, 즉 '실험실 벤치에서 환자의 침대로' 가는 데는 끔찍할 만큼 오랜 시간이 걸렸고, 때로는 15~20년 정도가 소요되었다. 여성 건강에 대한 현재의 과학 지식을 의학교육에 반영하려는 진영의 노력은 특히나 어려운 도전이다.

1990년대 중반, 미국 의과대학협의회는 연방 사무국과 함께 처음으로 미국 의과대학교가 학생에게 여성 건강에 대해 무엇을 가르치는지 포괄적인 조사를 했다.[113] 전체 의과대학의 12%에 여성 건강 관련 교육과정이 있었지만, 종종 가정폭력과 같은 단일주제 세미나를 여성 건강 교육과정으로 내세우는 곳도 있었다. 1/4은 전통적인 산부인과 임상 실습과 독립된 여성 건강 임상 실습을 운영했다. 정규 수업에서 가르치는 주제를 보면, 대부분 의과대학에서 여성에게 선택적으로 적용할 수 있는 성 기능과 생식 기능, 진료와 진찰 기술, 진단 테스트 등을 가르쳤다. 그러나 심장질환, 폐암, 뇌졸중처럼 여성의 주요 사망원인에서 나타나는 성·젠더의 차이나 여성에게 편중되는 골다공증이나 섬유근육통 같은 질병을 교육하는 곳은 거의 없었다.

지난 20년 동안 여성건강 연구는 더디게, 멈칫거리기도 하면서 성과를 축적해왔지만, 그 결과가 의학교육 과정으로 통합됐느냐고 묻는다면 아무리 잘 봐줘도 긍정적이지 않다. 이후의 의학 교육조사에서는 작은 진전이 있었다.[114] 여성건강 교육과정을 감독하는 프로그램이나 사무국을 설치한 학교의 비율이 10%에서 2000년에는 33%까지 늘어났다.[115] 2001년 여성건강연구협회 조사에서는 여성건강 과정을 교육하는 학교가 두 배 이상 늘었다.[116] 여성건강과 관련한 수련의 과정과 선공이 1990년대에 잇따라 설립되었다. 1996년과 2007년 사이에 연방 연구자금은 대학 의학센터와 지역 건강 기관에서 설립한 수십 개의 여성건강 우수 센터를 지원했다.[117] 이들 기관의 목표 중 하나는 의학교육 과정에서 젠더의 차이를 가르치는 것이다.

　　1990년대에는 몇몇 여성건강 단체에서 새로운 여성건강 전공이 필요한지를 탐색했다. 1996년 소수의 여성 의사가 모여 미국여성건강의학회(American College of Women's Health Physicians)를 만들었다. 소아과가 수십 년간 어린이를 '작은 성인'으로 보는 의학적 관점을 극복하고 전문성을 획득해 나간 과정처럼, 이들은 여성 생식 이외에 간과되어온 모든 여성건강 영역에서 전문가로서의 입지를 굳혀나가기를 희망했다. 나는 이를 성차별적 반발이라고 부르길 주저하지 않을 것이다."라고 미국 여성건강 내과학회 초대회장을 지낸 워빈스키는 말했다. 전문 분과로 인증받으려던 이들의 바람은 미국의학협회가 이들의 생각에 반하는 결의안을 제시했을 때 무너졌다. 워빈스키의 말에 따르면 미국산부인과학회는 새로운 전문분과가 '여성 환자를 모두 가로채리라'라는 위협을 느꼈다고 한다.

　　한편 다른 여성건강 단체는 다른 이유로 이 단체의 설립을 거세게 반대했다. 전공을 분리하면 여성건강을 위한 의료 서비스가 분산되며, 여성건강에 대한 관심사는 더욱 무시될 거라고 주장했다. 결국 '특정' 환자만을 기반으로 해서는 인구 대부분을 대표하는 집단은 되기 힘들다. 심장마비 증상이나 루푸스 유병률, 전신마취 효과 등에서의 성·젠더의 차이를 전공한 소수의 전문의를 키우는 대신, 심장 전문의, 류머티즘 전문의, 마취 전문의를 포함한 모든 의사를 변화시켜서 각자의 환자를 치료하도록 하는 편이 여성과 남성 모두에게 이익일 것이다. "서로 분리하거나 격리해서는 안 된다"고 레가토는 설명했다. "남성과 여성의 정상 기능의 차이와 질병에 대한 반응의 차이를 모든 의사에게 가르쳐야 한다. 전공 분야로 분리하는 방식은 잘못된 접근법이다."

워빈스키는 여전히 여성건강 전문의가 있는 편이 더 유리하리라고 생각한다. 20년 뒤쯤, 그녀는 대부분의 여성건강 단체가 지지한 통합이 올바른 방향이라는 결론에 동의했다. 새로운 전공을 만들겠다는 꿈을 접은 미국여성건강의학회는 미국여성의학협회(AMWA)와 여성건강연구협회(SWHR)와 함께 협력하면서 '성과 젠더 여성건강 공동체(Sex and Gender Women's Health Collaborative)'로 바뀌었다. 지금은 성과 젠더별 선택적 교육 과정, 훈련 프로그램, 임상 진료 관련 인터넷 정보센터를 운영한다. 지난 수년간 의과대학교가 이런 정보를 모든 임상 교육과정에 완전히 통합하도록 하는 활동에 집중했다. 궁극적인 목표는 모든 의사를 재교육하는 것이고, 의과대학생이 '제일 처음 시도하기 쉬운 가장 수동적인 청중'이라는 점을 깨달은 결과다.

실망스러운 점은 의료계가 독립된 전공을 만드는 데도, 통합에도 저항한다는 사실이다. 요즘에는 독립 전공이 여성건강 문제를 더 축소하리라는 데 거의 모두가 동의하지만, 현재 의료체계로는 여성건강은 계속 변방으로 밀려나고 있다는 것이 현실이다. 이를 증명하는 애석한 증거로, '성과 젠더 여성건강 공동체'는 이름에서 '여성'이라는 단어를 뺄 것인지를 결정하는 투표를 올해 계획하고 있다. '여성'이라는 단어가 '나머지 다른 사람을 배제하지 않을까' 하는 우려에서 나온 고육책이라고 워빈스키는 말했다. "여성 단체로 규정하는 순간, 류머티즘 전문의나 정형외과 의사는 '아, 그래, 나랑은 상관없군, 여성에 대한 것이니 내가 일이야 할 것은 없을 거야'라고 생각한다." 많은 의사에게 '여성 건강'은 '생식기 건강'과 동의어이며, 따라서 산부인과 소관인 것이다.

의학교육을 바꾸는 일은 대체로 아주 느리고 어려운 일이다. "모든 의과대학은 저마다의 교육과정을 갖추고 있다. 그리고 모든 것이 의학 분야를 변화시킨다."라고 그린버거는 설명한다. 다소 얄궂은 일이지만, 의학은 스스로 과학의 최첨단에 서 있다고 선전하면서도 차세대 의사를 교육하는 기관은 매우 보수적이다. "의학 교육기관은 변화를 싫어한다. 대개 '잘 굴러가는' 한 가지 상태를 계속 유지하는 데 익숙하다."라고 레가토는 말한다. 한 가지 과정이나 분야도 아니고 교육과정 '전반'에 걸쳐 새로운 내용을 덧붙여야 한다면 교육과정을 바꾸는 일은 더더욱 어려워진다.

레가토는 가야 할 길이 아직도 얼마나 먼지 깨달았던 때를 기억한다. 당시는 2004년으로 그녀가 성인지의학에 대한 첫 교과서인 《성인지의학의 원칙(Principles of Gender-Specific Medicine)》을 막 출판한 참이었다. "55명 이상의 전문가에게 추천사를 받은 두 권짜리 판본을 출판하자마자, 나는 책을 들고 컬럼비아대학교 학생처장을 찾아가서

'여기 최신 과학이 있습니다.'라고 말했다. 그랬더니 학장은 나를 보며 '아주 흥미롭군. 하지만 가르칠 사람이 있을까?'라고 물었다. 그 말을 잊을 수가 없다." 레가토는 덧붙였다. "내가 몸담은 의과대학교조차도 성인지의학을 정식 교육과정에 통합하지 않았다. 참고는 하지만 현재 우리가 가르치는 모든 과목에 체계적으로 통합하는 포괄적인 노력은 하지 않는다."

컬럼비아대학교뿐만이 아니다. 미국과 캐나다의 44개 의과대학을 대상으로 한 2011년 조사 결과에 따르면, 70%가 정식으로 성인지의학 교육과정을 갖추지 않았다는 점을 인지하고 있었다.[118] 45~70%의 의과대학은 성·젠더의 차이가 존재한다는 증거를 갖춘 분야를 가르치기 위한 자신들의 노력에 최저점을 매겼다. 2006년 연구는 다른 방식으로 그 문제를 평가했다. 미국 의과대학협의회에 등록된 온라인 교육과정 자료를 분석했더니, 95개 의과대학교의 10%만이 여성건강 통합 강의를 독립적으로 실시했고, 그나마도 대부분은 소수의 여학생만 수강하는 선택과목이었다.[119] 여성 관련 특별 강의는 다소 개선되기는 했다. 의과대학의 절반 이상이 여성에게 편중되는 질병을 주제로 한 강의를 했다고 보고했으며, 강의 주제는 편두통, 가정폭력, 호르몬 치료법이었다. 그러나 여성과 남성 모두에게 영향을 미치는 질병과 관련된 성·젠더의 차이에 대한 정보는 여전히 교육이 거의 이루어지지 않는다. 30% 이하의 의과대학만이 심혈관계 질환, 정신건강 장애, 약물 남용에서 성·젠더의 차이에 대한 토론 강의를 했다고 보고했다.

이런 상황은 다행스럽게도 곧 바뀔 전망이다. 2015년 10월, 성과 젠더 여성건강 공동체는 메이요 클리닉 의과대학에서 열린 초청 회담을 여는 데 한몫했다. 이 회담에는 거의 모든 미국 의과대학의 교육과정 책임자뿐만 아니라 전 세계 전문가가 모였다. 워빈스키에 따르면, 반응은 긍정적이었지만 동시에 얼마나 변화가 없었는지를 보여주기도 했다. "참가자 대부분은 우리가 하는 일, 즉 여성과 남성의 의학이 다를 수 있다는 생각을 처음 알게 되었다." 의료계가 성·젠더 차이의 중요성을 얼마나 인지하지 못하는지를 보여주는 지표가 하나 있다. 참가자 대부분은 성별과 젠더 의학교육 회담에 오면서도, 이 회담이 성소수자 건강 관련 회담인 줄 알았다고 말했다. 물론 성소수자 건강 이라는 주제 역시 회담에 포함되어 있지만 그것이 전부는 아니다. 워빈스키는 "여전히 대부분의 의과대학과 의사는 아무 관심도 없다"라고 말한다.

의과대학생은 정보에 목말라한다. 2012년 사례 연구는 미국 의과대학교 중 상위 25%에 꼽히는 메이요 클리닉 의과대학 교육과정에 성·젠더의 차이에 대한 지식이 얼마나 잘 스며들었는지를 평가했다.[120] 2학년과 4학년 학생을 대상으로 조사한 결과는 여성건강 관련 주제에 대해서는 다양한 임상 영역에서 폭넓은 편차가 있었다. 학생의 절반 이상은 산부인과, 순환기내과, 소아과에서 다룬 성·젠더의 차이를 알고 있었다. 한편 정반대의 경우로는 학생의 20% 이하만이 신장내과, 신경과, 정형외과에서 성·젠더의 차이에 대해 교육받았다고 답했다. 이 조사는 학생들이 성·젠더의 차이에 대한 지식을 얼마나 인지하고 있는지 평가하기 위해 퀴즈도 실시했다. 퀴즈는 유럽 교육과정의 젠더의학을 기초로 개발된 평가였다. 대부분의 학생은 퀴즈의 절반 정도만 정답을 맞힐 수 있었다.

많은 학생들이 퀴즈를 풀어본 뒤 놀랐다고 말했다. "이 퀴즈를 통해 내가 얼마나 무지한지 깨달았다. 아주 고마웠다."라고 쓴 4학년 학생이 있는가 하면, "'성별이 생물 약리학에 미치는 영향력'에 대한 내 지식이 앞으로의 경력에 필요한 만큼 많지 않았다"라고 말한 4학년생도 있었다. 2학년 학생은 "내 기억으로는 이 퀴즈의 대부분이 학과목에서 다루어지지 않았다. 이 부분에 대해 더 배워야 한다고 생각한다."라고 했다. 몇몇 학생은 이런 정보를 교육과정에 통합하려면 어떻게 해야 할지에 대한 방법을 제시하기도 했다. "이런 개념 자체를 현재 교육과정에서 거의 볼 수 없다는 사실이 놀랍다. 국가 전문의 자격시험에 이 부분을 출제하면 의과대학에서도 가르칠 것이다."

사실이다. 의과대학은 국가 자격시험을 목표로 교육한다. "하지만 문제는 성·젠더의 차이가 아직 국가시험에서 다루어지지 않는다는 데 있다. 먼저 더 많은 연구가 이루어져야 하고, 연구가 이루어진 분야에서도 시험문제 출제자가 중요성을 인지하지 못하기 때문이다."라고 워빈스키는 설명했다. 성과 젠더 여성건강 공동체는 이 부분도 바꾸려고 노력하고 있다. 30명의 전문가 집단을 초빙해서 전문의 자격시험 세 가지를 평가해서 중요한 격차가 있는지 찾아내고 수정 사항을 제시해달라고 했다.[121] 그런 뒤, 전문의 자격시험을 출제하는 미국 의사국가고시 출제위원회에 우려와 권고안에 대해 토의하자고 초청했다.

"출제위원회는 처음 우리에게 '생식기 건강에 대한 분야 전체를 다루므로 우리는 성·젠더의 문제를 출제하고 있다'라는 답변을 보냈다. 그래서 우리는 출제위원회에 이것이 생식기 건강만의 문제가 아니라는 점을 알려야 했다."라고 워빈스키는 말한다. 성과 젠더 여성건강 공동체는 회원 중 한 명을 미국 의사국가고시 출제위원회에 들여보낼 수 있었다. 안타깝게도 출제위원회는 그녀를 '여성건강 문제 출제위원'으로 배정했고, 워빈스키에 따르면 그조차도 생식기 건강에만 국한한 분야였다. 여전히 그녀는 신장이나 면역학 시험에 영향을 미칠 수 있는 위치에 오르지 못했다. "모든 것이 의사국가고시에 용광로처럼 녹아든다. 그리고 여성건강은 여전히 '생식기 건강'과 동일시된다."

의과대학생은 강제로 들어야만 하는 청중이고 의과대학생이 듣는 정규교육을 바꾸는 문제는 중요하지만, 디지털 세대에 파고들 수 있는 또 다른 길이 있다. "정보는 쉽게 얻을 수 있으니 배우기 위해 굳이 강의를 들을 필요는 없다"라고 워빈스키는 말한다. 성과 젠더 여성건강 공동체는 의대생과 의사가 사용하는 '업투데이트UpToDate'라는 인기 있는 애플리케이션의 내용을 바꾸려는 중이다. 업투데이트는 진단과 치료법 선택에 대해 근거에 기반을 둔, 의사가 저술한 정보를 제공하는 애플리케이션이다. "이런 교육 정보에 영향을 미칠 수 있다면, 우리에게는 커다란 도약이 될 것이다."

계속 압력을 행사하라

현재 여성건강은 어디쯤 와있을까? 다소 느리게 변화하는 연구 기준과 의학교육은 1990년대 초에 심어진 씨앗이 결실을 맺을 때가 가까워져서 지식의 간극이 좁혀지리라는 점을 보여준다. 마주르는 "우리는 진지하게 여성을 연구하고 성별의 차이를 들여다보기 시작한, 정말 짧은 시기를 논하고 있다. 우리가 연구해야 할 것이 무엇인지, 우리가 발견한 지식에서 무엇이 중요한지, 여기서 어디로 가야 할지 이해하기 시작한 단계에 서 있다."라고 말했다.[122]

그러나 지속되는 진전이 완벽한 필연이라고 여기면 패착이 될 것이다. 2012년 미국 의학연구소 보고서는 생의학 연구에 성·젠더의 차이를 온전하게 통합하려면 '과학계에 문화적 변혁'이 일어나야 한다고 전망했다.[123] 아직 일어나지 않은 변혁이며, 사회가 요구하지 않는 한 일어나지도 않을 것이다. 핀은 "내가 볼 때 우리는 진보하고 있지만, 여성건강과 관련된 지식에는 여전히 틈새가 크게 벌어져 있다."라고 말한다. 그러면서 이런 틈새를 좁히려는 절박함이 1990년대 이후 시들해진 상황을 우려한다. 모든 실험 대상이 남성인 연구 사례가 주목받지 않는 한 안주할 수도 있으니 말이다. "예전 같은 추진력이 아직 남아 있는지 확신할 수가 없기 때문에 감시를 늦추지 말아야 한다."

핀은 지식의 간극이 중요하다고 지적하는 풀뿌리 조직의 역할을 이해하는 일도 중요하다고 강조한다. "여성건강이라는 개념을 실제로 양지로 끌어낸 것은 개인으로서의 여성, 집단으로서의 여성, 생의학 공동체나 의회의 권력 있는 여성 같은 지지자들이었다." 그들은 임상시험에서 여성이 배제된 상황에 이의를 제기하고, 무시되는 여성 질병에 더 많은 관심을 요구했으며, '연구에서 중요하게 생각하지 않았던' 성·젠더의 차이가 중요할지도 모른다는 우려를 불러일으켰다. 많은 측면에서 이런 노력은 큰 성공을 거두었고, 의료계 전체에 스며들어 연구 방법을 바꾸고 개혁을 일으켰다.

핀은 이 사례가 여성운동의 지침이 되어야 한다고 말한다. "답을 모르겠다면, 특히 자신의 건강 문제에 대한 답을 모른다면, 물어봐야 한다. 만약 답이 없다면, '왜 답이 없습니까?'라고 다시 물어야 한다.

과학 연구가 여전히 우리가 아는 지식을 확장하려고, 그래서 여성건강에 영향을 미치는 질병에 관해 더 많은 지식을 알아내려고 무엇을 하고 있는지 물어야 한다."

지지자들은 환자 개인도 각성한 환자가 되는 것, 주치의와 관련 주제를 이야기하는 것으로 변화를 요구하는 압력을 만들어낼 수 있다고 말한다. 여성은 "의사에게 진료받으러 갈 때 확고하고 광범위한 자료를 알고 있어야 한다. 의사가 '이런 이야기를 나눌 시간이 없습니다'라거나 '나는 그런 건 믿지 않습니다'라고 막아서는 상황을 극복해야 하기 때문이다."라고 레가토는 말했다. 핀도 이 말에 동의한다. 여성은 의료서비스 소비자로서 의사에게 계속 다음과 같이 질문해서 압력을 가해야 한다. "이 치료법이 정말 나에게 도움이 될지 확신하는가? 나는 정량의 약을 먹고 있는가? 나를 치료하는 데 올바른 전략을 선택했는지 의사로서 확신하는가? 내가 질병에 걸리지 않도록 하는 올바른 방법인가? 여성보다 남성 위주로 실험한 약은 아닌가?"

이 행동이 터무니없다는 지적은 옳다. 여성이 여성건강에 대해 의사보다 더 많은 지식을 알아야 하는 상황은 말도 안 되는 일이며, 물론 궁극적인 목적은 여성이 더는 그럴 필요가 없게 만드는 것이다. "다행스럽게도 세월이 흐르면 더 많은 정보가 생길 테고, 여성은 의사에게 그런 질문을 하지 않아도 될 날이 올 것이다."라고 그린버거는 말한다. "여성이 진료실에 들어가면 의사는 이 치료법이 여성에게 효과가 있는지 알고 있을 것이다. 언젠가는 의사가 이 지식을 알게 되고, 여성 환자는 더는 공부할 필요가 없게 될 것이다."

여성의 허약한 건강에 대한 집착에서 무시까지

1990년대 초 의학계가 남성과 여성의 생물적 차이를 간과했다고 퍼부어진 고발은 정말 아이러니다. 서양의학 역사를 보면 말도 안 되는 평가다. 고발의 내용과는 반대로 의학은 수세기 동안 젠더, 인종, 계층의 차이에 집착하면서 이런 차이를 들먹이며 여성 억압부터 노예제, 우생학優生學(형질 개량을 통해 우수한 종을 만들기 위한 학문-옮긴이)까지 모든 것을 합리화했다. 사회학자인 스티븐 엡스타인Steven Epstein은 다음과 같이 언급했다. "최근까지 의학이 강조한 차이는 우월성과 열등성이라는 사회적 개념과 밀접하게 관련된다.[124] 즉, 남성과 여성의 차이는 흑인과 백인의 차이와 같은 것이다. 젠더와 인종의 다양성을 신체에 고정된 것으로 규정하면서, 의학 지식을 만들어온 사람들은 사회적 불평등이 자연의 질서를 그대로 반영한 결과라는 인식을 강화해왔다."

확실히 서양의학의 역사는 모든 인종을 가장 완벽하게 대표하는 몸으로서 남성의 신체를 규범으로 확립해온 사례로 점철되어 있다. 여성이 남성과 매우 유사하다고 가정했기 때문이 아니라 여성을 남성보다 열등한 하위집단으로 간주했기 때문이다. 명백하게 다른, 바꿀 수 없는 생식기관 때문에 여성은 남성과 다르게 약하고, 비정상이며, 본질적으로 병들기 쉽다고 여겨졌다. 그러나 이보다 더 비약해온 사례도 많았다. 1775년에 프랑스 의사 피에르 루셀Pierre Roussel은 "성별의 본질은 하나의 기관에 한정되지 않고 감지할 수 있는 미묘한 차이를 통해 전체로 확장된다."라고 기록을 남겼다.[125] 곧이어 의사들은 여성의 두개골과 골반을 측정해서 여성이 진화의 사다리에서 남성보다 열등하다고 결론 내렸다.

남성이 정상의 표준이 되는 동안 여성은 '전형적인 환자'로 취급되었다. 의학사학자인 바이넘W.F. Bynum에 따르면 19세기에는 추상적인 환자의 개념 자체를 여성의 몸으로 상상했다. 그리고 의학은 여성의 건강에 큰 관심을 기울였다.[126] 1998년 출판한 《여성 의료(Women's Health Care)》에서 캐럴 와이즈만Carol Weisman은 "의학이 여성을 무시하거나 방치하는 현재의 관점과는 반대로, 여성 환자를 확보하는 일은 의사 경력에 역사적으로 대단히 중요했다. 또 여성을 치료하는 치료술을 개발하고 통제하는 일은 의사가 경제적, 사회적으로 입지를 다지는 데 중요했다."라고 지적했다.[127]

의학계가 여성의 허약한 건강에 집착하는 데서 무시하는 쪽으로 이행한 핵심적인 원인은 히스테리의 역사에서 찾을 수 있다. 수세기 동안 히스테리는 여성의 몸이 병드는 모든 현상에 붙여진 꼬리표였다. 그러나 20세기 초에는 히스테리를 정신장애로 여기기 시작했다. 이러한 이행의 잔재는 다른 방법으로 증명되기 전까지 여성의 질병은 '모두 그들의 머릿속에서 나온 것'이라는 끈질긴 추측을 지탱해줬다. 이 추측은 여성의 건강과 질병에 대해 알려진 지식과 여성이 진료실에 들어설 때 의사가 환자를 대하는 태도에 놀라울 정도로 오랫동안 영향력을 행사했다.

2장. 신뢰의 간극

○

통증은 매기가 대학교 4학년이던 금요일 아침 일찍 시작됐다. 매기
는 일어나서 아침조깅을 다녀올 때까지 멀쩡했다. 하지만 아침을
먹은 지 30분 후에 갑자기 끔찍한 통증이 찾아왔다. "내가 경험한
것 중 가장 끔찍했어요." 한 시간이 안 되어 갑자기 찾아왔던 통증
은 갑자기 사라졌고, 매기는 하루를 시작했다. 하지만 매기가 친구
들과 있을 때, 왼쪽 복부에서 시작해서 왼쪽 어깨까지 타고 올라오
는 통증이 다시 찾아왔다. 그리고 오후 수업 중에도 다시 시작되었
다. "마지막 통증은 처음 두 번보다 견디기 더 힘들었어요." 화장실
에서 잠깐 쉬려고 강의실을 나온 매기는 복도에서 기절했다.

대학 보건소에 실려 갔을 때, 응급팀이 매기에게 가장 먼저 던진 질
문은 임신 여부였다. 아니라고 대답하자, 두 번째 질문은 월경 중이
냐는 것이었다. 무엇이 잘못됐는지 알 수 없었고, 주말이 가까운 시
점이라 학내 클리닉은 매기를 병원 응급실로 이송했다. 응급실 의
사는 몇 가지 검사를 하더니 매기에게 입원해서 검사를 더 하겠느
냐고 물었다. 매기의 결정에 달린 일이었다. 그때 통증은 다시 가라
앉은 상태였기 때문에, 배도 고프고 아카펠라 그룹 오디션을 놓쳐
서 스트레스를 받은 매기는 집으로 가겠다고 했다. 하지만 그날 밤,
감자 칩 한 봉지와 프레첼을 먹은 매기는 또다시 통증을 겪었다. 다
음 날 아침 베이글을 먹은 뒤, 살짝 움직이기만 해도 참을 수 없는
경련이 다시 시작되었다. 숨을 쉴 수가 없을 정도였다. "그제야 뭔가
가 진짜 잘못되었다고 생각했어요."

매기의 룸메이트는 매기를 응급실에 데려가 휠체어에 앉혔다. 매기
가 통증으로 걸을 수도 없었기 때문이었다. "이때쯤에는 아파서 눈

1부. 눈 감고 무시해온 구조적 문제

물이 줄줄 흐르고 숨쉬기가 힘들었어요. 간호사는 내 모습을 보고도 동요하지 않고 '어디가 아프세요?'라고 물었죠. 숨을 헐떡이면서 나는 너무 아파서 숨쉬기가 힘들다고 말했어요." 매기의 바이털 사인은 정상이었으므로 간호사는 매기에게 "진정하세요. 아무래도 공황발작을 일으킨 것 같아요."라고 말했다. 매기는 필사적으로 아니라고 대답했다. 매기는 어머니에게 연락해서 간호사에게 전화기를 건넸다. 하지만 매기는 간호사가 "브라운대학교 학생이고 스물한 살 여학생입니다. 불안증인 것 같습니다."라고 말하는 것을 들어야 했다.

매기는 이후에 정말로 무엇이 잘못된 것인지 의사가 알아낼 때까지 48시간 동안 병원을 들락거려야 했다. 진단받기 전까지 극심한 통증을 호소한 매기는 스트레스를 심하게 받은 학생의 불안증이라는 둥, 호들갑스럽다는 둥, 나중에는 마약성 진통제를 목적으로 한 중독자라는 얘기까지 들었다. 매기는 '히스테리 좀 부리지 마라!'라는 말을 몇 번이나 들었는지 셀 수도 없었다고 했다.[1]

○

여성의 병적 증상을 의료진이 심각하게 받아들이지 않거나, 여성의 증상을 정상이라고 치부하거나 우울증·불안감·'스트레스' 탓으로 돌리고, 너무 호들갑스러운 성격이나 건강염려증 환자 취급을 하는 이런 식의 이야기를 처음 들었을 때는 성차별적 문화권 안에서 그저 여성의 권위가 낮은 탓으로 생각했다.

어쨌든 페미니즘이 진보하면서 여성의 목소리(여성의 생각, 의견, 현실에 대한 해석)를 진지하게 받아들이기를 요구하는 투쟁이 이어졌다.

하지만 여전히 여성은 전문 분야에서 배척당한다.[2] 여성이 한 분야의 전문가로 언론에 드러나는 사례는 손에 꼽힐 정도다.[3] 세상을 향해 말할 권위에 대해서는 말할 것도 없다. 가장 시급한 여성운동의 투쟁 중 하나는 여성이 자신이 처한 삶에 대해 말할 수 있어야 한다는 것이다. 여성은 여전히 남편이 자신을 죽일 것이라고, 상사가 성희롱했다고, 반 친구가 강간했다고 사회가 믿게 하기 위해 투쟁한다. 여성은 아직도 법률가부터 전혀 모르는 사람에게까지 낙태는 범죄라는 말을 들어야 한다. '성폭력 피해자의 말을 믿어주세요'라는 구호가 강간 반대운동 집회에서 울리고, '여성에게 신뢰를!'이라는 슬로건이 임신중지 합법화를 상징하는 것은 우연이 아니다.

하지만 생각하면 할수록 질병에 대한 여성의 호소가 왜 의료진에게 신뢰를 주지 못하는지 내가 이해하고 있다는 확신이 없다. 의료진에게 여성은 모든 증상이 머릿속 상상에서 나오는 건강염려증 환자라는 고정관념이 박혀 있다. 하지만 나는 아직껏 건강염려증에 걸린 여성을 본 적이 없다. 여성이 남성보다 건강염려증에 더 많이 걸릴 이유도 없다. 고정관념은 대개 사실이 아닌 어떤 근거에서 출현하는데, 나는 이 특정 고정관념이 대체 어디에서 나왔는지 정확하게 알 수 없었다.

이 고정관념의 출처를 밝히려는 내 탐구는 매기의 의사와 간호사가 계속 매기에게 던졌던 말의 어원까지 거슬러 올라갔다. 의료진이 매기에게 히스테리 부리지 말라고 말했을 때는 현대적 의미로, 감정적으로 굴지 말라는 뜻이었을 것이다. 그러나 매기를 대하는 의료진의 태도는 히스테리라는 단어의 원래 의미에서 나왔다. 형용사가 되기 이전에 히스테리라는 단어는 질병의 이름이었다.

1부. 눈 감고 무시해온 구조적 문제

히스테리의 역사

히스테리hysteria라는 단어는 그리스어로 자궁을 뜻하는 '히스테라hystera'에서 나왔다. 고대 그리스 의학이 하나의 특정 질병을 히스테리라고 불렀다는 주장은 현대 신화에 불과하지만, 초기 서양의학 문헌에는 자궁이 끊임없이 움직여서 월경통, 어지럼증, 마비, 질식할 것 같은 느낌 등의 다양한 신체적, 정신적 증상이 나타난다고 했다. 치료법은 자궁을 원래 위치인 골반으로 되돌리는 것이 목표였다. 자궁은 '사춘기가 지난 후, 너무 오랫동안 불임으로 남아 있으면' 특히나 몸속에서 돌아다니기 쉽다고 생각했기 때문에, 철학자 플라톤은 빨리 결혼하는 것이 권장할 만한 또 다른 치료법이라고 설명했다.[4] 이후에 '자궁이 돌아다닐' 해부학적 가능성에 대해 의심하기 시작했지만, 의사들은 계속해서 자궁이 정체를 알 수 없는 수많은 증상의 원인이라고 생각했다. 기원전 5세기에 히포크라테스가 쓴 의학 문헌에는 "자궁은 모든 질병의 근원이다"라는, 수천 년 동안 서양의학에 영향을 미친 가정이 간단하게 기술되어 있다.[5]

중세 시대 동안 히스테리의 자궁 이론은 악마론에 자리를 내주었다.[6] 이전에 자궁이 돌아다녀서 생긴다고 생각했던 질병들을 5~13세기에는 악마의 표식으로 여겼다. 역사학자 마크 미컬리Mark S. Micale는 "히스테리에 걸린 여성을 주문에 홀린 희생자로 동정하거나 악마의 영혼의 짝이라며 경멸했다"라고 기록했다.[7] 처음에는 기도나 주문, 퇴마의식으로 치료했다. 하지만 중세 말기와 르네상스기에 마녀사냥이 대륙을 휩쓸면서 여성은 고문당하고 처형당했다. 17세기 초 영국 의사 에드워드 조던Edward Jorden은 유럽에서 과학혁명이 일어나면서 의사는 신비한 증상이 질병의 신호이며, "악마 탓으로 돌리지만 대부분 근본적인 진짜 원인이 있다"라고 말하며 의학적으로 치료해야 한다고 주장하기 시작했다고 기록한다.[8]

의사들은 고대 그리스·로마 시대의 의학 문헌을 17세기에 부활시키면서, 모든 여성 질병의 원천은 자궁이라는 관점도 그대로 가져왔다. 저명한 영국 의사인 토머스 윌리스Thomas Willis는 "언제든 여성의 몸에 특이한 병이 생기면 … 그래서 질병의 원인이 보이지 않으면 … 현재 우리는 자궁의 영향을 원인으로 지목한다. … 그리고 모든 특이한 증상에 어느 정도 히스테리가 존재한다고 분명히 말할 수 있다"라고 언급했다.[9] 그러나 17세기가 끝날 무렵 윌리스를 포함한 몇몇 의사는 질병의 주된 원인을 우리 몸에서 새로 인식하게 된 신경계에 떠넘겼다. 윌리스는 뇌에서 빠져나온 '동물적 영혼'이 몸 전체를 돌아다니는 "신경계에서 주요 장애가 일어난다"라고 주장했다.[10]

18세기가 되자 히스테리는 갈수록 더 다양한 종류의 '신경계 장애'로 취급받았다. 더는 자궁과 연결 짓지 않았고, 남성과 여성 모두에게서 진단되었다. 하지만 "여성은 영혼의 구조가 더 불안하고, 소멸하기 쉽고 연약하며, 신경 조직이 더 부드럽고 상처 입기 쉬우며, 섬세하다."라고 한 영국 의사가 언급했듯이,[11] 여전히 여성은 더 연약한 존재로 취급받았다. 히스테리는 여성의 질병으로 생각했기에 남성 히스테리 환자는 여성적이며 예민하고 때로는 동성애자로 여겨졌다. 의사는 신경질환을 앓는 남성 환자에게는 간단하게 다른 표식을 만들어 붙였다. 남성 히스테리 환자를 가리키는 말은 건강염려증, 망상, 울화 등이 있었다. 영국 의사인 토머스 시드넘Thomas Sydenham에 따르면, 히스테리와 건강염려증은 '달걀 두 개가 서로 똑같은 것처럼' 닮았다.[12]

19세기에는 히스테리 이론과 치료법이 빠르게 확산되었지만, 결국 신경계에 대한 관심이 증가하면서 주류 이론은 고대의 여성 생식기 이론과 결합했다. 한 의사는 "뇌 기능은 자궁과 너무나 밀접하게 연결되어서 자궁이 움직이는 단 하나의 과정만 가로막혀도 뇌 기능에 영향을 미친다."라고 설명했다.[13] 한마디로 월경, 임신, 수유, 폐경 등 여성 생식 기능이 상대적으로 작은 여성의 뇌 에너지 대부분을 사용해버리기 때문에 여성은 선천적으로 신경장애에 걸리기 쉽다는 뜻이다.

　　19세기 중반에 출현한 부인과라는 새로운 전공 분야는 어떤 생식기관을 탓한 것인지에 대해서는 이견이 있었지만, 역시 이러한 이론에 우호적이었다. 누군가는 '자궁이 여성의 몸을 통제하는 기관'이라는 관점을 고수했고,[14] 다른 이는 '난소가 여성의 모든 특징적인 몸과 마음을 구성'한다고 생각했다.[15] 어느 신체 기관에 책임이 있든지 모험적인 의학이 지배한 상황에서 부인과 치료는 상당히 잔혹했다. 여성 환자는 거의 모든 증상에 대해 생식기관에 '한정된 치료'를 받았다. 이런 치료법에는 자궁에 다양한 혼합물을 주입하거나, 외음부에 거머리를 넣어 방혈하거나, 자궁경부 조직을 열로 파괴하는 방법 등이 동원되었다. 20세기가 될 때까지 미국에서만 약 15만 건의 난소 적출술이 시행되었다.[16] "골치가 아프거나, 엄청 많이 먹거나, 자위하거나, 자살 시도를 하거나, 성적인 기질이 강하거나, 피해망상증이 있거나, 단순히 고집이 세거나, 월경통이 심하다"라는 이유로 건강한 난소를 제거했다. 이런 유행은 의사가 여성을 불임으로 만드는 일을, 누군가의 말처럼 '여성의 삶을 가치 있게 하는 전부를 파괴하는 자'가 되는 것을 불편하게 생각하면서 끝이 났다.[17]

　　19세기 말에는 또 다른 새 전공이 히스테리와 신경장애 치료법에서 부인과와 경쟁했다. 바로 신경과다. 초기 미국 신경과 전문의들은 부인과 치료법을 무시하면서 전기요법, 비소나 아편 등의 약물, 실라스 위어 미첼Silas Weir Mitchell 박사의 악명 높은 '휴식 요법' 등을 실험했다. 미첼 박사의 환자로 치료에 불만을 품었던 작가 샬럿 퍼킨스 길먼Charlotte Perkins Gilman은 자신의 유명한 단편 소설 〈누런 벽지(The Yellow Wallpaper)〉에서 미첼 박사의 휴식 요법에 대해 사실적으로 묘사했다. 환자는 몇 주 동안 어두운 조명이 켜진 방 침대에 누워 의사와 간호사만 만날 수 있고, 일찌는 음식을 먹는 일끼 편지를 받는 일 외에 독서나 글쓰기 등 다른 활동은 금지당한다. 이 치료법은 너무나 '쓰디쓴 약'이라 미첼 박사가 환자에게 치료가 끝나고 병이 나았다고 말했을 때, 환자는 미첼 박사의 말에 굴복할 수밖에 없었다는 얘기도 있다.

'현대 신경학의 아버지'로 불리는 프랑스 과학자 장마르탱 샤르코Jean-Martin Charcot는 히스테리가 퇴행성 신경질환이라 히스테리 치료법은 없다고 생각했다. 1870년대에 샤르코는 대중강연을 여러 번 했는데, 히스테리 환자에게 최면을 걸어 환자의 몸이 괴이하게 뒤틀리는 모습을 보여주기도 했다. 또 다른 저명한 미국 신경학자인 조지 비어드George Beard는 남성의 신경증에 '신경쇠약'이라는 새로운 이름을 붙였다. ('건강염려증'은 점점 더 폭넓은 현대적인 의미를 갖게 되어서 이 단어는 히스테리 환자를 나타내는 데 적합하지 않았다.) 신경쇠약의 주요 증상은 피로감으로, 히스테리 증상과 폭넓게 중복되는 70여 가지의 다양한 증상을 동반한다. 점차 남성과 여성 모두에게서 동일한 비율로 진단되기 시작했다. '여성의 본질에 내재해 있거나 후천적으로 습득한 근본적인 무엇'[18] 때문에 여성은 여전히 신경장애에 취약하다고 여겨진 반면, 엘리트 남성은 같은 증상을 두고도 과중한 업무와 도시나 근대 산업사회가 주는 스트레스로 신경쇠약이 생긴다고 여겼다.

히스테리의 자궁-신경 이론은 여성을 적합한 위치에 묶어두는 데 특히나 유용했다. 자궁-신경 이론이 여성을 억압하기 위해 만들어진 것이 아닌가 의심스러울 정도다. 생식기관과 뇌 사이에서 위태롭게 균형을 잡는 일은 여성의 삶에 큰 궤적을 그렸다. 사춘기, 월경, 임신, 폐경의 과정은 모두 여성이 특히 정신적으로 힘겨운 활동을 할 때면 위험한 질병에 쉽게 걸릴 수 있는 '아픈 상태'로 생각했다. 그래서 미첼 박사는 "14~18세 사이의 소녀들이 자신의 건강을 세심하게 돌보지 못한다면 교육하지 않는 편이 낫다"라고 경고했다.[19] 여성의 하버드대학교 입학을 승인할 것인지에 대한 논쟁이 한창일 때, 대학교수였던 에드워드 클라크Edward H. Clarke 박사는 《성별에 따른 교육(Sex in Education)》을 출판했다.[20] 클라크 박사는 이 책에서 자신이 검토한 의학 문헌을 바탕으로 여성에게 고등교육을 시키면 여성의 자궁이 위축될 수 있다고 결론 내렸다. 여성이 직업을 가지는 일에 대해 한 의사는 "여성 세균학자나 조직학자가 여성이 신체적으로나 정신적으로 '약해지는' 시기에 어떤 결과를 불러올지 생각하면 끔찍하다. 여성 외과의사가 같은 상태에서 수술하다가 엄청난 실수를 저지르는 상황은 말할 것도 없다."라고 말했다.[21]

여성의 생식 기능과 뇌 기능 사이의 승자 없는 줄다리기에 대한 과학적 사실은 명백하게 젊은 남성이 지배하는 의학계를 만들기 위한 것이었다. 에런라이크와 잉글리시는 "여성이 허약하다는 가설은 분명히 여성에게서 치료사의 자격을 박탈했다. 동시에 이 가설은 여성을 환자로 만들었다"라고 말했다.[22] 경제적인 사리사욕을 채우려는 의사들의 여성건강에 대한 우려는 19세기 말에 소수의 여성 의사가 의료계로 진입할 때까지 계속 커졌다. 메리 퍼트넘 자코비Mary Putnam Jacobi 박사는 1895년에 은근슬쩍 다음과 같은 기록을 남겼다. "백여 년 전이라면 상상하기 어렵겠지만, 요즘 여성의 건강 문제에 대한 설명이 쏟아지는 등 여성에게 관심이 집중되는 것은, 특히 여성 환자가 수익성이 좋다는 새로운 기능 면에서 설명할 수 있다고 생각한다."라고 기록했다.[23]

물론 모든 여성이 돈이 되는 환자는 아니었다. 편리하게도 19세기 과학은 흑인 여성과 노동자 계급의 백인 여성은 부유한 백인 여성이 쉽게 걸리는 질병에 대한 저항력이 놀라울 정도로 강했다는 점을 보여주었다. 한 의사는 "남부에서 남편과 함께 고된 노동을 하는 아프리카계 흑인 여성과 북부에서 가사 노동에 힘겨운 브리지트는 비교적 자궁 질환에 대한 면역력이 있어서 대부분 건강하다"라고 지적했다.[24] 시간과 돈이 많은 여성만 빈번하게 질병에 걸리고 의료적인 처치가 필요하다는 점은 새로운 의료 전문가에게는 얼마나 놀라운 행운인가. 그리고 세균학자, 조직학자, 외과의사 등의 의료 전문직에 발을 들이려는 여성은 노동의 결과로 지독한 병을 앓게 될 여성뿐이란 말인가.

19세기가 지나면서 히스테리와 여성 신경장애에 대한 의사들의 설명은 점점 더 의심과 불만으로 얼룩졌다. 부분적으로 의사들의 이런 태도는 여성들이 여성으로서 규정된 역할을 부정함으로써 건강 악화를 자초했다는 생각에서 비롯했다. 역사학자 앤 더글러스 우드Ann Douglas Wood는 "의사가 여성 질병에 대해 쓴 유명한 책의 기저에 깔린 '여성이 병에 걸리는 이유는 여성적이지 않기 때문'이라는 취지의 논리를 누군가가 발견한다. 여기서 여성적이지 않다는 뜻은 성적인 면에서 적극적이거나, 지적이며 야심이 있는 여성이거나, 여자답게 순종하지 않고 남을 위해 헌신하지 않는 여성을 가리킨다."라고 설명했다.[25] 예를 들어 히스테리가 신체 질병이라고 확신한 미첼 박사도, 자신의 전공 분야에서 히스테리에 걸린 여성을 '스스로 만들어낸 근거 없는 질병으로 자신의 필요에 따라 흡혈귀처럼 모든 건강하고 유용한 창조물의 피를 서서히 빨아먹는 질색인 환자'라고 말하기도 했다.[26]

히스테리에 걸린 여성은 주목받거나 동정을 받으려고 또는 가사 노동을 피하려고 자신의 증상을 속인다는 의심을 받기도 한다. 한 영국 의사는 전형적인 히스테리 여성을 "실제로는 아무 문제없고 매우 건강하지만 사기 치려고 진짜 질병을 모방하는 것"이며 '수치심과 굴욕감을 통해서만 자신의 존재를 확인받는 배우'라고 말했다.[27] 처음에는 의사들이 부유한 만성질환 여성 환자를 돈줄로 보고 환영했겠지만, 사회는 의사가 실제로 환자의 병을 고치기를 기대했고, 결국 병이 낫지 않은 환자는 의사의 불명예로 남았다.

그리고 이런 현상은 점점 많아졌다. 19세기를 거치면서 해부학, 생리학, 병리학, 미생물학의 발전으로 의학 분야는 실험실의 결과를 환자의 증상과 연결하는 데 능숙해지고 있었다. 점차 모든 증상은 병리학으로 관찰과 측정이 가능하여 추적할 수 있다는 관점이 대두했다. 이는 1880년대의 질병세균론이 받아들여진 이후 일어난 변혁이다. 전염병은 특정 미생물 때문에 발생한다는 발견은 모든 질병에는 특정 원인이 있으리라는 믿음을 더욱 크게 키웠다. 완전히 새로운 발상이었다. 이전까지는 질병을 증상의 집합으로 정의했다. '열'이나 '통증'은 질병의 범주에 하나의 항목으로 자리하고 있었다. 의학 역사가인 찰스 로젠버그Charles Rosenberg는 "명확하게 특정 기전에 따라 특징적인 임상 증상을 나타내는 질병이라는 현대적 개념은 19세기 발명품"이라고 기록했다.[28]

이 전환은 의학이 증상을 바라보는 방식에 중요한 변화를 이끌어
냈다. 예전 의사들은 환자가 자신의 몸에 무슨 일이 일어나고 있는지
설명하는 말을 믿는 것 외에는 선택의 여지가 없었다. 몸속을 들여다볼
방법이 없었고, 대개는 질병의 원인에 대한 흐릿한 개념조차도 없었을
때라 의사는 환자의 말 외에는 판단할 근거가 없었다. 그러나 질병을
생리적 교란을 근거로 분류하자, 증상은 의사가 질병의 근원을 찾을 수
있는 단서로 바뀌었다. 의사가 20세기 초부터 실험 결과와 기술을 축
적하면서 끊임없이 성장하는 첨단 과학의 도움으로 질병을 설명하고
객관적으로 관찰할 수 있는 원인을 찾으면서 통증, 어지러움, 메스꺼움
등 환자의 주관적인 증상 기록은 점차 '불평'으로 취급되었다.

이 같은 선상에서 히스테리 역사의 마지막 사건이 일어났다.
1800년대 말, 지그문트 프로이트Sigmund Freud는 히스테리에 대한 신경학
이론을 포기하고 심리학 이론을 지지했다. 프로이트는 자신의 유명한
히스테리 여성 환자 사례 연구에서 심리적 충돌이나 '억압된 감정'이
신체 증상으로 '전환'되었다고 주장했다. 이 과정을 "정신은 놀랍게도
신체로 전이된다"라고 묘사한 프로이트는 과정이 어떻게 진행되는지
를 설명하는 일은 후세대에게 미뤘다. 프로이트는 처음엔 '무의식' 속
에 깊이 억눌린 외상성 기억, 대개는 성적 학대에 대한 기억이 신체에
상징적인 방식으로 나타나면서 히스테리가 생긴다고 주장했다. 나중
에는 이 주장에서 한발 물러나서, 실제로 일어난 성적 학대가 아니라
관련 상상만으로도 히스테리 증상으로 바뀔 수 있다고 주장했다. 자신
이 개발한 '자유 연상법'을 통해 환자가 의식적으로 심리적인 고통을
상기하면 증상이 사라진다고 프로이트는 믿었다. 이것이 바로 정신분
석(psychoanalysis)이다. 역사가 캐럴 스미스 로젠버그Caroll Smith-Rosenberg

는 정신분석을 '히스테리에 걸린 여성이 낳은 아이'라고 표현했다.[29]

수세기 동안 히스테리를 다양한 신체 증상을 일으킬 수 있는 신체 질병으로 여겼다. 그러나 프로이트 시대 이후에는 신체 증상을 일으키는 정신장애로 받아들였다. 설명할 수 없는 여성의 질병을 방황하는 자궁이나 악마의 빙의에서 예민한 신경까지 거슬러 올라가는 추적 끝에, 의학은 마침내 히스테리를 정신병으로 몰아넣었다. 이에 대해 에런라이크와 잉글리시는 저서에서 다음과 같이 언급했다. "프로이트의 영향 아래, 여성 본질을 해부할 메스가 결국 부인과에서 정신과로 넘어갔다.[30] 여성을 바라보는 의학의 관점도 '신체질환'에서 '정신질환'으로 전환했다."[31]

의학은 현재의 기술로 관찰할 수 있고, 알려진 생리 기전으로 설명할 수 있는 질병만 '진짜' 질병으로 정의했다. 그러면서 히스테리가 심인성 질병으로 몰리자 어떤 증상이든, 특히 여성에 발병하며 의학이 아직 관찰하거나 설명하지 못하는 증상은 잘 알려지지 않은 '무의식' 탓으로 돌렸다. 의학이 지식의 한계에 도달할 때 아무렇게나 갖다 둘러댈 수 있는 이론이었다. 이는 객관적인 증거로 입증되기 전까지 여성의 주관적인 증상에 대한 보고를 의사가 계속 불신하게 했다.

| 이전에는 히스테리로 뭉뚱그렸던 장애들

히스테리에 대해 가장 널리 퍼진 신화는 20세기 초반에 히스테리가 사라졌다는 신화다. 처음으로 히스테리의 역사를 기록하기 시작했을

때 학자들이 내린 결론이다. 프랑스 역사가는 "히스테리는 죽었다. 이 점은 확실하다. 비밀을 무덤까지 안고 가버렸다."라고 썼다.[32] 한때는 너무나 흔한 질병이었던 히스테리가 어떻게, 그리고 왜 몇 십 년 사이에 갑자기 사라졌는지에 대한 가설은 별로 남아 있지 않다. 그중 몇몇 가설을 살펴보면 프로이트의 질병 이론이 널리 받아들여졌기 때문이라는 설명이 대부분이다. 가장 일반적인 결론은 20세기 이전의 서양인은 심리적으로 원시인이어서 정신적 고통을 신체 증상으로 발현했지만, 대중이 심리학 개념을 더 많이 알게 되면서 우울증이나 불안장애로 발현하는 경우가 많아졌다는 주장이다.

심지어 히스테리에 대한 2세대 페미니스트들의 설명 역시 미흡했다. 그들은 19세기 말까지는 의사들이 싫어하는 여성 행동, 특히 자율성과 평등을 주장하는 반항적인 주장에 '히스테리'라는 꼬리표를 붙였다는 사실을 강조했다. 다시 말해 여성은 실제로는 아프지 않으며, 다만 의사가 여성이 아프다고 주장할 뿐이라는 것이다. 히스테리에 대한 심리적 이론을 폭넓게 수용하는 다른 페미니스트는 19세기의 히스테리는 여성의 '질병으로의 도피'이며 가부장적인 문화의 탄압에 대한 무의식적인 저항이라고 묘사했다. 이 얘기에 따르면 히스테리가 감소한 것은 페미니즘이 진전을 보인 결과였다. 여성은 평등에 더 가까이 다가서면서 건강해졌다.

이런 해석에 진실의 조각이 있다는 것은 틀림없지만, 히스테리에 대한 가장 평범한 이 설명은 바로 이 광범위한 진단 범주에 포함된 대부분의 여성이 실제로 아팠다는 사실을 간과한다. 의학은 1880년대까지 세균질병론을 수용하지 못했고, 1895년까지는 X-선 촬영도 하지 못하는 초기 단계였기에 당시에는 다수의 신체 증상이 나타나는 질병을 아직은 구별할 수 없었다. 결국, 의사들이 '히스테리'를 오늘날 우리가 알고 있는 수천 개의 질병처럼 진단한 것은 아니었다. 미컬리는 히스테리라는 단어가 "너무나 다양한 질병을 가리키게 되었는데, 1900년쯤 되자 히스테리는 더는 어떤 뜻도 나타낼 수 없었다."라고 언급했다.[33]

2세대 페미니스트들이 히스테리에 대해 초점을 맞추어 설명하는 것을 망설이는 것도 이해는 간다. 결국 수세기 동안 의학은 '여성은 아프며, 선천적으로 아프게 되어 있고, 이 점이 여성의 열등한 사회적 지위를 정당화한다'라고 주장해왔다. 하지만 여성이 아프다는 첫 번째 주장을 수용하기 위해 두 번째와 세 번째 결론까지 인정할 필요는 없다. 여성의 건강이 나쁘다면 여성을 치료하는 의학 체계의 폐단 때문일 것이다. 미국의 초기 여성 의사인 해리엇 헌트Harriot Hunt는 1856년에 "이제까지 남성이 독점적으로 여성을 포함한 우리의 건강을 돌봐왔는데, 지금 우리의 건강이 어떤지 남성들에게 묻고 싶다. 남성의 실력을 믿을 수 있는가?"라고 지적했다.

20세기 초반에 히스테리의 유행이 잦아든 이유는 의학 지식이 늘어나면서 부풀려졌던 진단이 자연스럽게 줄어들었기 때문이다. 미컬리가 '진단의 추이'라고 부르는 과정을 보면, 한 세대 전에 히스테리로 진단되던 질병이 새롭게 인식된 수많은 진단명으로 분류되었고, 히스테리는 '병리적 실체가 사라진 추억 속의 환상'으로 남았다.[34] 예를 들어 히스테리가 감소하던 시기, 특히 극적인 발작과 마비가 의학적 상상력을 사로잡은 시기에 의사는 신경질환인 뇌전증, 다발성경화증, 매독의 신경학적 영향력 등을 더 잘 진단하게 되었다. 많은 학자들이 프로이트가 '히스테리'라고 오진했던 여성의 진단명을 과감하게 추측해보기도 했다. 요즘이었다면 안나는 아마도 측두엽간질이나 결핵성 수막염으로 진단받았을 것이다.[35] 측두엽간질의 경우, 1940년대에 뇌파 측정이 이루어지기 전까지는 진단할 수 없었다. 프라우 에미 폰 N. 부인은 투렛 증후군(Tourette's syndrome, 신경 장애로 불수의적 근육 경련이나 음성 경련을 보이는 유전적 장애-옮긴이)으로, 엘리자베스 폰 R. 부인은 골반충수염으로 진단받았을 것이다.

많은 질병이 독립된 질병으로 분류되어 히스테리 범주에서 벗어 났지만, 히스테리라는 신기한 개념을 남았다. 프로이트 이론이 일으킨 혁신 중에 하나는 의심스러울 정도로 긴 증상 목록을 갖고 있던 히스테리를 하나의 질병 범주에서 심리적 고통을 신체적 증상으로 '전환'되는 이론적인 과정으로 바꾼 것이다. 프로이트 이후 히스테리가 사라진 또 다른 이유로는 일단 기질성 질환이 아니라고 밝혀지면서 의사들이 히스테리 증상에 더 이상 주목하지 않았기 때문이다. "한 세대 전만 해도 히스테리 진단은 신체적 원인이 명백하게 드러나지 않는 증상을 보이는 환자를 가리켰다. 의사는 환자에게 위약을 처방하거나 심리치료사에게 보냈다. 양쪽 모두 환자에게는 도움이 되지 않았지만, 의사가 '허풍쟁이' 환자를 제거해서 '진짜로 아픈 환자'에 집중하는 데는 도움이 되었다"라고 1970년대 후반에 한 의사는 기록했다.[36]

히스테리라는 단어가 점차 '과도하고 통제할 수 없는 감정'이라는 현대적 의미로 대중의 언어에 스며들자, 덜 경멸적인 단어가 필요해졌다. 1960년대에는 새로운 완곡한 표현이 생겨나 그 자리를 대신했다.

앞뒤가 안 맞는 다양한 증상을 묶어 히스테리라는 단일 질병으로 명명하는 발상은 거의 사라졌지만, 1960년대쯤 미국 연구 집단이 '브리케 증후군(Briquet's syndrome)'이라는 질병을 히스테리라고 이름 붙이면서 이 단어를 부활시켰다.[37] 이들의 진단 기준에 따르면, 환자는 35세 이전에 10개 중 9개의 다른 증상 영역에서 59가지 중에 최소한 25가지 증상을 겪었으며, 이를 설명할 기질성 질환의 진단명이 없어야 한다. 여기서 환자는 거의 '여성'이다. 증상에는 두통, 실명, 마비, 발작, 피로감, 목에 덩어리가 걸린 느낌, 단순 기절, 어지럼증, 가슴 통증, 시야가 갑자기 깜깜해지는 현상, 쇠약, 복통, 구토, 설사, 월경 장애, 성적 취향의 변화, 신체 다양한 부위의 통증, 신경과민, 두려움, 우울감, 호흡 곤란, 체중 문제, 식이장애 등 세상에 존재하는 모든 증상이 다 포함된다.

한편 '신체화(somatization)'라는 개념도 계속 존재했다. 1920년대에 정신분석가인 빌헬름 슈테켈Wilhelm Stekel이 처음 만든 말로 '신경증적 충돌이 신체적 장애로 나타나는 과정'으로 정의한다.[38] 이후 1960년대 말에 미국 정신과 의사 즈비그뉴 리포우스키Zbigniew J. Lipowski가 신체화의 개념을 확장한다. 이 발상이 프로이트가 주장한 전환 개념과 같거나 연관된다고 깨달은 리포우스키는 이를 "심리적인 고통을 신체 증상으로 경험하고 소통하려는 경향으로, 환자는 이를 심각한 신체적 질병으로 오인한다"라고 설명했다.[39] 정신적 고통을 신체화하는 것은 흔한 일이었지만, 의사가 이상이 없다고 진단해도 환자가 계속 아프다고 주장하면 정신질환이 되었다. "지속적으로 신체화를 겪는 환자는 계속 재발하는 질병의 진단과 치료법을 찾아 헤맨다. 신체적 질병이 없거나 질병으로 보기에는 증상과 장애가 부족하다고 계속 안심시켜도 소용없다."[40]라고도 말했다.

프로이트 이론이 미국 의료계에 미친 영향은 '정신신체의학(psychosomatic medicine)'이라는 새로운 전공 분과가 생긴 20세기 중반에 절정에 이르렀다. 대중적인 관심에 힘입어 정신신체의학은 암과 심장 질환을 포함한 광범위한 기질성 질환과 관련된 '정신 상태'와 '성격 요인'을 탐색했다. 이 새로운 분과도 다른 질병에 비해 정신에 더 크게 영향받는 질환이 있다고 생각했다. 이런 질환에는 천식, 궤양, 고혈압 같은 정신신체장애가 있었는데, 대개는 의학이 아직 생물학적 기전을 알지 못하는 질환인 경우가 많았다. 수전 손택Susan Sontag은 1978년 출간된 유명한 저서 《은유로서의 질병(Illness as metaphor)》에서 질병에 대한 심리학 이론은 "늘 신체적 질병에 대해 아직 모르는 것이 얼마나 많은지를 알려주는 지표"라고 했다.[41] (정신신체의학은 오랫동안 스트레스 때문에 생긴다고 여겼던 위궤양이 헬리코박터 파일로리Helicobacter pylori라는 세균 때문에 생긴다는 사실이 알려지면서 역풍을 맞기도 했다.)

전문가들이 정신신체의학을 분명하게 정의했지만, 대중문화와 마찬가지로 일반의학에서도 이 용어를 기질성(신체 장기에서 유래하는)이라는 말과 대조해서 '심인성(마음에서 유래하는)'이라는 말과 동의어로 사용했다. 결국, 히스테리라는 말의 다른 표현일 뿐이다.

| "환자가 자신을 여성으로 인지하는가?"[42]

1970년대부터 여성들은 이런 식으로 의학을 심리학화하는 방식에 자신들이 특히 취약하다고 불만을 토로하기 시작했다. 의사는 여성 환자의 신체 증상을 심인성 질환으로 무시하는 경우가 많았고, 의학은

특히 여성에게 특징적으로 나타나는 질환이 심리적 요인에서 나온다고 탓하기 일쑤였다. 학자인 샤리 먼치Shari Munch는 "학자들이나 일반 대중 모두 이런 문제가 있다는 데 동의하는 사람이 놀라울 만큼 많다"고 지적했고,[43] 1970년대 후반에 이루어진 연구는 이를 사실로 입증해 보였다.[44]

'젠더 편향적인 진단'을 이야기하면 의사와 소통할 때 남성과 여성의 차이를 지적하는 사람도 있다. 1981년 논문을 보면 "개방적이고 감정적인 행동 양식을 보이는 여성은 질병에 대해 말할 때 의사가 여성의 말을 감정적인 문제로 생각하게 표현한다. 남성들의 절제된 표현 방식은 비슷한 말을 해도 의사가 심리적인 문제로 생긴 질병이라고 진단하지 않게 한다."라고 추측했다.[45] 그러나 이 논문은 자신의 이론을 뒷받침하기에는 부분적인 증거만 내놓았을 뿐이다. "여성은 선천적으로 남성보다 감정적이라고 여겨져 말수가 적은 여성 환자도 질병이 심리적 문제라고 진단받는다."라고 저자들은 말했다. 또 다른 논문에서는 의사가 "남성은 대체로 냉정하며 여성은 대개 건강염려증이 있다는 식의 고정관념에 따라 반응한다."라고 결론 내렸다.[46]

그러나 의학은 널리 퍼진 고정관념에 단순하게 반응하는 것이 아니라 고정관념을 영속시키기도 한다. 의사가 여성의 증상을 '모두 머릿속에서 나왔다'라고 믿는 가장 직접적인 이유는 의학 교육이 그렇게 가르쳤기 때문이다.

당시 여성 의사는 극소수였지만, 이 소수의 여성 의사들이 문제를 드러냈다. '여성에 대해 의과대학이 가르치는 것(What Medical Schools Teach About Women)'이라는 제목의 기사는 1974년에 하버드의과대학교 최초의 여성 학장인 마리 하웰Mary C. Howell이 기고한 것으로, 내용은 이렇다. "전통적인 언어 관습을 따르다 보면 대부분의 의과대학 강의에서 환자는 남성을 지칭하는 대명사인 '그'로 불린다. 그러나 여기에는 주목해야 할 예외가 있다. 가상의 심인성 질환 환자는 자동으로 '그녀'라고 지칭한다. 명시적이든 묵시적이든 여성 환자는 조금이라도 주목받을 때조차도 흥미롭지 못한 질병을 앓으며, 신뢰할 수 없는 건강염려증 환자이고, 감정적인 수식에 익숙해서 여성의 증상은 '진짜' 질병을 반영하지 않는 경우가 많다고 가르친다."[47]

1973년에 미국 의과대학교 11곳에 개하 중인 100명이 넘는 여학생을 대상으로 하웰이 실시한 설문조사에 따르면, 강의는 여성을 온통 '히스테리 부리는 어머니, 건강염려증 환자, 의사의 관리가 필요한 노인'으로 언급하는 말로 가득하다.[48] 한 학생은 젊은 여성 환자가 복통을 호소하면 '신뢰할 수 없는 이야기꾼'이라고 외과의사가 말했다고 했다. 또 다른 학생은 "종종 여성을 히스테리를 부리거나 잔소리하는 어머니, 사소한 불평론자로 묘사한다. 남성의 질병에 대해서는 심리적 요소를 지적하는 일이 거의 없다. 심리적 요소는 대개 여성에게만 있다."라고 말했다. 또 다른 학생은 사실 "여성의 질병은 다른 것으로 입증되지 않는 한 정신적인 문제로 취급한다."라고도 했다.

예전에는 교과서에서도 여성이 특히 심인성 증상에 취약하다는 묘사를 과학적 '사실'이라고 가르쳤다. 1971년 부인과 의학 교과서는 "많은 여성이 고의든 아니든 신경증적 욕망을 충족시키려고 질병의 심각성을 과장한다."라고 경고한다.[49] 그리고 의사들에게 비뇨기과 문제에서 불임, 요통까지 모든 것에 영향을 미치는 심리적 요인과 성격 요인을 경계하라고 충고한다. 또 증상의 원인이 신체적인지 심리적인지 구별하는 가장 확실한 방법은 "환자가 자신을 여성으로 인지하는

가?"를 확인하는 것이라고 주장한다.

만약 여성이 여성으로서의 역할에 저항하면 몇 가지의 상징적인 방식으로 정신적 충돌이 나타나는데, 특히 여성의 생식계 장애로 드러난다. 의학 교과서에 따르면, "월경통은 여성성에 대한 환자의 태도를 철저하게 연구해야 한다."[50] 대부분 임신부가 경험하는 임신 초기의 입덧은 "어머니가 될 준비가 되지 않은 여성의 억울함과 양가감정, 무능함을 암시한다."[51] 19세기처럼 여성은 여전히 적절한 여성성을 갖추지 못해서 자업자득으로 질병에 걸린다며, 이런 증상은 모든 여성의 머릿속에 있다고 여겼다.

| 의학적으로 설명할 수 없다면 누가 설명해야 할까?

히스테리 개념은 시대의 변화에 따라 놀라운 적응력을 보여주었다. 1970년대 미국 의학계에서 프로이트 이론은 인기를 잃었다. 페미니스트 운동은 여성의 역할을 근본적으로 확장했다. 그러나 의학은 설명할 수 없는 신체 증상은 마음에서 나온다는 생각을 고수했다. 1980년에 《정신질환의 진단 및 통계 편람(Diagnostic and Statistical Manual of Mental Disorders)》 제3판이 출판됐을 때, 히스테리 항목은 없었지만 새로운 항목이 추가되었다. 바로 '신체형 장애(somatoform disorder)'다.[52] 이후 20년간 신체형 장애는 '일반적인 의학 질병으로는 설명되지 않는' 신체 증상을 호소하는 환자를 가리켰으며, 심리적 요인을 병의 원인으로 지목했다. 리포우스키는 "신체형 장애(somatoform disor-

der)는 대부분 이전에 히스테리라 불리던 집합체의 잔해에서 나왔다"
라고 지적했다.[53]

이제는 신체화 장애(somatization disorder)로 불리는 브리케 증후군을 판별하는 단순한 기준을 포함해서 14~37세 사이에 겪는 증상들을 모아놓았다. (이후 개정판에서는 네 가지 범주의 32개 증상 중에서 8개 증상만 충족하도록 더 간소화했다.) '전환 장애'는 마비, 발작, 기억상실처럼 설명할 수 없는 신경학적 증상에 적용되었다. 점차 통증 장애로 이름이 바뀐 '심인성 통증 장애'는 온갖 신체 부위에 나타나는 설명할 수 없는 만성통증을 가리킨다. 건강염려증 환자는 심각한 질병을 앓을 것에 대한 강한 두려움과 의학적으로 설명할 수 없는 증상을 함께 나타내는 환자를 가리켰다. '분류할 수 없는 신체형 장애'와 '특정할 수 없는 신체형 장애' 같은 남은 범주에는 다른 질병으로 분류할 수 없는, 설명할 수 없는 증상을 모두 밀어 넣었다.

건강염려증을 제외한 모든 신체형 장애는 여성에게 더 흔한 것으로 묘사했다.[54] 또한 교육 수준이 낮고 소득이 적은 계층과 유색인종에게 더 폭넓게 나타난다고 보고했다. 신체화 장애는 바로 이전의 브리케 증후군처럼 여성에게만 나타나는 질병이라고 여겼으며, 남성보다 여성에게 10배 더 많이 나타났다. 1980년대 중반에는 몇몇 연구자가 신체화 장애 선별 검사를 내놓았다.《정신질환의 진단 및 통계 편람》은 당시 기술적 기준에서 37개 증상 중 14개 증상을 요구했지만, 연구자들은 '매우 의심스러운' 3~7가지 항목은 신체화 장애를 나타낼 가능성이 크다고 주장했다. 여기에는 숨이 찬 현상(shortness of breath), 월경통(dysmenorrhea), 성기의 따가운 느낌(burning in the sex organs), 목에 뭔가가 걸린 것 같은 느낌(lump in throat), 기억상실(amnesia), 구토

(vomiting), 말단 부위의 통증(painful extremities)이 있다. '신체화 장애가 여성을 괴롭히고 의사를 성가시게 한다(Somatization Disorder Besets Ladies and Vexes Physicians)'라는 문장으로 만든 연상기억법도 있었다.(각 단어의 머리글자는 앞의 일곱 가지 증상의 머리글자와 일치-옮긴이)[55]

한편 지난 몇 십 년 동안 더 많은 완곡 표현들이 불쑥불쑥 튀어나왔다. '기능성(functional)'이라는 단어는 인식할 수 있는 기질적 원인이 없는 경우를 뜻하는 말로, 처음에는 심인성 원인을 암시하지 않았지만 현실에서는 바로 심인성 원인을 암시하는 용도로 사용되었다. 2012년 데이비드 에델버그David Edelberg 박사는 〈미국의학윤리협회지〉 기사에서 "'기능성'이라는 말은 50년 전의 '정신신체증(psychosomatic)', 100년 전의 '히스테리'와 같은 말"이라고 썼다.[56] 또 리포우스키는 "신체화 환자의 증상을 '기능성, 정신신체증, 심인성, 신체형'이라고 불렀다.[57] 이 모든 단어는 신체 증상이 심각하게 일어나더라도 이 질병은 완전히 다른 영역에 속하며, '진짜' 질병의 모방일 뿐이라고 암시한다."라고 썼다.

최근 몇 년간 '의학적으로 설명할 수 없는 증상'이라는 말도 이 목록에 더해졌다. 표면적으로는 중립적인 묘사지만 종종 심인성 질환을 암시하는 데 사용한다.[58] 《이름 붙이기(Putting a Name to It)》의 저자인 앤마리 골드스타인 주텔Annemarie Goldstein Jutel은 75편의 논문에서 '의학적으로 설명할 수 없는 증상'이라는 구절을 분석한 결과, 논문의 절반이 이 단어를 정신과 용어인 '신체형 장애, 신체화'라는 말과 동의어로 사용했음을 발견했다.[59] 논문의 1/4 이하만이 이런 경향을 비판했다. 다시, 한 논문에서는 "계속해서 비판받으면서도 꿋꿋이 버티고 있는 이중적인 관점에 따르면, 몸에서 병을 발견할 수 없다면 질병은 '모두 머릿속에서 나온 것'이며, 의학적으로 설명할 수 없는 증상은 기본적으로 '정신의학적으로 설명할 수 있다'고 추측한다."라고 설명했다.[60]

'신체형, 기능성, 의학적으로 설명할 수 없는 증상'이라는 말은 연구자나 의사 사이에서 사용되며, 환자에게는 주로 사용되지 않는 편이다. 의사는 환자의 증상이 '모두 머릿속에서 나온 것'이라는 말은 하지 않은 채, 환자에게 왜 설명할 수 없는 증상이 나타나는지를 분명하게 설명해야 하는 그다지 유쾌하지 않은 상황이다. 그러나 사실, 의학은 환자의 증상이 "모두 머릿속에서 나왔다"고 믿고 있다.[61] 2009년 논문을 보면, 의사는 보통 '의학적으로 설명할 수 없는 증상'의 환자에게 진단검사 결과가 음성으로 나왔으니 "아무 일도 아니다"라고 안심시킨다고 보고했다.[62] 의사들은 또 환자의 기분이 나쁜 이유를 은유적으로 설명했다. 가끔은 환자의 증상을 삶의 일부라고 말하며 고통을 정상화하기도 했다. 물론 환자는 이런 설명에 안심할 리 없다.[63]

설명할 수 없는 증상을 흔히 우울증이나 불안 탓으로 돌리는 것은, 기분장애를 앓으면 실제로 우울감이나 불안감을 느끼는 것이 당연하다고 생각하는 환자에게 상당한 혼란을 일으킬 수 있다. 그리고 의학적으로 설명할 수 없는 증상에 대해서는 다른 무엇보다 '스트레스' 탓을 해왔다. 2007년 베스트셀러인 《닥터스 씽킹(How Doctors Think)》을 출판한 제롬 그루프먼Jerome Groopman 박사는 베스 이스라엘 디컨네스 의료센터의 실험의학 과장으로, 이 책을 출간한 뒤 많은 환자에게 들은 이야기를 토대로 "스트레스는 지금 당장은 모르는 문제를 설명하는 유용하고 포괄적인 단어"라고 언급했다.[64] 우울증, 불안, 장기적인 스트레스가 특정 신체 증상을 일으킬 수 있다는 것은 확실하다. 하지만 발생할 수 있는 증상이 무제한적인 것도, 실제로 설명할 수 없는 것도 아니다. 의사가 구토, 마비, 멈추지 않는 심각한 통증 등의 다양한 증상에 스트레스를 들먹이면 이때의 스트레스는 히스테리의 현대적 표현인 신체형 장애의 개념이다.

한편,《정신질환의 진단 및 통계 편람》제5판이 2013년에 출판되면서 신체형 범주는 크게 개정되었다. 신체형 장애, 건강염려증, 통증 장애, 분류하지 못한 신체형 장애는 하나의 질병, 즉 신체화증후군(신체증 장애, somatic symptom disorder)으로 대체되었다. 신체화증후군의 특징은 "매우 고통스럽거나 심각한 신체 기능저하 증상을 보일 뿐 아니라, 증상에 대한 생각 · 느낌 · 행동이 과도하고 편향되어 있다." 즉, 프로이트의 낡은 전환 장애는 여전히 존재하고, 여기에 '기능성 신경 증후군 장애'라는 부제가 붙은 셈이다. 이전에 신체형 장애의 정의는 '의학적으로 설명할 수 없는 증상'에 대한 문제였지만, 새로운 신체화증후군의 증상은 의학적인 문제로 설명될 수도 아닐 수도 있다. 이제 신체화증후군 진단은 질병에 대한 환자의 우려가 의사에게 '유난 떠는' 사람으로 비치는지에 달려 있다.

《정신질환의 진단 및 통계 편람》제4판 편집위원장이었던 앨런 프랜시스Allen Frances는 〈영국의학저널〉에 실린 통렬한 비평을 통해 이 새로운 꼬리표는, "심리적 장애가 존재한다는 결론을 내리기 전에, '다른 설명을 배제하려는' 노력을 군이 시도할 필요도 없이 질병의 기저에 깔린 의학적 원인에 대한 오진을 끌어낼 뿐만 아니라 '아무 고민 없이 신체 질병을 정신장애로 진단하는' 위험도 높일 것"이라고 주장했다.[65] 한 시험연구는 암 환자의 15%, 심장질환 환자의 15%, 과민성 대장증후군 환자의 26%, 섬유근육통 환자의 26%, 건강한 사람의 7%가 신체화증후군으로 진단받고 있다는 사실을 보여준다. 프랜시스는 특히 여성이라면 "수백만 명이 오진받을 수 있고, 오진은 여성에게 집중적으로 내려질 것이다. 여성은 신체 증상을 표현할 때 '최악의 상황을 상상하는 사람'으로 무시되기 때문"이라고 썼다.

'의학적으로 설명할 수 없는 증상'이라는 마지막 꼬리표를 이른바 히스테리 증상에 적용하면 아주 편리하다. 이 표현 자체도, 의료계가 이 표현을 사용하는 방식도 해당 개념과 무엇이 문제인지를 함께 드러내기 때문이다. 논문은 1차 의료 환자의 1/3가량, 전문 분과 환자의 2/3가량이 '의학적으로 설명할 수 없는 증상'으로 진단받는다고 평가했다.[66] 그 환자의 약 70%가 여성이다. 물론 증상은 그 자체로 설명되지 않거나 설명될 수 없는 것이 당연하다. 이는 의사가 진단할 때 설명하는 것이다. '의학적으로 설명할 수 없는 증상'에 걸린 환자는 아직 우리가 모르는 질병에 걸린 환자다. 수백만 명의 미국인이 정확한 진단을 받기까지 오랜 시간 동안 여러 의사를 전전하는 경험을 한다. 이 기간은 자가면역질환 환자의 경우 평균 4년이다. 희귀병 환자라면 7년이다. 자궁내막증 환자라면 10년씩 걸리기도 한다. 하지만 '의학적으로 설명할 수 없는 증상'에 대한 의학 문헌을 보면 이것은 마치 첫 진료에서 정확하게 진단이 되는 것 같은 전혀 다른 세상을 보여준다.

질병은 과학적 연구로 설명되며, 과학이 설명할 수 있는 부분은 항상 변하기 마련이다. 의학사의 관점에서 보면 같은 패턴이 반복된다. 의학 지식이 한 단계 발전하면 어제의 신비한 심인성 질환을 갑자기 의학적으로 설명할 수 있게 된다. 이 책에 나오는 거의 모든 질병은 한때 여성의 신경증이나 억눌린 분노, 숨겨진 트라우마 때문에 발병한다고 여겼다. 객관적인 검사 결과, 증상이 실제로 존재하며 특정 질병으로 나타난다고 증명되기 전까지는 '환자의 머릿속에서 나온' 증상으로 무시되는, 여성에게는 너무나 익숙한 전개는 역사를 통틀어 미니드라마처럼 반복되었다. 주텔이 썼듯이, "신체 질병이 정신장애로 잘못 진단되는 일은 개인의 초기 병력이나 질병 자체의 초기 역사에서는 흔한 일이었다."[67]

이런 기록에도 불구하고, 모든 세대의 의사는 현시대의 이론과 기술에 대해 놀라울 정도로 확신에 차 있다. 현재 '의학적으로 설명할 수 없는' 질병은 지금보다 더 많은 지식과 더 정확한 검사법을 갖춘 미래의 의사조차 의학적으로 설명할 수 없으리라 생각한다. '의학적으로 설명할 수 없는 증상'들을 통합적인 질병으로 취급하면서 '설명할 수 없는 것을 집어넣을, 잡동사니로 가득 찬 진단 범주를 만드는 데' 안주한다고 주텔은 지적한다.[68] '의학적으로 설명할 수 없는 증상'을 심인성 원인으로 돌리면서, 의학은 '의사의 무오류성과 의학의 전지성全知性'을 주장한다.[69]

히스테리에 붙은 현대적 꼬리표가 보여주듯이, 또 1800년대 중반 프랑스 의사 샤를 라세그Charles Lasegue가 썼듯이 히스테리는 "적절하지 않은 증상을 던져버리는 의학의 쓰레기통"으로 남아 있다.[70]

히스테리, 무지를 위장한 임상 오류의 원천

○

매기의 어머니는 간호사에게 매기는 불안증을 앓은 적이 없으므로 공황발작을 일으킨 것이 아니라고 분명하게 말했다. 그러나 일단 흉부 X-선 촬영, 혈액검사, CT 스캔 결과가 정상으로 나오자 응급실 의사는 매기를 병원에서 내보내려 했다. 그래도 의사는 먼저 매기가 통증 없이 음식을 먹을 수 있는지 확인했다. 그러나 통증이 이전보다 더 심해져서 매기는 음식을 먹을 수 없었다. 의사는 하룻밤 입원하면서 관찰하자고 했다. 그러나 다른 검사를 더 해도 어디가 잘못된 건지 알 수 있을지 모르겠다고 말했다. 아침이 되어 매기는 다시 통밀 크래커와 짭짤한 크래커를 받았다. "또다시 견딜 수 없는 통증이 와서 일어서거나 움직일 수 없을 정도였어요." 하지만 간호사는 의사가 크래커 테스트의 반응을 기다리지도 않고 벌써 매기를 퇴원시켰다고 전했다. 통증이 더 심해지자, 매기는 의사를 불러달라고 간호사에게 매달렸다. "간호사는 거절했어요. 내 검사 결과는 정상이니 호들갑 떨지 말라고 했죠. 퇴원해도 좋다고 하면 더 이상 아픈 게 아니라고 말했어요."

선택의 여지가 없다고 생각한 매기와 병원에 오려고 비행기를 타고 날아온 어머니는 병원을 나왔다. 일단 퇴원한 매기는 이후 14시간 동안 극심한 통증에 시달리면서 말을 할 수도, 일어서지도, 먹지도 못했다. "엄마 말로는 그때 내가 꼭 정신 나간 사람처럼 조용히 앞뒤로 몸을 흔들면서 위축되는 모습을 보였다더군요. 내가 기억하는 것이라곤 내가 곧 죽을 거라고, 그러면 너무 억울하다고 생각했다는 것뿐이에요. 하지만 내 상태를 설명하거나 맞서거나 무서워할 힘조차 없었어요."

○

오랫동안 비평가들은 히스테리든, 신체화든, 스트레스로 인한 '의학적

1부. 눈 감고 무시해온 구조적 문제

으로 설명할 수 없는 증상'이든 심인성 질환이라는 개념에 오진의 위험이 크게 내재되어 있다고 지적했다. 이 문제에 가장 큰 영향을 미친 논쟁은 영국 정신과 의사 엘리엇 슬레이터Eliot Slater가 1965년에 쓴 사설에서 한 경고다.[71] 히스테리 진단을 너무 자주 내리는 의사는 자신이 수수께끼를 풀었다고 착각하지만 사실 의사는 문제를 해결하지 못했다고 경고했다. 슬레이터 본인을 포함한 런던 국립병원에서 1950년대에 히스테리를 진단받은 환자 85명을 추적한 결과, 9년 후 환자의 60% 이상이 뇌종양과 뇌전증 같은 기질성 신경계 질환을 진단받은 것이다. 이 중 열두 명은 사망했다. "히스테리 진단은 무지를 위장하려는 것에 불과하며, 풍성한 임상 오류의 원천이다. 사실 착각일 뿐만 아니라 유혹이기도 하다."라고 슬레이터는 결론 내렸다.

이것이 위험한 유혹인 이유는 심인성 질환과 기질성 질환을 진단할 때 필요한 증거의 양이 극명하게 다르기 때문이다. 증상을 신체 질환으로 진단하려면 관찰할 수 있는 병리학적 증거가 있어야 하지만, 심인성 질환은 사실 심인성 검사라는 것이 없으므로 추측만으로도 충분하다. 의학전문 기자 로리 엔디콧 토머스Laurie Endicott Thomas가 지적했듯이, 심인성 질환의 진단은 충족 기준이 매우 낮다. "심인성 질환을 판정하는 객관적인 검사의 부재가 의학 분야를 방해하는 것 같지만, 사실 신체형 장애는 증상의 묘사가 아니라 원인에 대한 추측에 근거해서 진단할 수 있는 유일한 정신과 질병이다."[72] 일단 증상이 심인성으로 의심되고 의사가 걸고넘어질 스트레스 원인을 찾기 시작하면, 원인을 찾아내지 못하는 것이 더 어렵다.

게다가 환자가 스트레스를 받거나, 우울하거나, 불안하거나, 다른 감정적인 고통의 징후를 보이지 않더라도 심인성 진단을 내리는 데는 아무 문제가 없다. 전환이나 신체화 이론에 따르면 심인성 질환은 전환이나 신체화를 유발하는 심리적 고통을 참고 깊은 무의식으로 밀어넣을 때, 즉 심리적 고통을 느끼는 것을 의식적으로 피하려 할 때 생긴다. 따라서 "신체화 환자는 종종 우울하거나 불안하다는 점을 부정하고, 자신이 겪는 감정적 고통이 신체적 고통과 장애에서 나온다고 주장한다. 이런 분명한 거부나 환자의 인과 해석을 옳다고 수용할 필요는 없다. 양쪽 모두 잘못된 주장일 수 있기 때문이다."라고 리포우스키는 설명했다.[73] 그러므로 심인성이라는 진단은 환자가 '몸이 아프다고해도 신체 질병은 없고, 환자가 감정적으로 고통받지 않더라도 정신질환이 있다'라고 의사가 말하는 상황이 흔히 벌어진다.

실제로 심인성 진단은 배제 진단의 경향을 보인다. 주텔이 설명하듯이, "무슨 질병이라고 정의하는 것이 아니라 어떤 질병이 아니라고 정의하는 진단이다.[74] 제대로 정의된 특징이 없고, 설명할 수 없다는 점이 질병을 정의한다." 그러나 의사가 증상을 의학적으로 설명할수 없다고 성급하게 결정해서 정확한 진단을 놓칠 만한 이유는 수없이 많다. 질병이 희귀하거나 진단하기 어려워서 뿐만은 아니다. 환자가 비전형적인 증상을 보이거나, 진단검사가 부정확하거나, 결과를 잘못 해석하거나, 의사도 사람이니까 단순히 실수해서 정확한 진단을 놓칠 수도 있다.

이런 위험에도 불구하고 의학 문헌에는 신체형 장애의 의학적 원인을 탐색하지 않는 것보다 탐색하는 데 따르는 위험에 대해 믿기 힘들 정도로 많은 토의가 이루어진다. 미국 가정의학과학회는 의사들에게 '불필요한 진단과 의학적 치료'를 줄이기 위해 신체형 장애의 가능성을 진단 초기에 고려하라고 충고한다.[75] 한 논문에서는 "심각한 질병

1부. 눈 감고 무시해온 구조적 문제

을 간과할 위험에 대비해서 많은 의사들이 환자에게 모든 신체검사와 치료법을 총동원함으로써 환자에게 자신의 질병이 신체 질병이라는 잘못된 확신을 심어준다."라고 우려했다.[76] 최소한으로 해야 할 검사가 과잉으로 이루어질 위험이 있는 것은 분명하다. 하지만 의사가 질병을 제대로 설명하려고 애쓰기도 전에 '의학적으로 설명할 수 없는' 것으로 결정해버리는 것은 앞뒤가 안 맞는 모순처럼 보인다.

　게다가 아직도 많은 의사가 환자의 증상을 '의학적으로 설명할 수 없는 것'이라고 직감할 수 있다고 확신한다. 그리고 실제로 진단을 너무 빨리 내린다. 2016년 네덜란드에서 발표한 논문에 따르면, 가족 주치의들은 환자의 증상이 너무 많고 이전에 여러 의사를 방문했거나 이송됐을 경우에는 의학적으로 설명할 수 없는 질병이라고 의심했다.[77] 또 환자에게서 '미묘한 느낌'을 받을 때도 그것을 단서로 의학적으로 설명할 수 없는 질병이라고 의심했다. 그런 느낌 중의 하나가 혼란이다. 한 의사는 "다른 의사들처럼 나도 30초 안에 무슨 병인지 알 수 있다고 생각한다. 무슨 병일지 2분 동안 생각하게 되면 '이 질병이 무엇인지 알 수 있는 단서가 없다'는 생각이 들면서 이 병은 의학적으로 설명할 수 없는 질병이라고 여기기 시작한다."라고 설명했다. 다른 느낌으로는 환자에게 느끼는 '짜증'이 있다. 응답한 의사의 대부분이 "환자에게 공감할 수 없으면 더 자주 의학적으로 설명할 수 없는 증상이라고 생각하게 된다."라고 했다. 2000년에 발표한 영국 논문에서도 비슷한 양상을 발견했다.[78] 의사가 처음에 '의학적으로 설명할 수 없다'라고 진단한 사례의 17%는 나중에 진단명을 정확하게 알 수 있었고, 오진 확률을 높이는 가장 큰 단일 요인은 의사와 환자의 관계가 부정적이었을 때였다.

심인성으로 진단하기는 쉽지만 이를 뒤집기는 매우 어렵기 때문에 여기에 도사리고 있는 위험이 더 심각하다. 모든 오진이 기존 이론을 뒷받침하는 증거만을 수용하는 성향인 확증 편향에 쉽게 영향받지만, 심인성 진단은 특히 더 취약하다. 무죄임을 밝혀줄 유일한 증거, 즉 기질성 질환이라는 증거를 찾으려는 의사의 노력이 멈춘 상태이기 때문이다. 일단 의사가 '아무 이상이 없다'는 결론에 천착하면 탐색은 중단되고, 뭔가 이상이 있다고 드러날 가능성은 더더욱 낮아진다. 게다가 한번 믿을 수 없는 환자라는 딱지가 붙으면 그 환자는 영영 신뢰를 회복할 수 없다.

　사실 심인성 이론에는 순환 논리가 숨어 있다. 일단 의사가 환자의 증상을 심인성이라고 진단하면, 환자의 모든 행동은 그 인식을 강화할 따름이다. 의학 문헌을 보면 환자가 신체형 장애에 시달릴 가능성을 보여주는 몇 가지 위험 신호에는 자신의 증상이 기질성 질환이 아니라 심인성이라는 사실을 부정하면서 반복적으로 의사를 찾는 '의료 쇼핑' 행동도 포함된다. 의학적으로 설명할 수 없는 증상이 심인성 질환이라고 믿는 영국의 유명 인사는 "많은 환자가 열정적으로 자신의 질병이 심인성이 아니라 의학적 원인이 있다고 주장하는 현상은 이 증상의 전형적인 특징"이라고 말했다.[79]

　물론 자신의 질병이 의학적인 질병이라고 주장하면서 진단받을 때까지 '의료 쇼핑'을 하는 환자들이 존재한다. 이들은 아직 명확한 진단을 받지 못한 신체질환자다. 하지만 기질적 질환이 없다면서 이런 행동을 전형적인 특징으로 치부하는 것은 어리석고 위험한 논리다. 심인성 진단은 정확한 진단이 나올 때까지 지속되고, 악화하는 증상을 설명하려 노력하는 환자에게 정신장애 꼬리표를 붙여 위험에 빠트리는 체제를 만들어낸다. 사실 분화되고 비효율적인 의료 체제에서 진단을 받기 위해 취해야 하는 행동은 '비정상적인 질병 행동'처럼 보일 수 있다. 진단받은 후에야 과거의 행동이 완벽하게 합리적인 병적 증상이며, 절망적으로 악화중인 환자가 보일 수 있는 타당한 행동이라고 인정받기 때문이다. 한 만성피로증후군 환자가 말했듯, "미치광이 신경증 환자와 심각하게 아픈 환자의 차이는 검사 결과뿐이다."[80]

의료계는 신체형 장애나 의학적으로 설명할 수 없는 질병의 오진 가능성에 대해서는 놀라울 정도로 신경 쓰지 않는다. 생명윤리학자이자 진단권리연합 전 회장인 다이앤 올리어리Diane O'Leary는 다음과 같이 말했다. "의학계는 신체형 장애 진단 오류에 대한 저항력이 너무나 강해서 소수의 환자가 오진받을 수 있는 상황에 대한 예방책이나 치료 계획도 없으며, 어떤 형태의 통찰도 하지 않는다."[81] 신체형 장애의 진단 기준은 환자를 의학적 질병으로 설명할 수 없다고 결론 내리기 전에 '적절한 의학적 평가'를 요구한다. 하지만 알려진 질병이 1만여 종을 넘어가고 진단검사 방법이 5,000여 개나 있으며 전문의와 세부 전문의 분야 120여 개가 존재하는 현 의료계 상황에서, 의학적 설명을 탐색하는 일이 헛된 일일지, 증상이 환자의 마음에서 나온 것인지에 대한 판단은 의사 개개인의 주관적인 의견에 전적으로 달린 상황이다.

나는 이 단절이 더 큰 문제를 보여준다는 사실을 금방 깨달았다. 의학진단개선협회 설립자이자 회장인 마크 그래버Mark Graber 박사에 따르면, 진단 오류는 최근 십여 년 동안에서야 인식하기 시작한 '소리 없는 거대한 문제'다.[82] 2015년 미국 의학연구소 보고서는 "십 년 동안 부정확한 또는 지연된 진단을 포함한 진단 오류는 건강한 삶의 질을 추구하는 데 있어 맹점이며, 수많은 환자에게 계속해서 해를 끼치고 있다"라고 결론 내렸다.[83] 의학진단개선협회는 미국에서 매년 4~8만 명의 환자가 진단 오류로 사망한다고 추정한다.[84] 2014년 논문에서는 매년 주치의를 방문하는 미국인 1,200만 명이 오진을 받은 경험이 있다고 결론 내렸다.[85] 2016년 〈영국의학저널〉이 발표한 심지어 보수적인 추정치에 따르면, 진단 오류는 심장질환과 암에 이어 미국인의 세 번째 주요 사망 원인이다.[86]

진단 오류가 어떻게 이토록 흔할 수 있고, 의사들에게는 왜 큰 문세로 떠오르지 않았을까? 진단 오류 전문가는 나를 괴롭히는 이 수수께끼의 해답을 알려주었다. 문제는 실수를 인식해야 하는 의사가 자신이 얼마나 자주 실수하는지를 평가절하하기 때문이었다. 의사들과 이 문제에 대해 이야기를 나누다가, 그래버는 종종 작년에 진단 오류를 몇 건이나 했는지 묻는다. 늘 그렇듯이 의사들의 1%만이 진단 오류를 인정하며 손을 들었다. "대부분의 의사들은 심각한 비율로 진단 오류를 일으킬 수 있다는 사실을 상상조차 못한다."라고 그래버는 기록한다.[87] 요약하면, 의사는 진단 오류를 일으키는 사람은 자신이 아닌 다른 의사라고 생각한다. 이런 자기 과신은 의사만의 잘못이 아니다. 의사는 그저 자신의 오진율이 얼마나 되는지 정확히 아는 데 필요한 피드백을 받지 못했을 뿐이다. 의사는 다른 경로로 결과를 전해 듣지 않는 한, 정확하게 진단했다고 생각한다. 체계적으로 오진율을 조사하는 의료기관이 거의 없으므로, 의사는 자신이 오진했다는 사실을 대개는 환자를 통해서만 알게 된다.

그리고 질병의 증상이 모두 자신의 머릿속에서 나왔다는 진단을 받은 환자라면 피드백할 가능성도 거의 없다. 부정확한 다른 질병으로 오진받은 환자는 의사의 실수가 드러날 때까지는 같은 의사를 찾을 수 있다. 하지만 의사가 '그냥 스트레스일 뿐'이라고 진단해도 증상이 지속되면, 자신을 포기하지 않는 한 환자는 대부분 다른 의사에게 말없이 옮겨갈 뿐이다. 사실 환자에게는 선택의 여지가 없다. 그리고 처음에 오진한 의사는 보통 다른 의사가 환자의 증상을 의학적으로 설명하더라도 이를 나중에라도 알 수가 없다. 결국 의사에게 환자는 신체형 스트레스 환자로, 진단 오류는 다른 의사나 저지르는 일로 남게 된다.

명확한 병명으로 진단될 때까지, 여성의 질병은 심인성이다

1990년대 들어 여성 건강에 더 많은 관심을 요구하는 많은 의사와 지지자에게, 이토록 많은 여성의 질병이 그저 '다 머릿속에서 나온 병'으로 무시당한다는 사실은 지식의 간극을 보여주는 명확한 징후였다. 페미니스트이자 장애학자인 수전 웬델Susan Wendell은 1999년에 신체형 장애를 조사한 역학 논문을 다음과 같이 논평했다.[88] "전 세계적으로 서구 선진국의 사회경제적 지위가 높은 남성은 신체화 장애를 거의 겪지 않으며, 서구 과학이라는 환경에서 신뢰와 권위를 갖춘 사람으로 등장하는 놀라운 우연을 보인다." 여성과 사회적 빈곤층이 의학적으로 설명할 수 없는 증상을 더 많이 보인다면 이는 아마도 의학이 이들 계층의 증상을 탐색하는 데 관심이 없기 때문일 것이다.

이뿐만 아니라 의학은 의학적으로 설명할 수 없는 여성의 증상을 설명하는 데도 대체로 관심이 없었는데, 그 이유는 이미 그에 대한 설명을 알고 있다고 여겼기 때문이다. 1980년대에 젊은 산부인과 의사였던 어빈스키는 그녀의 환자들이 자신이 모르는 증상을 호소한다는 점을 깨달았던 때를 떠올렸다. 하지만 다른 의사들은 설명을 해주고 있었다. "언제든 설명할 수 없는 벽에 부딪히면 의학은 '음, 심리적 요인이 작용하고 있군요.'라고 말해요. 그래서 많은 환자들이 내게 '내 주치의가 이 증상은 다 내 머릿속에서 나온 거래요.'라고 말하곤 했어요. 의사들이 받은 의학 교육은 우리가 설명할 수 없는 것은 그냥 쓰레기봉에 넣어버리다고 직간접적으로 일러주었어요. 그런 뒤 우리는 손을 맞잡으며 말하죠. '좋아, 이걸로 끝이야. 이게 내 문제는 아니니까.'"

안젤라 케네디Angela Kennedy는 저서 《스스로 만든 불운?(Authors of Our Own Misfortune?)》에서 과학적으로 증명하거나 반증할 수 없는 설명을 내놓아서, 질병의 원인을 더 깊이 탐색할 수 없도록 만드는 것이 '의학적으로 설명할 수 없는' 질병에 대한 심인성 이론의 위험한 역설이라고 지적했다.[89] 심인성이라는 설명은 신체화 증상에 대해 의학적, 과학적 지식으로 설명할 수 없는 틈새가 있는 곳이면 어디든 슬쩍 끼어든다. 심인성이라는 설명은 이런 지식의 틈새를 계속 파고들면서, 이 틈을 실제 과학 지식으로 채워 넣어야 한다는 모든 필요성을 줄여준다.

의사 개인의 수준뿐만 아니라 전체 의료계에도 자기 충족감이 채워진다. 때로는 전체의 충족감이 더 클 수도 있다. 개개인의 여성은 처음 방문한 의사가 환자의 증상을 심인성이라고 진단하고 의학적 설명을 위한 탐색을 멈추면 최소한 다른 의사를 찾아갈 수 있다. 하지만 여성은 감정적 고통을 신체화하기 쉽다는, 오랫동안 전해져온 의학적 '사실'로 이 질병을 충분히 설명했다고 의학이 결론 내려버리면, 더 이상 의학적 설명을 위해 연구를 계속할 이유가 없어진다. 1970년대에 의학 교육을 받았으며, '여성의 질병은 다른 질병으로 진단되지 않는 한 심신증(psychosomatic: 심리적 증상이 신체적 반응으로 나타나는 현상-편집자)'이라고 결정했던 생의학계는 다른 방식으로 증명해낼 연구를 진행할 책임이 있지만, 증거는 간단하게 나오지 않는다. 적어도 증거가 축적되기까지 수십 년이 걸린다.

바로 이것이 기능성 신체화증후군이 지난 수십 년 동안 발목 잡혔던 골치 아픈 함정이다. 1980년대와 1990년대에 몇몇 의사는 환자들의 지지를 받아 '의학적으로 설명할 수 없는' 증상이 모인 쓰레기통에서 특정 '기능성 신체화증후군'을 꺼내, 이 증상이 신체화 환자의 무작위 증상으로 치부되어서는 안 되며, 다만 아직 질병 기전을 알지 못하는 신체 질병이라고 주장하기 시작했다. 다시 말하면, 의학이 이런 증상을 진실로 의학적으로 설명할 수 없는 질병으로 보고, 이를 설명하기 위해 노력해야 한다고 주장했다. 섬유근육통, 간질성 방광염, 과민성 대장증후군, 특발성 요통, 외음부통, 만성피로증후군 등의 진단은 이전에는 신체형 장애로, 후에는 기능성 신체화증후군으로 불리면서 '정신과학과 의학 사이의 접경'에 어색하게 걸쳐 있다.[90]

이런 기능성 신체화증후군은 때로 '경합 질병'이라고 불린다. 이 말은 질병에 대한 수많은 이론이 합치하지 못하고 경합하는 현실을 반영한다. 지난 수십 년간 임상연구자 개개인과 환자단체의 노력 덕분에 이런 질병을 설명하는 데 크든 작든 진전이 있었다. 그래서 요즘에는 종종 질병 연구에서, 질병의 생물 기전은 거의 모르지만 문제를 조금씩 풀어나가려는 전문가의 관점과, 심리적 문제로 생긴 신체화라는 의혹을 벗어나지 못한 채 남아 있는 전체 의료계의 관점 사이에 거대한 균열이 나타나기도 한다. 의혹에 휩싸인 의료계의 관점은 정당성도 없거니와 숨겨진 근본적인 병리 기전을 탐색해야 할 질병을 수용하지도 못한 채 남아 있다.

이 책 후반부의 내용은 '의학적으로 설명할 수 없는' 정신과적 설명을 기본으로 여기는 의학계의 성향이 이런 질병 연구의 진전을 크게 방해했다는 이야기가 대부분이다. 오래된 여성의 히스테리 성향을 현대적인 꼬리표로 바꾼 것에 지나지 않는 심인성 질환(한 기사는 이를 두고 '오래된 술을 새 부대에'라고 표현했다)이라는 단어는 결국 생의학계가 이러한 질병 연구에 큰 관심이 없다는 뜻이다.[91] 그러나 오직 과학적 연구만이 질병의 생물 기전을 밝혀서 '의학적으로 설명할 수 없는 증상'이라는 쓰레기통에서 질병을 구출할 수 있다. 1990년대에 화학물질 과민증을 연구하는 한 연구자가 "우리는 옴짝달싹 못 하는 상황이다. 논란이 있는 질병은 연구 자금을 받기가 힘들다. 그런데 필요한 연구를 하지 않고서는 논란을 해결하기 힘들다."라며 한탄했다.[92] 동시에 회의적인 의사들은 일관적인 생물학적 이상의 부재를 환자에게 '잘못된 것이 아무것도 없다'라는 증거로 지적할 것이다. 그런 이상을 찾기 위해 연구가 필요하다는 점에는 신경도 쓰지 않는다.

한편, 기능성 신체화증후군에 대한 연구가 거의 이루어지지 않는 이유는 연구 대부분이 질병의 심리적 근원을 확인하는 데 집중하기 때문이다. 대체로 질병의 원인을 심인성으로 몰기 위해 모은 증거는 개인 수준과 같이 집단적인 수준에서도 추측에 근거했을 뿐이다. 기능성 신체화증후군 환자가 우울증과 불안감을 앓을 확률이 높다는 사실을 보여주는 연구는 셀 수 없이 많다. 하지만 이런 경향은 '설명할 수 있는' 만성병 환자에게서도 나타난다. 이런 논문에서는 기질성 질환으로 비슷하게 심신이 약화된, 특히 질병에 대한 이해가 부족하여 부실한 치료를 받게 된 환자를 대조집단으로 연구하지 않는다. 정신적 고통은 질병의 원인이 아니라 결과일 수 있다. 그러나 이러한 연구는 기능성 신체화증후군 환자에게 아동기의 성적 학대나 어린 시절에 다른 스트레스가 있었을 확률이 높다는 점을 지적함으로써 심인성 요인을 암시한다. 그러나 다시 한 번 강조하는데, 이런 현상은 여러 질병에서 흔한 일이다.

사실 심인성 이론을 지지하는 증거가 약해 보이는 이유 중에 하나는 정신 건강과 신체 건강이 매우 밀접하게 관련되어 있다는 연구 결과가 계속 늘고 있기 때문이다. 우리는 빈곤이나 차별 같은 온갖 만성 스트레스가 심장질환과 바이러스 감염 같은 다양한 질병에 걸릴 위험성을 높인다는 사실을 알고 있다. 성적 학대 등 다양한 유년기의 부정적인 경험이 이후의 건강에 나쁜 영향(자가면역질환, 2형 당뇨병, 우울증 등)을 미칠 확률이 높다는 사실도 안다. 이런 연관성은 '전환' 같은 추상적인 이론 과정이 아니라 고농도의 스트레스 호르몬이 수많은 몸속 기전에 일으키는 생리적 효과 때문이다.

그러나 의학은 주로 여성에게 영향을 미치는 '의학적으로 설명되지 않는' 증후군 사례에서만 마음과 몸의 연관성을 강조하는 경향이 있다. 심지어 그저 입증할 수 없다는 이유만으로 인과관계를 인정한다. 2016년 논문에서는 뉴질랜드 웰링턴에 있는 빅토리아대학교의 두 과학자가 여성 환자가 대략 세 배 정도 많은 두 가지의 기능성 신경증후군, 즉 심인성 운동장애와 심인성 비간질성 발작을 설명한 심인성 이론의 증거에 대해 논평했다.[93] 논문은 "의학적 이론에서든 심리적 이론에서든, 기준에 미치지 못하는 증거를 수용해야 할 이유가 없다"라면서, 저자들은 다른 수많은 인과관계에 적용하는 것과 똑같이 엄격하게 증거를 평가해서 불충분하다는 결론을 내렸다. 이들은 의학계가 "불확실성 속에서 자주 남용하는 심리적 설명을 퇴출하고 대신 완전히 새로운 관점을 적용해야 한다"라고 주장했다. 의학은 이런 질병에 관련된 심인성 이론을 그냥 쉽게 수용해온 것으로 보인다.

기능성 신체화증후군 연구자인 마틴 폴Martin Pall은 "심인성을 다룬 논문에 대한 가장 큰 의문은 이런 허술한 논문이 어떻게 이토록 많이 출판되었을까?"다며, 과학적 기준에 못 미치는 조잡한 논문 축파이 '지금까지 내가 본 동료심사 제도의 가장 큰 실패작'이라고 지적했다.[94] "논문이 환자가 대부분 여성이라는 사실에 근거한 것은 아닌지 의문스럽다. 의학계에는 오래된 성차별이 존재했지만 21세기 들어서 계몽됐다고 생각했는데 이런 행태를 보면 내 생각이 틀렸을지도 모른다는 생각이 든다."라고 말했다.

| 여성을 무시한 자기 충족적 예언

의사가 의학적으로 설명할 수 없는 환자의 증상에 대해 자신의 직감을 따른다면, 수 세기 동안 전형적인 심인성 질환자로 여겨졌던 여성의 질병이 머릿속에서 나온 것이라며 무시하는 일이 이상할 게 없다. 1986년 논문에서는 '히스테리'나 '기능성 장애'로 진단받은 환자 그룹을 관찰했는데, 나중에 심각한 기질성 신경장애를 발견했다.[95] "히스테리 진단은 대부분 잘못되었다"라고 결론을 내린 논문의 저자들은 히

스테리로 오진하기 쉬운 환자의 특징을 분류했다. 환자가 여성이거나, 이전에 정신장애를 진단받았거나, 심리적 설명이 그럴듯하게 들어맞거나, 자신의 증상을 과대 포장하는 경우였다. 저자들은 환자의 이런 특징은 의사가 환자의 말을 믿지 않으리라는 두려움에서 나온다고 주장했다.

이러한 문제들과 함께 이전에 정신건강의 문제로 진단받은 적이 있는 여성에 대해서는 특히나 의사가 신체 증상을 믿으려 하지 않는다. 여성이 정신질환을 앓는 비율이 더 높다는 사실은 그 자체로 여성이 남성보다 정신과적 오진을 더 많이 받는 이유 중 하나다. 여성이 우울증이나 불안장애를 진단받을 확률은 남성보다 약 두 배나 높다.[96] 미국 여성의 다섯 명 중에 한 명은 향정신성 약물치료를 받는다.[97] 이에 비해 남성은 여덟 명 중에 한 명꼴이다. 게다가 항우울제 처방전 다섯 개 중에 네 개는 정신과 의사가 아닌 일반 의사가 처방했다.[98]

그러나 정신과 진단과 치료에서의 이런 젠더 격차는 여성의 증상을 '머릿속에서 나온 것'으로 무시하는 경향이 만들어낸 결과의 일부일 수도 있다. 여성은 문화적, 생물학적 이유로 또는 이 두 요인이 복합적으로 작용하면서 실제로 우울증과 불안장애에 걸릴 위험이 더 크지만, 적어도 부분적으로는 유병률의 차이가 여성에 대한 과잉 진단과 남성에 대한 소극적 진단의 결과라는 주장이 많았다. 1990년대 여러 논문에서는 우울증을 진단받은 여성의 30~50%는 오진이라고 주장했다.[99]

기분장애가 여성의 질병이라는 편견 때문에 의사들은 가슴 두근거림, 숨이 차는 증상, 피로감, 불면증과 같은 신체 증상을 일으키는 수많은 신체질환을 고려하기보다는 여성의 불안을 불안과 우울증 같은 기분장애에 따르는 것으로 돌릴 가능성이 있다. 더 나아가 우울증과 불안장애는 그 자체가 서로 다른 질병의 증상이다. 엘리자베스 클로노프Elizabeth Klonoff와 호프 랜드린Hope Landrine은 1997년에 발표한 저서 《여성의 오진을 막아라(Preventing Misdiagnosis of Women)》에서 여성에게 더 흔한 내분비이상, 신경장애, 자가면역질환을 포함한 수십 개 증상의 1차 징후가 정신과적 증상으로 나타난다고 설명했다. 두 사람은 동료 정신과 전문의들에게 "우울증, 불안장애, 신체화 장애가 여성에게 더 많은 이유는 부분적으로 이런 신체장애를 정신과적 장애로 오진하기 때문이다."라고 경고했다.[100] 진단받지 못해서 치료하지 못한 질병의 고통으로 생기는 스트레스가 정신과 질환을 앓게 하는, 자기 충족적인 순환고리가 완성되는 것이다. 한 논문이 지적했듯이 "역설적이게도 신체질환에 대한 의학적 오진이 여성 환자에게 우울증을 유도한다."[101]

여성이 정말로 심리적 질환이 있는지 또는 오진인지와 상관없이, 일단 진료기록부에 기록되면 앞으로 앓게 될 신체 증상을 동반한 다른 질병은 자동으로 심인성 질환으로 진단할 위험이 커진다. 댈하우지대학교의 비판적사고 프로그램의 책임자이며 진단오류 전문가인 패트 크로스케리Pat Croskerry 박사는 이 특정 유형의 실수를 '정신 나간 오류(psych-out error)'라고 불렀다.[102] 환자에게 내려진 정신과 진단 때문에 의학적 장애를 '간과하거나 축소하는' 현상을 가리킨다.

우울증 병력을 가진 이탈리아 이민자인 한 중년 여성은 3년 동안 복통을 월경통으로 무시당했다고 한다. 이 여성의 가족력에 대장암이 있다는 사실도 심각하게 받아들여지지 않았다. 직장 출혈이 일어났어도 의사는 심각하게 생각하지 않았다. 결국 그녀는 대장내시경 검사

1부. 눈 감고 무시해온 구조적 문제

를 받았고, 그제야 3기 대장암으로 밝혀졌다. 몇 달만 더 넘겼으면 4기에 들어서서 치료조차 할 수 없었을 것이다. 또 다른 여성은 십 대 이후로 항우울제를 불규칙하게 복용했다. 몇 년 동안 어지럼증, 피로감, 시력 문제, 원인 모를 체중 증가 등의 문제를 여러 의사에게 상담했다. 하지만 항우울제 복용 이야기가 나오면 항상 '스트레스' 탓으로 돌렸다고 한다. 문제의 원인을 찾기 위해 처음으로 철저한 정밀검사를 실시한 의사가 갑상샘암을 발견했다. 이 여성은 이렇게 덧붙였다. "암 진단이 마치 좋은 소식처럼 들려서 혼란스러웠어요. 알 수 없는 증상을 정확하게 알게 돼서 내가 '미쳤나봐'라는 생각을 하지 않아도 되니까요."

겁먹은 오류에 취약한 사람은 우울증처럼 명백한 정신과 진단을 받은 여성뿐만이 아니다. 많은 의사가 '의학적으로 설명할 수 없는 증상'은 모두 심인성으로 가정하고 의사들은 기능성 신체화증후군 환자에게 기존의 증상과 관련 없는 증상이 새로 나타나더라도 그것 역시 설명할 수 없다고 보고 심각하게 여기지 않는다. 진료 기록에 섬유근육통이나 과민성 대장증후군 같은 진단이 있으면 신체화 성향의 신호로 받아들여서 환자를 믿을 수 없는 보고자로 여기는 의사가 많다. 기질성 질병은 없고 '의학적으로 설명할 수 없는 증상'에 영향받기 쉬운 환자라고 여긴다. 《닥터스 씽킹》에서 그루프먼은 과민성 대장증후군 환자였던 젊은 여성이 세 명의 의사를 거치고도 자궁외 임신으로 파열이 일어나 거의 죽을 뻔했던 일을 설명했다. 이 여성은 골반통이 평소의 과민성 대장증후군 증세와는 달랐다고 호소했는데도 세 명의 의사가 과민성 대장증후군 증세를 겪는다고 생각하고 무시했다.

비록 당시에는 인식하지 못했겠지만, '겁먹은 오류'는 매기의 경험에서도 어느 정도 역할을 했을 것이다. 매기는 1학년 때 한 번 기절했는데, 대학 보건소의 의사는 매기의 섭식장애 탓으로 돌렸다. 매기는 섭식장애가 없었다. 병원을 옮겨서 만난 다른 의사는 매기의 신체 증상에만 집중했다. 그 후 3년 동안 매기는 건강했고, 가끔 축농증이나 연쇄상구균에 감염될 때만 병원에 갔다. 하지만 나중에 매기는 자신의 진료 기록에서 대학 보건소에서 응급실로 보냈던 주의 사항란에 섭식장애로 의심되며 통증의 원인은 '먹지 않으려고 했기 때문'이라고 쓰인 것을 보았다. 매기는 아무 데도 의사가 처음부터 자신을 색안경 쓰고 본 것 같다고 말했다.

이쯤 되면 여성은 자기 충족적 예언의 실현을 위해 붙들려 있는 것처럼 보인다. 전체적으로 보면 의학이 여성 증상의 많은 부분을 설명하는 데 실패했기 때문에 여성은 실제로 '의학적으로 설명할 수 없는 증상'으로 더 많이 진단받는 듯하다. 이런 증상은 여성을 대상으로 한 임상시험을 거치지 않은 약물 부작용일 수도 있고, 남성만 대상으로 연구한 질병의 비전형적인 증상일 수도 있으며, 여성에게 더 흔하다는 이유로 심인성 질환으로 추정해 의학이 거의 연구하지 않은 기능성 신체화증후군 증상일 수도 있다. 의학계에는 '의학적으로 설명할 수 없는 증상'을 심인성 질환으로 보는 경향이 깊이 파고들어 있다. 이 지식의 간극은 여성이 히스테리나 건강염려증에 걸리기 쉽고 신체화하는 경향이 있다는 고정관념을 만들었다. 이 고정관념은 다시 여성 환자가 진료실에 들어설 때, 환자가 자신의 증상을 설명할 수 있든 없든 간에 의사가 여성 환자를 대하는 태도에 영향을 미친다. 여성을 '의학적으로 설명할 수 없는 증상'에 빠지기 쉬운 환자로 분류하는 순간, 의사는 여성의 증상이 '스트레스를 받아서'라고 빠르게 결론 내리고,

의학적 원인을 밝히기 위한 정밀검사를 하는 대신 항우울제를 처방하며 이 끝없는 순환을 악화시킨다.

고통에 울부짖는 소녀

2001년에 발표된 유명한 논문인 〈고통에 울부짖는 소녀-통증 치료에서 여성을 향한 편견(*The Girl Who Cried Pain: A Bias Against Women in the Treatment of Pain*)〉에서 다이앤 호프만Diane E. Hoffmann과 애니타 타지안Anita J. Tarzian은 그때까지 발표된 많은 논문이 통증 치료에서 젠더의 격차를 보여준다고 했다.[103] 치료에서 보이는 간극은 임상 상황에서 광범위하게 나타난다. 한 논문은 병원에서 복부 수술을 한 후, 여성은 남성보다 통증 치료를 더 적게 받는다고 했다.[104] 또 다른 논문은 관상동맥 우회술을 한 뒤, 남성은 마취제를 더 많이 받았지만 여성은 진정제를 더 많이 받는다고 했다.[105] 이런 차이는 어릴 때부터 시작된다. 어린이의 수술 후 통증을 연구한 논문을 보면, 소녀보다는 소년에게 코데인을 더 많이 주었고, 소녀는 아세트아미노펜을 받았다(코데인은 준마약성 진통제로 아세트아미노펜보다 더 세다 – 옮긴이).[106] 이와 같은 양상은 계속 이어져서 장기간 통증 관리에서도 같은 현상이 나타난다. 전이성 암 환자와 에이즈 환자를 연구한 논문을 보면, 통증을 치료받지 못한 환자는 대부분 여성이었다.[107, 108]

호프만과 타지안이 지적했듯이, 이런 치료법의 차이는 평균적으로 여성이 남성보다 통증을 더 적게 호소한다면 정당화될 수도 있지만 사실 현실은 정반대다. 1980년대 후반에서 1990년대 초반까지 통증 연구자는 생의학 연구 전 분야에서 성·젠더 차이에 더 주의하라는 요청에 자극받아, 여성과 남성의 통증 지각력을 탐색하기 시작했다.[109] 연구 결과는 여성이 통증에 더 민감하며 통증을 더 많이 호소했다. 이를 고려하여 저자들은 "여성들이 최소한 남성만큼은 치료받아야 한다는 의견과, 여성의 통증에 대한 보고를 진지하게 받아들여야 한다는 의견은 적절해 보인다."라고 언급했다. 적어도 여성이 '더 적게' 치료받아서는 안 된다. "자료는 도움을 비는 여성이 통증을 호소했을 때 심각하게 받아들여지고 적절하게 통증을 치료받을 가능성이 남성보다 더 낮음을 보여준다."

이런 편향성에 대해서 연구진들은 다양한 이유를 들었는데, 결국 가장 큰 이유는 여성의 통증 호소에 신뢰가 가지 않기 때문이라고 결론 내렸다. "통증은 본래 주관적이므로 의료진은 환자를 신뢰할 만한 보고자로 수용해야 한다." 그런데 여성이 통증을 호소할 때는 '감정적'이거나 '심인성'에서 비롯한다고 평가 절하할 가능성이 커서 여성의 통증이 진짜가 아닌 것이 된다고 저자들은 말했다. "이런 편견 때문에 의료진은 여성이 호소하는 통증을 최소한 다른 객관적인 증거가 나올 때까지 평가 절하한다. 객관적인 증거를 중시하는 의학계와 이들의 여성에 대한 문화적 편견이 교묘하게 결합하면서, 여성은 부적절한 통증 치료와 지속되는 고통이라는 더 큰 위험에 빠진다."

그 이후 통증 치료에 대한 젠더 격차 연구는 더 복잡해졌다. 몇몇 논문에서는 여성이 적절한 치료를 받지 못했다고 했고, 다른 논문은 아니라고 했다. 통증은 항상 주관적이긴 하지만, 임상 치료에서는 무엇보다 환자의 말을 믿으려는 마음이 더 중요하다는 것이 이런 비일관성의 원인으로 보인다. 호프만과 타지안이 지적했듯이, 여성은 통증의 원인이 밝혀지기 전까지 통증에 대한 호소가 무시되기 때문에 더 큰 위험에 빠진다. 계속해서 논문은 많은 여성이 매기처럼 응급실에 처음 들어갔을 때 자신의 통증이 진지하게 받아들여지지 않는다는 사실을 깨닫는다고 말한다. 2008년 논문은 급성 복통으로 필라델피아 응급실에 온 환자 약 1,000명을 대상으로 조사한 결과, 남성과 여성이 비슷한 정도의 통증을 호소하면 여성은 통증 치료를 받기까지 대기하는 시간이 더 길었다.[110] 여성은 평균 65분 대기했지만, 남성은 평균 49분 대기했다. 여성은 통증 치료를 받을 확률도 크게 낮았고, 남성보다 마약성 진통제를 처방받을 비율도 13~23%나 낮았다. 대체로 설명할 수 없거나 객관적인 이상 소견과 관련성이 낮은 만성통증의 경우, 여성은 적절한 치료를 받지 못하는 장벽에 부딪히게 된다.

　여성이 호소하는 통증을 받아들이는 태도는 여성뿐만 아니라 남성에 대한 문화적 편견의 영향도 받는 것으로 보인다. 남성의 무던함은 남성의 통증을 더 진지하게 받아들이게 한다. 남성이 통증을 호소할 때는 거의 의심받지 않는데, 남성은 애초에 통증을 잘 인정하지 않는다고 여기기 때문이다. 그러나 남성의 무던함이 여성의 통증을 가볍게 여겨도 된다는 합리적인 근거는 아니다. 호프만과 타지안이 말했듯이 남성이 정말로 여성보다 통증을 인정하기를 싫어한다고 해도, "남성이 보여주는 꺼리는 태도는 꺼리지 않는 여성에게 적절한 치료가 필요 없다는 결론으로 이어지지 않는다." 남성에게는 고통을 견디라는 문화적 압력이 가해지지만 여기서 벗어난 여성은 통증을 표현하는 데 더 자유롭다면, 이를 과장으로 생각하지 말고 더 정확한 보고라고 봐야 한다. 하지만 여성은 믿을 수 없는 보고자로 취급받았다.

남성의 무던함에 대한 고정관념은 남성이 통증을 인정하지 않을 뿐만 아니라 자신의 병적 증상으로 의료진의 관심을 구하지 않는다는 추정으로 확장된다. 공중보건 연구자 케이트 헌트Kate Hunt 연구팀은 남성이 의료진의 돌봄을 찾지 않는다는 가정이 의료계와 사회 양쪽에 깊이 박혀 있다는 점을 발견했다.[111] 여기에는 여성은 무던하지 않다는 필연적인 가정이 따르며, 이는 여성이 병원에 갔을 때 의료진이 여성의 증상은 심각하지 않다고 추정하게 만드는 결과를 낳을 수 있다. 그리니 한 번도 의심받기 않고 '상시'이자 '사신'료 받아들여진 이 고정관념은 증거를 통해 입증된 적이 없다.

물론 의사에게 진료받기를 꺼려한다고 이야기하는 남성 인터뷰를 기반으로 한 연구가 있기는 하다. 취약성을 인정하고 도움을 청하는 행동은 남성성을 훼손하므로 진료받기를 주저하게 만드는 효과가 있긴 하다. 그러나 이 문제에 대한 남성과 여성의 생각을 직접 비교한 논문은 없다. 다시 말하면 남성은 실제로 주저하는 경향이 있지만, 여성도 다른 이유로 망설일 수 있는 것이다. 앞으로 살펴보겠지만, 여성이 진료를 망설이는 흔한 이유 중의 하나는 건강염려증 환자로 치부될지도 모른다는 두려움이다. 이런 고정관념은 우리 모두를 비슷한 지점으로 몰아간다. 무던한 남성성을 유지하려고 남성은 필요한 진료받기를 주저하고, 건강염려증 환자로 몰릴 것을 두려워하는 여성 역시 의사를 찾아가는 것을 망설인다.

사실, 환자의 실제 행동을 관찰한 연구를 보면 여성은 일반적인 편견과 달리 서둘러서 진료실로 달려가지 않는다. 남성과 여성이 같은 질병에 걸렸거나 비슷하게 쇠약해지는 증상을 겪을 때 의사를 찾아가는지, 찾아간다면 얼마나 빨리 가는지를 관찰한 연구 결과는 상대적으로 적다. 그나마 존재하는 연구 논문도 결과가 서로 다르다. 어떤 상황에서는 젠더가 요인이 아니었다. 어떤 논문에서는 남성이 더 오래 병원에 가지 않고 버텼고, 다른 논문에서는 여성이 진료를 더 오래 미루었다. (예를 들어 심장마비가 왔을 때 여성은 남성보다 도움을 청하기까지 더 오래 걸리는 경향이 있다.) 헌트 연구팀은 2011년 논문 평론에서 두 가지 흔한 질병인 두통과 요통을 겪을 때 도움을 청하는 행동을 분석한 결과, 여성이 남성보다 더 빨리 의료진을 찾았다는 증거를 찾았으며, 이런 행동이 '놀라울 정도로 약하고 일관성 없는' 여성이라는 고정관념을 강화했다고 결론 내렸다.

설사 여성이 평균적으로 의료진의 관심을 끌고 싶어 하는 경향이 남성보다 강하더라도, 여성이 아플 때 이들의 증상을 가벼이 여기는 의료진의 행동을 합리화하지는 않는다. 남성이 여성보다 진료실에 오기를 망설인다는 가정은, 무의식적으로 여성이 때로는 '자기가 제어할 수 있거나 관리할 수 있는 사소한 증상'까지 진료를 더 즉각적으로 원할 뿐 아니라 '너무 빨리' 진료를 받으러 온다는 추측으로 이끈다고 헌트 연구팀은 지적했다. 남성이 무던하다면 여성은 과도하게 감정적이라는 것이다. 남성이 고통을 축소해서 말한다면 여성은 반드시 고통을 과장한다, 남성이 의료진을 너무 늦게 찾는다면 여성은 너무 빨리 찾아온다. 이런 식으로 고정관념은 이것이 마치 균형인 것처럼 굴면서 불합리하게 작용한다.

히스테리 환자이거나 아프지 않거나

여성이 남성처럼 행동하면 성차별을 피할 수 있다는 상상은 항상 유혹적이다. 여성이 조금만 더 냉철하게 행동하면, 입술을 깨물고 눈물을 꾹 참으면, 목소리에 감정을 드러내지 않으면 더 진지하게 받아들여지리라고 생각하기 쉽다. 다시 말하면 여성이 말할 때 히스테리를 부리지 않으면 의료진도 여성이 히스테리에 걸렸다고 생각하지 않으리라는 것이다.

매기도 그렇게 생각했다. 너무 아픈데도 '진정하라'는 말을 듣는 게 제일 화났다고 매기는 말했다. 그래도 그녀는 진정하려고 애썼다. "나는 의사에게 진지하게 보이려고 목소리 톤도 고르고 목소리에 감정을 싣지 않으려고 정말, 정말 힘들게 노력했어요. 하지만 통증이 오면 냉정함을 유지하기 힘들었죠." 심지어 매기는 어머니가 감정을 드러내서 의사가 자신을 더 나쁘게 본다고 느꼈다. "어머니는 너무 흥분해서 울기 시작했어요. 어머니가 그럴수록 나는 더 냉정하게 보여야 한다고 생각했던 게 기억나요. 어머니가 흥분해서 의사가 나를 더 무시하게 될까봐서요."

하지만 젠더에 따른 편견에서 자유로운 여성은 없다. 매기도 예외는 아니었다. 여성이 통증에 과하게 감정적으로 반응하리라는 예상 때문에 고정관념대로 행동하든 선입견을 깨는 행동을 하든 여성의 증상은 진지하게 받아들여지지 않는다. 비키 라트너Viki Ratner 박사는 정형외과의사이자 간질성 방광염 환자의 옹호자로서 이 문제에 대한 독특한 이중 관점을 제시한다. 비키는 여성 환자가 직면하는 딜레마를 직설적으로 설명했다. "여성이 의사의 진료실에 들어서기는 아주 힘들다. 여성 환자가 침착하다면, 즉 지금 내가 말하는 어조로 여성 환자가 의사에게 말하면 의사는 '음, 이 환자에게는 문제가 없군!'이라고 생각한다. 반대로 감정을 드러내면서 말하면 의사는 '음, 이 여성은 심리적으로 불안정하고 어쩌고저쩌고…'라는 식으로 환자의 감정적 상태를 비난한다. 여성이라는 이유만으로 진료실에 들어서자마자 판정받는 것이다. 여성 환자가 침착해 보이면 아프지 않은 것이고, 울고 있으면 히스테리 환자라는 꼬리표가 붙는다."

반대로, 남성이 아픈데도 입을 굳게 다물고 있으면 환자가 어떤 상태든 의료진은 심각하게 반응한다. 남성 환자가 침착하면 전형적인 마초macho라서 그렇고, 감정을 드러내면 정말 심각하게 아픈 상태라고 생각한다. 하지만 남성이 무던한 남성상을 깨트렸을 때, 의사에게 얼마나 진지하게 받아들여질지는 환자가 다른 측면에서 자신의 남성성을 얼마나 고수하는지에 달려 있다. 2014년 논문은 응급실에서 여성 심장마비 환자는 남성 심장마비 환자보다 검사와 치료가 빠르게 이루어지지 않았다는 점을 밝혔다.[112] 논문의 저자들은 환자의 성격을 검사해서 환자가 젠더 전형성에 얼마나 부합하는지를 측정했다. 그 결과, 전형적으로 '여성적' 기질을 보이는 남성과 여성 환자는 모두 '남성적' 기질을 보이는 환자보다 치료받기까지 더 오래 기다려야 했다.

로런의 경험을 살펴보자.[113] 26세의 이 여성은 처음에는 식당에서 먹은 조개요리가 상했나, 라고 생각하며 식중독을 의심했다. 하지만 며칠 동안 끔찍한 복통이 이어지고, 식욕도 없으며, 미열이 나자 로런은 병원에 가야겠다고 생각했다. 부모님의 건강보험과 별개로 자기 명의로 된 보험을 막 들어놓은 로런은 보험이 지급되는 응급실로 갔다. 응급실 의사는 로런이 감염성 설사에 걸렸다고 생각했다. 로런은 통증이 너무 심하니 완화시킬 약을 처방해달라고 했다. 그러나 의사는 만약 충수염에 걸렸다면 통증이 더 심해질 텐데, 약을 먹으면 이를 알아차릴 수 없게 되어 치료법을 바로 찾지 못하니 안 된다고 했다. 그때를 떠올리면서 로런은 의사가 자신의 배를 촉진하는 것 외에 별다른 검사는 하지 않는 점이 걱정스러웠다고 했다. 하지만 "이 사람은 의사니까 믿어야 해. 히스테리 부리는 여자로 보이고 싶지 않아. 의사가 괜찮다고 하면 괜찮은 거겠지."라고 생각했다. 로런은 일단 집으로 돌아가고 혹시 통증이 심해지면 응급실에 다시 오려고 했다.

정말 자신이 충수염에 걸렸고 그때 이미 통증이 최대치였던 상황이라면, 이후 충수가 파열되면서 통증은 줄어들고 상황이 더 악화되리라는 사실을 로런은 당시에 몰랐다. 의사는 이런 가능성을 완전히 무시했다. 이틀 뒤, 바로 그 일이 일어났다. "충수가 마침내 파열되자 그때까지 상태가 악화되면서 염증 때문에 느꼈던 통증의 압박은 줄어들었어요. 나는 그게 더 위험한 상황이란 것을 몰랐죠." 잠시 뒤 통증은 맹렬하게 되살아났다. 밤새 고열에 시달린 로런을 배우자가 응급실로 데려갔다. 파열된 충수에는 고름이 고였고, 감염되어 있었다.

응급실 직원은 로런에게 3시간만 더 늦게 왔어도 죽었을 거라고 말했다. "감염 상태가 너무 나빠서 수술할 수 없었어요. 그저 배액관을 밀어 넣어 고름을 빼내면서 진통제와 항생제를 잔뜩 먹었죠." 의식이 혼미한 상태로 며칠을 지내고 한쪽 폐가 무기폐(폐 일부가 팽창된 상태를 유지하지 못하고 부피가 줄어 쭈그러든 상태-옮긴이)가 된 채 로런은 병원을 나왔다. 이후 몇 달 동안 로런은 병원을 드나들면서 배액관을 제거하고 다시 집어넣었다. 이후 두 번이나 감염됐기 때문이다. 몇 달 후에야 로런은 충수에 남은 조직을 제거하는 수술을 받을 수 있었다.

로런은 이 악몽으로 의사를 불신하게 되었다. "이제는 의사도 실수할 수 있다는 걸 알아요. 그때처럼 심각한 상황이 다시 벌어진다면 더 적극적으로 다른 의사를 찾아가고, 의료진과의 소통에서 뭔가 잘못됐다는 느낌이 들면 의사보다는 나 자신을 더 믿을 겁니다." 로런은 아직도 그때 응급실 의사에게 자신의 통증이 얼마나 심각한지 충분히 전달했다고, 다만 그 의사가 로런이 말하는 만큼 상태가 나쁘지 않다고 생각했을 뿐이라고 믿는다. "그때 나는 정말 솔직하게 '이 통증은 내가 살아오면서 겪은 것 중 최악'이라고 말했어요." 특히 로런은 어머니가 의료진이어서 자신은 의사와 이야기하는 법을 잘 알고 있다고 생각했다. 그러나 이 일을 계기로 자신의 증상을 대단치 않은 것처럼 이야기해서는 안 된다는 사실을 배웠다. "하지만 히스테릭하게 흐느끼지는 않았어요." 로런은 자신이 울지 않아서 의사가 아프다는 자신의 말을 믿지 않았다고 생각한다. "내가 여성이라서 그 의사는 내가 통증을 참고 있다고 생각하지 않았죠. 그래서 내가 통증 강도를 실제보다 과장한다고 생각했을 거예요. 그 순간 나는 정확하게 말했기 때문에 더는 아무것도 하지 않았어요. 심지어 정확하게 해야 할 말을 했음에도 불구하고, 의사가 환자의 말을 그냥 듣지 않는 것은 상당히 절망스러운 일이에요."

불평하는 단골 환자들

마지막으로 '의학적으로 설명할 수 없는 증상'의 환자에 대해 알아야 할 중요한 사실 한 가지가 더 있다. 바로 의사는 '이런' 환자를 좋아하지 않는다는 것이다. "잘 낫지 않는 신체화 환자는 의사들 사이에서 유명할 뿐만 아니라 몹시 미움을 받는다.[114] 신체화 환자에게 '허풍쟁이, 심기증 환자, 겁쟁이, 건강염려증, 히스테리, 걱정꾼' 등의 경멸적인 꼬리표가 붙는 것을 보면 의사들 사이에 인기가 없다는 상황이 드러난다."라고 리포우스키는 설명했다. "이런 꼬리표는 몸이 아프다고 주장하면서 의학적 진단과 치료를 요구하지만, 의사의 치료법에 만족하지 못하고 '의료 쇼핑'을 하는 환자를 마주하는 의사의 불만을 보여준다."[115] '의학적으로 설명할 수 없는 증상'을 앓는 여성들은 1980년대 후반에 발표된 영향력 있는 논문에서 '불평하는 단골 환자들(heartsink patients)'이라는 용어로 지칭하면서 나타난다.[116] 불평하는 단골 환자는 '몹시 짜증나게 하며, 의사를 좌절시키고 당황하게 하는' 환자를 가리킨다.

환자의 증상을 설명할 수 없는 의사가 좌절감을 느낀다는 점은 이해할 수 있다. 〈뉴욕타임스 매거진〉에 진단에 대한 칼럼을 쓰는 리사 샌더스Lisa Sanders 박사는 저서 《위대한, 그러나 위험한 진단(Every Patient Tells a Story)》에서 "누구나 무지한 상태를 좋아하진 않지만, 의사들은 특히 무지한 상태를 견딜 수 없어 한다. 고통을 완화하려는 의사의 노력을 완전히 좌절시키기 때문이다. 의사 생활 전체를 볼 때, 환자의 고통을 줄이는 일이 의사들의 근본적인 동기인 경우가 많다."라고 했다.[117] 그러나 이를 조롱하는 입장에서는 '설명할 수 없는 불편함'을 마주한 의사가 너무 자주 자신의 좌절감을 환자에게 투사한다고 주장한다. '의학적으로 설명되지 않는 증상'을 다룬 한 논문은 의사들이 "의학적으로 설명되지 않는 증상은 의학의 권위에 위협이 되므로

1부. 눈 감고 무시해온 구조적 문제

이를 피하려고, 의학의 한계 대신 환자의 특징을 비난하는" 전략을 수용하는 경향이 있다고 지적했다.[118]

하지만 의사의 이런 태도에는 또 다른 이유가 있다. 이론적으로 의학은 심인성 증상이 '무의식적으로' 생겨나며 기질성 질환만큼 환자에게는 실제라고 생각한다. 하지만 현실에서 이런 설명되지 않는 증상은 종종 환자가 아프고 싶어 하는 것으로 취급한다. 이는 프로이트의 히스테리 이론이 '이차적 이득(신체 및 정신장애로 얻을 수 있는 이득이나 장점-옮긴이)'이라는 개념을 도입했기 때문이다. 이차적 이득이라는 개념은 줄곧 전환 장애와 신체화 이론의 일부였다. 무의식적으로 자신의 심리적 충돌을 신체 증상으로 전환한 환자는 의식적으로 느껴지는 정신적 고통을 피하는 '일차 이득'을 얻는다. 그러나 환자가 질병을 앓으면서 받는 '이차적 이득'은 증상을 영속시킨다. 리포우스키는 "신체화 통증은 환자가 특정한 개인적 목표를 이루려는 시도를 뜻하기도 한다. 예를 들어 사회적 의무에서 벗어나거나 실패에 대한 변명, 내적 갈등이나 타인과의 갈등 해결, 타인의 지지에서 얻는 안도감, 재정적 이득 등이 있다. 이런 요소들이 하나 이상 결합되어 병적 행동이 깊어지고 환자 역할에 적응하게 된다."라고 설명했다.[119]

당시 이 이론은 19세기 미첼 박사의 휴식 요법이라는 히스테리 치료법을 그대로 가져온 듯한 가혹한 치료 전략으로 이어지기도 했다. 1978년 한 미국 의사는 '보람 없는 히스테리 환자의 치료'에 대한 논문에서 자신의 접근법을 브리케 증후군 환자를 '관리'하는 것으로 묘사했다.[120] 이 의사의 성인 여성 환자 중에 브리케 증후군 환자는 6%나 차지했는데, "증후성 행동은 계속 강화할 때만 지속된다. 강화를 제거해야만 증상이 멈춘다."라고 설명했다. 환자는 '이차적 이득, 즉 환자가 자기 이야기를 할 때마다 의사의 관심을 받는 경험을 해서는 안 되므로' 다른 의사에게 보내면 안 되었다. 가족에게는 '환자가 바라는 대로 관심을 주지 말고' 환자의 증상을 무시하라고 일렀다. 병원에서 환자는 문이 잠긴 방 안에 고립되어 "증상이 줄이들면 보상을 받았다."

클로에 앳킨스Chloe Atkins의 이야기는 이런 치료법이 얼마나 위험할 수 있는지에 대한 오싹한 실례를 보여준다. 클로에는 젊은 여성으로 십 년 동안 마비 증상을 겪어왔다. 점차 증상이 악화해 사지마비 환자가 되었고, 스스로 숨을 쉴 수 없어서 자수 생명유지 상지에 의지해야 했다. 검사 결과는 불분명했고 의사는 처음부터 클로에가 전환 장애를 앓고 있다고 단정했다. 의사는 자가면역성 신경근육 질환인 중증 근무력증의 비전형적 형태라는 증거가 나타난 후에도 진단을 바꾸지 않았다. 수수께끼 같은 질병이 클로에를 거의 죽음으로 내몰기 직전까지 클로에 탓이라고 비난했다. "의사들은 내가 아파지고 싶어 한다고 생각했어요. 내가 의사들을 혼란에 빠트리고 좌절시키려고 일부러 그런다는 것이죠. 나를 범죄자나 철없는 비행 청소년으로 취급했어요. 내 병이 문제가 되는 게 아니라 환자인 내가 문제가 되었죠."라고 클로에는 저서인 《내 상상 속의 병(My Imaginary Illness)》에 기록했다.[121]

이차적 이득이라는 개념은 필연적으로 심인성 증상을 완전히 꾸며낸 거짓 증상과 뒤섞어버리는 결과를 낳았다. 《정신질환의 진단 및 통계 편람》이 설명한 신체형 장애 진단 기준에 따르면, 신체형 장애는 인위성 장애(치료를 받는 것 외에는 아무 목적 없이 신체적, 정신적 증상을 흉내 내는 정신장애-옮긴이)나 꾀병과는 구별해야 한다. 신체형 장애 환자는 '무의식적'으로 증상을 만들어내지만, 인위성 장애(factitious disorder) 환자는 '의식적'으로 증상을 속여서 피해자가 된 기분을 느끼는 등의 내적인 이익을 얻으려 한다. 꾀병을 부리는 환자는 의식적으로 거짓 증상을 꾸며내어 장애보상급여나 진통제 같은 외적인 이득을 얻으려 한다. 의사는 무의식적인지 의식적인지 환자의 마음을 들여다볼 수 없으므로 '의학적으로 설명할 수 없는 증상'이 의심의 눈초리를 받는 것도 놀라운 일은 아니다.

이제는 의학계가 현재 설명할 수 없는 증상을 마음 탓으로 돌리는 이론을 버려도 될 만큼 충분히 시간이 흘렀다. 이 이론을 수용한 것은 엑스레이가 발명되었던 19세기 마지막 해로, 어느 독일 신경과 의사가 여성에게 영향을 더 많이 미치지만 아직 잘 알지 못하는 수백 가지 질병을 두루뭉술하게 지칭한 '히스테리'가 신비하고 불가사의한 과정을 거친 '무의식적 마음'의 결과일 수 있다고 주장했기 때문이다. 의학 지식이 늘어나면서 이전에는 '히스테리'에 속했던 질병이 계속 히스테리 범주에서 빠져나가는 상황에서도, 이 이론은 의학계에 대를 이어 전해졌다. 앳킨스는 이를 두고 심인성 질환이라는 발상은 '의학적 진실로 가장한 문화적 유물'이라고 했다.[122] 이는 아직 의학이 밝혀내지 못한 질병으로 고통받는, 여성이 대부분인 수백만 명의 환자를 무시하는 결과로 이어졌고, 매기처럼 의사가 즉각 진단할 수 없는 모든 여성 환자를 오진의 위험으로 몰아넣었다.

○

매기가 월요일 새벽에 병원으로 되돌아왔을 때, 매기는 꾀병이라고 의심받았다. 응급실에서는 불과 며칠 사이에 세 번째 통증을 호소하지만 진단명이 없는 점을 증거로 생각했다. 의사는 매기가 통증을 거짓으로 꾸며내서 진통제 처방전을 받으려 한다고 의심했다.

"내 통증 강도를 1~10 사이에서 고르라고 할 때 '십억 이상'이라고 호소해도, 누구도 통증 치료를 해주지 않았어요. 응급실 의사는 복도에서 어머니에게 내가 마약 처방전을 구하려 한다고 말했어요." 사실 매기는 이전에 마약성 진통제opioid(마약성 진통제-편집자) 치료에 끔찍한 거부 반응을 보였다. "끔찍한 기분이었죠. 절대로 사실이 아닌데도 의사는 마치 내가 마약성 진통제를 더 원하는 것처럼 말했어요."

매기는 그저 자신에게 무슨 일이 일어났는지 의사가 밝혀주기를 바랐다. 불행히게도 의 일린 단서는 '말할 수 없을 깅도로 끔찍하게 아프다는 매기의 주장'뿐이었다. 게다가 의사 중 누구도 왼쪽에서 오른쪽 어깨로 통증이 옮겨갔다든지, 움직일 때마다 복부에서 모래주머니가 움직이는 것 같다든지 등 통증에 대한 정보를 확인하지도 않았다. 이런 정보는 의사가 올바른 진단을 내리게 할 수 있다. 하지만 이미 이 시점에서 의사들은 매기가 통증을 겪는다는 사실을 믿지 않은 것이다.

며칠이 지나고, 마침내 병원에 재입원했지만 통증 치료는 받지 못했다. 그러다 매기가 호소한 통증을 뒷받침하는 검사 결과가 나오기 시작했다. 결과는 뭔가 정말 크게 잘못되었다고 말했다. 백혈구 수치가 높다는 사실은 매기 몸속에 감염이 일어났다는 뜻이었다. 흉부 엑스레이 사진에는 감출 수 없는 덩어리가 나타났고, 이는 매기의 복부에 있어서는 안 될 공기가 있다는 사실을 알려주었다. 그러자 상황이 확 바뀌었다. 매기가 새로운 발견에 대해 듣기도 전에 간호사가 들어와 통증 치료를 시작했다. 매기를 대하는 의료진의 태도도 곧바로 바뀌었다. "간호사와 의사는 연민과 공감을 보이면서 나를 치료하기 시작했어요."

장기가 파열된 것은 확실했지만, 매기가 패혈성 쇼크를 일으키기 시작해서 어느 장기가 파열됐는지 알아낼 시간이 없었다. 매기는 응급으로 탐색적 개복수술(복강 내의 이상이 확인되나 검사만으로는 정확한 원인을 파악할 수 없을 때 개복하여 육안으로 확인하는 수술법-편집자)에 들어갔고, 수술실에서 의사가 파열된 위장을 꿰맸다. 매기의 위에 난 구멍은 특히 빠르게 성장하는 궤양 때문에 생겼다고 나중에 의료진이 설명했다. 매기가 치료를 받기까지 걸린 72시간 중 마지막 6시간 동안 병원에서 통증 치료 없이 버티며 겪은 통증은 가로막에 스며드는 공기와 체액 때문이었다.

매기의 주치의는 다른 많은 비급성 사례에서와 달리, 매기가 실제로 무엇이 문제였는지를 완전하게 배우게 되었다. 매기를 담당한 의사들은 병원에서 열리는 진료 과정을 평가하는 회의(morbidity and mortality conference)에서 동료들 앞에서 그들이 내린 결정에 대해 정당한 설명을 하고 질문에 답해야 했다는 이야기를 매기는 나중에 들었다. 회의에 참여한 한 의사는, 매기를 담당한 의사들이 정확한 진단을 내리기까지 그토록 지체한 것에 대해 "평생 이불 킥하게 될 것"이라고 말했다. 매기를 담당한 모든 의사가 수술 후 회복 중인 매기를 찾아왔는데, 개중에는 매기 연령대에서는 천공성 궤양이 너무 희귀해서 오진했다고 변명하는 의사도 있었다. "그 의사들에게는 내 통증이 구멍 난 장기에서 비롯됐다고 유추하는 것이 거의 상상도 할 수 없는 일이었나 봐요." 하지만 생명을 위험에 빠뜨리지 않기 위해 의사, 특히 응급실 의사는 가능성의 영역을 벗어나더라도 생각할 수 있는 모든 진단명을 고려해야 한다고 매기는 지적했다.

○

사실 변명이 불가능한 과실은 더 빨리 희귀한 질병을 진단하지 못한 데 있는 것이 아니라, 극심한 통증이 있다는 매기의 말을 믿지 않고 그 후로도 매기의 통증이 실제로 판명되기 전까지 진짜일 리가 없다고 생각한 데 있다. 증상이 시작되는 때와 '의학적으로 설명되는' 때 사이에는 항상 공백이 있다. 실수할 수 있는 인간이자, 어려운 직업을 수행하고 있는 의사가 즉각적으로 이 간극을 메우기를 기대하는 것은 불합리하다. 또 의학 지식은 지금도 앞으로도 항상 불완전하며, 어쩌면 이 간극을 메우는 일이 불가능할 수도 있다.

그러나 불확실성의 시대에 일단 환자를 믿어주고, 환자가 호소하는 증상이 실제라는 가정이 기본이 되며, 환자가 말하는 증상을 믿고, 만약 이것이 '의학적으로 설명할 수 없는' 증상이라면 이를 설명할 의무는 의학이 맡아야 할 것이다. 여성에게는 이런 기본적인 신뢰가 너무 오랫동안 주어지지 않았다.

—————— Doing Harm ——————

2부

'남성 중심' 체계 속에서 사라진 여성

3장. 심장질환과 치명적인 응급 상황들

○

2008년 봄, 캐롤린 토머스Carolyn Thomas는 아침 일찍 브리티시컬럼비아주의 빅토리아로 산책하러 나갔다. 산책 중에 토머스는 타는 듯한 느낌과 으스러지는 듯한 통증이 가슴 가운데를 치고 지나가 목구멍 아래까지 휘감아 올라오는 것을 느꼈다. 갑자기 식은땀이 흐르면서 토할 것만 같았다. 따끔거리는 느낌이 왼쪽 팔을 타고 내려왔다. 약 20분 동안 토머스는 나무 기둥을 붙잡고 두려움에 떨면서, 도와줄 사람을 찾아 빈 거리를 둘러보았다. 다행히 점차 증상이 누그러져 혼자 천천히 걸어서 집으로 돌아올 수 있었다.

토머스는 팔 때문에 응급실에 들르기로 했다. 왼팔 통증이 심장마비의 징후일 수도 있다는 이야기를 들은 기억이 났기 때문이다. 마침 돌아가는 길에 병원이 있어서 심장에 이상이 없는지 확실히 해두기로 마음먹었다. 토머스는 응급실에서 가슴 통증을 겪은 환자가 거치는 기본적인 검사를 받았다. 그러나 심전도 검사와 심혈관 검사가 정상으로 나오자 응급실 의사는 어제 58세 생일을 맞은 한창 활동 중인 홍보 전문가인 토머스에게 인구통계학적으로 볼 때 정확히 위산 역류에 따른 증상이라고 말했다. "하지만 선생님, 왼팔에 느껴지는 통증은 뭔가요?"라고 토머스가 묻자, 의사는 그녀의 질문을 무시하고 심장에는 이상이 없다고 말했다. 토머스가 병원을 나설 때 간호사는 의사에게 '질문을 했다'며 토머스를 나무랐다. "저희 의사 선생님은 매우 훌륭하신 분입니다. 그리고 질문하는 걸 좋아하지 않으세요."

토머스는 당황스러웠지만 응급실 직원에게 시간을 낭비하게 해서 미안하다고 사과하고 집으로 갔다. 그러나 그 후 2주 동안 토머스의 증상은 악화되었다. 다섯 걸음을 걸으면 멈춰서 쉬어야 할 지경이 되었지만 '그래도 심장에 이상이 없다는 건 알고 있잖아!'라고 생각했다. 결국, 가족들을 보러 갔다가 귀가하는 중에 다섯 시간의 비행을 견디지 못하고 상태가 너무 심각해져서 토머스는 착륙하자마자 응급실로 실려 갔다. 그때까지도 토머스는 심장에 이상이 있으리라고는 생각하지 못했다. 어쨌든 의사가 심장에 대해서는 꽤 자신 있게 말했던 것이다. 그러나 이번에는 비행하는 도중에 자신에게 심장마비가 두 번이나 왔다는 이야기를 들어야 했다. 심장 동맥 중 좌전하행동맥의 95%가 막혔다는 진단을 받았으며, 토머스가 겪은 심장마비는 너무나 치명적인 유형이라 의사들이 '과부제조기'라고 부를 정도였다.[1]

○

어떻게 여성 사망률 1위였던 질병이 '남성 질병'이 되었을까?

1964년 미국심장협회는 여성과 심장질환에 대한 첫 번째 공식 학회를 개최했다. '심장병과 남편'이라는 제목으로 오직 여성들에게만 홍보했다.[2] 관상동맥질환을 주제로 열리는, 여성을 대상으로 한 첫 번째 학회였다. 1만 명의 여성이 모여 남편의 심장질환을 예방하는 방법과 심장질환에 걸린 남편을 돌보는 법에 대한 강연을 들었다. 미국심장협회가 '진짜' 여성의 심장질환을 주제로 학회를 연 것은 25년 후였다. 2016년 미국심장협회는 여성의 심장질환에 대해 최초로 공식적인 과학 성명서를 발표했다.[3] 첫 번째 학회가 열린 지 50년이 지난 후에야 협회는 지난 20년 동안 일부 진전이 있었음에도 불구하고 "여성 심장질환은 연구가 저조하고, 진단율도 낮으며, 치료율도 낮았다"라고 선언했다.

이런 역사를 보면, 여성에게는 심장질환이 드물다고 생각할 수도 있다. 사실 심혈관계 질환은 한 세기가 넘도록 미국 여성의 사망 원인 1위였다. 여기에는 심장마비의 주요 원인인 관상동맥질환을 비롯한 뇌졸중, 심부전, 부정맥, 심장판막 이상 등이 포함된다. 매년 여성 사망 건수의 셋 중 하나는 심장이 관련되어 있으며, 모든 종류의 암 질병에 따른 사망 건수를 합친 것보다 월등히 많다.[4]

그러나 심장질환을 철저히 '남성의 질병'으로 여기게 된 것은 20세기 중반인 1964년으로, 여성을 대상으로 했던 첫 번째 학회가 남편의 심장질환을 예방하는 내용이 전부였는데도 누구도 이상하게 여기지 않았다. 고정관념은 갑자기 나타난 것이 아니다. 심혈관계 사망 원인 중에 가장 흔한 관상동맥질환 비율은 50대에서, 특히 중년 남성 사이에서 놀라울 정도로 치솟았다. 반면 여성은 폐경 때까지는 상대적으로 심장질환에서 안전해 보였고, 폐경 후에야 심장질환 비율이 서서히 높아지기 시작했다. 인생의 전성기에 남성을 쓰러트리는 조기 심장마비와의 사투가 점점 더 중요해졌다. 생의학계는 즉각 반응하며 합심해서 심장질환의 연구, 예방, 치료에 달려들었다.

그러나 1980년대 후반이 되자 전문가들, 예를 들면 시더스-사이나이 심장연구소의 바브라 스트라이샌드 여성심장센터장인 노엘 베리 메르츠Noel Bairey Merz 박사는 "남성을 대상으로, 남성을 위해, 남성이 개발한 지난 50년간의 진단과 치료 전략은 ⋯ 여성 환자에게는 잘 맞지 않는다."라고 경고하기 시작했다.[5] 남성의 심혈관계 사망률은 꾸준히 줄어들지만 여성 사망률은 높아지고 있다. 1984년 이후에는 남성보다 더 많은 여성이 매년 심혈관계 질병으로 사망하고 있기 때문이다.[6] 여성은 삶 전체를 통틀어서 관상동맥질환에 걸릴 위험이 남성보다 상대적으로 낮지만, 실제로 여성이 관상동맥질환에 걸리면 남성보다 더 나쁜 결과를 맞는다. 의학 용어로는 '심근경색증'으로 심장마비를 일으킨 여성이 그해에 사망할 확률은 26%지만, 남성의 사망 확률은 19%다.[7] 5년 안에 남성은 1/3 정도이나, 여성은 거의 절반이 심부전이나 뇌졸중을 겪거나 사망한다.

한편 심장질환이 남성과 긴밀한 연관성이 있다는 사실은 의사가 여성의 심혈관계 질환 위험을 과소평가하도록 만들었다. 1991년 버나딘 힐리Bernadine Healy 박사는 이 문제를 가리켜 옌틀 증후군(Yentl syndrome)이라고 불렀다.[8] 심장마비 증상을 나타내는 여성은 치료받기가 어렵고, 진단검사와 생명 유지를 위한 치료도 더 적게 받는다는 점을 보여주는 최근 논문을 논평하면서, 힐리는 이런 딜레마를 아이작 싱어Isaac Bashevis Singer의 단편 소설 〈옌틀 더 예시바 보이Yentl the Yeshiva Boy〉의 여주인공에 빗대어 표현했다. 이 소설은 여자 주인공이 학교에 가서 《탈무드》를 공부하기 위해 남장을 하는 이야기다. "역사적으로 여성은 평등한 대우를 받기 위해 '딱 남자처럼 되어야 하는' 대가를 치러야 했다. 수십 년 동안 이어진 성별 배타적인 연구는 관상동맥질환이 남성에게만 영향을 미친다는 신화를 강화하고, 남성을 정상으로 설정한 표준을 만들었다."라고 힐리는 썼다. 같은 치료를 받으려면 여성은 우선 남성만큼 아프다는 사실을 증명해야 한다. "일단 여성이 관상동맥질환이나 심근경색증처럼 남성과 똑같은 병에 걸렸다는 것을

2부. '남성 중심' 체계 속에서 사라진 여성

보여준 후에나 여성은 남성이 받는 치료를 똑같이 받을 수 있다."

25년 후, 심장질환과 관련한 성·젠더의 차이에 대한 지식은 다른 의학 분야와 비교할 때 가장 많이 늘어났다. 동시에 진단, 예방, 치료에 깊게 뿌리박혀 있는 젠더 격차를 보고하는 연구도 늘어났다.

심장질환으로 인한 남성 사망률이 개선된 수십 년 후인 2000년 이후, 심혈관계 질환으로 사망하는 여성의 수도 많이 감소하고 있다. 전문가는 대중과 의료계 양쪽에서 여성의 위험 요소를 줄이고 근거중심의학(EBM)을 더 잘 적용하는 것에 초점을 맞추면서 인식이 높아진 덕분이라고 생각한다. 1997년에는 설문조사에 참여한 미국 여성의 30%만이 심혈관계 질환이 여성 사망 원인 1위라는 사실을 알고 있었다.[9] 2009년에는 이 수치가 54%까지 올랐다.[10]

가장 최근인 2005년 조사에서는 아직도 일차 진료의사의 8%, 산부인과 의사의 13%, 심장 전문의의 17%만이 매년 심혈관계 질환이 남성보다 여성 사망률에 더 크게 기여한다는 사실을 알고 있었다.[11] 2017년 조사에서는 일차 진료의사의 22%, 심장 전문의의 42%만이 자신이 여성 심혈관계 질환을 진단할 준비가 되어 있다고 답했다.[12]

한편 1990년대 초반 이후에 발표된 여성 심장질환 관련 논문 43편을 메타 분석한 2015년 논문은 심장질환이 '남성의 질환'이라는 신화가 여전히 만연해 있음을 보여준다.[13] "남성 지배적인 패러다임 안에서 의학 문헌은 관상동맥 증상을 표현할 때, 여성을 투명인간처럼 다룬다."라고 저자는 말했다. "여성은 의사가 자신을 남성과 다르게 치료하며, 연구자는 여성의 심장질환에 관심이 없다고 믿는다. 여성들은 자신의 위험 요인과 증상이 남성만큼 심각하게 받아들여지지 않는다고 생각한다."

연구 결과도 여성들의 인식을 뒷받침한다. 심장질환을 진단할 때 나타나는 젠더 편견을 보고한 수많은 논문 중 하나는 2008년에 128명의 미국, 독일, 영국의 일차진료 의사에게 배우가 심장질환 환자를 연기한 영상을 보여주었다.[14] 그 뒤 의사들에게 방금 본 영상의 환자에게 질문할 내용과 실시할 진단검사에 대해 묻고 어떤 진단을 내릴지, 어떤 치료를 하거나 어떤 곳으로 이송할지를 물었다. 의사들은 여성 환자에게는 남성 환자보다 주의를 기울이지 않았다. 여성 환자에게는 질문의 개수도 더 적었고, 심혈관계 진환이라는 진단을 내릴 가능성도 더 낮았으며, 자신의 진단에 확신도 더 적었다. "환자들은 동일한 증상을 보였음에도, 세 국가의 일차진료 의사들의 행동은 환자의 성별에 따라 달라졌다. 이런 젠더에 따른 차이는 여성이 정확한 진단과 적절한 치료를 받을 가능성이 남성에 비해 더 적다는 사실을 보여준다."라고 논문은 결론 내렸다.

젠더 격차는 질병의 전통적인 위험인자에 의해 남녀 모두에게 같은 수준으로 실질적인 위험이 예측되는 질환을 가진 환자들에게서도 나타난다. 2005년 미국심장협회는 일차 진료의 300명, 산부인과 전문의 100명, 심장 전문의 100명을 상대로 환자의 심혈관계 위험을 얼마나 잘 진단하는지, 협회의 새로운 근거중심 예방 지침을 얼마나 잘 적용할 수 있는지를 조사했다.[15] 조사 결과, 세 전문의 모두 나이, 흡연 여부, 심장질환 가족력 같은 다양한 요인에서 중급 정도의 위험 요소가 있는 남성 환자와 여성 환자의 서류를 봤을 때, 여성 환자의 위험도가 낮다고 부정확하게 판단했다. 이런 과소평가 때문에 의사는 남성에 비해 여성 환자에게는 예방적 조치를 적게 권했다. 이 경향에는 몇 가지 예외가 있는데, 그중 하나는 중급 위험도를 나타낸다고 판단되는 환자 중에서 여성에게는 체중을 줄이라는 권고를 남성보다 훨씬 더 많이 하는 것이다.

심지어 심장질환 가족력이 있는 여성조차도 의료진에게 사전 예방적 심장 건강관리를 요구할 때 저항감을 느낀다고 말했다. 한 연구에서는 여성이 주치의에게 콜레스테롤 검사를 하고 싶다고 하자 "젊고 건강한 여성은 콜레스테롤 수치를 걱정할 필요가 없다"라는 말을 들었다고 했다.[16] 다른 여성은 "어머니가 심장질환을 앓았다고 말했더니 우스꽝스러운 표정을 짓기에, '이게 다 내 머릿속에서 나온 상상이라고 생각하죠?'라고 말했어요.[17] 그랬더니 간호사는 '그게 다 머릿속에 있는 건 아니지만, 환자분 마음은 몸이 그렇게 따라가도록 만들 수 있어요.'라고 대답하더군요."라고 보고했다.

환자가 너무 젊은 데다 여성이라는 이유로

심장질환을 앓는 중년 여성은 특히 간과되기 쉽다. 젊은 여성은 심장질환에 걸리지 않는다는 고질적인 신화는 사라지지 않고 있는데, 연령에 따라 질병 발병률에 성·젠더의 차이가 나타나기 때문인 것으로 보인다. 처음 심장마비를 겪는 시기가 남성은 보통 65세인 데 반해 여성은 72세로, 남성보다 여성이 더 노령인 경우가 많다.[18] 75세가 될 때까지, 남성은 여성보다 심장마비를 겪을 확률이 훨씬 높다.[19]

하지만 매년 55세 이하의 미국 여성 4만여 명이 심장마비로 입원하며, 약 1만 6천 명이 사망한다.[20] 사실 심장질환은 모든 연령층에서 여성 사망률이 유방암보다 더 높다.[21] 심장질환이 일반화될수록, 낮은 연령에서 심장질환을 경험하는 여성은 남성에 비해 형편없이 다루어지게 되었다. 1990년대 논문을 보면 심장마비에 걸린 젊은 여성 환자는 같은 조건의 남성 환자보다 병원에서 사망할 확률이 두 배나 높았다.[22] 이 같은 사망률의 차이는 최근에서야 좁혀지기 시작했다.[23] 사실 심장질환 사망률은 전체적으로 감소하는 추세지만 최근에도 45~54세의 여성 심혈관계 질환 환자의 사망률에서는 놀랍게도 증가 추세가 나타난다.[24]

중년 여성 환자의 심장질환 위험에 대한 의료진의 인식은 심장질환이 여성의 주요 사망 원인이라는 사실보다 이를 남성과 비교하는 것에 과도하게 집중되어 있다. 심장질환은 남성에게 더 많이 나타나는 질병이니 여성에게는 나타나지 않으리라고 생각하는 것이다. 한 논문에서는 51세 여성이 심장마비를 겪는 동안에도 해당 여성은 절대로 심장마비에 걸렸을 리가 없다는 설명을 들었다고 보고했다. "의사가 구급차에 전화해서 너무 바쁘니까 집으로 돌려보내라고 했을 때, 내가 겪은 고통을 정확하게 기억해요. 의사는 '이 여자는 너무 젊고 게다가 여성이잖아요.'라고 말했죠."[25]라고 밝혔다.

구사일생으로 살아난 후, 토머스는 '여성 심장병 연구와 리더십' 학회에 참석해서 메이요 클리닉 전문가들이 운영하는 여성 심장질환자를 위한 지도자 훈련 프로그램에 참여했다. 그리고 '심장병 자매들(Heart Sisters)'이라는 블로그를 운영하기 시작했다. (나와 연락이 닿았을 때, 토머스는 2017년에 출판한 《심장병을 안고 살아가는 여성을 위한 지침서(A Woman's Guide to Living with Heart Disease)》를 집필하는 중이었다.) 여성 심장 건강에 대해 정기적으로 글을 쓰는 토머스는 자신의 경험이 생각보다 흔하다는 사실을 알았다. "심장마비가 오는 도중에도 오진을 받고 집으로 돌려보내지는, 나 같은 경험을 한 여성을 수없이 만나기 전까지는 당시 내 경험이 상당히 놀라운 사례라고 생각했어요." 토머스의 여성 심장병 강의에 나오는 45명의 여성 중 1/3은 토머스와 똑같은 일을 겪었다.

실제로 2000년에 〈뉴잉글랜드 의학저널〉에 실린 논문은 심장마비 증상으로 미국 응급실 열 곳에 실려 온 수천 명의 환자 기록을 분석해서 오진으로 퇴원당한 환자의 특징을 살펴보았다.[26] 이 추정에 따르면 매년 미국에서 오진받은 심장마비 환자가 최소 1만1천 명이라고 한다. 55세 이하의 여성은 다른 환자들에 비해 집으로 돌려보내질 확률이 7배나 높았다. 오진의 결과는 대단히 심각했다. 집으로 돌아간 환자의 사망률이 두 배나 높았기 때문이다.

지식이 만든 편견을 극복하려는 도전

"젊은 여성은 심장질환에 걸리지 않는다"라는 신화는 스웨덴 우메오 대학교 교수 카타리나 함바르크Katarina Hamberg가 '지식이 만든 편견'이라고 지칭한 위험성을 드러낸다.[27] 남성이나 여성이 특정 질병에 평균적으로 더 높거나 더 낮은 위험을 보인다는 인식이 지금까지는 중요하고 유용했지만, 이런 인식은 '남성의 질병' 또는 '여성의 질병'이라는 고정관념을 만들어서 의사가 자기 눈앞의 환자를 보지 못하게 한다. 그러다 보면 고정관념은 스스로 고정관념을 실현하는 수준으로 자라나, 특정 질병이 특정 젠더에서 더 흔하다는 지식 때문에 다른 젠더의 경우에는 진단되지 않는 결론으로 이어진다.

만성 폐쇄성 폐질환은 이러한 역학 관계를 잘 보여준다. 미국인의 사망 원인 4위인 만성 폐쇄성 폐질환은 흡연과 밀접하게 관련이 있다. 그래서 수십 년 동안 만성 폐쇄성 폐질환 환자는 전형적인 흡연자, 즉 나이 든 백인 남성이었다. 그러나 1960년대 초, 담배회사는 여성을 고객으로 겨냥하기 시작했고 흡연율의 젠더 차이가 좁혀지기 시작했다. 그리고 만성 폐쇄성 폐질환의 젠더 차이도 금방 좁혀졌다. 1980년부터 2000년까지, 만성 폐쇄성 폐질환에 따른 여성 사망률은 세 배로 뛰어올랐다.[28] 2000년 이후에는 해당 질환으로 남성보다 여성이 매년 더 많이 사망했다. 2001년 논문은 이 질병에 대한 전통적인 고정관념 때문에 여성의 만성 폐쇄성 폐질환은 실제보다 적게 진단되고 있다고 제시했다.[29] 논문 저자들은 1차 의료 의사 192명에게 흡연 습관이 있고 만성적인 기침 증상을 보이는 남성과 중년 여성 환자를 진단하게 했다. 1단계에서 여성의 49%가 만성 폐쇄성 폐질환을 진단받았다. 이에 비해 남성은 64.6%가 같은 질환을 진단받았다. 만성 폐쇄성 폐질환을 암시하는 진단검사 결과를 주자 젠더 차이는 좁혀졌지만, 완전히 없어지지는 않았다.

해당 연구자들이 언급한 것과 같이, 실제로 담배 소비율은 남성이 역사적으로 더 높았고, 따라서 만성 폐쇄성 폐질환 역시 여성보다 남성에게 나타날 확률이 높았다는 점에서 연구에 나타난 이러한 편견이 완전히 부적절하지는 않다고 말할 수 있다. 그러나 저자들은 이것이 순환 논증이라고 지적한다. 다양한 집단에 어떤 질병이 만연한지는 의사가 얼마나 정확하게 진단하는가에 달려 있고, 이것이 역학 자료의 정확성을 좌우하기 때문이다. 만약 논문에서 주장하듯이 만성 폐쇄성 폐질환이 여성에서 과소평가되어 진단율이 낮다면, 이 질병이 실제로 남성에 더 많이 발병하는 것이 사실인지 알 수 없지 않은가? 설사 남성에 더 많이 발병하더라도 여성에게 이 질병이 나타나지 말라는 법은 없다. 남성의 만성 폐쇄성 폐질환 발병률이 더 높은 역사적 이유가 초기에는 남성 흡연율이 더 높았다는 빈약한 근거에 기반하는데도 불구하고 남성만이 '전형적인 환자'라는 이미지가 강력해서, 해당 논문에서 진단을 내린 의사들은 여성 흡연자의 만성 폐쇄성 폐질환 가능성을 간과했다. 오늘날 공식적으로 여성의 만성 폐쇄성 폐질환의 평생 유병률이 남성에 비해 높지만, 여전히 여성은 이 질병을 진단받는 데 오랜 시간이 걸린다.[30]

'지식이 만든' 편견은 남녀 모든 환자에게 영향을 미친다. 남성은 여성에게 더 흔한 질병인 우울증, 편두통, 섬유근육통, 유방암을 진단받기 어렵다고 여러 논문은 주장했다. 그러나 이런 편견은 여전히 여성인 경우 더 극복하기 어렵다. 결국, 진단이 통계적인 예측과 반대인 경우는 개별 환자의 증상을 더 자세히 들으려는 의지가 정확한 진단을 내리는 데 훨씬 중요해진다. 여성 환자가 호소하는 증상이 다소 예상 밖이더라도 환자의 보고가 신뢰할 만하다고 믿어야 한다. 자폐증이나 주의력결핍장애처럼 '남성의 질병'이라는 고정관념에 갇힌 다양한 질병을 앓는 많은 여성은 자신의 병명을 명확하게 알고 있는 경우에도 의사가 그런 가능성에 대해 완강하게 거부한다고 말했다.[31]

○

메이는 18개월 동안 여섯 명의 의사를 전전하며 자신의 군발두통

증상을 믿어줄 의사를 찾았다.[32] '자살 두통'이라고 불리는 군발두통은 가장 고통스러운 질병의 하나로 꼽힌다. 메이가 처음 군발두통을 겪었을 때 그녀의 남편은 의대생이었는데, 두통 장애에 대해 막 배운 참이었다. 남편은 메이에게 두통이 나타난 시간과 증상을 기록하라고 했다. 통증의 강도와 양상은 군발두통일 가능성이 있었다. 이름 그대로 한 번에 몇 주나 몇 달 동안 매일 같은 시간에 두통이 일어난다. 메이는 눈물이 흐르고 한쪽 눈꺼풀이 처지는 전형적인 질병 증상을 보였기만 군발두통에 흔하게 동반되는 전조 현상이 없었다.

"하지만 의사는 내 말을 믿지 않았어요. 두통이라는 말만 듣고는 곧바로 내가 다른 여자들처럼 호르몬성 편두통을 앓고 있다고 생각해 버렸어요."라고 메이는 말했다. 군발두통은 편두통보다 희귀하고 여성보다는 남성에게 더 많이 나타나지만, 남성 대 여성의 발병 비율은 예전의 추정치처럼 크게 차이 나지 않는다. 1960년대에는 남성 대 여성의 발병 비율이 6:1이라고 생각했지만, 지금은 2:1 정도에 가까워졌다.[33] 그 비율이 99:1이라고 생각될지라도 여전히 한 명이 있는 것이며, 그 여성 환자가 정확한 진단을 받을 수 있는 유일한 희망은 의사가 환자의 증상이 군발두통에 일치하는지를 알아차리는 것에 달려 있다.

메이는 자신의 두통 일지를 오랜 주치의에게 보여주었지만 소용없었다. 편두통 처방전만 받았을 뿐이었다. 메이는 다른 신경 전문의를 찾아가고, 또 다른 의사를 찾아갔다. 이때쯤 메이는 하루에도 여러 번 두통을 앓아야 했고, 편두통 약은 효과가 없었다. "내가 겪은 증상을 얘기하자 저명한 신경 전문의 두 명 중 우리 시의 주요 의사 수련 기관에서 강의하는 사람은 계속 똑같은 말만 했습니다. 그럴 리가 없다고요."

메이는 환자인 자신이 그 병명을 말했기 때문에 의사들이 고려조차 하지 않는 것이 분명하다고 생각했다. "처음 찾아간 신경 전문의 두 명은 '당신이 느끼는 건 그런 게 아닙니다. 자신이 웹엠디WebMD(의료진과 일반인에게 건강 정보를 제공하는 미국 온라인 사이트-옮긴이)라도 되는 것처럼 구는군요.'라고 생각하는 것 같았어요. 의사들은 내가 이런 패턴의 두통을 앓고 있다고 말하기 전까지는 내 머릿속에서 뇌종양을 찾으려 했습니다." 의사가 자신의 말에 귀 기울이지 않는 데서 오는 좌절감은 두통만큼이나 끔찍했다. "내가 무엇을 느끼는지조차 스스로 모른다는 식으로 취급받을 때는 너무나 화가 났습니다. 그게 두통보다 더 화가 났어요."

마침내 메이는 또 다른 신경 전문의를 찾아갔고, 똑같은 정보를 늘어놓았다. "그는 앉아서 내 이야기를 듣더니 '말씀이 맞네요. 군발두통 증상과 유사합니다.'라고 말했습니다." 그 의사는 이것이 정말 군발두통인지 아닌지를 감별해서, 만약 맞다면 두통을 가라앉힐 수 있는 즉각적인 해결책을 제시했다. 그는 두통이 오면 산소 탱크에서 산소를 마시라고 했다. "기적 같은 처방이었어요. 마침내 내 말을 제대로 들어주는 세 번째 신경 전문의를 만났고, 두통을 가라앉힐 즉각적인 처방도 받았고, 효과가 있었다."

메이는 진단을 받기까지 92종류의 두통을 앓고 있었다. 자신의 파트너가 되어준 의학 전문가를 만나지 못했다면, 의료 중심지에 살고 있지 않았다면, 전문의를 연이어 찾아다닐 수 있도록 재정을 뒷받침해준 든든한 보험이 없었다면 자신이 어떻게 됐을지 모르겠다고 말했다. "아마 아직도 진단받지 못했겠지요. 그 고통을 견디면서 5년 이상 더 살 수 있었을지 상상이 안 가요. 아마 난 버티지 못했을 거예요."

○

교과서에서 벗어난 것들

심장질환을 '남성의 질병'으로 여기는 선입견이 여성 진단율이 낮은 유일한 이유는 아니다. 근거에 기반한 새로운 여성 심장질환 진단 기준을 의사가 따르지 않아서만도 아니다. 그것은 근거 자체가 치우쳐 있기 때문이다. 의학은 거의 남성만을 배타적으로 연구해서 남성에 근거한 심장질환 모델을 개발했다. 당연히 위험 요인부터 증상, 심장마비라는 정의 그 자체까지 여성의 경험은 이 모델과 잘 맞을 수가 없다.

적절하게 적용하더라도, 전통적인 위험 척도는 여성이 심장질환에 걸릴 확률부터 정확하게 예측하기가 어렵다. 주요 위험 요인은 남성과 여성이 같을 수 있지만, 위험 간의 상대적인 중요도에서는 성·젠더의 차이가 존재한다. 예를 들어, 총콜레스테롤 수치가 높은 것은 남성이 심장질환에 걸릴 수 있는 중요한 예측 인자지만, 여성은 '좋은' 콜레스테롤인 HDL 콜레스테롤 수치가 낮고 트리글리세리드 수치가 높은 것이 더 중요한 예측 인자다.[34] 스트레스나 우울증 병력처럼, 여성은 2형 당뇨병이 있는 경우 심장질환이 발생할 위험도가 남성에 비해 훨씬 높다.[35]

한편, 이전에는 간과해왔던 여성에게 영향을 미치는 '비전통적인' 위험 요인을 규명하는 새로운 연구를 시작했다. 2011년 미국심장협회는 임신으로 생기는 질병, 즉 전자간증(임신 후반에 일어나는 독소혈증-편집자), 임신성 당뇨병, 임신성 고혈압 등이 여성 심장질환의 징후일 수 있다고 최초로 발표했으나,[36] 대부분의 의사가 이러한 연결고리를 아직 인지하지 못하고 있다. 토머스가 심장마비를 일으켰을 때 의료진은 그녀가 흡연자인지, 콜레스테롤 수치가 높은지, 심장질환 가족력이 있는지 계속 물었지만 토머스는 이런 전통적인 위험 요인에는 해당하지 않았다. 하지만 토머스는 수십 년 전 첫째를 임신했을 때 전자간증을 앓아서 심혈관계 질환에 걸릴 위험이 두 배나 높았다. 그러나 당시 토머스는 이에 대한 경고를 들은 적도 없었고, 심장마비를 일으킨 후에도 의료진은 이에 대해서 묻지 않았다. 앞으로는 여성을 대상으로 하는 위험 척도에 배란에 문제는 없는지, 염증성 생체표지자나 자가면역질환 가족력을 가졌는지도 포함해야 할 것이다.[37]

이는 심장마비의 증상에서도 마찬가지다. 여성의 증상은 교과서를 벗어나 더 다양하게 나타난다. 남성 연구를 통해 도출된 대표적인 증상은 극심한 가슴 통증과 왼쪽 팔을 타고 흐르는 통증으로 비교적 잘 알려져 있다. 나이 지긋한 과체중인 백인 남성이 갑자기 가슴을 움켜쥐고 의자에 털썩 쓰러지듯 앉는 장면은 할리우드 영화에서 수없이 반복되어 '할리우드 심장마비'로 알려지면서 문화적인 인식 속에 스며들었다. 이 상황은 의학 교과서에도 수십 년 동안 그대로 묘사되었다.

그러나 여성, 특히 폐경 전 여성이라면 심장마비가 왔을 때 '비전형적인 증상'을 더 많이 보이며, 증상이 며칠에서 몇 주 동안 이어지기도 한다. 목, 목구멍, 어깨, 등 위쪽의 통증이나 체한 증상, 숨이 차는 증상, 메스꺼움이나 구토, 발한, 불안감, 눈앞이 깜깜해지는 증상, 어지럼증, 일상적이지 않은 피로감이나 불면증을 들 수 있다. 1996년 국가 차원의 설문조사에서는 의사의 2/3가 증상에서의 성 · 젠더의 차이를 전혀 인식하지 못하고 있다는 사실이 밝혀졌다.[38] 2012년 미국 여성을 대상으로 한 조사에서는 1/5 이하만이 메스꺼움이나 피로감 같은 심장마비의 비전형적인 증상을 알고 있었다.[39]

증상의 차이는 여성이 심장마비를 일으키는 동안 치료받을 시기를 더 늦춘다. 가슴 통증처럼 전형적인 증상을 나타내지 않을 때 의사는 혼란스러워 한다. 1994년부터 2006년 사이에 발생한 심장마비 환자 110만 명 이상을 추적한 2012년 논문을 보면, 가슴 통증을 보이지 않은 여성의 15%가 병원에서 사망했다.[40] 반면 남성의 경우는 10%만이 사망했다. 가슴 통증이 없는 환자는 사망할 확률이 거의 두 배에 이르는데, 이는 어느 정도 생명을 구하기 위한 처치들이 지연되기 때문이다. 여성, 특히 젊은 여성은 이 집단의 대부분을 차지한다. 남성의 31%만이 가슴 통증이 없었던 것에 비해 여성은 42%가 가슴 통증이 없었다.

어쩌면 성 · 젠더의 차이를 무시해서 여성이 적절히 치료받지 못하는 상황을 가장 잘 설명하는 사례는 심장마비를 진단하는 데 현재 적용되는 표준검사일 것이다. 심장이 손상되었을 때 심장에서 혈액으로 분비되는 단백질인 트로포닌 농도 측정 검사는 여성에서는 잘 감지되지 않는다. 최근 들어 새로운 고감도 트로포닌 검사법이 개발되자 더 낮은 농도의 트로포닌을 검출할 수 있게 되었고, 남성과 여성의 기준치가 달라야 함을 보여주었다. "고감도 트로포닌 검사법을 통해서 지금까지 우리가 사용해온 남성을 기준으로 만든 표준 트로포닌 농도로는 여성 심장마비 환자 5명 중에 1명을 놓친다는 사실이 점점 더 확실해지고 있다."라고 베리 메르츠Bairey Merz는 말했다.

〈영국의학저널〉에 2015년 발표한 논문은 수백 명의 심장마비 증상 환자를 관찰한 뒤, 고감도 트로포닌 검사법과 성별에 따른 기준치를 적용한 경우 여성 심장마비 진단 비율이 두 배로 뛰는 것을 발견했다.[41] 즉 기존 검사 방식으로 11%의 여성이 심장마비 진단을 받지만, 고감도 검사법으로는 22%까지 진단율이 높아진다. 이와 대조적으로 남성은 두 검사법에서 별다른 차이를 나타내지 않았다. 결론은 기존 표준검사법에서 남성이 심장마비 진단을 받을 확률은 여성이 심장마비 진단을 받을 확률보다 두 배나 높다는 것이다. 새로운 검사법에서는 두 성별의 진단율이 비슷하다. 결국, 천편일률적인 검사가 여성의 심장마비를 구조적으로 덜 진단해왔음을 의미한다.

다른 관점에서 보면, 심장질환에서 젠더 격차의 근거가 분명하게 드러나는지 더 이해하기 쉬운 이유가 있다. 이것은 결국 자명하게도 여성은 처음부터 심장마비로 진단받을 가능성이 적기에 심장마비로 치료받을 가능성이 적은 것이다. 베리 메르츠는 트로포닌 검사법의 문제점에 대해 "여성이 치료받지 못하는 좋은 이유와 나쁜 이유가 있다. 좋은 이유는 그 원인을 우리가 해결할 수 있기에 좋은 것이다. 여성과 남성은 다르며, 그로 인해 진단에 차이가 생긴다는 중요한 변수에 대한 인식이 부족할 뿐이다."라고 말했다. 물론 여성의 증상이 교과서적인 사례가 아닌 것은 우연이 아니다. 여성의 위험 요인을 그저 '비전통적인' 요인으로 인식하고, 여성의 증상을 '비전형적인' 증상으로 이야기하는 것은 의학이 오직 남성만을 표준으로 삼았기 때문이다.

남성은 심장마비, 여성은 스트레스?

하지만 이러한 지식의 간극으로 여성의 질병 증상에 대한 모든 것을 설명할 수는 없다. 비전형적인 증상과 가슴 통증이 없는 점이 여성의 심장마비 사망률이 더 높은 원인이라고 제시한 위의 논문은, 55세 이하 환자에게서 젠더라는 변수가 증상과는 별개로 역할을 했다고 주장한다. 가슴 통증이 있든 없든 관계없이 젊은 여성의 사망률은 비슷한 증상을 보인 젊은 남성보다 높았다. 사실 대부분의 논문은 평균적으로 여성이 더 많은 증상을 나타내서 진단을 혼란스럽게 하지만, 여성을 포함해서 심장마비를 일으킨 사람은 대부분 가슴 통증을 호소한다는 점을 발견했다. 그리고 여성이 가슴 통증을 호소하더라도 남성보다 오진받을 확률이 높았다.

2015년 예일 공중보건대학원에서 심장마비를 일으켰던 젊은 여성의 경험을 추적한 질적 연구를 보면, 면접 대상자들은 광범위한 증상을 나타냈지만 93%에 이르는 절대다수가 가슴 통증이 있었다.[42] 그러나 이들이 들려준 이야기에서 의료진은 반응하지 않았고 비전형적인 증상, 전형적인 증상을 모두 겪을 때 시기적절하게 의료적인 처치를 하지 않았다. 한 여성은 주치의에게 가슴 통증이 있다고 전화했지만 의사는 5일 뒤 진료 예약을 하라고 했다.

또 다른 여성은 토머스처럼 겉보기에도 완벽한 '할리우드 심장마비' 증상을 겪었는데도 이런 증상을 의료진이 완전히 무시했다고 이야기했다. "가끔 하는 말인데, 그때 응급실 의사가 내 증상을 구글에 검색만 했더라도 진단은 딱 하나, 심장마비가 나왔을 거예요."라고 토머스는 말했다. "내가 가슴 중앙에 통증을 느끼고 구역질, 발한, 왼쪽 팔을 타고 흐르는 통증을 호소한 남성이었다면 의사가 당장 진찰했을 겁니다." 만약을 위해서라도 표준적인 심장검사의 결과를 확인했을 것이다.

여성 심장마비 환자의 증상은 더 소소한 신체 증상인 위산 역류, 궤양, 담석증, 관절염 등 다른 질병 탓으로 돌리는 것에 더해, 많은 여성은 병의 원인이 스트레스, 불안, 우울증, '걱정' 때문이란 소리를 듣는다. 한 논문에서는 심장질환을 앓는 여성의 44%가 의료진이 자신의 증상을 하찮게 격하시키고 병의 원인을 심리적 요인으로 돌린다고 말했다. 한 여성은 이를 가리켜 "의사는, 남성은 심장마비를 일으키고 여성은 스트레스를 받는다고 생각한다."라고 표현했다.[43]

심리학자인 가브리엘 키아라몬테Gabrielle R. Chiaramonte가 2007년에 발표한 여러 편의 논문은 이 문제를 명확하게 보여준다.[44] 한 연구에서는 가정의와 내과 전문의 230명에게 가상의 환자 두 명에 대한 짧은 글을 보여주었다. 47세 남성과 56세 여성은 각각의 나이에 따르면 심장질환을 앓을 가능성이 같고, 위험 요인도 동일하며, '교과서적'인 심장마비 증상(가슴 통증, 숨이 찬 증상, 불규칙한 심장박동)을 보였다. 글의 중반에는 환자가 최근 스트레스를 받을 일이 있었고 불안에 시달린다는 메모가 포함되어 있었다. 메모가 달리지 않은 글을 읽었을 때, 의사들의 권고안은 여성과 남성에서 차이가 없었다. 심장마비 환자의 전형은 남성이라는 일반적인 인식에도 불구하고, 최소한 이 테스트에서는 의사들이 완벽하게 여성 환자에 대해서도 올바른 진단을 내리는 것처럼 보였다.

하지만 글 밑에 스트레스에 대한 메모가 달리면, 갑자기 거대한 젠더 격차가 발생한다. 여성에게는 의사의 15%만이 심장질환 진단을 내렸지만, 남성에게는 의사의 56%가 심장질환을 진단했다. 의사의 30%만이 여성 환자를 심장 전문의에게 보낸 데 반해, 남성 환자의 경우에는 62%가 심장 전문의에게 보냈다. 마지막으로 의사의 13%만이 여성 환자에게 심장병 약을 처방했고, 남성 환자에게는 47%가 심장병 약을 처방했다. 스트레스라는 말의 등장은 의사에게 여성의 신체 증상을 심리적 요인으로 재해석하는 '의미의 전환'을 일으키는 반면, "남성의 증상은 스트레스가 있건 없건 기질적 질환으로 받아들인다."라고 연구진는 설명했다.[45] 남성 환자의 스트레스는 심장질환 진단을 훼손하지 않았으며, 사실 이 진단을 오히려 뒷받침했다. 스트레스는 사실 매우 높은 확률로 심장마비와 연관성이 있으며, 따라서 남성의 경우에는 "당연하게 위험 요인으로 간주"되었다.

이는 환자가 전형적인 심장마비 증상을 일으켰을 때이다. 다음 연구는 방법을 약간 비틀어서 가정의 142명에게 비전형적인 증상인 메스꺼움과 등 통증을 겪는 남성 환자와 여성 환자를 진료해달라고 했다. 그러자 결과는 더 엉망이 되었다. 여성은 남성보다 심장질환 진단을 받을 확률이 살짝 더 낮았지만, 남성도 여성도 제대로 진단받지 못했다. 여기에 스트레스라는 말이 더해지면, 남성과 여성 모두 심장질환 대신 위장 문제로 진단받을 확률이 높았다.

환자가 불안해 보인다는 단 한 줄이 이러한 극적인 '의미의 전환'을 야기한다면, 불안장애를 않는 여성은 정확하고 즉각적으로 심장질환을 진단받을 가능성이 있기나 한지 의심스러웠다. 토머스가 말했듯이 "아주 솔깃한 이야기죠. 스트레스라는 말을 듣는 순간, 의사는 '아하, 바로 그거였군!'하고 말하는 겁니다." 토머스가 알고 있는 한 여성은 불안장애 진단이 적절한 의료 처치를 받는 데 거대한 장벽으로 느껴져서, 결국 치열한 다툼 끝에 의료기록에서 불안장애 기록을 없애기도 했다고 말했다. "여성들은 진단을 내릴 때마다 자신을 따라다니는 꼬리표가 의사들 사이에 있다는 사실을 안다. 이 꼬리표는 항상 차트에서 의사가 문제라고 말하는 항목이 된다."

심장 전문가들이 "시간은 심장근육세포이다"('시간은 금이다'를 변용한 말-옮긴이)라고 할 정도로 심장마비는 분초를 다투는 응급인데, 이런 상황에서의 편견은 가장 위험하다. 2014년 논문은 캐나다, 미국, 스위스의 26개 병원에 왔던 55세 이하의 심장마비 환자 1,000명을 추적했다.[46] 환자의 절반 이하만이 전문가가 지정한 기준 시간 안에 심장 검사와 처치를 받았고, 여성 환자는 치료를 받기까지 더 오래 기다려야 했다. 남성 환자가 심전도 검사를 받기까지 소요된 시간의 중앙값은 15분이었지만, 여성 환자는 21분이었다. 혈전증 치료법인 섬유소 용해요법을 받는 데는 남성은 28분, 여성은 36분으로 나타났으며, 관상동맥 스텐트를 삽입하기까지는 남성은 93분, 여성은 106분으로 나타나는 등 젠더의 격차를 보였다. 가슴 통증이 없는 등의 몇몇 요인은 남성과 여성 환자 모두에게 치료를 지연하는 결과를 나타냈지만, 연구자들은 여성 환자에게만 문제를 야기하는 요인이 있다는 점에 주목했다. 바로 불안감이었다. 불안 증상이 높게 나타나는 여성 환자는 불안 증상이 없는 여성보다 10분 안에 심전도 검사를 받을 가능성이 더 낮았다. 남성의 경우에는 불안 증상이 아무런 영향을 미치지 않았다.

불안장애를 진단받은 여성뿐만 아니라 걱정거리나 최근 스트레스받은 상황을 이야기한 여성은 모두 자신의 증상이 심리적인 것으로 간과될 위험에 놓인다. 그저 중년 여성이라는 이유만으로도 그렇게 될 가능성은 충분하다. 내과 전문의, 가정의, 일반의 128명을 상대로 배우가 관상동맥질환 증상을 연기한 다양한 영상을 보여준 결과를 분석한 2009년 논문은 이러한 결과를 입증했다.[47] 환자가 55세 여성일 때 의사는 자신의 심장질환 진단을 확신하지 못했고, 여성 환자는 같은 연령의 남성 환자보다 두 배나 더 많은 수치(여성 환자는 31%, 남성 환자는 16%)로 심장질환 진단 대신 정신과 진단을 받았다. 논문은 특히 젠더와 나이의 조합이 "의사가 정신과 진단을 대안으로 선택하는 그릇된 길로 이끈다."라고 결론 내렸다. 또한 "의사들은 젊은 여성을 진단할 때 잘못 판단해서 심리적인 증상이 가능성을 가장 먼저 떠올리지 않도록 주의해야 한다."라고 경고했다.

응급실에 나타난 히스테릭한 여성

여성 환자, 특히 젊은 여성 환자의 심장질환을 응급실에서 불안으로 오진하는 경향은 주로 상대적 확률로 설명되곤 한다. 응급실로 실려 오는 환자가 호소하는 증상들 중 가슴 통증은 두 번째로 흔하며, 매년 미국에서는 800만 명이나 되는 가슴 통증 환자가 응급실을 찾는다.[48] 그러나 이중 심장마비나 다른 심장질환으로 진단받고 병원에 입원하는 환자는 20%에 지나지 않는다. 한편 심장마비와 공황 발작은 공통으로 보이는 증상이 있는데, 대개 젊은 여성은 심장마비를 일으킬 위험은 상대적으로 낮지만 공황 발작을 일으킬 확률은 높다. 앞에서 언급했던 2014년 논문은 이러한 현실에서 "환자를 분류할 때, 불안 증상을 보이는 젊은 여성의 심장질환 가능성은 처음부터 무시된다."라고 결론 내렸다. 한 심장 전문의는 언론과의 인터뷰에서 더 직설적으로 말했다. "우리는 수련 과정에서 응급실에 온 히스테릭한 여성을 경계하라고 배웁니다."[49]

그러나 '응급실에 나타난 히스테릭한 여성'이라는 근거 없는 믿음이 정말 누구인지는 명확하지 않다. 처음으로 공황 발작을 일으킨 많은 사람들은 자신이 심장 발작을 일으켰다고 믿으면서 응급실을 찾아오지만 숙련된 전문가는 공황 발작과 심장마비를 구분할 수 있다. 대신 토머스의 경우처럼 여성의 가슴 통증이 불안이나 스트레스에서 기인한다는 인식은 여성은 위산 역류 같은 사소한 증상을 부풀리기 좋아하는 건강염려증 환자로 자신이 심장마비를 일으켰다고 굳게 믿는다는 식의 좀더 보통의 편견에서 비롯하는 것 같다.

하지만 여성이 그런 성향이 있다고 생각할 어떤 근거도 없다. 사실은 그와 정반대다. 연구에서는 실제로 심장마비를 일으킨 상황에서도 여성은 응급실에 가기를 미루는 성향을 보이며, 이는 남성에 비해 더 나쁜 예후로 이어지는 요인으로 나타났다. 가슴 통증은 여성이 남성보다 더 즉각적인 치료를 바란다는 추측이 들어맞지 않는 증상 중에 하나다. 환자에게 증상이 나타난 지 한 시간 안에 치료를 받으면 생존율이 50%나 증가하지만, 젠더에 관계없이 그렇게 빨리 병원에 가는 환자는 거의 없다.[50] 그리고 병원에 가기 전까지 여성은 남성보다 더 긴 시간을 주저한다고 많은 연구가 보여준다.[51] 2014년 하버드 보건대학원 연구팀이 발표한 논문에 따르면, 가슴 통증이 오면 남성과 여성은 반신반의와 거부 반응부터 시작하여 비슷한 단계를 거치는데, '증상의 정점'에 이르러서야 결국 어쩔 수 없이 의료진을 찾았다.[52] 그러나 여성은 의사를 만나기 전까지 남성보다 1.5배가량을 더 기다려야 했고 그러는 동안 그들의 증상이 악화하거나 잦아졌다.

물론 여성 환자가 치료받는 시기가 늦어지는 이유는 심장질환이 '남성의 질병'이라는 근거없는 믿음이나 '비전형적인 증상'이 불러오는 혼란으로 여성이 심장마비일 수 있다는 가능성을 단순히 무시했기 때문일 수도 있다. 2015년 예일 공중보건대학원에서 발표한 논문을 보면 이 역시 원인의 일부임이 확실하다.[53] 55세 이하의 여성들 중에는 연구자들과 면담할 때, 자신이 심장마비에 걸리기에는 너무 젊거나 비전형적인 증상의 원인이 다른 질병 때문이라고 생각해 응급실에 오기를 주저했다고 말한 사람도 있었다. 달리 말하면, 심장질환이 남성 질환이라고 내재화한 상태에서 여성 스스로도 의사와 똑같이 잘못된 진단을 한 것이다.

하지만 이 연구는 또 다른 걱정스러운 지점을 드러냈다. 몇몇 여성은 사실 심장마비를 일으켰다고 곧바로 인지했지만 더 확실해질 때까지 기다렸다는 것이다. 만약 자기 생각이 틀렸을 경우 건강염려증 환자로 몰릴까봐 두려웠던 것이다. "소란을 피우기 싫고, '만약 별일이 아닌 것으로 밝혀지면 바보 같아질까봐' 창피당하기 싫다는 인식이 여성들에게 널리 퍼져 있다."라고 토머스는 여성이 치료를 미루는 이유를 설명했다. "아주 심각한 증상을 겪는 와중에도 아마 별일 아닐 거라고 되뇐다."

물론 건강염려증 환자로 인식되리라는 두려움이 정확히 현실이 되는 일은 너무 자주 일어난다. 예일 공중보건대학원 연구에서 면담한 많은 여성들은 결국 응급실에 갔을 때, 의료진들은 그녀들이 두려워하던 대로 정확하게 자신을 건강염려증 환자로 취급했다고 말했다. 여성들은 옌틀 증후군을 극복하고 자신이 정말로 아프다는 사실이 증명될 때까지 그 시선을 견뎌야 했다.

사실 여성 환자가 소란을 피우기 싫다고 생각하는 데는 많은 요인이 있지만, 이전에 경험했던 의료진의 태도가 가장 큰 원인이다. 많은 여성 면담자가 "의사와 환자 간의 신뢰 관계가 거의 없었고, 나를 무시하거나 무례하게 취급한다고 느꼈으며, 치료를 거부당했다"라고 보고했다. 이런 경험은 심장마비가 온 와중에도 여성이 의료진을 찾는 데 주저하게 했다. 의사를 만나 예방적 처치를 받았더라면 심장마비가 일어나지 않도록 선제적으로 막을 수도 있었으나, 여성들은 제한적이며 비정기적으로 의사를 방문했다. 그들은 "작은 문제를 가지고 불평하는 환자로 인식"되는 것을 원치 않았기 때문이다.

○

패티는 응급실을 방해하는 '히스테릭한 여성'으로 인식될까봐 두려워하는 여성 중 한 명이었다.[54] 그런데 이런 패티의 생각이 그녀를 죽음 직전까지 몰고 갔다. 발이 걸려 넘어져 뇌진탕을 일으킨 패티는 이후 두 달 동안 "치료만이 전부인 생활을 했어요. 하나를 치료하면 또 다른 질병이 나타났죠."라고 그 시기를 언급했다. 뇌진탕이 일어난 2주 뒤, 패티는 운전 중에 갑자기 시야가 두 개로 보이는 복시를 겪었다. 한 달 뒤에는 일어나자마자 심한 현기증이 나서 몇 주나 출근하지 못했다. "그런 일은 난생처음이었어요. 방이 완전히 빙글빙글 돌아가더라고요." 그 후에는 다리가 타들어 가는 듯한 느낌이 들었고, 혈전이 생겼다고 생각한 남편이 패티를 응급실에 데려갔는데, 정말 혈전이 생긴 상황이었다.

응급실 의사는 패티에게 몇 주 안으로 주치의에게 후속 진료를 받으라고 말했고, 그래서 패티는 그 말에 따랐다. 또 다른 걱정스러운 새 증상도 발견했다. 마지막 이틀가량은 살짝만 움직여도 가슴 통증이 일어나면서 숨이 찼다. "일어나서 부엌까지 가는 데만도 너무 숨이 찼어요. 폐 하나가 망가진 것 같았어요."

패티의 주치의는 그날 의대생 한 명을 가르치는 중이었는데, 패티가 지난달에 있었던 일을 주치의에게 전부 보고했을 때, 패티는 주치의가 자신의 소견을 수련의에게 말하는 것을 들어야 했다. 마치 패티가 진료실에 없는 것처럼, 주치의는 패티의 증상이 왜 불안장애라고 생각하는지 수련의에게 설명했다고 패티는 말했다. "혈전 증상이 나타나자마자 토요일에 응급실에 간 것은 불안장애 때문이지. 사람들은 대부분 기다렸다가 월요일에 진료 예약을 하는데 이 환자는 응급실에 갔어. 여기에서 이 환자가 자신의 건강을 몹시 걱정하고 있다는 점을 알 수 있으니, 이 환자에게는 불안장애 치료를 해야 해."

이 의사가 패티의 증상을 심각하게 여기지 않는다고 느낀 적이 처음도 아니었고, 그때까지 패티가 만났던 의료진 중에서 이 모든 증상이 패티의 머릿속에서 나왔다고 소설을 쓰는 최초의 의사도 아니었다. 패티가 갑자기 나타난 복시 때문에 병원에 갔을 때, 응급실 의사는 패티의 뇌에 이상이 있을지 모르니 신경과 진료를 받으라고 말했다. 하지만 패티의 진료기록에는 '불안장애'라고 적었다. 패티가 혈전에 대한 불안을 안고 있다는 사실도 주치의의 분석을 보증하는 근거가 되었다. 사실 패티는 혈전을 가지고 있었다. 오랫동안 패티를 진료해온 주치의는 패티가 불안장애 병력이 없다는 사실을 알고 있었지만, 이때는 소용없었다. 패티는 자신의 주치의가 남성 환자에게 그 같은 말을 하는 일은 상상할 수도 없다고 말했다. "제

남편한테는 아주 다르게 대했거든요. 진료실에서 바로 심전도 검사를 받았어요. 확실히 기억해요."

이틀 뒤, 패티의 집이 있는 노스캐롤라이나 산맥에 눈 폭풍이 불었다. 패티는 뜨거운 물로 샤워하면 숨쉬기가 편해질지도 모른다고 생각했다. 몇 분 뒤, 패티는 남편에게 응급구조대에 전화하라고 소리쳤다. 응급차를 타고 응급실로 실려 간 패티는 심장마비를 진단받고 스텐트를 삽입했다. 패티의 진단명도 토머스처럼 소위 '과부제조기'였고, 동맥은 90%나 막혀 있었다. "나 자신의 직감에 주의를 기울인 것이 다행이었죠. 남편에게 911에 전화하라고 하지 않았다면 살아 있지 못했을 걸요. 아마 그랬을 거예요." 패티는 자신의 직감을 믿었다. 패티의 아버지가 불과 53세에 심장마비로 돌아가셨기 때문이다. 당시 패티의 나이보다 세 살이나 더 젊었을 때 벌어진 일이었다. "내가 심장마비에 더 주의를 기울였던 데는 다 이유가 있죠. 아버지 때문이었어요. 이번에 증명됐지만요."

그러나 패티는 남편에게 전화하라고 말하기 전까지도 망설이고 있었다. "내 마음속에는 주치의가 했던 말들이 맴돌고 있었어요." 스텐트 시술을 받고 병상에 누워 회복하는 일주일 동안, 패티는 자신이 겪은 일을 글로 써서 〈허핑턴포스트〉에 보냈다. "가장 슬픈 일은 내가 기다렸다는 것이다. 히스테릭한 여자처럼 보이는 것, 그저 불안해하는 것이 수치스러웠기 때문에 기다렸다. 기껏해야 불안이지 않나. 마치 불안을 창피해하거나 수치스러워해야만 하는 것 같았다."[55] 사실 바로 그 적절한 불안감이 패티를 살렸다. "이건 침묵해야 할 일이 아니에요. 생명이 위험하거나 심장마비에 관해서라면, 침묵한 사람은 죽은 사람이죠."

응급실에서의 불충분한 치료

심장마비가 모든 연구의 집중 대상이긴 하지만 여성 환자가 응급실에서 소극적 치료를 받는, 생명을 위협하는 급성 질병이 심장마비만은 아니다. 브라운대학교의 워런 앨퍼트 의과대학 응급의학과의 성과 젠더 분과(Division of Sex and Gender)의 책임자이자 응급의학과 조교수인 앨리슨 맥그레거Alyson McGregor 박사는 최근에 새 의학 교과서《응급의학과에서의 성별과 젠더(Sex and Gender in Acute Care Medicine)》의 공동 저자로 참여했다. "심정지, 뇌졸중, 패혈증 등 모든 경우에서 여성 환자가 남성보다 불충분한 치료를 받는다"는 사실은 놀랍고, 정말로 두려운 일이라고 맥그레거는 말했다.[56]

실제로 미국 전역의 수천 개가 넘는 병원을 대상으로 환자 18만 7,188명의 의료 기록을 바탕으로 미국 뇌졸중 오진에 대한 대규모 연구가 2014년에 최초로 실시되었다.[57] 연구 결과에 따르면, 30일 전에 응급실에서 오진으로 퇴원한 사람의 12.7%가 후에 뇌졸중으로 진단받았다. 이 숫자를 바탕으로 연구자는 매년 5~10만 명 정도가 뇌졸중 진단을 받지 못한다고 추정했다.[58] 즉각 치료하면 뇌졸중의 재발 비율을 80%까지 낮출 수 있으므로 이는 심각한 결과였다. 보통 오진받은 환자는 어지럼증이나 두통을 호소했고, 내이內耳의 감염이나 편두통으로 오진되거나 아예 진단을 받지 못한 사례도 있었다. 여성은 남성보다 오진받을 확률이 1/3가량 높았다.

매년 30만 명이 넘는 미국인이 심정지로 고통을 받는다. 심정지는 심장마비로 일어날 수도 있지만 같은 증상은 아니다. 심정지는 심장 전도체계의 기능 문제로 갑자기 심장박동이 멈추면서 일어나는데, 심폐

소생술을 하지 않으면 몇 분 안에 사망할 수 있다. 응급실에 도착하기 전에 사망하는 경우가 많고, 도착하더라도 거의 2/3 정도는 살릴 수 없다. 성별에 관계없이 심정지 환자의 병원 내 생존율이 지난 15년간 높아지고 있지만, 여성의 경우는 개선이 더디다. 2003~2012년 사이 미국 내 1000개 이상의 병원에서 심정지 환자의 기록을 표본으로 분석한 2016년 조사 결과에 따르면, 이는 여성이 남성보다 불충분하게 치료받았기 때문이다.[59] 관련 변수들을 보정해도 여성은 혈관이 막혔는지 검사하는 혈관 조영술을 남성보다 25% 적게 받았고, 막힌 혈관을 뚫는 혈관 성형술도 29% 적게 받았으며, 회복 확률을 높여주는 저체온증 치료는 19% 적게 받은 것으로 나타났다.[60]

"지난 2년 동안 우리는 이런 유형의 건강 격차 자료를 모으는 작업을 했어요. 다음 단계는 원인을 밝히는 것이죠. 그 후 사람들과 의료진을 교육해서 이 간극을 개선하고 줄여야죠."라고 맥그레거는 말했다. 심장마비의 경우, 원인에는 편견과 생물학이 모두 연관될 수 있다. 어쩌면 여성은 비전형적인 증상을 더 많이 보이거나 특정 질병을 검출하는 진단검사에서 양성 반응을 나타낼 확률이 더 낮을 수 있다. 그러나 원인의 일부는 확실히 여성 환자를 심각하게 여기지 않기 때문이다. 응급의료에서 왜 여성의 증상이 그 응급성에 상응하는 적절한 처치를 받지 못하는지에 대해 맥그레거에게 물었을 때, 여성은 통증이나 갑작스러운 증상이 종종 야기할 수 있는 감정을 더 쉽게 드러내는 경우가 있기 때문에 이것을 의사들이 오도할 수 있다고 있다고 언급했다. "여성은 통증을 느낄 때 불안하다는 감정을 더 많이 표현한다. 그래서 의사는 종종 이 말을 듣고 '이 환자는 불안하구나!'라고 생각한다. 실제로 여성 환자는 불안하다. 통증을 느끼고 있기 때문이다."

하지만 이제껏 살펴본 대로, 때로 여성은 자신의 증상에 대해 무슨 말을 하든 상관없이 불안증으로 진단받기도 한다. 반면 남성은 불안 증세가 보이더라도 통증을 있는 그대로 진단받는다.

여성형 심장질환

여성 심장질환 전문가가 심장질환에 대한 우리의 지식이 '남성 모델'에 근거했다고 말할 때, 이것은 남성을 기준으로 만들어진 트로포닌 검사법에서 스텐트 시술까지, 검사법과 치료법들이 여성이 경험하는 증상이나 위험 요인과는 어떻게 다른지를 지적하는 것만은 아니다. 지난 20년간 특정한 성·젠더 연구의 가장 중요한 발견 중 하나는 완전히 새로운 유형의 허혈성 심장질환이다. 허혈성 심장질환은 심장으로 들어가는 혈류가 줄어드는 심장질환이다. 이전에는 알지 못했던, 그리고 지금까지 진단되지 않았던 이 심장질환은 여성에게 더 많다. 2014년 미국심장협회의 성명서에서 심장 전문의인 제니퍼 미에레스 Jennifer H. Mieres 박사는 "의사들은 수십 년 동안 남성 모델을 기준으로 한 관상동맥질환 검사를 통해 여성에게 생기는 질병을 발견하려 했다.[61] 따라서 자연스럽게 폐쇄성 관상동맥질환을 검출하는 데 집중했다. 그 결과 전형적인 폐쇄성 관상동맥질환 증상을 보이지 않는 여성은 허혈성 심장질환을 진단받지 못했고, 적절한 치료도 받지 못했으며, 따라서 심장마비의 위험도 커졌다."라고 설명했다.

전통적인(이라고 쓰고 '남성'이라고 읽는다) 관상동맥질환 모델을 살펴보자. 이는 시간이 지나면서 혈액을 심장으로, 혹은 심장에서 조직으로 운반하는 동맥에 죽상경화판이 쌓이면서(이 과정을 죽상동맥경화증이라 함) 동맥이 좁아진다. 환자가 가슴 통증을 느끼기 시작하면 심장으로 흘러가는 혈류량이 줄어들었는지(전문용어로 허혈성이라 함) 검사하는 스트레스 테스트를 한다. 검사 결과가 양성이면 혈관 조영술로 심장 동맥을 엑스레이로 촬영한다. 주요 심장 동맥 중 하나가 50~70% 막혀 있다면 폐쇄성 관상동맥질환으로 진단한다. 치료는 동맥이 더 좁아지는 상황을 예방하는 데 집중한다. 혈관이 심각하게 막혔다면 혈관 성형술, 스텐트, 최악의 경우에는 혈관 우회술로 혈관을 뚫는다. 관건은 생명을 위협하는 심장마비 같은 사건이 생기기 전에 질병을 미리 찾아내는 것이다. 전통적인 모델에서는 플라크가 갑자기 파열하면서 생긴 혈전이 혈류를 완전히 막아 산소 공급이 차단되면서 환자가 빠르게 사망한다.

관상동맥질환을 연구하던 초반 몇 십 년은 폐쇄성 관상동맥질환 같은 유형에 집중했다. 그러나 가슴 통증을 앓고 비전형적인 스트레스 테스트 결과를 나타내는 심장질환 환자의 대부분을 혈관 조영술로 확인해보면 폐쇄성 관상동맥질환이 아니라는 사실은 오랫동안 알려져 있었다. 몇몇 환자의 경우는 동맥이 완벽하게 '정상'으로 보였고, 좁아진 혈관을 시각적으로 확인할 수 없었다. 다른 사례에서는 혈관이 약간 좁아지기는 했지만 막힌 정도가 최대 50%로, 전형적인 폐쇄성 관상동맥질환으로는 진단할 수 없었다. 이를 '비폐쇄성 관상동맥질환'이라고 분류했다. 비폐쇄성 관상동맥질환이 남성에서는 예외적 사례지만 여성에서는 실제로 일반적인 사례다. 연구 결과에 따르면, 심장으로 가는 혈류가 감소하는 징후가 발견되어 혈관 조영술을 받은 여성의 60~70%는 정상이나 정상에 거의 가까운 동맥 상태를 보이나, 남성은 이러한 경우가 30% 이하이다.[62]

이런 환자는 이해할 수 없는 딜레마를 던져주었다. 전통적인 질병 모델처럼 혈류량은 감소했는데 반해 막힌 혈관이 보이지 않으면 어디가 잘못된 건지 알 수 없었다. 그래서 처음에는 이를 '거짓 양성 반응'으로 여겼다. 혈관 조영술에서 동맥에 아무 문제가 없으면 아마 스트레스 테스트가 잘못됐으리라 생각한 것이다. 질병 모델에 맞지 않는 환자들의 존재를 증거로 받아들여, 그것이 부적절하다고 인정하고, 질병 모델을 수정해서 증상을 설명하는 대신에 이러한 증거들을 그냥 무시한 채 원래 존재하는 패러다임에 끼워 맞췄다. 여성 환자들이 주요 증상인 가슴 통증을 나타냈을 뿐만 아니라 심전도, PET 촬영, 심장 조영 MRI 등 다양한 기술로 측정했을 때 허혈의 객관적인 징후를 나타냈다는 사실도 소용없었다.

폐쇄성 관상동맥질환이 나타나지 않는 허혈성 증거는 점차 받아들여졌지만, 한때 심장 증후군 X라고 불린 이 질병은 제대로 정의되지도 않았고 별 해가 없다고 여겨졌다. 이러한 환자들에 대해 1960년대 이후 발표한 소규모 관찰 연구에서는 심장마비나 목숨을 위협하는 심혈관계 질병 위험도가 증가하지 않았다고 보고했다.[63] 따라서 가끔 환자의 증상이 지속되거나 쇠약 증상이 나타나도 이건 심장질환이 아니라고 그저 말로만 안심시킬 뿐이었다.

국립 심장 · 폐 · 혈액 연구원은 1996년에 획기적인 연구 프로젝트이며, 수십 년간 이어진 남성 심장질환에 집중된 관점을 교정하는 차원에서 여성 허혈성 증후군 평가(Women's Ischemia Syndrome Evaluation, WISE) 연구를 시작했다.[64] 해당 연구는 이러한 이해하기 어려운 증상들은 삶의 질이나 경제적 측면에서 양성으로 간과할 만한 것이 아니라고 지적했다. '정상' 혹은 '비폐쇄성' 혈관이라고 안심시켜 집으로 돌려보낸 여성의 절반은 5년이 지난 뒤에도 가슴 통증을 앓고 있었다. 많은 여성이 응급실을 반복적으로 드나들며 진단검사와 효과도 없는 치료를 받았으며, 다섯 명 중 한 명은 재입원했다. 연구자들은 살아가면서 여성이 비폐쇄성 관상동맥질환에 지불하는 건강 비용은 8억5천만 원이 넘으리라고 추정했다.[65] 폐쇄성 관상동맥질환을 진단받은 여성이 지불하는 11억3천만 원보다 절대 적지 않다.

게다가 여성 허혈성 증후군 평가가 10년간 진행되며 나타낸 결과는 초기의 소규모 연구 결과와는 반대로, 이 환자들이 실제로는 심혈관계 위험도가 높아졌다는 것을 드러냈다.[66] 5년 안에 2~4배 높은 확률로 심장마비, 심부전, 뇌졸중을 일으켰다는 사실이 드러나기 시작했다. 전문가들은 초기 소규모 연구의 실험 설계가 미진하고 충분한 기간을 추적하지 않았다고 평가했다. 물론 예후는 폐쇄성 관상동맥질환보다 좋았지만 차이는 미미한 정도였다. 십 년 후, 해당 증상을 나타냈던 환자 중에서 '정상' 동맥이라고 판정받은 환자의 6.7%, 비폐쇄성 관상동맥질환을 진단받은 환자의 12.8%, 폐쇄성 관상동맥질환을 진단받은 환자의 25.9%가 심장 관련 사유나 심장마비로 사망했다.[67]

확실히 심장마비를 일으키는 사람의 대부분은 폐쇄성 관상동맥질환을 앓고 있지만 소수의 환자, 특히 여성은 그렇지 않은 사례도 있다. 여성 허혈성 증후군 평가 연구는 심장마비를 일으킨 여성의 10~25%가 폐쇄성 관상동맥질환이라는 증거가 없었으며, 남성은 6~10%만 이 경우에 해당한다는 사실을 발견했다.[68] 부검 결과 역시 치명적인 심장마비를 일으킨 남성의 3/4가량은 플라크 파열이 원인이지만, 심장마비를 일으킨 여성은 55%만이 플라크 파열이 원인이라는 사실을 보여주었다.[69] 대신 여성은 플라크 미란(표피가 박리되어 진피나 점막하 조직이 노출되는 국소성 괴사 병변-옮긴이)이 일어났다는 증거가 더 많았다. 폐쇄성 관상동맥질환에서 플라크 파열로 심장마비가 일어난다는 전통적인 모델은 상당수의 여성들에 대해 설명하지 못한다.

여성 허혈성 증후군 평가 같은 연구를 통해 폐쇄성 관상동맥질환이 없는 상태에서 허혈을 일으킬 수 있는 몇 가지 다른 이상도 밝혀냈다. 대표적으로 관상미세혈관질환이 있다. 전통적인 혈관 조영술로는 발견하기 어려운 이 질환은 심장에 연결된 주요 동맥의 혈관 내벽이나 미세 동맥에 영향을 미친다. 여성 허혈성 증후군 평가에서 조사한 여성 환자는 거의 절반이 미세혈관 기능장애를 보였다.[70]

이런 연구들로 지식이 확장되고 있지만, 아직까지는 응급실 표준 검사에서 관상동맥질환을 배제한 이후에 허혈의 다른 원인들에 대한 포괄적 검사를 하고 있지 않다. 맥그레거는 "가슴 통증으로 응급실에 오면 '환자에게 무슨 일이 일어났는지, 어떤 검사를 할지, 병원에 입원할지, 다른 검사를 더 할지, 환자가 현재 복용하는 약은 무엇인지'와 같이 의료진이 진행하는 모든 과정은 남성, 즉 폐쇄성 관상동맥질환을 기준으로 만들어졌다."라고 설명한다. 만약 당신이 비폐쇄성 관상동맥질환이라면, 그 증상이 '비전형적'이기 때문에 '심장마비의 프로토콜에서 벗어나 있어 지연이 나타날 것이다. 그리고 치료 과정에 들어가더라도 "비폐쇄성 관상동맥질환을 진단하기 위해 설계된 검사를 시행한 것이 아니므로 당신은 모든 의료 과정을 거치고 나서도 소득 없이 병원에서 나가고, 우리는 당신이 실제로 어떤 심장질환을 앓는지 알 수 없게 된다. 이러한 일은 남성보다 여성에게 더 자주 일어난다."

나는 이 '여성 유형' 심장질환에 대해 알고서야, 여성은 심장마비가 일어나도 병원에 가기를 더 주저하는 것이 현실인데도 불구하고, 의사들이 왜 수많은 여성을 사소한 가슴 통증으로 응급실로 뛰어 들어오는 건강염려증 환자로 여기는지에 대한 수수께끼를 푼 느낌이었다. 모든 것이 불현듯 선명해졌다. 여기, 마침내 전설 속의 '히스테릭한 여성'이 응급실에 온다. 대부분 여성인 수백만 명의 환자들은 심장질환을 앓고 있고 증상도 나타나지만, 수십 년 동안 심장질환이 아니라는 말을 들었다. 여성 허혈성 증후군 평가의 추정에 따르면 이 숫자는 미국에서만 300만 명에 이른다.

의사가 무의식적으로 여성의 가슴 통증을 심각하게 받아들이지 않았다는 사실이 놀랄 일은 아니다. 폐쇄성 관상동맥질환으로는 설명할 수 없는 환자의 대부분을 여성이 차지하기 때문이다. 이는 여성이 불안장애를 더 많이 앓기 때문이 아니라 여성들이 실제로 앓고 있는 심장질환을 제대로 인식하고 발견하는 것에 의학이 실패했기 때문이다. 2015년 논문에서는 가슴 통증이 있지만 폐쇄성 관상동맥질환은 없는 환자의 3/4 이상이 관상미세혈관질환 같은 다른 관상동맥 이상을 보였다고 보고했다.[71] 이 환자의 77%는 여성이다. 2016년 응급의학 의사가 쓴 논문에 따르면, 응급실에서 경험한 바로는 관상미세혈관질환이 환자 40%의 증상을 설명할 수 있으며, 이런 환자 대부분은 재발하는 가슴 통증 때문에 응급실로 오는 여성이라고 했다.[72] 하지만 "현재의 표준 진료 지침으로는 관상미세혈관질환성 협심증 환자의 대부분이 진단을 받지 못한다."라고도 했다.

'남성형' 폐쇄성 관상동맥질환이 꼭 남성에게만 일어나지 않듯이, 관상미세혈관질환 역시 여성에게 더 많지만 반드시 여성에게만 일어나지 않는다. 이것은 양자택일 시나리오가 아니며, 한 사람이 두 증상을 모두 나타낼 수도 있다. 사실 허혈성 질환을 일으키는 메커니즘이 심장질환에 대해 이전의 혼란스러운 수많은 상황들을 설명해줄지도 모른다는 공감대가 커지고 있다.[73] 현재로서는 폐쇄성 관상동맥질환 환자의 1/3 정도가 막힌 동맥을 뚫는 수술을 무사히 마치고도 증상이 지속되는 현상을 설명할 수 없기 때문이다.[74]

이 일은 토머스에게도 일어났다. 소위 과부제조기라고 불리는 '남성형' 심장마비를 일으킨 후, 토머스는 막힌 동맥에 스텐트를 삽입했다. 하지만 가슴 통증과 숨이 차는 증상, 끔찍한 피로감은 사라지지 않았다. 토머스의 심장 전문의는 처음에는 스텐트 안이 또다시 막힌 것이 아닌지 의심했으나 혈관 조영술로 보니 토머스의 동맥은 '아주 깨끗했다'. "이 사실을 들었을 때 정말 울어버렸습니다. 기쁨의 눈물은 아니었죠."라고 토머스는 회상했다. "스텐트가 잘못되지 않았다면, 쇠약 증상의 원인이 대체 뭐라는 걸까요?" 다행스럽게도 토머스의 주치의는 관상미세혈관질환을 잘 알고 있었고 이를 원인으로 지목했다.

다른 많은 환자들에게 이러한 행운이 따르는 것은 아니다. 여성 허혈성 증후군 평가 연구의 책임연구자인 베리 메르츠는 2011년 테드 강연에서 "우리는 이 분야를 15년 동안 연구하고 있지만, 남성형 질병은 이미 50년을 연구했습니다. 그러니 여성형 질병은 35년이나 뒤처져 있는 셈이죠."라고 말했다.[75] 35년 동안 벌어진 지식의 간극은 현재 관상미세혈관질환 같은 '여성형' 이상에 대한 의학계 인식의 편차가 크다는 것을 의미한다. 베리 메르츠는 "더 많은 의사가 여성형 질병에 관심을 보이고 있다고 생각한다. 다른 의사가 내게 보내는 환자가 더 많아졌다. 하지만 여성형 질병에 대한 인식이 널리 퍼졌는지를

2부. '남성 중심' 체계 속에서 사라진 여성

묻는다면, 아직은 이르다고 답하겠다."라고 말했다.[76] 실제로 토머스는 자신의 블로그 독자인 심장 전문의가 "나는 관상미세혈관질환 따위는 믿지 않는다. 그건 산타클로스나 마찬가지다."라고 했음을 전했다.

건강염려증 환자로 비쳐질 것을 두려워 마라

심장질환에서 성 · 젠더의 차이를 관찰하는 일이 중요하다는 점을 명확하게 보여주는 이런 발견에도 불구하고, 심장질환을 예방하고 진단하고 치료하는 권고안은 대부분 중년 백인 남성을 대상으로 한 연구 결과를 바탕으로 추론되었으며, 여성은 여전히 현재 시행하는 임상시험에서 과소평가되고 있다. 미국심장협회의 '2007년 여성 심장질환 예방 지침서'를 보면, 이 지침은 여성이 시험 대상의 30%에 불과한 연구 결과를 인용했음을 알 수 있다.[77] 연구 논문 중 1/3만이 연구 결과를 성별로 나누어 분석했다. 2000~2007년 사이에 이루어진 심혈관계 장치를 시험한 연구 논문 78편에서도 여성은 시험 대상자의 1/3만을 차지했다.[78]

배리 메르츠는 수많은 임상시험이 폐쇄성 관상동맥질환을 진입 기준으로 삼기 때문에 남성형 질병에 집중하는 현상이 저절로 계속된다고 설명했다. "'여성은 임상시험에 지원할 필요 없다'는 것에 가깝다." 연구자가 일부러 여성을 배제한 것은 아니라고 메르츠는 설명한다. "50년 동안 남성 유형이나 남성 유형을 나타내는 여성만을 인식해 왔으니, 이 비율이 남성은 70%, 여성은 30%라는 뜻이다." 게다가 임상연구 대상에 노년층은 제외되는 경우가 많은데, 노년기에 질병에 걸리는 경우가 많은 여성은 이중으로 불이익을 받는다. "임상시험이 65세 혹은 75세 이상의 대상자를 배제했다면, 여성이 배제된 것이나 마찬가지다."

베리 메르츠는 이 일이 타이타닉 호의 진로를 바꾸는 일과 같다고 말했다. 과학이 지식의 간극을 좁히는 동안, 메르츠는 여성들이 자신을 믿고 주치의가 아무 이상이 없다고 하더라도 이를 그대로 수용하지 말라고 강력히 권한다. 힘들겠지만 건강염려증 환자로 비쳐질 것을 두려워하지 말라고 한다. "여성은 자신의 몸을 잘 알고 있다. 몸 어딘가가 이상하다는 생각이 들면, 다른 의사를 찾아가야 한다."

할 수 있는 한 의사를 많이 만나도 좋다. 토머스는 이야기할 때마다 항상 한 여성의 이야기를 빼놓지 않는데, 자신과 비교하면서 이 여성을 '영웅'이라고 부른다. 그 여성은 심장마비가 일어나는 중인데도 한 번도 아니고 두 번도 아닌, 세 번이나 응급실에서 처치 없이 내보냈다. "그때마다 그 여성은 '당신들이 뭐라고 해도 상관없어요. 나는 아프다고요!.'라고 말했다. 반면 나는 한 번 되돌려 보내진 뒤에는 너무 당황해서 쓸데없이 소동을 일으켰다며 부끄러워했고, 다시 병원에 갈 용기가 없었다. 하지만 그 여성은 살기 위해 세 번이나 계속 병원에 갔다. 세 번째로 응급실에 들어갔을 때 의사는 그 여성에게 항우울제를 권했지만, 네 번째로 응급실에 갔을 때는 그 여성에게 이중 관상동맥 우회술을 시술해야 했다."

4장. 자가면역질환과 진단에 이르는 긴 여정

○

처음 아프기 시작했을 때, 재키는 열여섯 살이었다. 첫 직장으로 향하던 도중 갑자기 바닥에 쓰러졌다. 고열에 시달리며 응급실로 실려 간 재키는 심각한 신장 감염이라고 진단받았다. "그 순간이 제가 십 년 넘게 병원을 들락날락하게 된 시작점이었어요."라고 재키는 회상했다.

이후 고등학교와 대학 생활 동안 재키는 만성 신장 문제와 열, 끔찍한 관절통을 앓았다. 생리는 계속해서 시도 때도 없이 정신은 잃었다. 월경 때는 출혈과 통증이 너무 심해서 가끔 의식을 잃기도 했다. 항상 피곤했지만 수년 동안 재키는 '게으른' 탓으로만 생각했다. 탈진하는 원인이 질병 때문이라고는 생각도 못한 재키는 대학 친구에게 농담처럼 자신이 왜 오전 강의를 들을 수 없는지 얘기했다. 재키는 일차 진료의, 비뇨기과 전문의, 호흡기내과 전문의에게 진료받았다. 아무리 검사해도 아무것도 나오지 않았다. "모두 내게 아무 이상이 없다고 했어요."[1]

○

자가면역질환은 한 가지 원인에서 나타나는 다양한 범위의 증상을 아우른다. 면역계가 자신의 몸의 일부를 외부 침입자로 오인해 공격하는 것이 바로 근본적인 문제이다. 예를 들어, 내가 앓고 있는 류머티즘 관절염은 관절 내벽을 대상으로 활성화된 면역계가 염증을 일으켜 통증이 생긴다. 치료하지 않으면 점차 뼈와 연골이 파괴되고 변형되는 병이다. 1형 당뇨병은 면역계가 인슐린을 분비하는 췌장의 베타세포를 파괴해서, 환자가 혈당을 스스로 조절할 수 없다. 하시모토병은 면역계가 갑상샘을 공격한다. 다발성경화증은 면역계가 신경세포를 둘러싼 미엘린 수초를 공격한다. 쇼그렌 증후군은 눈물샘과 침샘을 공격한다. 루푸스는 세포의 핵을 공격하므로 관절, 피부, 신장, 혈액, 뇌, 심장, 폐 등 몸 어느 곳이든 공격할 수 있다.

자가면역질환은 대부분 매우 희귀하지만, 위에서 언급한 대표적인 질병들만 해도 각각 100만 명가량의 미국인이 앓고 있다. 총체적으로 자가면역질환은 심장질환, 암과 함께 유병률 3위 안에 꼽힌다. 국립보건원에 따르면 2,350만 명의 미국인이 자가면역질환을 앓는다. 그러나 전문가와 미국자가면역질환협회는 실제 숫자가 국립보건원 추정치의 두 배 이상인 5,000만 명이라고 주장한다.[2] 국립보건원의 추정치는 엄격한 역학 연구가 이루어진 이십여 개의 질병만 항목에 포함하기 때문이다. 이와 비교해서 심장질환을 앓는 미국인은 2,800만 명이며, 암을 진단받은 미국인은 2,100만 명이다. 현재 연구자들은 80~100여 종의 자가면역질환을 밝혀냈으며, 또 다른 40여 종의 질환이 자가면역 기전을 가지고 있다고 지목되고 있기 때문에 증가하는 목록에 추가될 것으로 보인다.

대체로 자가면역질환에 걸린 사람의 약 3/4은 여성이다. 미국 여성은 네 명 중 한 명이 자가면역질환을 하나 이상 앓고 있다. 젠더 격차는 질병마다 양상이 다르다. 예를 들어 류머티즘 관절염과 다발성경화증은 남성보다 여성이 두 배 정도 많고, 루푸스나 하시모토병은 여성이 90% 이상을 차지한다. 반면 남성에게 더 많은 자가면역질환도 있다. 미국에서 자가면역질환은 65세 이하 여성들의 사망원인 10위 안에 든다.[3] 일반적으로 여성에게 장애를 일으키는 원인 4위를 차지하며, 젊은 여성과 중년 여성의 장애 유발 원인으로는 1위다. 다른 만성 질병과 달리 자가면역질환은 주로 성인기에 발병하기 때문이다. 환자들은 심신이 쇠약해지는 증상을 지닌 채, 평생 동안 질병 자체와 맞먹는 부작용을 가진 약물 치료에 의존하게 된다.

모든 측면에서 볼 때 자가면역질환은 여성 건강의 주요한 위협이며, 모두의 건강에도 그러하다. 게다가 점점 증가하는 추세로, 지난 수십 년 동안 세 배로 늘어난 질병도 있다. 많은 자가면역질환 비율이 높아지고 있으며, 전문가들은 환경오염과 독성 화합물질이 인간의 면역계에 영향을 미쳤기 때문이라고 추측한다.[4] 그러나 1990년대 초에는 미국인의 5%만이 자가면역질환 중 한 개라도 알고 있었고, 오늘날에도 이 비율은 15%밖에 안 된다. 의학계에서도 최근에서야 자가면역질환을 질병 범주로 인식하고 있는데, 전문가들은 이것이 자가면역질환이 이미 유행병이 된 것을 인정하는 데 큰 장벽이 되었다고 말했다.[5]

| 히스테리의 망령을 잇는 자가면역질환

인식이 부족한 주된 이유는 자가면역질환의 개념 자체가 발견된 지 겨우 반세기밖에 안 됐기 때문이다.[6] 사실 20세기 전반에는 면역계가 자기 자신의 건강한 조직과 세포를 공격할 가능성을 완전히 무시했다. 1900년대 초, 독일 면역학자이자 노벨상 수상자인 폴 에를리히Paul Ehrlich는 자가독성공포(문자 그대로 '자기 독성에 대한 공포'를 의미) 이론을 내세우면서 면역계는 자기 자신을 공격할 수 없다고 단정했고, 학계는 이를 신조로 수용했다.

이 이론은 자가면역의 아버지로 불리는 노엘 로즈Noel Rose 박사가 하시모토 갑상선염은 자가면역이 갑상샘을 공격하면서 발생한다는 연구 결과를 발표한 1956년까지 그 영향력이 상당했다. 연구자들은 다른 특발성 질환(원인이 뚜렷하지 않은 질환-편집자)에서 자기 조직을 공격하는 면역세포인 자가항체를 알아내기 시작했다. 그러나 자가독성 공포 이론이 너무나 굳건하게 자리 잡은 후라, 의학계는 1970년대가 되어서야 자가면역질환의 가능성을 수용했다. 그리고 1990년대 중반이 되어서야 로즈 박사와 미국자가면역질환협회가 미국에 이 질병이 실제로 얼마나 널리 퍼져 있는지를 최초로 평가했다. 이들이 추정한 숫자는 2,200만 명이었다. 도나 잭슨 나카자와Donna Jackson Nakazawa 기자는 저서 《자가면역질환의 유행(The Autoimmune Epidemic)》에서 "아무도 돌아보지 않는 질병에 걸린 환자가 2,200만 명이라는 것은 놀라운 통계"였다고 언급했다.[7]

면역체계의 관계는 알려지지 않았지만, 처음(19세기 혹은 그 이전)에는 몇몇 자가면역질환을 각각 다른 질병이라고 설명하고 인식했다. 1921년 인슐린을 발견하기까지 젊은 환자들을 사망에 이르게 한 1형 당뇨병처럼, 어떤 질병은 사실 놓치기가 더 어렵다. 하지만 사망에 이르지 않는 수많은 자가면역질환이 히스테리, 신경쇠약, 그 밖의 다른 신경장애 범주에 쓸어 담기면서 전형적인 증상들(피로감, 근육통과 관절통, 발열, 체중 감소, 근력 저하, 신경 증상, 발진)이 원인은 모른 채 수년 동안 호전과 악화를 반복했다. 17세기에 토머스 시드넘이 히스테리는 '남성 질병의 모든 신체적 증상을 모방'한다고 썼던 것과 '자가면역질환은 모든 기관과 체계에 영향을 미칠 수 있다'는 현대 의학의 지식은 공명한다.[8] 예를 들어 루푸스는 전형적인 자가면역질환으로 신체의 모든 부위에 영향을 주며, 히스테리가 그랬던 것처럼 '위대한 모방자(다양한 임상 양상을 나타내 감별이 어려운 질환-옮긴이)'로 묘사된다.

아마 히스테리라는 쓰레기통에서 구해낸 자가면역질환 중에서 가장 명확한 사례 중 하나는 다발성경화증일 것이다. 유명한 히스테리 전문가인 장마르탱 샤르코는 1868년에 사망한 가정부의 뇌를 절개해서 독특한 손상 부위를 발견한 뒤 다발성경화증이라고 명명했다. 그러나 다음 반세기 동안 미국의 신경학자들은 이 질병이 드물다고 생각했다. 20세기 초반에 이러한 인식은 처음에는 서서히, 그 뒤에는 아주 빠르게 바뀌어서 1950년에는 다발성경화증이 미국에서 가장 흔한 신경 질환이라고 생각하게 되었다. 연구자 콜린 텔리Colin L. Talley가 말했듯이, 이런 변화는 다발성경화증의 유병률이 실제로 높아진 것이 아니라 1920~1950년대 사이에 다발성경화증 진단을 내릴 수 있는 신경 전문의가 증가했기 때문이다.[9]

이전에는 '새로운' 다발성경화증으로 진단된 사례들은 이전엔 파킨슨병, 다양한 척수 질환, 신경매독 등으로 오진됐을 것이다. 그러나 이 시기에 다발성경화증이 증가한 가장 중요한 요인은 '히스테리'일 수 있다. 텔리는 "20세기 전반에 들어 신경학적 진단으로서 히스테리는 점차 줄어들었고, 이러한 환자들, 특히 여성 환자의 증가를 다발성경화증으로 설명했다"고 밝혔다.[10] 그러나 다발성경화증이 발견된 지 수십 년이 지났음에도 의사들은 두 질병을 구별하기 위해 애를 쓰고 있었다. 1917년 미국의학협회가 주최한 학회에서 한 의사는 "다발성경화증이 히스테리로 자주 오인되는 것"을 지적하며, 종종 다른 의사의 오진을 바로잡아야 하는 경우에 처했음을 언급했다.[11] 안타깝게도 이러한 문제는 1950년대까지 이어졌다.

이전에 히스테리 진단을 받았던 수많은 여성 환자가 다발성경화증으로 진단받으면서 다발성경화증의 비율이 높아진 현상도 또 다른 단서가 된다. 다발성경화증 진단의 젠더 붕괴도 이 시기에 일어났다. 1870~1910년대까지, 미국 의사들은 다발성경화증이 남성과 여성 어느 쪽에 더 많은지에 대한 합의가 없었다. 환자의 진료기록을 근거로 1921년에 첫 대규모 조사는 남성 다발성경화증 환자가 여성 환자보다 거의 3:2의 많다는 결론을 내렸다. 그러나 유병률의 증가와 함께, 이후 수십 년 사이에 이러한 수치는 뒤집혔다. 1950년대까지 다발성경화증은 남녀 모두에게 동일하게 나타난다고 생각했다. 결국 1990년대 초반까지도 대규모의 역학 연구는 의학문헌들이 다발성경화증이 남성에 비해 두 배나 많은 여성들에게 영향을 미친다는 것에 의문을 제기했다.[12]

오랜 세월 동안 이어져온 다발성경화증에 대한 또 다른 오해를 잠재우는 데에도 또다시 오랜 시간이 걸렸다. 20세기 전반 내내 다발성경화증을 광범위한 범주의 신경성 증후군의 원인으로 짐작했지만, 통증은 여기에 포함되지 못했다. 의료계에는 이것이 '사실'로 너무나 깊이 박혀 있어서, 다발성경화증 환자가 통증을 호소하면 의사는 통증을 겪을 리가 없다고 대답했다. 한 논문에서는 의사의 이런 반응이 '환자에게는 상당히 억울하게' 느껴졌다고 기록했다.[13] 마침내 1980년대 중반에 여러 연구자들이 환자들을 조사한 결과, 1/2에서 3/4가량의 환자는 정말로 다발성경화증의 증상으로 통증을 겪는 것으로 나타났다.[14]

다발성경화증은 150년 전에 그랬던 것처럼 '히스테리'로 오진될 위험이 남아 있다. 아직도 다발성경화증을 진단할 결정적인 진단검사가 없다. 대신 의사는 환자의 병력을 주의 깊게 듣고 다양한 진단검사를 통해 질병을 진단해야 한다. 환자가 다발성경화증 진단을 받아도 이는 그저 가장 가능성이 높은 진단일 뿐이다. 결론적으로 환자의 증상이 비전형적이거나 이유가 어찌되었든 의사가 환자의 이야기를 그야말로 세심하게 들어주는 첫 단계를 시행하지 않았다면, 다발성경화증은 아직도 '전환 장애'나 '기능성 신경증후군 장애'로 오진될 가능성이 충분하다. 이스라엘에서 수행한 2003년 연구는 다발성경화증을 진단받은 남성과 여성이 초진에서 오진받았을 가능성이 같음을 발견했다.[15] 그러나 남성은 정형외과 처치를 받았던 반면, 여성은 정신과로 의뢰되었다.

요즘에는 다발성경화증 진단을 남발하는 상황도 문제다. 최근 논문에서는 다발성경화증을 진단받은 환자의 5~10%가 실제로는 이 질병을 앓고 있지 않다고 주장하면서 MRI 검사에 과도하게 의존하는 경향을 비난했다. 1990년대 이후 진단의 구성 요소가 된 MRI 검사는 의심할만한 다른 임상 징후와 증상들을 고려한 맥락에서 해석되어야 한다. 너무나 많은 의사들이 환자가 보고하는 증상들을 포함하여 모든 단서를 이해하는 힘든 작업을 하기 보다는, MRI 영상에 비정상적인 흰 덩어리가 보이기만 해도 다발성경화증으로 진단을 내리는 것 같다.

일단 자가면역질환의 가능성을 인정받았더라도, 많은 자가면역질환은 심리적 설명으로 빠지기 쉽다. 1990년대에는 면역계가 최악으로 망가질 수 있다는 사실에 대한 불신과 당시 유행했던(특히 여성에게 더 많이 나타났던) 정신신체이론 사이에서 류머티즘 관절염, 루푸스, 다발성경화증 같은 자가면역질환에 걸리기 쉬운 환자의 기질이나 숨겨진 트라우마를 탐색하는 것이 연구할 가치가 있는 주제로 여겨졌다.

미국자가면역질환협회 이사인 버지니아 래드Virginia Ladd에 따르면, 몸이 스스로를 공격하는 일은 너무나 부자연스러우므로, 환자가 자신을 공격하고 싶어 할 만큼 끔찍한 일이 일어났으리라고 생각했다는 것이다.[16] 예를 들어 환자의 기질 요인에 대한 연구 결과에 따르면, 나 같은 류머티즘 관절염 환자는 "희생적이고, 자기 학대 성향이 있으며, 관습이나 집단에 동조하기 쉽고, 자의식이 강하며, 수줍음이 많고, 감정 표현을 억제하며, 완벽주의자에, 스포츠나 게임에 관심이 많다. 여기에 더해 자신의 질병에 과잉 반응하는 경향이 있다."[17]

물론 이 시기에 정신신체의학 세부 전공 분야에서는 암과 심장질환에 관련된 성격 요인도 분석했다. 차이점이 있다면, 암과 심장질환은 질병의 생물학적 기전과 그 위험 요인을 밝혀내는 과학적 연구에 막대한 투자가 이루어짐으로써 이러한 성격 요인에 대한 연구는 퇴색되었다는 것이다. 반면 자가면역질환은 1990년대에서야 주로 여성 건강을 위협한다고 인식되었고, 지난 25년간 연구 자금이 대단위로 늘어났지만 여전히 상대적인 자금 규모는 작다. 최근 국립보건원이 매년 9,228억 2,800만 원의 연구 자금을 자가면역질환 연구에 배정했지만 암 연구는 이 금액의 여섯 배를 지원받는다. 현재까지도 질병 요인에 대한 과학적 진전이 상대적으로 거의 없는 상태에서, 여성의 정신 상태가 자가면역질환의 근본 원인이라는 초기의 주장을 씻어내기란 쉽지 않다.

대신에 전문가들은 꽤 최근까지도 각각의 자가면역질환이 분리되어 연구되고, 자가면역 과정을 일으키는 기본 기전을 밝히려는 협력 연구가 없다는 현실을 한탄한다. 이러한 연구는 현재 자가면역질환 환자들에게는 유일한 선택지인 증상을 억제하는 치료법뿐만 아니라, 자가면역질환을 치유하고 예방하는 방법을 개발하기 위해서도 필요한 연구이다. 전문가들에 따르면, 자가면역질환은 수십 년 동안 암이 그러했던 것처럼 통합적이고 포괄적인 개념으로 다루어져야 한다. 암 역시 자가면역질환처럼 거의 모든 기관과 세포에 영향을 미칠 수 있으며, 따라서 우리가 암이 생긴 위치와 상관없이 모든 암의 공통적인 병리 기전, 즉 돌연변이 세포가 면역계에 침입해서 통제 불가능한 정도로 증식하는 기전을 탐색하기 시작한 후에야 '암과의 전쟁'에서 승리하기 시작했다 "지금처럼 여러 갈래로 나누어져 연구하면 실패할 뿐이다. 암 연구가 이런 식으로 이루어졌다면 결코 전진할 수 없었을 것이다."라고 래드는 말했다.

만성적인 불평꾼으로 무시하다

"세대가 바뀌면서 크게 바뀌었다고 말할 수 있으면 좋겠다. 몇 가지는 개선됐다. 25년 전과 달리 자가면역질환은 이제 독립된 질병 범주로 인식된다. 하지만 자가면역질환을 진단받기는 아직도 어렵다."라고 래드는 말한다. 미국자가면역질환협회의 가장 최근 조사 결과를 보면, 심각한 수준의 자가면역질환 환자가 진단을 받기까지는 평균 3년 반이 걸리고, 다섯 명의 의사를 거친다.[18] 협회가 1990년대에 처음 조사를 시작했을 때, 7년이 걸리고 여섯 명의 의사를 거쳤던 것에 비하면 조금은 개선된 수치다. 수많은 자가면역질환의 유병률에 대한 자료가 없는 상태에서, 아직 진단받지 못한 자가면역질환 환자가 얼마나 될지는 알 수 없다.

이러한 진단 지연은 때로 '진단하기 어려운' 질병 탓으로 돌려진다. 물론 다른 질병보다 자가면역질환을 진단하기가 더 어렵긴 하지만, 더 큰 문제는 의사들이 자가면역질환을 진단할 만큼 충분히 준비되지 않았다는 점이다. 미국자가면역질환협회의 2013년 조사에 따르면, 가정의의 약 2/3가 자가면역질환을 진단할 때 '불편하거나 스트레스를 받는다'고 한다. 가정의의 3/4가량은 자신이 받은 자가면역질환에 대한 교육이 부족하다고 말했고, 60%는 관련된 주제의 강의를 의과대학에서 한두 번 들었을 뿐이라고 답했다.[19] 자가면역질환을 쉽게 진단할 수 있는 가장 간단한 방법인 가족력조차 조사하지 않았다. 자가면역질환은 종종 가족력이 나타나는데, 환자 병력을 조사할 때 반드시 기록해야 하는 항목으로 지정하지 않았다. 래드는 의사가 자가면역질환이라는 병명을 고려하도록 유도하는 간단한 변화가 거대한 차이를 만들 것이라고 말한다. "누군가가 그것을 생각해 내는 것, 이게 진단의 첫 단계죠."

지금 실정으로는, 많은 일차 진료의가 자가면역질환의 가능성조차 고려하지 않는다. 자가면역질환을 떠올리더라도 진단검사법에 무엇이 있는지, 진단검사 결과를 어떻게 해석해야 하는지 모를 수 있다. 대개 일차 진료의는 환자를 전문의에게 보낸다. 하지만 암환자를 진료하는 종양내과의사(oncologist)가 전문 분과로 있는 것과 달리 자가면역질환 전문의(autoimmunologist)는 없다. 그 대신 자가면역질환은 다양한 장기별 전문의들에게 남겨져 있다. 근육과 관절 질병 전문가인 류머티즘 전문의는 류머티즘 관절염과 루푸스를 진료하고, 신경과 전문의는 다발성경화증을 진료하며, 위장병 전문의는 염증성 장 질환을, 내분비 전문의는 자가면역 갑상샘 질환을 진료한다. 미국자가면역질환협회 조사에서는 전문가조차도 자가면역질환 사례를 진단하기가 어렵다고 했다. 래드는 이 조사 결과에서 많은 전문가가 "이러한 환자들을 만나고 싶지 않다."라고 인정했다고 말했다.

의사가 자가면역질환의 가능성을 떠올리더라도, 질병 자체의 별난 특성 때문에 진단을 가로막는 또 다른 장벽이 나타난다. 자가면역질환 증상은 혈액검사를 통해 면역체계가 활성화되었다는 객관적인 증거가 나타나거나, 특정한 질병을 가리키는 자가항체이 패턴이 드러나기 여러 달 혹은 여러 해 전에 시작된다. 달리 말하면, 증상이 시작되는 시기와 질병이 '의학적으로 설명되는' 시기 사이에 지체되는 시간이 있다. 많은 환자가 이 틈새에 빠진다.

어느 정도는 검사에서 양성 결과가 나오기를 기다리는 것이 필요하고, 자가면역질환 초기 단계에서 때로는 어쩔 수 없이 진단이 지연되기도 한다. 내 경험을 예로 들어보자면 이러하다. 독감을 한 차례 앓은 직후, 하룻밤 사이에 손가락 관절이 뻣뻣해지고 통증이 느껴지기 시작했다. 몇 주 지나지 않아 주치의를 찾아갔다. 이때는 혈액검사에서 염증성 반응이나 류머티즘 인자가 증가한 증거가 나타나지 않았다. 류머티즘 인자는 류머티즘 관절염 환자의 80%에서 나타나는 자가항체를 가리킨다. 주치의는 이것이 좋은 징조라고 했지만 통증이 사라지지 않거나 다른 관절로 통증이 번지기 시작하면 다시 병원에 오라고 했다. 몇 달 안에 통증이 거의 모든 관절로 퍼졌고, 혈액검사는 류머티즘 관절염 양성 반응을 보였다.

류머티즘 관절염이 걷잡을 수 없게 되기까지 3주 동안은 진단할 수 없었다. 관절 통증은 다발성 자가면역질환을 포함한 수많은 질병에서 나타나는 증상이다. 다행히 주치의는 내 증상이 아직 '의학적으로 설명되지 않았다'고 해서 증상이 없다고 여기지 않았다. 객관적인 증거가 아직 없었지만 내가 관절 통증을 호소할 때도 의심하지 않았다. 초기 단계에서는 "환자가 무릎이 아프다고 말하면 의사는 '무릎이 붓지도 않았고 붉은 기도 없는데, 아프다는 말을 믿어야 하나?'라고 생각할 것이다."라고 래드는 언급했다. 많은 의사가 내 주치의처럼 반응하지는 않는다. 환자를 주시하면서 무슨 일이 일어나는지 세심하게 관찰하지 않는다. "의사는 이런 환자들을 지켜보는 것을 좋아하지 않는다. 차라리 다른 의사에게 가기를 바라거나 환자에게 아무 이상이 없다고 말한다."라고 래드는 덧붙였다.

특정 자가면역질환 진단에 깔끔하게 맞아떨어지지 않는 환자가 나타나면 문제는 더 복잡해진다. 나처럼 상대적으로 흔한 자가면역질환을 앓는 교과서적인 환자라면 진단하기가 어렵지는 않다. 하지만 많은 환자는 비전형적인 증상을 보인다. 이런 환자의 진단검사 결과는 경계 선상에 있거나 결과가 상충할 수 있다. 이때가 바로 명확하지 않은 수많은 사례를 다뤄보고, 큰 그림을 볼 수 있는 숙련된 자가면역질환 전문의가 부족한 현실이 환자를 괴롭히는 지점이다. 대부분의 전문의들은 자신의 전공 안에만 있다며, 자가면역 전문의인 아비드 칸Abid Khan 박사는 《셀프Self》에서 "의사에게 진지하게 받아들여지는 환자가 되려면 의사의 까다로운 기준을 통과해야 한다. 아니면 무시당한다."[20]라고 설명했다. 하나의 자가면역질환이 다른 질환으로 발전하는 것은 일반적임에도 불구하고, 세부 전문의들은 다발성 자가면역질환으로 고통받는 환자를 돌볼 준비가 안 돼 있다. 래드에 따르면, "환자분은 충분히 오래 사셨으니, 이제 슬슬 준비하셔야죠."라고 말할 뿐이다.

환자단체는 심장질환 센터와 암 센터처럼, 자가면역질환을 앓는 것으로 추정되는 환자가 전문가에게 진단받을 수 있는 자가면역질환 센터를 설립하면 큰 도움이 되리라고 말한다. 현재 미국에는 자가면역질환 센터가 딱 하나 있다. 미드미시간 건강재단이 세운 것으로, 칸 박사가 자신의 아내가 루푸스 진단을 받으면서 거의 사망할 뻔한 일을 겪은 뒤에 시작했다. "직접 진료해보니 다른 의사에게 섬유근육통, 만성동공 증후군, 우울증, 불안감에 통증로 무시당해온 수많은 환자, 특히 여성 환자들을 볼 수 있었다. 환자 중의 일부는 진단받은 질병을 앓고 있기도 했지만, 사실 자가면역질환도 함께 앓고 있었다. 하지만 그들은 그저 불평 많은 환자로 무시당했다."라고 칸은 설명했다.[21] "어떤 정밀 검사도 없었다. 의사의 추적 관찰은 끝까지 마무리되지 않았다. 생체검사도, 혈액검사도 하지 않았다. 검사를 하더라도 필요한 검사를 하지 않았고, 제대로 된 검사를 하더라도 그 실험실의 검사 방법이 최선이 아니기도 했다."

상황이 오래 지속될수록, 누구도 믿어주지 않을 것 같아 두렵다

숙련된 전문의가 부족한 현실은 진단이 지연되는 상황을 설명할 수는 있지만, 칸이 언급했던 무시나 수많은 환자가 의사를 찾아다니면서 겪었던 경험들을 설명하지는 못한다. 미국자가면역질환협회의 조사 결과를 보면, 자가면역질환 환자의 45%가 질병 초기 단계에서 '만성 불평꾼'이나 건강염려증 환자라는 꼬리표가 붙었다고 말했다. "많은 환자들은 질병의 증상이 '당신의 머릿속에서 나왔다'라거나 스트레스를 너무 많이 받고 있다는 말을 들었다."[22] 래드는 환자들이 진단받기 위해 노력하는 과정에서 겪은 흔한 반응들을 전해주었다. "건강을 너무 걱정하고 있다든가, 가사일과 직장을 병행하느라 지쳐서 그렇다는 말을 듣거나 결혼 생활에 문제가 있냐는 질문을 받게 되죠."

자가면역질환은 거의 모든 조직에 영향을 미칠 수 있으므로 발진부터 관절 통증까지 증상도 매우 다양하다. 하지만 항상 공통으로 나타나는 증상은 피로감이다. 마치 독감을 앓을 때처럼 모든 에너지를 다 쓰고 탈진한 것 같은 느낌이다. 많은 여성들에게, 자신이 느끼는 피로감이 우울증으로 느끼는 피로감이나 수면 부족으로 겪는 나른함과 다르며, 자신이 겪는 주관적이고 때로는 일시적인 다양한 증상은 신체화 증상이 아니라고 의사를 설득하는 것은 매우 어려운 일이다. 사실 피로감은 대부분의 자가면역질환 초기에 나타나는 주요 증상으로, 다른 심각한 질병에서도 수없이 나타난다. 그래서 피로감을 쉽게 무시한다. 칸은 환자에게 조기진단을 받을 가능성을 높이려면 피로감을 피로감이라고 표현하지 않아야 한다고 조언한다.[23]

○

케이티는 대학교에 있을 때 처음 증상이 나타났는데, 이때는 대부분 그렇듯이 우울증 진단을 받았다.[24] 케이티는 관절 통증을 겪었고, 머리카락이 뭉텅뭉텅 빠졌으며, 발진도 있어서 지금 생각해보면 루푸스 증상임을 알 수 있었다. 케이티는 결국 몇 년 뒤에 루푸스라고 진단받았다. 당시는 복용하던 피임약의 부작용이라고 생각했지만 케이티의 주치의는 우울증이 범인이라고 생각했다. 케이티는 우울 감을 느끼지 않는다는 점을 의사에게 계속 설명했지만, 우울증 진단을 막지는 못했다. 우울증 진단 기준에 있는 증상을 전혀 겪지 않는데도 우울증이라는 진단이 내려지자, 케이티는 황당함을 느꼈다. "내가 '우울증이 어떻게 무릎 통증을 일으키고 머리카락을 빠지게 하고 발진을 일으키나요?'라고 묻자, 의사는 '환자가 우울할 때는 육체적, 정신적 통증이 극도의 고통으로 느껴집니다. 그래서 관절 통증이 생기죠.'라고 답했다. 그래서 내가 '좋아요, 머리카락이 빠지는 건요?'라고 묻자 의사가 '음, 스트레스를 많이 받으면 머리카락이 빠지기도 합니다.'라고 했다. '발진은요?'라고 묻자 '음, 그건 설명할 수 없지만 별 이유 없이 발진이 생기기도 합니다.'라고 말했다."

○

"정신과 의사나 심리학자를 찾아가서 내 증상을 근거로 우울증을 진단하면 의료 과실일 거예요."라고 케이티는 말했다. 실제로 심리적 증상이 없는데도 신체 증상을 제한 없이 심인성 요인으로 설명할 수 있다는 위험한 생각은 훈련받은 정신건강 전문의보다 일반의가 더 많이 갖고 있다. 충격적인 증거가 있다. 미국자가면역질환협회의 위원회 부회장인 스탠리 핑거Stanley Finger에 따르면, "아주 최근인 2000년까지도 자가면역질환이라고 정확하게 진단하는 첫 번째 사람은 정신건강 전문가들이었다."[25]

　　발병 초기 단계에서 나타내는 질환 자체의 모호함과 숙련된 의사가 부족한 상황에서, 여성의 증상을 설명하다가 곤경에 빠진 의사가 쉽게 심인성이라는 설명을 끌어들이려 할 때, 자가면역질환을 앓는 많은 여성 환자들이 파편화된 의료체계를 헤매며 진단을 받기 위해 노력하는 과정에서 어느 순간 심인성이라 명명한 올가미에 빠지는 일은 놀랍지 않다. "나는 내 의료 기록을 모두 모아서 가는 곳 어디에나 들고 다녔어요. 그리고 모든 입원 기록과 진료 기록이 담긴 상세한 목록을 잘 보관했죠. 이 상황이 오래 지속될수록 누구도 나를 믿어주지 않을 것 같았거든요."라고 재키는 말했다.

자가면역질환에 대한 지식 부족은 분명 젠더와 상관없이 모든 환자에게 영향을 미쳤지만, 전 세계적으로 이루어진 연구에서 남성은 여성보다 더 빨리 진단받는다는 사실이 밝혀졌다. 2010년에 발표된 중국 논문은 루푸스에 걸린 여성 환자는 남성보다 진단받기까지 더 오래 걸린다는 점을 발견했다.[26] 2014년 핀란드 논문에 따르면, 셀리악병 환자 중에서 여성인 경우는 1/3이 진단을 받기까지 10년 이상 걸렸다. 남성은 그 비율이 1/4 이하였다.[27] 2013년 호주에서 중증근무력증 환자를 대상으로 조사한 결과, 여성은 진단받기까지 평균 3.7년, 남성은 1.9년이 걸렸다.[28] 2010년 독일 연구에서 자가면역질환인 에디슨병으로 주로 야기되는 부신기능저하증을 6개월 안에 진단받은 환자의 비율을 보면 여성은 30% 이하, 남성은 50%로 나타났다.[29]

물론 진단이 지연되는 상황은 환자 측면에서는 의료기관을 찾기까지 지연되고, 의료체계 측면에서는 정확한 진단을 탐색하는 과정이 지연되는 데서 비롯한다. 앞서 설명했듯이, 여성이 항상 남성보다 의료진을 더 빨리 찾아온다는 것은 잘못된 믿음이다. 환자와 의사, 어느 쪽에서 진단이 지연되는지 조사하기 위해 과정을 세세히 나누어 조사한 논문에 따르면 일단 의료시스템 안으로 들어온 이후에도 여성은 남성보다 진단 지연을 더 길게 경험했다고 주장한다.

예를 들어, 2001년 네덜란드 연구에서는 류머티즘 관절염을 앓는 남성과 여성 중에 증상이 시작된 이후 얼마나 빨리 일반의를 찾아가는지에는 차이가 없었다고 한다.[30] 그러나 남성은 평균 58일이면 류머티즘 전문의에게 보내졌는데, 여성은 이 과정이 93일이나 걸렸다. 2005년 노르웨이 류머티즘 환자 연구에서도 비슷한 양상이 발견됐다.[31] 증상이 나타난 이후 환자가 처음 의사를 방문하기까지 지체되는 시간은 남성과 여성 모두 한 달가량 길렸다. 그러나 의사가 진단을 내리는 '의사 지연' 기간에서 젠더의 격차가 나타났다. 남성 환자는 처음 진료를 받은 지 3주 만에 류머티즘 전문의에게 보내졌고, 여성 환자는 10주가 걸렸다. 이런 추가 지연은 그 결과에 큰 차이를 불러올 수 있다. 치료하지 않은 류머티즘 관절염이 점차 영구적인 관절 손상을 일으킬 뿐만 아니라, 12주 안에 치료했을 때 질환이 차도를 보일 확률이 매우 높아지기 때문이다.

자가면역질환 환자의 대부분이 남성이 아니라는 점에서 이러한 결과는 상당히 주목할 만하다. 남성에서 더 많이 발병하는 질병의 경우 '남성의 질병'이라는 고정관념에 사로잡혀 있어서, 의사는 종종 여성은 해당 병에 걸릴 수 없다는 식으로 행동한다. 미국 여성 사망 원인 1위인 심장질환도 예외가 아니다. 반면 통계적으로 '여성의 질병'으로 알려진 자가면역질환 대부분은 이러한 지식을 기반으로 한 편견이 작용하여 남성보다 여성이 더 빨리 진단받는 경우는 어찌된 일인지 없다. 몇 가지 사례에서는, 래드가 주장하듯이 남성은 특정 질병이 더 심각한 형태로 나타나는 경향이 있어서 의료진이 더 빨리 인식할 수 있다. 하지만 항상 그러한 것은 아니다. 류머티즘 관절염을 예로 들면,

2부. '남성 중심' 체계 속에서 사라진 여성

남성보다 여성에게 두 배나 많이 발병할 뿐만 아니라 여성에게 더 심각한 형태로 발병하는 경향을 보인다.[32]

대신 전형적인 자가면역질환 환자가 전형적인 자가면역질환 환자처럼 받아들여지지 않는 것 같았는데, 이는 여성이 이미 다른 방식으로 정형화됐기 때문이다. 젊은 여성이나 중년 여성이 피로감이나 다른 모호한 주관적인 증상을 호소한다면? 이 환자는 스트레스를 받아 '의학적으로 설명할 수 없는 증상'을 신체화한 것이다. 사실 의사가 스트레스를 줄이라는 권고와 함께 항우울제를 처방해서 집으로 되돌려 보내려는 모든 여성 환자를 대상으로 자가면역질환을 의심해보기만 해도, 최첨단 신기술 진단센터나 수련의 과정의 개선 없이도 자가면역질환 진단율이 크게 개선될 것이다. 자가면역질환이 여성에게 얼마나 흔한 질병인지, 의사들이 이를 얼마나 많이 놓치고 있는지 고려한다면, 이는 상당히 믿을만한 주장일 수 있다.

미국 여성의 최대 1/4가량이 자가면역질환을 앓지만, 이런 변화가 조직적으로 일어나지 않는 것은 의사가 자신의 오진에 대한 피드백을 한심할 정도로 받지 못해서 생기는 극명한 결과다. 만약 의사가 자신이 처음 진료했던 '단순 스트레스성' 여성 환자가 자가면역질환이었다는 사실을 알게 된다면, 자가면역질환에 대해 더 알아봐야겠다고 생각할 수도 있다고 케이티는 주장했다. 그 대신 "여성 환자가 '이 병은 당신의 머릿속에 있다'라고만 말하는 의사들 사이를 떠돈다면, 이 여성은 계속해서 의사를 찾아 헤매게 된다." 평균 3년 반이 지나고서야 이 여성 환자는 자가면역질환을 정확하게 진단할 다섯 번째 의사를 만날 것이다. "그러나 '이 병은 당신의 머릿속에 있다'라고 말한 처음 네 명의 의사는 자신이 오진했다는 사실을 절대 알지 못한다."

이런 상황은 의사에게서 자신의 오진율에 대한 정확한 감각을 빼앗아간다. 또한 그 여성 환자가 정말로 '불평꾼'이었다는 추정은 이 의사가 비슷한 증상을 나타내는 다음 여성 환자를 어떻게 바라볼지에 영향을 미친다. 이런 식으로 자가면역질환의 오진은 저절로 계속 만들어진다. 진단이 지연될수록 더 많은 의사는 자신의 진료실이 '의학적으로 설명할 수 없는 증상'을 가지고 의료 쇼핑하는 여성들로만 가득하다는 인상을 갖게 된다. 이 여성들이 상당히 높은 확률로 아직 진단받지 못한 자가면역질환을 가지고 있냐고는 생각하지 않을 것이다.

나만 그런 줄 알았어요

루푸스를 앓은 자신과 쇼그렌 증후군을 앓은 어머니가 진단을 받기까지의 고군분투에서 영감을 받아, 2015년 케이티는 여성들이 의사들에게 오진받고 간과되어온 이야기를 올릴 수 있는 '미스 트리티드Miss·Treated'라는 블로그를 시작했다.[33] 케이티는 수많은 여성이 자신보다 더 끔찍한 경험을 했으며, 그런 비슷한 이야기가 자가면역질환 환자에게만 국한한 경험이 아니라는 사실도 금방 깨달았다. "만성질환을 앓는 여성들 중에서 질병이 당신의 걱정과 불안에서 나왔다는 말을 듣지 않은 사람을 본 적이 없어요. 어쩌면 한 사람쯤은 있을지도 모르겠지만요."라고 케이티는 말한다.

자가면역질환을 앓는 여성이 진단을 받는 과정에서의 문제는 자가면역질환에 따르는 특정한 요인들로 가중될 수 있지만, 그 문제들은 대단히 특별하지 않다. 유방암이나 자궁경부암처럼 정기적인 검사로 찾아낼 수 있는 질병을 제외하고는 대부분의 의학적 증상을 여전히 옛날 방식으로 진단한다. 의료진이 환자의 증상을 듣고 가능한 진단명을 생각해서 몇 가지 진단검사를 한 뒤, 무슨 병인지 알아내는 것이다. 심장마비나 다른 치명적인 급성 질환을 일으킨 여성에게는 문제의 심각성을 저평가하려는 의료진의 성향을 빠르게 극복하는 일이 중요하다면, 자가면역질환이나 다른 만성질환을 앓는 여성에게는 의사가 수수께끼를 풀 때까지 믿을 만한 보고자로서 의사의 신뢰를 유지하는 일이 관건이다.

뇌종양을 앓고 있는 여성의 이야기를 들어보자. 자가면역질환과 비교해서 뇌종양은 애매한 구석이 없다. 해석한 검사 결과가 경계 선상에 놓일 일도 없다. 인식이 부족한 것도 분명 아니다. 뇌종양 진단을 내리는 일은 피로감, 두통, 균형 감각 이상, 발작, 마비, 성격이나 기억력의 변화, 의사소통 능력 등의 초기 증상을 세심하게 고려해서 CT 스캔이나 MRI로 뇌 영상을 찍는 과정으로 요약할 수 있다. 뇌종양은 뇌 안에 있거나 없거나, 둘 중 하나다.

2016년 뇌종양 환자단체는 영국 뇌종양 환자 치료에 대한 보고서를 발표했다.[34] 거의 세 명 중 한 명이 진단을 받기까지 다섯 번 이상 의사를 방문해야 했고, 환자의 약 1/4은 1년이 넘어서야 진단받았다. 여성과 저소득층 환자는 진단받기까지 더 오래 걸렸다. 남성과 비교할 때 처음 의사를 찾아가서 진단을 받기까지 10개월 이상이 걸렸고, 진단받을 때까지 의사를 다섯 번 이상 방문해야 했다.

여성 뇌종양 환자들이 처음 겪은 반응은 익숙하다. 28세 여성은 3년이 지나서야 저분화도(고분화도에 비해 예후가 좋은-옮긴이) 뇌종양을 진단받았는데, 보고서에서 "병원에 입원할 때마다 의료진들은 저를 주목받고 싶어 하는 사람으로 생각했다. 한 곳에서는 나를 약물 중독자로 생각했다."라고 말했다. 39세 여성 환자는 "병원의 일반의 한 명은 실제로 '환자분 두통이 뭐라고 생각해요, 뇌종양이라도 되는 거 같아요?'라고 말해서 나를 웃음거리로 만들었다. 나는 신경과로 옮겼다. 계속 병원을 왔다 갔다 하면서 항우울제, 수면 치료, 무통 치료 같은 것들을 받았지만, 누구도 나를 진지하게 진료하지 않았다."라고 말했다.

넓은의 다양한 암 환자에서도 비슷한 점이 발견됐다. 2015년에 발표한 논문은 11종류의 암 중에 6종류의 암에서, 증상이 시작되고 나서 진단받기까지 걸리는 시간이 여성 환자는 아주 길다고 밝혔다.[35] 여성이 의료진을 찾아간 후에도 이토록 긴 진단 지연을 경험하는 것은 역시나 젠더의 차이가 어느 정도 작용했기 때문이다. 예를 들어, 2013년에 나온 논문은 남성에 비해 두 배 이상의 여성이 일차 진료의를 3번 이상 더 방문해서야 방광암 전문의를 만날 수 있었고, 신장암도 마찬가지였다고 결론 내렸다.[36]

일반적으로 희귀질환인 경우에도 마찬가지로, 진단 지연에서 젠더의 격차가 나타났다. 공식적으로는 희귀질환이 미국에서 20만 명이하로 발병하는 것으로 정의되며, 희귀질환들은 개별적으로 생각했을 때나 희귀하다. 전체적으로 보았을 때는 미국인 열 명 중 한 명이 희귀질환을 앓고 있으며,[37] 그 수는 3,000만 명에 달한다.[38] 희귀질환을 정확하게 진단받으려면 평균 7년이 넘게 소요된다.[39] 이 과정에서 희귀질환 환자는 일차 진료의를 네 번이나 방문하고, 네 명의 전문의를 거치며, 2~3회의 오진을 받는다. 좀 더 일반적인 질환에 비해 희귀질환을 진단하는 것이 더 오래 걸리는 것은 놀라운 일이 아니다. 의사는 발굽 소리가 나면 얼룩말이 아니라 말을 떠올리라고 배운다. 그러니 가장 가능성이 높은 병명을 머리에서 지우고 자신이 보는 것이 말이 아니라 얼룩말일지도 모른다고 생각하려면 시간이 걸린다. 그러나 7년이라는 충격적인 지연 시간은 단순히 의사가 어려운 사례를 해결하는 데 걸리는 시간만 포함된 것이 아니라는 점이 문제다.

2009년 유럽 희귀질환연합회가 몇 종류의 희귀질환 환자 1만 2,000명을 대상으로 실시한 설문조사를 보면, 애초에 오진받은 환자는 정확한 진단을 받을 때까지 더 오랜 시간이 걸렸다.[40] 게다가 이는 심인성이라는 진단이 붙으면 얼마나 위험한지를 보여주었다. 다른 신체 질병으로 오진받으면 정확한 진단을 받기까지 시간이 두 배 늘어날 뿐이지만, 심인성 질병으로 오진받을 경우 질병에 따라서는 2.5~14배까지 시간이 늘어난다. 여성이 심인성으로 오진을 받기 쉬운 점을 고려하면, 남성보다 여성이 더 긴 지연 시간을 보냈다는 사실이 놀랍지만은 않을 것이다. 예를 들어 남성은 위장관에 생기는 자가면역질환인 크론병을 진단받기까지 평균 12개월 걸렸지만, 여성은 20개월이 걸렸다. 남성은 결합조직에 영향을 주는 유전병인 엘러스-단로스 증후군을 진단받기까지 4년이 걸렸지만, 여성은 16년이 걸렸다.

보고서를 쓴 연구자들은 진단이 지연되는 것이 단순히 질병 자체의 문제만은 아니라는 것을 젠더의 격차가 보여주고 있다고 강조했다. "환자가 여성이라는 사실은 질병을 진단하는 의사의 능력에 아무런 영향도 미치지 않는다. 그러므로 남성보다 여성의 진단에서 엄청난 진단 지연이 나타난다는 사실을 납득하기 어렵다. 남성의 진단 시간이 더 빠르다는 점은 의사에게 진단할 능력이 있음을 보여준다." 사실 희귀질환 환자들의 경험은 특히 여성들이 직면해 있는 젠더의 편견을 그대로 보여주는 좋은 사례로 보인다. 의사는 너무 희귀해서 손에 꼽을 정도로 보기 힘든 희귀한 질병을 만나기도 하며, 이 중에는 정말 한 번도 들어본 적 없는 질병이 있을 수 있다. 즉, 이런 희귀질환이라면 의사에게는 지식에 기반한 편견이 작용할 수 없다. 의사가 지레 포기하고 '의학적으로 설명할 수 없는' 증상이라고 결정하지 않아야만 환자가 상대적으로 짧은 시간에 정확한 진단을 받을 수 있다.

로리 에드워즈Laurie Edwards는 저서 《병자들의 왕국(In the Kingdom of the Sick)》에서 그녀가 수십 년이 걸려 진단을 받기까지, 젠더 편견이 어떻게 영향을 미쳤는지를 설명했다.[41] "스물세 살이 되어서야 나는 희귀한 유전성 폐질환인 원발성 섬모운동 이상증이라는 정확한 진단을 받았다. 태어날 때부터 아팠지만 길고 긴 진단의 여정은 의사들도 자주 접하지 못한 상황과 함께 살아가는 위험한 일이었다. 그런데도 의사들은 내 증상을 젊은 여성이 걸린 신경증으로 간과했고, 진단의 여정은 불필요하게 지연되었다." 수년 동안, 숨을 쉴 수가 없고 의사가 처방한 스테로이드가 듣지 않아서 병원에 입원해야 했지만, 로리는 그저 그녀가 스트레스를 받은 게 아니냐는 질문을 받아야 했다. "스트레스가 병을 만드는 것이 아니라, 병 때문에 아프고 학교도 못 가고 일을 못 해서 스트레스를 받는다고 아무리 설명해도, 의사는 내 말을 듣지 않았다."[42] 어떤 지연은 불가피할 수도 있었겠지만, 그중에는 분명히 여성에 대한 성차별이 섞여 있었다.

애초에 오진을 받으면, 특히 기질성 질병에 비해 심인성으로 오진받은 경우, 환자의 진단 지연이 늘어나는 현상은 일단 의사가 하나의 답을 찾으면 더 이상 다른 답을 탐색하지 않다는 사실을 확실히 보여준다. 그렇지만 최악의 시나리오는 환자도 탐색을 중단하는 상황이다. 이것은 케이티가 블로그를 운영하면서 만난 이야기들을 보면서 깨달은 사실이다. 케이티는 주치의가 자신의 증상이 우울증 때문이라고 말하자 짜증스러웠고, 주치의의 진료 태도도 마음에 들지 않아서 다른 의사에게 갔다. 하지만 다른 여성들은 주치의의 말을 믿었고 자신에게 실제로 정신적 문제가 있을 수도 있다는 가능성을 수긍했다. 재키의 증상이 무슨 질병인지 알 수 없었던 일차 진료의가 그녀는 분명 우울증이 있다며 항우울제를 처방하는 것으로 결정했을 때, 당시 십 대였던 재키는 이를 받아들였다. 항우울제는 아무 도움이 되지 않았지만 당시에 재키는 그저 의사가 하는 말은 무엇이든 받아들였던 것이다.

항우울제가 최소한 '해를 끼치지는 않았다'는 점에서 재키는 운이 좋았다. 심인성이라는 오진은 정확한 진단을 받는 시간을 지체시켜 환자를 간접적으로 해칠 수 있을 뿐만 아니라, 직접적으로 해를 끼칠 수도 있다. 케이티는 많은 여성들에게서 부적절한 정신과 치료로 생긴 심각한 부작용 때문에 고통받은 이야기를 들었다. 한 여성의 주치의는 그녀가 왜 밤에 수백 번이나 구토하는지 알 수 없어 불안장애로 진단했고, 그녀가 처방받은 항우울제는 그녀를 우울하게 만들었다.[43] 그녀가 정신과 약 때문에 정신 건강이 나빠지는 것 같다고 했을 때, 의사는 약의 복용량을 더 늘리라고 했다. 약을 늘린 후 그녀는 자살 충동을 일으켜 3일 동안 정신과 병동에 입원했다. 결국 다른 의사가 그녀의 쓸개 기능이 1%만 작동하고 있음을 진단해냈다. 수술을 받은 후에는, 괴사한 쓸개를 제거하지 않았다면 그녀는 일주일 안에 사망했으리라는 말을 들어야 했다.

의사의 무시를 내면화해서 생기는 또 다른 부작용은 상당히 널리 퍼진 문제에 모두가 침묵한다는 것이다. "수많은 여성이, 의사가 자신이 증상을 지어내고 있다거나 우울증에 걸렸을 뿐이라고 말했다는 것을 다른 사람에게 알리기를 두려워한다."라고 케이티는 말했다. 이런 경험은 자신의 현실 감각을 의심하게 한다. "당신은 어쩌면 정말로 스스로 증상을 지어내고 있을지도 모른다고 생각하거나, 적어도 자신이 지나치게 과잉 반응하는 것은 아닌지 의심하기 시작할 것이다." 아니면 어쩌면 자신이 느끼는 증상이 정말로 스트레스이고, 다른 모든 사람들은 스트레스를 이겨낼 수 있는 것으로 생각할 수 있다. 케이티도 블로그를 시작하기 전까지는 자신의 경험을 아주 친한 친구에게도 이야기한 적이 없었다. "수치스러운 이야기니까요."

그 결과 수많은 여성이 자신에게 문제가 있고, 스스로를 표현하거나 의사소통하는 능력에 뭔가 문제가 있어서 의사가 자신의 말을 의심한다고 생각한다. 하지만 이는 여성이 자신의 경험을 이야기하기 전까지의 일이다. 이야기를 나누다 보면 다른 많은 여성들도 놀라울 정도로 비슷한 일을 겪는다는 사실을 갑자기 깨닫게 된다. 케이티는 '나만 그런 줄 알았어요'라는 내용의 이메일을 항상 받고 있다고 말한다.

약물 중독자라니오?

○

몇 년 후, 재키는 마침내 정확한 진단을 받았다. 부유한 백인 여성인 대학 친구가 재키에게 교외 부촌에 있는 최고의 의사인 자신의 주치의를 권했기 때문이다. 여전히 암암리에 인종에 따라 어디에서 진료받는지가 나눠지는 디트로이트의 중산층 흑인 가정에서 태어난 재키는 그렇게 훌륭한 진료를 받아본 적이 없었다. "의사는 내가 하는 말을 주의 깊게 듣고, 건네준 기록을 모두 살피면서 한 시간을 나와 함께 있었어요. 그런 일은 처음이었어요. 그러니까, 아주 철두철미한 사람이었어요. 책에 있는 검사도 모두 했어요." 의사는 곧 자궁내막증이라고 재키의 병명을 진단했다. 수술을 받자 재키의 골반통도 상당히 완화되었다.

그러나 수년 동안 재키를 괴롭힌 다른 문제들은 계속되었고 점차 악화되었다. 대학원을 다니려고 다른 도시로 이사 간 재키는 자신의 증상을 진지하게 받아주는 새로운 의사를 찾는 데 또 몇 년을 보내야했다. 그 과정에서 '당신은 그저 히스테리일 뿐이다'라는 말을 끊임없이 들었다고 재키는 회상했다. "가장 흔하게 들은 말, 특히 응급실에서 들은 말은 '약물 중독자'라는 말이었죠. '우울증이거나 정신이상'이라는 말보다 오히려 '약물 중독자'라는 말을 더 많이 들었어요."

○

대부분의 미국 여성이 경험한 것처럼, 재키가 겪은 일도 젠더에 대한 단일한 편견으로 좌우되지는 않았다. '암묵적인' 편견이 성별, 인종이나 민족, 계급, 체중과 같은 여러 요인에 따라 의학적 치료에서 어떻게 격차를 만드는지를 탐구하는 연구가 점점 많아지고 있다.[44] 이때 '암묵적인' 편견은 무의식적인 편견으로 대개 의식적인 편견과는 연관되지 않는다. "우리는 의사가 우리를 그저 환자로만 관찰하고, 모두를 동등하게 치료한다고 생각하고 싶다. 하지만 현실은 그렇지 않다. 의사의 편견은 진료실을 지배하고 있다."라고 흑인여성건강연합의 대표인 린다 블런트Linda Blount는 말했다.

미국에서 유색인종, 특히 흑인 환자가 통증 치료를 제대로 받지 못한다는 사실을 보여주는 증거는 넘쳐난다. 20년간 발표된 논문을 2012년에 메타 분석한 결과, 모든 연구 결과에서 흑인은 백인보다 통증 치료를 22%나 적게 받았고, 마약성 진통제 처방도 29% 적게 받았다.[45] 라틴계 환자도 역시 마약성 진통제 처방을 백인보다 22% 적게 받았다. 젠더 불평등이 나타나는 사례들과 마찬가지로 인종이나 민족의 불평등에 따른 사례도 대개 '통증의 원인을 즉시 입증할 수 없을 때' 나타났다. 그러나 흑인 환자는 외상성 손상이나 수술 후에도 마약성 진통제 처방을 받기가 힘들었다. 논문의 저자들은 이러한 불평등은 "시간의 변화나 정책적 개입에도 좁혀지지 않은 것으로 나타난다"라고 경고했다.

전문가들은 이러한 불평등을 설명하면서 '흑인 환자는 처방받는 진통제를 남용할 가능성이 더 크다'는 의료진에게 널리 퍼져 있는 고정관념을 지목한다. 재키의 사례는 분명히 이러한 문제의 일부로 보인다. 재키는 종종 약물 중독이라는 직접적인 의혹의 눈길을 받았다. 이러한 고정관념이 진실에 근거했다고 해도 치료에서의 차별이 정당화될 수 있는 것은 아닌데, 심지어 이 고정관념은 완전한 거짓에 기반한다. 백인 미국인이야말로 처방약을 남용하는 비율이 가장 높으며, 약물 과다복용으로 사망할 가능성도 가장 크고, 그런 이유로 불법 약물을 복용하는 비율도 유색인종과 같거나 더 높다. 인종에 따른 통증치료의 차별이 어린이까지 확대되어 있다는 사실은 여기에 작용하는 것이 약물중독에 대한 편견만은 아님을 보여준다. 2015년 논문에서는 충수염에 걸린 백인 어린이가 흑인 어린이보다 응급실에서 마약성 진통제를 세 배나 많이 처방받았다고 밝혔다.[46]

2016년 〈미국국립과학원회보〉에 발표된 논문은 의료진이 흑인 환자가 실제로는 통증을 크게 느끼지 않으리라 생각해서 흑인 환자의 통증을 저평가한다고 시사했다.[47] 이런 생각은 옛날 노예 시대까지 거슬러 올라간다. 저자들은 흑인이 생물학적으로 백인과 다르다는 주장을 수세기 동안 "과학자, 의사, 노예 소유주가 모두 함께 옹호했고, 이는 노예제도를 정당화하고 의학 연구에서 흑인 남성과 여성을 비인간적인 실험 대상으로 삼기 위해서였다."라고 말한다. 흑인은 두개골이 더 두껍고 신경계가 둔감하며, 고통을 거의 느끼지 않고 외과수술을 견디는 초인적인 능력이 있다고 생각했다.

연구의 첫 단계에서 연구진은 200명이 넘는 백인 의대생과 수련의에게 백인 환자와 흑인 환자의 차이를 서술한 내용에 대해 진실 혹은 거짓으로 답하도록 질문했다. 몇 가지 항목은 진실이고, 몇 가지 항목(예를 들어, 흑인의 피부는 백인보다 두껍다 또는 흑인의 신경은 백인보다 둔감하다)은 거짓이었다. 조사 결과, 응답자의 절반 이상이 하나 이상의 거짓 명제를 진실이라고 생각하고 있었는데, 대부분은 '본질적으로 터무니없는 것들'에 대해 어쩌면, 아마도, 혹은 명확하게 진실이라고 생각했다. 특히 그 중 상당수는 실제로 진실인 명제가 진실이라는 데에 동의하지 않았다. 수련의의 절반만이 흑인 환자보다 백인 환자가 심장질환을 앓을 확률이 낮다는 사실을 알고 있었다. 통증을 호소하는 흑인 환자와 백인 환자에 대한 사례 연구를 읽었을 때, 더 많은 거짓 명제를 믿는 응답자는 '흑인 환자는 통증을 덜 느낀다'고 믿고 그에 따라 치료를 줄였다.

대학원에 다니던 재키는 휴학했다. 고열에 시달리며 여러 달 아팠는데 의사가 항생제를 잔뜩 처방해도 열이 떨어지지 않았다. "유색인종이었던 여성인 일차 진료의가 내 말을 믿어주었어요. 그녀는 내 의료기록을 모두 정리해서 집까지 들고 가서 퍼즐을 맞추듯 내 병명을 알아내려고 애썼죠."

그녀는 재키가 루푸스일지도 모른다고 생각했고, 검사 결과두 같았다. 루푸스 환자의 90%가 여성이며, 흑인 여성이 백인 여성보다 3배가량 유병률이 높다. 또 흑인 여성일 경우, 더 어린 나이에 발병하고 치명적인 합병증이 더 많이 나타나는 경향을 보인다.[48] 10년이 지나서야 재키는 자신의 모든 증상을 설명해주는 진단을 받았다. 재키는 자신의 전쟁이 드디어 끝났다고 생각했다.

○

불만에 찬 환자 vs 객관적인 사실

사실, 많은 여성 환자에게 진단명을 찾는 길고 힘든 탐색 여정은 흔한 레퍼토리다. 재키처럼 많은 여성 환자가 마침내 진단을 받으면, 그것이 어떤 진단이든지 엄청난 안도감을 느낀다. 왜 아픈지도 모른 채 병을 앓는 일은 고통스럽다. 왜 아픈지도 모른 채 병을 앓고 있는데 '아무 이상 없다'라는 말까지 들으면 고통은 가중된다. 그렇지만 자가면역질환 같은 만성질환을 앓는 여성은 자신의 증상에 대한 자신의 이야기가 계속해서 불신되는 것을 알게 될 것이다. 메건 오록Meghan O'Rourke은 2013년 〈뉴요커〉 기사에 자가면역 갑상샘 질환을 앓는 자신의 경험을 기록했는데,[49] 심지어 진단을 받은 후에도 "자신이 미친 건 아닐까 걱정하는 일은 많은 자가면역질환 환자들의 삶의 일부다."라고 서술했다.

어떤 환자들은 그들의 질병에 대해 전혀 모르는 의사들과 마주친다. 자가면역질환을 앓는 사람은 또 다른 자가면역질환이 생길 위험이 더 높기 때문에, 그리고 이는 단절된 의료체계 안에서 제대로 다뤄지기 어려운 상황이기 때문에, 일부 자가면역질환 환자들은 그들이 진단을 받았음에도 불구하고, 더 긴 진단 여정을 앞두고 있는 것이다. 또 다른 환자들은 평생에 걸쳐 재발과 완화를 반복하는 질병을 관리하는 과정에서 의료체계가 객관적인 검사에 지나치게 의존하기 때문에 이후 진단이 집요하게 계속된다는 것을 알게 된다. 예를 들어, 교과서적인 루푸스 증상을 보였던 래드는 스물세 살이던 수십 년 전에 루푸스라는 진단을 받았다. "그런데도 때때로 검사 결과가 음성으로 나오면 류머티즘 전문의는 진단을 의심한다."

갑상샘 질환의 진단과 치료의 충돌은 의료계가 객관적인 검사 결과에 얼마나 융통성 없이 매달리는지 보여주는 좋은 사례다. 또한 여성의 증상과 객관적인 검사 결과가 충돌할 때 의료계가 여성의 증상을 마음 탓으로 돌리는 현상도 확실하게 보여준다.

갑상샘은 목에 있는 작은 나비 모양의 내분비샘으로 신진대사를 조절하는 호르몬을 만든다. 미국 갑상샘협회는 미국인 2천만 명이 어떤 형태로든 갑상샘 질환을 앓고 있으며, 이 중 60%가 진단을 받지 못한 것으로 추정한다.[50] 갑상샘 증상은 남성보다 여성에게 5~8배 더 흔하다. 여성이 평생 동안 갑상샘 질환을 앓을 확률은 8명 중 1명이다.[51]

가장 대표적인 갑상샘 장애는 갑상샘 기능저하증으로 갑상샘호르몬의 생산량이 줄어든다. 대부분의 경우, 근본 요인은 자가면역질환인 하시모토병이다. 이와 반대로 갑상샘 기능항진증은 다른 자가면역질환인 그레이브스병 때문에 발생하는데, 갑상샘이 과하게 활성화되어 몸이 필요로 하는 것보다 더 많은 호르몬을 분비한다.

갑상샘 기능저하증의 증상은 피로감, 우울증, 추위에 민감, 체중 증가, 관절통과 근육통, 심박 수 감소, 변비, 피부아 머리카락 긴조증 등이다. 갑상샘 기능항진증의 증상은 이와 정반대다. 불안, 과민성, 열에 민감, 체중 감소, 심박 수 증가, 수전증, 수면 장애, 피부가 얇아짐, 머리카락이 갈라짐 등이 있다. 증상이 서서히 나타나고 우울증은 하시모토병, 불안은 그레이브스병의 특징이기 때문에 누군가가 갑상샘을 들여다볼 생각을 할 때까지 오진으로 인해 항우울제나 항불안제를 수년 동안 처방받는 여성이 많다. 한편 산후 갑상샘 질환은 종종 산후 우울증으로 오진되며, 고령의 환자의 경우 갑상샘 질환이 폐경이나 치매로 오해되기도 한다.

주류 의학이 갑상샘 건강을 평가하기 위해 단일한 검사 결과에 의존하는 지점에서 환자와 내분비 전문의는 대립한다. 갑상샘자극호르몬(TSH)은 뇌하수체에서 생산되며 갑상샘에 갑상샘호르몬을 얼마나 생산할지를 알려준다. 갑상샘자극호르몬 농도가 높으면 갑상샘 기능저하증이고, 갑상샘자극호르몬 농도가 낮으면 갑상샘 기능항진증이다. 갑상샘이 잘 기능하고 있는지를 더 잘 알려줄 다른 검사법으로 갑상샘이 생산하는 호르몬인 유리티록신(T4)과 유리트리요오드티로닌(T3) 검사, 하시모토병과 그레이브스병 증상인 자가항체 검사가 있지만, 많은 의사가 갑상샘자극호르몬 검사에만 전적으로 의존한다. 만약 갑상샘자극호르몬이 '정상' 범위이면 환자가 갑상샘 기능저하 혹은 갑상샘 기능항진 증상이 있어도, 자가항체 검사가 자가면역질환을 나타내도 진단되지 않을 수 있다.

그러나 갑상샘자극호르몬의 정상 농도는 쟁점이 되어왔다. 갑상샘자극호르몬 농도는 0.5~5.0mIU/ l 가 정상이라고 생각했던 때도 있었다. 0.5mIU/ l 이하는 갑상샘 기능항진증, 5~10mIU/ l 사이면 경도 갑상샘 기능저하증, 10mIU/ l 이상이면 명확한 갑상샘 기능저하증이라고 보았다. 하지만 2000년대 초에 발표된 논문은 갑상샘 문제가 없는 건강한 사람은 대부분 더 좁은 범위로 수렴된다는 사실을 밝혀냈다. 미국 임상내분비전문의협회 같은 전문가 단체는 "갑상샘자극호르몬 농도 0.3~3.0mIU/ l 를 벗어나는 환자는 모두 치료"해야 한다고 전문의들에게 촉구했다.[52] 이는 많은 환자들이 수년 동안 말해온 이야기와 일치한다. 일단 진단을 받으면, 갑상샘 기능저하증 환자는 T4 보충제로 기능이 떨어진 갑상샘이 생산하지 못하는 호르몬을 대체하는 치료를 받는다. 그리고 많은 환자들은 갑상샘자극호르몬 농도가 '정상' 범위로 돌아왔을 때에도 증상이 계속되었다고 보고했다.

그러나 새로운 기준안은 큰 논란을 일으켰고, 아직도 그 논쟁은 해결되지 않았다.[53] 대부분 연구실에서는 예전 기준인 0.5~5.0mIU/ l 를 고수했다. 일부 의사들은 권고안을 채택했고, 다른 의사들은 이를 거부했다. 어떤 의사는 갑상샘자극호르몬 농도가 3을 넘으면 갑상샘 기능저하증으로 진단하고 치료하는데, 다른 의사는 5를 넘어가기 전까지는 괜찮다고 말했고, 또 다른 의사는 5~10mIU/ l 인 경도 갑상샘 기능저하증을 치료하는 것을 과잉진료로 보기도 했다. 이와 동시에 대부분의 의사들은 임신한 여성이나 임신을 계획 중인 여성에 대해서는 더 낮은 정상범위를 적용하는 것을 받아들였다. 이는 많은 의사들이 피로감, 우울증, 체중 증가, 관절통과 싸우고 있는 잠재적 갑상샘기능저하증 여성에게 아무 이상이 없다고 말하겠지만, 만약 그녀가 임신을 시도하거나 실패하는 경우라면 하룻밤 사이에 치료받을 자격이 생기는 것을 의미한다. 사라 고트프리트Sara Gottfried 박사는 "이것이 암시하는 바는 이렇다. 만약 임신하지 않겠다면 그저 구경만 하고 앉아서 갑상샘 저하증으로 고통받아라. 필라테스 수업을 듣고 저게 먹어라. 하지만 당신이 임신하겠다면 우리는 치료해주겠다."라는 것이라고 썼다.[54]

물론 전문가들이 기준 범위에 동의하지 않는 일은 의료계에서 흔하다. 정상과 비정상을 판단하는 갑상샘자극호르몬 농도는 실제로는 연속적인 스펙트럼에 이분법을 적용하는 것이기 때문에 어려움이 따른다. 기준 범위가 어떻든 간에 예외로 남는 사람은 항상 존재할 것이다. (사실 일부 전문가는 사람마다 자신의 독특한 갑상샘호르몬 농도 기준이 있다고 생각하기도 한다.) 그래서 많은 통합의학자들은 갑상샘 질환을 진단하는 것은 실험실 과학이라기보다는 임상 예술이 되어야 한다고 주장하며, 갑상샘자극호르몬 농도뿐만 아니라 자가항체 검사를 포함한 다양한 갑상샘 검사 결과와 가장 중요하게는 환자의 증상을 함께 고려해야 한다고 본다. 이는 당연히 증상에 대한 환자의 이야기를 듣고, 믿는 것이 요구된다.

그리고 여기서부터 문제가 생기기 시작한다. 2006년 영국 내분비 전문의 앤서니 위트먼Anthony Weetman 박사는 학술지 〈임상내분비학(Clinical Endocrinology)〉에 '누구를 위한 갑상샘 호르몬 대체인가?'라는 제목의 글을 써서 환자들의 공분을 샀다.[55] 위트먼은 "갑상샘 기능이 정상이라는 검사 결과에도 불구하고 자신이 갑상샘 기능저하증이라 믿는 환자들이 불만을 품어서 내분비 전문의들이 압박에 시달리고 있다. 갑상샘 기능 검사가 정상인데도 다양한 증상을 이유로 갑상샘 호르몬 치료를 요구하는 환자들 대부분은 기능성 신체화증후군 환자다."라고 결론 내렸다. "포스트모던 시대의 의학은 과학의 특징인 객관적인 사실을 훼손하고, 진실은 다양한 의미를 지닌다는 관점으로 과학의 확실성을 대체"하고 있다며, 의료계가 "갑상샘 기능저하증 진단의 생화학적 근거를 강력하게 고수"할 것을 촉구했다.

저명한 갑상샘 환자의 대변자인 마리 쇼몬Mary Shomon은 전문가들 사이에서 '정상적인' 갑상샘 검사에 대해 아직 합의되지 않은 상태를 고려할 때 '객관적 사실'의 강력한 고수라는 구절은 놀랍다고 지적했다. 갑상샘자극호르몬의 정상 범위는 얼마일까? 10 이하? 5 이하? 3 이하? 위트먼은 자신이 생각하는 정상 범위에 대해서는 한마디도 하지 않았다. 그저 '불만을 품은 환자의 관점'이 정상 범위를 결정하는 데 개입하면 안 된다고 했을 뿐이다. 쇼몬은 "우리가 명백한 갑상샘 증상을 가지고 있지만, 그럼에도 불구하고 분명하게 합의되지 않은 이러한 애매한 범주에 해당한다면, 의사들 중 일부는 기꺼이 우리를 자발적으로 진단하고 치료해줄 것이다. 하지만 어떤 의사들은 위트먼과 똑같이 우리가 신체화증후군을 앓고 있다고 자신 있게 주장하면서 정신과로 보낼 것"이라고 내분비 전문의들에게 보내는 공개편지에서 말했다.[56] "이런 중요한 주제에 대해 의사들이 아무런 합의도 이루지 못했다는 점을 인지할 때, 갑상샘 환자들이 할 수 있는 가장 합당한 일은 질문하고, 해답을 찾아다니고, 때로는 치료를 해달라고 압박할 수밖에 없다. 의사들이 '정상 검사 결과'가 무엇인지 합의하지도 못하면서, 이 모든 것을 '정상 검사 결과'에 해당하는 환자들이 정신적 문제로 앓고 있는 것이라 주장하는가? 글쎄, 내 생각에는 이런 주장이야말로 대부분의 환자들에게는 정신 나간 소리로 들릴 것 같다."

| 피로감을 소리로 나타낼 수 있다면

질병의 객관적인 측정에만 초점을 맞추는 것은, 자가면역질환 환자의 삶의 질에 가장 큰 영향을 미치는 증상은 측정할 수 없게 해서 특히 문제가 된다. 나카자와는 대부분의 환자가 겪는 '견딜 수 없는, 인생을 바꿔 놓는 탈진'에 대해 기록했다. "미국에서 자가면역질환을 앓는 2,350만 명의 환자가 겪는 피로감을 소리로 나타낼 수 있다면, 17년 만에 세상에 나온 매미 울음소리보다 더 큰, 미국 전역에 울리는 아우성으로 귀가 먹먹해질 것이다."[57]

미국자가면역질환협회가 최근 자가면역질환 환자 7,800명 이상을 대상으로 조사한 결과를 보면, 환자의 90%가 피로감은 '중요한 문제'라고 대답했고, 60%는 '아마도 자가면역질환에 걸렸을 때 가장 쇠약하게 하는 증상'이라고 답했다.[58] "직장을 그만둬야 하고, 장애를 겪고, 가족 갈등의 가장 큰 원인이 바로 피로감이다. 하지만 의사는 피로감을 대수롭지 않게 여긴다. 의사는 당신이 말하는 것을 듣지만 피로감의 깊이도, 당신이 탈진하는 것도 이해하지 못한다."라고 래드는 말한다. 응답자의 90%가 의사와 피로감에 대해 상담했다고 대답했지만, 40%만이 의사가 피로에 대한 치료 방법을 제안했다고 했다. 조사에

응한 한 환자는 "피로감은 눈으로 볼 수 없어서 다른 사람이 이해하기 힘들어요. 다른 사람에게 내가 얼마나 피곤한지 정말, 제대로 설명하기가 너무나 어렵죠. 의사도 이해하지 못해요. 누군가는 의심하죠. 의사조차도 환자 대부분을 그저 정신과 문제를 안고 있거나 투덜거리는 사람으로 여기지 않을까 생각해요."라고 말했다.

나는 이 조사 결과를 보면서 이토록 거대한 대가를 치러야 하는 자가면역질환이 유행하는데 왜 관심을 받지 못하는지 궁금했다. 게다가 대가를 치러야 하는 것은 환자뿐만이 아니다. 자가면역질환의 유병률, 이 질환이 보통 환자가 젊거나 중년일 때 발병한다는 사실, 이 질환으로 사망하지는 않는다는 점을 감안할 때, 자가면역질환으로 의료체계가 치러야 할 대가는 놀라울 정도로 크다. 십 년 전, 국립보건원은 직접 의료비로 약 112조 4,500억 원을 투입했다고 추정했다. 하지만 아직도 자가면역질환은 의료코드가 부여되지 않은 질병이 많기 때문에 비용 분석을 할 자료조차 입수할 수 없다고 래드는 설명한다. 물론 이 비용은 환자 자신이 부담하는 인적 비용은 말할 것도 없고, 환자의 가족, 더 크게는 사회가 치러야 할 비용이다. 자가면역질환은 주로 젊은 여성에게, 대개 삼십 대가 되기 전에 발병해서 평생 동안 영향을 미친다. 대부분의 환자는 만성적인 장애를 갖게 된다. "그런데도 관심이 없는 이유는 자가면역질환으로 사망하는 일이 없기 때문이다. 하지만 사람들은 오랜 세월 병을 앓으면서 살아야 한다. 그리고 이것은 삶의 질을 파괴한다."라고 래드는 말했다.

하지만 다른 점이 정말 그것뿐일까? 확실히 의료계가 만성질환보다 목숨을 위협하는 질병을 우선시한다는 것에는 의문의 여지가 없다. 이는 어떤 질병이 가장 많은 연구 자금을 끌어 가는지에서부터 어떤 전문 분야가 가장 많은 급료와 명성을 얻는지까지 모든 것을 반영한다. 최근 몇 년간 의료계의 관심이 질병 발생률이 아니라 사망률에 초점을 맞추고, 건강을 향상시키는 것보다는 죽음을 예방하는 데만 집중하는 것에 대해 주요한 비평이 공개적으로 비난했다. 외과의이자 작가인 아툴 가완디Atul Gawande 박사는, 죽음을 직면한 환자를 돌볼 때 의료체계가 삶의 질을 파괴하는 대가를 치르더라도 생명을 미미하게나마 연장하려 한다고 비판했다. 의료계는 '죽어가는 환자가 삶의 끝에서 가상 숭요한 것을 성취하도록 돕는 데 완전히 실패'했다는 것이다.[59] 한편, 상황이 심각하게 안 좋아진 환자를 살려내는 수술이나 공격적인 항암화학요법 등의 영웅적인 개입에만 보상이 주어지는 시스템은 화려하지 않은 만성질환의 효과적인 관리에 투자하는 일은 방치한다. "만성질환은 흔합니다. 우리는 이 흔한 질병을 해결할 준비가 되어 있지 않죠."라고 가완디는 말했다.[60]

이러한 비판을 하면서도, 쇠약을 가져오지만 직접적으로 치명적이지 않은 질병이 상대적으로 간과되는 상황은 종종 어쩔 수 없다고 느끼기도 한다. 어느 정도는 그럴 수 있을 것이다. 죽음에 대한 두려움이 깊어서, 사람들은 자가 면역질환보다는 암에 걸리는 쪽을 더 두려워한다. 나 역시 국내의 주요 사망 요인 중 하나로 사랑하는 사람을 너무 일찍 잃었으니, 생명을 위협하는 질병에 관심과 자금이 쏟아지는 상황을 못마땅해 할 수는 없다. 그러나 미국인 5천만 명의 삶의 황금기에 발병해서 치료할 수 없는 질병으로 평생 안고 가야 하는, 환자가 돈을 벌고 가족을 부양하며 행복하고 충만한 삶을 사는 일을 방해하는 자가면역질환이라는 유행병이 비가시화되어서는 안 된다고 생각한다.

자가면역질환의 범람이 대부분 남성에게 영향을 미쳤더라면 더 긴급한 사안으로 치료되었을까? 대중적 인식이 더 커지고, 정치인이 우리 세대 안에 자가면역질환을 치료하고 최첨단 연구와 치료 센터에 투자하겠다고 약속했을까? 알 수 있는 방법은 없지만, 이는 어느 정도 일리가 있다. 여성처럼 대부분의 남성에게 영향을 미치는 자가면역질환은 없다. 환자를 사망하게 하지는 않지만 삶의 질을 파괴하고, 유병률이 남성에게서 두 배나 높게 발생하는 질병은 없다. 뒷장에서 설명할 만성통증과 경합하는 질병에 더해, 만성질환의 유행은 여성에게만 불균형적으로 영향을 미치면서 더 팽창하고 있다. 정신신체화 혐의를 받았던 이런 질병들은 자가면역질환보다도 더 관심을 받지 못하며 연구 자금도 더 적게 배정받는다.

눈에 보이지 않는 피로와 통증을 동반한 만성질환은 대체로 여성의 몫으로 나타난다. 이제는 여성에게 주로 일어난다는 이유로 환자의 호소를 고통이 아니라 징징거림으로 받아들이는 의료체계의 상대적인 방임에 대해서 생각해야 할 때다.

○

일단 타당하고 진지한 진단명이 내려지자, 재키는 더 이상 약물 중독자로 몰리지 않았다. "지금까지의 일은 진단명이 없어서 일어난 일이라고 믿게 되었어요. 그것이 무엇이든 간에 일단 진단을 받자, 의료진은 나를 받아들이고 약물중독이라고 비난하지 않았죠. 나는 정말로 질병을 앓았으니까요." 자신의 젠더와 인종 때문에 수년 동안 의료진에게서 치료를 무시당했다는 사실은 생각나지 않았다. 몇 년 동안 재키는 아무 일 없었고, 유명한 류머티즘 전문의가 재키의 건강을 돌보았다. "나도 깨닫지 못했지만, 나는 일종의 거품 속에 있었던 거예요."

하지만 재키는 그곳을 떠나 남쪽으로 이사했다. 재키의 관절 통증은 절뚝거리는 정노가 되었고, 이제는 가슴 통증에 시달리기 시작했다. 루푸스 환자의 가슴 통증은 종종 심낭염이 원인이다. 심낭염은 심장을 둘러싼 막으로 이루어진 주머니에 생기는 염증 반응으로, 생명을 위협하지는 않지만 반드시 확인하고 치료해야 한다. 시산이 지나면 심낭염이 일으킨 만성 염증이 관상동맥질환 위험을 높일 수 있다. 루푸스 환자는 다른 사람보다 심장마비를 일으킬 확률이 50배나 더 높다. 즉, 누구도 가슴 통증을 방치하면 안 되지만, 루푸스 환자들은 절대로 안 된다.

그러나 재키는 그녀가 루푸스에 걸렸다는 사실을 응급실 직원이 종종 믿지 않는다는 사실을 알게 됐다. 응급실 직원은 거의 자동으로 젊은 흑인 여성은 약물중독일 거라고 생각해버렸다. "때로는 응급실에 들어가는 일조차 힘들었어요." 심전도 검사에서 심장마비가 나타나지 않으면 재키는 치료받지 못하고 돌려보내졌다. "아니오, 나는 루푸스라고 진단받았어요. 내 류머티즘 전문의와 1차 의료 주치의에게 전화해보세요. 여기, 의사들의 명함이 있잖아요. 이 병원에 다닌다고요. 제발 내 말을 믿어주세요."라고 재키는 말했다. 마치 벽에 대고 말하는 느낌이었다. 처음 병원에서 쫓겨난 재키는 마침내 다른 병원에 갔다. "심낭염이 있었고, 3일간 입원해야 했어요." 이런 일은 계속, 계속, 계속 반복되었다.

지난 5년 동안 건강이 악화하면서 재키는 버지니아주와 뉴욕시의 병원들을 들락날락했다. 재키는 치료를 거부당하는 끔찍한 경험을 한 후로, 지금은 자신의 전문의와 주치의가 미리 응급실에 전화해서 재키를 입원시키고 치료하라고 연락해두기 전에는 응급실에 가지 않는다. 입원했는데도 통증 치료를 적절히 해주지 않는 때도 있었다. "열에 아홉 번은 의사들이 두려웠어요. 그 직종에 종사하는 많은 사람들을 알고 좋아하는데도 불구하고요." 재키는 의료진의 편견 어린 시선을 피하는 방법을 생각해보기도 했지만, 지금은 그러지 않는다. "얼마나 조리 있게 말하는지, 점잖게 행동하는지, 어떻게 차려 입었는지, 얼마나 자제력 있게 구는지 다 상관없어요. 울어도 소용없죠. 히스테리에 걸린 여자나 히스테릭한 약물 중독자라고 생각하는 순간, 의사가 나를 제대로 치료하게 만들 방법 같은 건 없어요."

의료진이 재키의 이야기를 믿게 하는 데 가장 큰 장애물은 인종차별적인 약물 중독자라는 고정관념이었다. 그렇다고 해서 재키가 모든 여성이 빠지게 되는 이중구속에 영향을 받지 않았다는 것도 아니다. "병원에 갈 때면 의료진이 늘 나를 약물 중독자라고 생각하는 것이 가장 위험하다는 사실을 알아요. 울거나 눈에 띌 정도로 아파하면 의료진이 무시할 거예요. 보통은 그래요. 왜냐하면 그 순간 나는 히스테릭한 약물 중독자로 보일 테니까요." 반대로 재키가 성공적으로 자제력을 보였을 때는 '정말 그렇게 아프다면 누워 있어야 하는 것 아니냐'며, 그녀가 거짓말을 한다고 했다.

단 한 가지만 통했다. 위장의 염증으로 가장 최근에 병원에 입원했을 때, 재키는 두 시간마다 통증 관리를 받아야 했지만 간호사는 진통제를 놔주지 않았다. 신물이 난 재키는 화를 내며 의사를 불러 치료를 요구했고, 자신이 교수라는 사실을 우연히 언급했다. "갑자기 불이 꺼지는 느낌이었어요." 명백하게 그 순간 이후, 재키는 다른 종류의 흑인 여성으로 대접받았다. "의료진은 내가 노숙자나 극빈층이거나 거리에서 떠돌면서 끼니를 때우고 약물을 구하는 사람이라고 생각했어요. 내가 이학박사라고 말하기 전까지 나는 치료할 가치가 없는 사람이었죠. 그런데 그 말을 하자마자 갑자기 통증 치료도 해주고, 영상의학과 검사도 하고, CAT 스캔도 받았어요." 자신과 가난한 흑인 여성이 다르다고 내세우는 일은 재키의 정치적 신념과는 정반대의 일이었지만, 부모님의 주장에 따라 재키는 병원 진료를 보러 갈 때마다 자신의 이학박사 명함을 이용하기 시작했다. 지금은 여기에 더해, 병원에 가기 전에 다른 작업을 하나 더 한다. 서류에 기재된 자신의 이름에 '박사'라는 단어를 붙이는 일이다.

트라우마가 남을 만한 경험에도 불구하고 재키는 변화가 일어날 수 있다고 낙관한다. "의사들 모두 편견에 대해 배워야 합니다. 특히 여성과 소수자를 대할 일이 많은 의사라면 말이죠. 젊은 의사들이 의과대학에 입학한 첫날에 그들이 히스테릭한 여성에 대해 가지고 있는 억측들에 대해 생각하도록 훈련받는다면, 변화가 일어날 수 있다고 믿어요."

○

쓰레기통 밖으로

현대 신경의학의 창시자인 샤르코가 히스테리에서 다발성경화증을 분리해낸 지 백 년 이상이 지난 뒤에도, 자가면역질환은 여전히 '의학적으로 설명할 수 없는'이라는 쓰레기통 속에서 끄집어내지는 중이다. 최근 수십 년 사이에 자가면역질환 범주로 옮겨진 일부 질병은 오랫동안 알려진 질병으로, 자가면역 기전이 그 질병의 토대임이 밝혀진 것이다. 하지만 새로 승인된 일부 자가면역질환은 완전히 새롭게 밝혀진 질병이다. 더 경미하고 미묘한 질병만이 21세기까지도 인식되거나 설명되지 않고 남아 있었으리라고 추측하기 쉽지만, 지난 십 년 동안 발견한 다양한 유형의 자가면역 신경질환은 그러한 추측이 전혀 사실이 아니라는 것을 보여준다.

펜실베이니아대학교 신경과 전문의 조셉 달마우Josep Dalmau 박사는 2002년 집중치료실에 입원한 젊은 여성 헤일 마리를 진료했다. 환자는 몇 달 전 입원할 때 환각을 봤으며 이제는 말하거나 스스로 숨도 쉬지 못하는 상태였다. 엄청난 비용을 들여 검사를 했음에도 의사들은 환자의 난소에서 양성 종양인 작은 기형종과 척수액에서 염증 반응의 징후를 포착했을 뿐이었다.[61] 헤일 마리는 달마우 박사에게 넘겨졌고, 약물로 그녀의 면역계를 억제하자 기적처럼 회복되었다.

달마우 연구팀은 다른 유사 사례를 수집하기 시작했다. 난소에 테라토마가 있으며 빠른 인격 변화, 피해망상, 환각, 비정상적 움직임, 발작, 기억 손상, 결국에는 완전히 무반응 상태를 보이는 젊은 여성 환자를 찾았다. 연구자들에 따르면, 이런 환자의 증상은 종종 "초기에는 급성 정신병, 꾀병, 약물 남용으로 진단"받기 쉬웠다.[62] 달마우 연구팀은 환자의 혈액과 척수액을 검사해서 곧 범인을 찾았다. 뇌 단백질을 공격하는 자가항체였다. 2007년 논문에서 달마우 박사는 이 질병에 걸린 12명의 여성을 설명하고, 질병을 항-NMDA 수용체 뇌염이라고 이름 붙였다.[63] 이 병은 뇌에서 기억과 행동에 관여하는 뉴런 사이의 의사소통을 조절하는 NMDA 수용체가 자가면역성 공격을 받는 병이다.

항-NMDA 수용체 뇌염은 대개 젊은 성인과 어린이에게 일어나며, 다른 많은 자가면역질환처럼 환자의 80%는 여성이나 소녀들이다. 성인 여성의 절반가량은 난소에 테라토마가 있다. 테라토마는 뇌세포를 포함한 어떤 유형의 조직으로도 분화할 수 있는 종양이다. 이 질병은 면역계가 NMDA 수용기를 가진 종양세포를 공격하는 항체를 만들 때, 이 항체가 환자의 뇌세포와 교차 반응하면서 야기되는 것으로 추정된다.

수잔나 카할란Susannah Cahalan은 이 병에 걸렸던 자신의 끔찍한 경험을 《브레인 온 파이어Brain on Fire》에 풀어놓았다. 2009년 스물네 살의 〈뉴욕포스트〉 기자였던 그녀는 이상한 느낌을 받는다. 빈대에 대해 평소와는 다른 강박적인 두려움이 생겼던 것이다. 업무 중에 깜빡깜빡하는 일이 생겼다. 두통, 피로감, 구역질이 올라왔다. 카할란은 손발이 저리고 몸 왼쪽이 아려서 유명한 신경과 전문의를 찾아갔지만, 진단 검사와 MRI에서는 아무 이상도 발견되지 않았다. 하지만 곧 카할란은 불면의 밤을 보내야 했다. 그리고 책상에 앉아 있다가 갑자기 울음이 터지는가 하면, 불과 몇 분 뒤 행복감에 빠져드는 엄청난 감정기복을 겪어야 했다. 그러던 중 남자친구와 TV를 보다가 발작을 일으켰다. "미라처럼 팔이 갑자기 앞으로 쭉 뻗어지고, 눈은 뒤로 돌아가고, 몸이 뻣뻣해졌다. 숨쉬기가 너무 힘들었죠. 악다문 이 사이로 피와 거품이 쏟아져 나왔다."라고 카할란은 책에 썼다.[64]

카할란은 발작을 일으켰을 때를 기억하지 못한다. 그 순간 이후, 카할란은 그 다음 달에 있었던 몇 개의 일만을 기억했을 뿐이다. 책에 기록한 이야기는 의료 기록과 가족, 친구, 의사와의 면담 내용을 끌어

모은 것이다. 발작을 일으킨 후 병원에서 눈을 떴을 때, 카할란은 의사가 자신을 치료하리라고 믿었다. 이어진 열흘 동안, 카할란은 점점 더 변덕스러워지고 피해망상이 심해졌다. 두 번째 발작이 일어나자 카할란과 가족은 그녀의 신경과 전문의를 찾아갔다. 일반적인 신경과 진단검사, MRI, CT 스캔, 뇌전도 검사까지 마치고 나서 의사는 카할란이 알코올 금단 증상을 겪고 있다고 확신했다. 딸은 과음하지 않는다고 주장하는 어머니에게 의사는 인정하기 힘들겠지만 "파티에 가는 걸 금지하는 것으로 충분"하다고 말했다.

가족들은 뉴욕대학교 랑곤의료센터의 뇌전증 병동에 카할란을 입원시켰다. 그 후 2주 동안 카할란의 증세는 더 악화되었다. 발음이 불분명해졌고, 음식을 삼킬 수 없었으며, 프랑켄슈타인처럼 팔이 앞으로 뻗어졌다. 카할란의 정신병은 그녀가 거의 말을 할 수 없게 되는 긴장증 상태에 이르렀다. 하지만 모든 검사 결과는 정상이었고, 의사는 점차 분열정동성 장애(Schizoaffective disorders)를 고려하기 시작했다. 분열정동성 장애는 조현병과 기분장애의 특징이 함께 나타나는 질병이다. "내 가족은 뭐가 됐든 나를 믿어줄 사람이 필요했어요."라고 카할란은 썼다.

마침내 요추천자(수액을 채취하거나 약액을 주입하기 위해 요추에서 척수막 아래 공간에 긴 바늘을 찔러 넣는 일-편집자) 결과에서 백혈구 수치가 비정상적으로 높게 나왔고, 이는 그녀의 뇌에 염증이 있다는 것을 보여주었다. 병원 최고의 신경과 전문의로 별명이 '닥터 하우스'인 의사가 카할란의 의료진에 투입되었다. 그 의사는 부모님에게 카할린의 증상에 대해 묻고 기록했다. 두통, 독감 유사 증상, 손발 저림, 심박 수 증가 등 다른 의사는 묻지 않았던 것들이었다. 카할란의 뇌에 염증이 생겼다고 확신한 의사는 감염이 원인이 아니므로 자가면역 반응일 가능성이 높다고 보았다. 그는 달마우 사례 연구를 기억해냈고, 카할란의 혈액과 척수액을 달마우 의료진에 보내 항-NMDA수용기 항체검사를 의뢰했다. 카할란은 이 새로운 질병에 걸린 217번째 환자가 되었다. 진단이 내려지자 카할란은 '악명 높고 어려운 환자'에서 '병동에서 가장 흥미로운 환자'가 되었다.

카할란은 일주일 만에 퇴원했다, 회복 과정이 느리고 힘들었지만, 잘못된 면역계를 치료한 여섯 달 뒤에는 직장에 복귀했다. 치료를 받으면 항-NMDA 수용체 뇌염 환자는 80%가 회복한다. 이 병의 최악이 얼마나 지독한지 생각해보면 엄청난 일이다. 적절한 치료를 받아도 환자의 10%는 사망한다.[65] 카할란은 자신이 얼마나 행운아인지 잘 알고 있다. 그녀는 "내가 3년만 더 일찍 이 병에 걸렸더라면, 달마우 박사가 항체를 발견하기 전에 병에 걸렸더라면, 나는 지금 여기에 없을 것이다."라고 썼다.

사실 2007년 이전에 항-NMDA 수용체 뇌염에 걸린 몇 안 되는 환자의 운명은 모두 알려져 있다. 달마우 박사가 이 질병을 밝혀내면서 검사한 열두 명의 여성은 과거 기록을 통해 뒤늦게 진단한 경우다. 이중 카할란처럼 스물네 살이었던 한 여성은 불행히도 의학 문헌에 이 질병이 처음 나타나기 2년 전인 2005년에 걸렸다. 증상이 시작된 지 석 달 후에, 그녀의 증상을 되돌릴 수 없다고 생각한 가족은 생명유지 장치를 떼어달라고 요청했다.[66] 환자는 몇 시간 안에 사망했다. 나중에 이 여성의 척수액을 분석한 결과에는 바로 그 항체가 발견되었고, 부검 결과 난소에서 테라토마가 발견되었다.

지난 십 년간 자가면역성 신경질환 분야는 폭발적으로 증가했다.

항-NMDA 수용체 뇌염 외에도 다른 유형의 자가면역 뇌염 질병이 15종이나 발견되었고, 모두 뇌의 다른 단백질을 공격하는 항체가 생성되는 병이었다. 얼마나 많은 사람이 병에 걸렸는지는 알 수 없으며, 따라서 얼마나 많은 사람들이 여전히 오진되고 있는지도 알 수 없다. 사실 카할란은 2007년 이후에 병에 걸렸다는 사실과 함께, 항-NMDA 수용체 뇌염의 존재를 알고 있었던 뛰어난 의사를 만났다는 점에서도 운이 좋았다. 카할란을 담당했던 닥터 하우스는 2009년 자가면역 뇌염에 걸린 환자의 90%가 제대로 진단받지 못했으리라고 추정했다.[67] 달마우 연구팀만 해도 5년 동안 500명의 환자를 찾아냈으며, 자가면역 뇌염 사례의 수가 빠르게 증가하고 있다고 두 전문가는 지적하면서, "이 질병은 희귀질환이 아니라 오히려 희귀진단의 사례"라고 말했다.[68]

이는 설명할 수 없는 모든 여성 질병을 심인성이라는 잡동사니 범주에 쓸어 담은 의학사에서 상당히 일관성 있는 결과로 보인다. 다발성경화증의 역사가 명확히 보여주듯이, 일단 질병을 잡동사니 주머니에서 꺼내면 처음에는 아주 희귀한 질병인 것 같지만, 의학계에서 새로운 질병에 대한 인식이 높아지면서 질병의 사례는 정체기에 이를 때까지 계속 증가한다. 다행스럽게도 이 과정은 21세기에 들어서 속도가 약간 빨라졌다. 하지만 달마우 연구팀이 쓴 것처럼, 시간과 더 많은 연구 결과만이 "현재 정신질환으로 진단하는 질병이 사실은 정의할 수 있고, 치료할 수 있는 자가면역 증후군"이라는 사실을 말해줄 것이다.[69]

'악마에 씌었다' 같이, 역사적으로 히스테리를 묘사해온 극적인 장면들은 항-NMDA 수용체 뇌염에 대한 의학 논문에서도 찾을 수 있다. '히스테리의 사례'가 논문의 제목이지만 그것의 핵심은 '히스테리가 아니다'라는 것이다.[70, 71] 영국 정신과 의사 토머스 폴락Thomas A. Pollak은 2013년 〈영국의학저널〉에 발표한 논문에서 히스테리 사례 중 일부는 난소에 생긴 테라토마로 일어난 항-NMDA 수용기 뇌염이었을 가능성이 있다고 했다.[72] 그렇다면 1800년대 후반 초기 부인과 의사들이 난소 절제술로 치료에 성공했다고 주장한 사례를 설명할 수 있다. 아마 난소와 함께 테라토마를 제거하면서 자가면역 반응이 인인을 제거했을 것이다. 아이러니하게도 생식기관을 여성 질병의 근원으로 여긴 의사의 성차별적 관점이 수많은 질병 중 하나를 우연히 치료했을 수도 있다.

물론 이런 우연한 성공이 지금까지도 남아 있는 히스테리라는 유산이 남긴 거대한 해악을 보상해주진 않는다. "역사는 히스테리에 대한 역사적 논의에 집요하게 달라붙었던 남성우월적인 편견을 용서해서는 안 된다. 이 편견은 아직도 '기능적'이라는 수식과 의학적으로 설명할 수 없는 신경적 증상을 향한 지금의 의료계의 태도를 만들었다." 라고 폴락은 말했다. 이렇게 지속된 편견 덕분에 헤아릴 수 없이 수많은 여성이 20세기가 될 때까지 설명할 수 없는 질병으로 고통받고 심지어 사망했다. "남성 중심 의학이 수세기 동안 자행한 성차별적 이론화의 무게와 영향은 아무리 강조해도 지나치지 않다." 다음 장에서는 이러한 영향이 만성통증부터 월경증후군, 라임병까지 우리가 아는 그리고 우리가 모르는 수많은 일반적인 여성 질병에 대한 지식을 어떻게 형성해왔는지 알아보자.

——————————— Doing Harm ———————————

3부

히스테리라는 이름으로 방치된 질병들

5장. 만성통증, 그 자체가 질병

"다른 사람이 믿어야 통증은 실제가 된다"

○

알렉시스는 열한 살이 되자 엉덩이가 아프기 시작했다. 뼈 깊숙한 곳이 아픈 것 같았고, 등 아래까지 통증이 올라와서 앞쪽 골반까지 이르렀다. 알렉시스의 어머니는 아이를 데리고 의사들을 찾아다녔다. 엑스레이도 찍고 초음파 검사도 하고, 척추 전문의와 관절염 전문의도 찾아갔다. 하지만 알렉시스의 통증 원인은 알 수 없었다.

우리는 앞서 심상마비에서 루푸스, 충수염까지 통증과 다른 주관적인 증상에 대한 여성의 보고를 의사가 신뢰하지 않으면서 진단이 지연되고 치료가 미뤄지는 사례를 살펴보았다. 그러나 아마도 가장 오랫동안 편견이 영향을 미치는 것은 설명할 수 없는 만성통증을 경험하는 알렉시스와 같은 사례일 것이다. 이 통증은 여성이 느끼는 주관적이며 의심스러운 증상으로, 이를 입증해줄 객관적인 증거는 찾을 수가 없다.

이후 몇 년이 지나면서 통증이 점점 더 심해지자, 알렉시스는 결국 진단받기를 포기하고, 최소한 자신의 통증을 진지하게 인정하고 관리해줄 의사를 찾았다. 그 일조차도 쉽지 않았다. "아무도 나를 믿지 않는다는 느낌이 들었어요. 나를 도와줄 의사를 절대 찾을 수 없을 것 같았죠. 오랫동안 나는 수많은 의사를 만났어요."[1]

○

2011년 미국 의학연구소는 '미국의 통증 완화'라는 제목의 중요한 보고서를 발표했다.[2] 이 보고서는 통증을 치료하는 의료 체계를 향해 경고하는 고발장이었다. 보고서에서 "통증은 미국 사회에 널리 퍼져 있고, 고통과 장애라는 막대한 대가를 요구하며, 건강보험체계와 국가 경제에 추가적인 비용을 부과하고 있다. 반면에 통증 치료는 너무 자주 지연되고, 체계적이지 않으며, 접근하기 어렵거나 효과가 없다."라고 미국 의학연구소 전문가는 말했다. 보고서에서 급성 통증, 예를 들어 응급실에서 상처를 치료할 때나 수술 후 통증을 치료할 때 부적절한 치료가 이루어진다는 증거를 발견한 미국 의학연구소는 특히 환자나 건강보험체계 모두에게 만성통증에 따른 부담이 커질 것을 우려했다. 만성통증은 대개 3~6개월간 지속되거나, 정상적인 치유의 시점을 지나서도 지속되는 통증으로 정의된다.

미국 의학연구소의 새로운 추정으로는 인구의 거의 40%가 만성통증을 앓고 있다. 즉, 미국인 1억 명이 만성통증을 앓고 있다. 이는 당뇨병, 심장질환, 암 환자를 합친 수보다 많다. 이 질병의 순위는 최근 수십 년간 꾸준히 높아지고 있다. 만성통증은 아주 단순하게는 '가장 보편적인 인간의 건강 문제'이며 '장기간의 장애'를 야기하는 주요 원인이다. 미국 의학연구소는 만성통증으로 매년 628조 9,360억 원에서 713조 4,225억 원의 의료비와 생산성 손실이 발생한다고 추정했다.

최근에는 국립보건원이 극히 적긴 하지만 매년 4,494억 원(국립보건원 1년 예산의 1%에 해당)을 만성통증 연구에 책정했다. 이는 당뇨병, 심장질환, 암을 종합적으로 연구하는 예산의 5%에 지나지 않는다.[3] 최근 의과대학교 117곳을 대상으로 조사한 결과를 보면, 오직 네 곳의 미국 의과대학교에서만 통증에 대한 필수과목을 따로 개설하고 있었다. 학생들은 평균적으로 통증 관련 강의를 평균 11시간 들었다.[4] 의심할 여지없이, 이러한 최소한의 훈련으로 인해 통증 치료의 최전선에 있는 일차 진료의의 거의 30%가 환자의 통증 치료에 능숙하지 않음이 전국적인 설문조사에서 드러났다.[5] 또한 미국 전역의 3,000~4,000명

의 통증 전문의로는 환자의 수요를 감당하기에 충분하지 않다.[6]

만성통증을 앓고 있는 미국인 1억 명의 대부분이 여성이다. 설문 조사에서 지난 몇 개월 동안 몸의 다양한 부위에 통증이 있었는지 묻는 질문에 많은 여성이 그렇다고 대답했다.[7] 이러한 결과는 다양한 인구집단에서 일관적으로 나타난다. 12개국에 걸쳐 수만 명의 환자를 대상으로 한 2008년 연구에서도 만성통증을 앓는 사람은 45%가 여성이었다.[8] 남성은 31%에 지나지 않았다.

가장 보편적이고 많은 수를 차지하는 만성통증 중 미국인 3천만 명이 앓고 있는 퇴행성관절염, 환자가 2천만 명인 만성 요통, 환자가 4천4백만 명인 과민성 대장증후군, 3천6백만 명이 앓는 편두통은 모두 여성에게 더 흔하게 나타난다.[9] 여성은 자가면역질환에 걸릴 확률이 두 배나 높으며, 이는 대부분 지속적인 통증을 동반한다. 여성은 간질성 방광염을 앓으면서 방광 통증을, 측두하악관절장애를 앓으면서 턱 관절 통증을, 섬유근육통에 걸려 온몸에 통증을 겪을 확률이 최대 네 배 높다.[10] 일부 흔한 만성통증 질환은 거의 여성에게만 발생하기도 한다. 외음부통은 질 입구 주위에 생기는 통증이고, 자궁내막증은 월경 때 골반 통증을 유발한다.

지난 수십 년 동안 만성통증에 대한 우리의 이해에 패러다임의 전환이 있었다. 역사적으로, 특히 20세기 이후로, 의학은 통증을 질병의 증상으로 간주했다. 이는 틀림없는 사실이지만 통증은 숨어 있는 문제를 드러내는, 주로 임상에 관련된 단서이기도 했다. 질병을 치료하면 통증도 치료된다고 추정했다. 이 원칙은 급성 통증에는 해당하지만, 국제통증학회에 따르면 많은 경우에 "만성통증은 그 자체가 질병"이다.[11]

미국 의학연구소는 보고서에서 다음과 같이 선언했다. "이런 근본적인 패러다임의 재구성은 의사가 통증을 유발한 근본 원인을 규명하는 동안 통증을 방치하기보다, 직접적이며 적절한 치료를 해야 한다는 사실을 의미한다. 즉각적인 치료는 통증의 진행이 급성 통증에서 만성통증으로 이어지지 않도록 할 수 있다. 또한 의료진 교육과정에 통증과 통증의 다양성에 대해 상당량의 학습을 포함해야 한다. 가족, 고용주, 건강보험회사, 그 밖의 많은 사람들은 만성통증을 앓는 사람을 심각한 질병을 앓는 환자로 인식해야 한다."

대체 통증이란 무엇일까?

'만성통증은 그 자체가 질병'이라는 말이 무슨 뜻인지 이해하려면, 통증이 근본적으로 중요하다는 점을 깨달아야 한다. 최근 들어 통증 전문가는 통증을 대개 네 종류로 나누어 정의한다. 우리의 일상에서 아주 친숙한 유형의 통증은 '통각수용성 통증'으로, 너무 날카롭거나 뜨겁거나 차가운 것들, 즉 우리를 해칠 수 있는 어떤 유해한 자극에 반응하여 우리가 느끼는 것이다. 대개 급성 통증이며 적응성 통증으로 본다. 다시 말해, 실제로는 아주 유용한 통증이다. 예를 들어, 뜨거운 프라이팬 손잡이를 잡으면 아주 고통스럽다고 느끼는데, 이는 화상을 입을 수 있다는 경고다. 이런 유형의 통증이 예방에 얼마나 중요한지 알고 싶다면, 희귀한 유전병으로 통증을 느낄 수 없는 사람들의 삶이 얼마나 위험할지 상상해보면 된다. 이들은 프라이팬이 얼마나 뜨거운

지 알 수 없어서 팬을 놓지 않는다.

해로운 자극이 조직에 실제로 손상을 입히면, 면역계가 상처를 회복하기 위해 활성화되면서 염증성 통증이 발생한다. 처음 통각수용기성 통증이 프라이팬에 화상을 입었다고 신호하면, 저강도의 '염증성 통증'이 지속되면서 상처가 나을 때까지 손을 평소보다 더 예민하게 한다. 통각수용기성 통증처럼 염증성 통증도 상대적으로 급성이며 예방적 성격을 띤다. 염증성 통증의 목적은 아직 몸이 손상으로 취약할 때 더 상처 입지 않도록 지키는 것이며, 온전하게 진행되어 상처가 완전히 나으면 염증성 통증은 멈춘다.

만성통증을 일으키는 질환 중에는 통각수용성 통증이나 염증성 통증을 일으키는 것도 있다. 그리고 이런 경우, 통증은 만성이지만 여전히 근본 원인을 알린다는 본래의 유용한 목적을 위해 발생한다. 예를 들어 류머티즘 관절염에서 관절 통증은 면역계가 관절 내벽을 공격하면서 생기는 당연한 결과다. 자가면역성 공격은 비정상적인 현상이지만, 이 과정에서 발생하는 염증성 통증은 정상적인 현상이다. 퇴행성관절염의 통증은 뼈 사이를 보호하는 역할을 맡은 연골이 닳으면서 생기는 통각수용성 통증이다.

그러나 대부분의 만성통증은 '병리적 통증'이다. 조직 손상이나 염증 반응을 암시하는 증상으로 보이지 않으며, 명백한 통증의 원인이 없고, 통증 바로 그 자체가 문제다. 하버드대학교 신경생물학자 클리퍼드 울프Clifford J. Woolf 박사는 보스턴아동병원의 F.M. 커비 신경생물학연구소 소장으로, 그 차이를 설명하기 위해 다음과 같은 비유한다. "통증이 화재경보라면 통각수용성 통증은 직접 불이 나야만 활성화되고, 염증성 통증은 온도가 올라가면 활성화되며, 병리적 통증은 체계

자체의 오작동으로 울리는 잘못된 화재경보다."[12] 병리적 통증은 두 가지로 나눈다. 하나는 신경병증성 통증으로, 신경계 자체의 손상으로 오작동이 일어난 것으로 본다. 나머지는 기능장애성 통증으로, 때로 기능성 통증이라는 말과 혼용하는데 상처나 염증 반응, 신경 손상이 없는데도 통증이 발생한다.

통증을 분류하는 이런 방식이 받아들여진 것은 지난 몇 십 년 사이에 불과하다. 이전에는 두 가지 유형의 통증, 숨어 있는 질병 때문에 생기는 기질적 통증과 심인성 요인으로 생긴다고 추정한 '의학적으로 설명되지 않는' 통증만을 인정했다. 병리적 통증, 특히 기능성 통증은 기존에 통증을 사고하는 체계에 잘 들어맞지 않았다. 17세기에 철학자인 르네 데카르트는 신경의 말단에서 뇌로 이어지는 줄을 통해 통증을 인지한다고 상상했다. 데카르트는 손을 망치로 때리면 손을 때렸던 망치의 고통이 줄을 당겨 뇌에 있는 종을 울리게 해서 통증을 수신한다고 설명했다. 이 기본적 발상은 수세기 동안 지속되었다.

그러나 1800년대에 아편과 마취의 발견으로 급성 통증과 수술 후 통증 치료에 혁명이 일어나면서, 의사는 정기적으로 만성통증을 앓지만 이러한 모델과는 일치하지 않는 환자를 접하게 되었다. 이 환자들의 통증은 뇌 속의 종을 울릴 만한 것이 아무것도 없었다. 그래도 19세기 의사는 대부분 이런 종류의 '병변 없는 통증'을 호소하는 환자를 믿었다.[13] 의사들이 절대적으로 신뢰했던 데카르트주의에 따라 '병변 없는 통증은 불가하다'고 생각했지만, 대체로는 환자에게 알 수 없는 고통을 가하는 병변이 아직 발견되지 않은 것이라고 겸손하게 추정했다.

그러나 프로이트 이후, 정신의학은 이런 환자를 괴롭히는 것의 정체에 대해 대체 이론을 제시했다. 또 해로운 자극과 자극이 일으킨 통증은 직선적이고, 비례적인 관계를 맺는다는 이론을 뒷받침해주는 생리학적 증거들이 등장했다. 이러한 생각, 즉 통증에 대한 특이성 이론이 20세기 초 미국 의과대학교에 뿌리 내린 후에는, 기질적 병리 현상으로 설명할 수 없는 통증은 히스테리로 분류됐고, 의사들은 환자의 말을 전혀 믿지 않았다. 역사가 마샤 멜드럼Marcia L. Meldrum은 "설명할 수 없는 만성통증 증후군 환자는 종종 통증이 없는데 착각하고 있거나, 쇠병을 부리거나, 약물 중독자로 여겨졌다."라고 기록했다.[14]

1960년대 통증의 관문통제이론(Gate Control Theory)은 말단 신경에서 뇌까지 모든 통증 신호가 전달되지는 않는다고 상정하면서, 단순한 인과관계를 보여준 데카르트 모델을 더 복잡하게 만들었다. 이 이론은 척추에 위치해 통증을 통과시키거나 막는 역할을 하는 '신경 관문'을 내세웠다. 이 이론의 중요한 진전은 병변과 통증의 관계가 전혀 일관적이지 않다는 사실을 더 잘 설명한다는 점이다. 작은 상처도 어떤 사람에게는 큰 통증을 일으키고, 큰 상처도 누군가는 대수롭지 않게 느낀다. 또한 이 이론은 통증 인지가 어떻게 생각과 감정의 영향을 받는지 설명할 수 있었다. 예를 들어, 나쁜 소식을 듣고 난 후에 발가락을 찧으면 왜 더 아프게 느껴지는지와 같은 문제들에 답할 수 있었다. 물론 관문통제이론은 중추신경계(뇌와 척수)가 통증을 조절하는 중요한 역할을 한다는 점을 인식했지만, 여전히 말단 신경으로 통증 신호를 보낼 수 있는 무언가가 있어야 한다고 생각했다.

'병변 없는 통증'의 수수께끼를 설명하기 위해서는 두 가지 선택뿐이었다. 말단 신경에 영향을 미치지만 현재의 의학 수준으로는 인지하기 어려운 병리 기전이 있거나, 병리 기전이 없으며 통증을 의학적으로 설명할 수 없기 때문에 자동으로 '심인성' 요인이 작용한 탓으로 돌리는 것이다. 19세기 선조들은 자신들이 모르는 것이 있다고 생각하지 않았고, 대부분의 전문가들은 후자를 선택했다. 관찰할 수 있는 기질적 질병에 따른 증상이 아닌 만성통증은 대개 심리적 요인으로 발생한다고 추정했다. 물론 어떻게 이런 과정이 일어나는지에 대한 정확한 기전은 항상 모호했고, 통증 장애는 《정신질환의 진단 및 통계 편람》에서 신체형 장애로 분류되었다. 사실 어떤 통증이든 상처가 난 조직의 범위보다 통증이 과한 경우는 환자의 '감정이 덧씌워졌다'고 믿긴 했다.

미시간대학교 '만성통증 및 피로 연구센터' 소장인 대니얼 클라우-Daniel Clauw 박사는 한 이십 년 전만 해도 "특정 신체 부위의 만성통증으로 진료를 받을 때, 의사가 환자의 몸에서 이상을 찾지 못하는 경우에는, '당신은 아무 문제가 없다. 당신은 스트레스를 받았고, 이것은 심리적인 문제다.'라는 환자를 탓하는 말을 들어야만 했다"고 설명했다. 의사는 통증이 나타날 만한 근본적인 사실보다는 '오귀인誤歸因'(감정을 착각함-옮긴이)을 찾으려 한다. "의학이 아직 통증을 잘 모르기 때문이다. 환자는 마음 깊은 곳에서 자신의 문제의 본질이 스트레스가 아닌 걸 알기 때문에 매우 좌절할 수밖에 없다."[15]

이러한 기질적 통증과 심인성 통증 사이의 이중성은 1990년대 후반에 의사들이 알렉시스에게 시행했던 검사에서 확인할 수 있다. 당시 그녀는 10대였고, 자신의 통증에 대한 설명을 찾고 있었다. "병원에서는 영상 검사를 하고 나서 설문지를 작성해야 한다고 말했어요." 그 설문지는 환자가 우울증, 불안, 조울증, 그 밖의 다른 정신질환이 있는지 알아보는 심리검사였다. "영상 검사든 심리검사든 아무것도 나오지 않았어요."

물론 편리하게도 심인성 증상은 환자가 아무런 심인성 질환을 내보이지 않아도 진단할 수 있다. 따라서 알 수 없는 통증을 마주하게 된 의사들은 심리검사 결과와는 상관없이 알렉시스의 질병은 심인성이라고 주장하곤 했다. 때로는 자궁 부근에 흔한 통증을 탓하며, 알렉시스의 통증을 "여성의 문제", 즉 월경통이나 "호르몬 불균형"의 문제로 만들어버렸다. 종종 의사는 그저 "잘못된 곳이 없는데요. 괜찮아요."라고 말했다고 알렉시스는 기억했다. "하지만 난 괜찮지 않았어요. 정말 심하게 아팠어요."

간질성 방광염의 진화

의학은 '설명할 수 없는 통증은 실제로는 존재하지 않는다'는 식으로 처리하려 했고, 원인을 찾을 수 없을 때는 환자를 정신과로 보내버렸다. 불과 수십 년 전만 해도 의학계에서 만성통증은 없는 질병이나 마찬가지였다. 1990년대 초에 여성건강권지지단체가 여성에게 불균형적으로 영향을 미치는 건강 문제를 더 많이 연구하라고 요구했을 때조차, 만성통증은 의제가 되지 못했다. 섬유근육통, 과민성 대장증후군, 측두하악관절장애, 외음부통, 간질성 방광염 등 많은 기능성 통증을 일으키는 질환이 여성에게 널리 퍼져 있었지만 연구조차 되지 않았고 몇몇 질병은 병명과 정의만 존재한다. 심인성 질환이라는 쓰레기통에서 '설명할 수 없는' 만성통증을 빼내어 대중과 의학계가 관심을 가지게 한 것은 1980년대와 1990년대에 조직된 환우회의 노력으로 이루어진 일이다.

1983년, 서른두 살의 의과대학 3학년생이었던 비키 라트너Vicki Ratner는 자신이 심한 요로감염증에 걸렸다고 생각했다. 그러나 의사는 감염의 징후가 없다고 했고, 항생제는 도움이 되지 않았다. 방광에서 찌릿한 통증이 계속 느껴지고 빈번하고 긴박하게 소변을 봐야 하는 증상이 지속되자, 라트너는 답을 찾기 위해 의사들을 찾아다녔다. 검사 결과가 음성으로 나오자 라트너는 더는 할 수 있는 일이 없다는 말을 들었다. "쇠약해지는 증상들과 함께 살아가도록 나는 방치되었어요. 이 증상들은 스트레스 때문이라는 말과 함께 정신과 치료를 권유받았죠. 덧붙여서 의사는 내가 내 질병을 만들어내고 있다고, 내 병은 내 머릿속에서 나왔으니 내게 의과대학을 그만두고 평범한 삶을 살라고 했어요."라고 라트너는 썼다.[16] 그녀는 열네 명의 의사를 찾아갔고, 이중 비뇨기과 전문의는 열 명이나 됐지만 누구도 진단을 내리거나 고통스러운 아픔을 줄여주지 못했다.

결국 그녀 스스로 진단을 내려야 했다고 라트너는 말했다.[17] 직접 문헌을 조사하기 위해 의과대학 도서관으로 향했다. 인터넷이 없던 시절, 의학 문헌을 찾는다는 말은, 매년 발간되는 대형 색인 모음집인 《의과학색인목록(Index Medicus)》에서 의학 학술지에 그해에 발표된 논문을 하나하나 직접 확인한다는 뜻이다. 이틀 밤낮을 꼬박 매달린 끝에 도서관 문을 닫을 때쯤, 그녀가 거의 포기하기 직전에 우연히 각주를 발견했고, 1978년 스탠퍼드대학교에서 발표한 간질성 방광염에 대한 논문을 찾았다. 이 병의 증상이 자신의 증상과 똑같다고 생각한 라트너는 이 논문을 자신의 비뇨기과 전문의에게 들고 가서 진단검사를 해달라고 했다. 방광 내시경을 해서 논문 저자들이 설명한 방광에 아주 작은 출혈을 일으키는 구상화 병변을 찾아달라고 했다. 거의 1년 동안 주장한 끝에, 라트너는 방광 내시경을 받았고, 진단도 받았다.

라트너는 1980년대 중반에 진단을 받았지만 간질성 방광염은 1887년에야 질병으로 처음 명명되었다. 의학 논문에서는 미국에 환자 수가 4만5천 명 이하로 아주 희귀하고, 대개 폐경기 여성에게 발생한다고 설명했다. 예상대로, 원인을 알 수 없고 증상을 눈으로 확인할 수 없기 때문에 역시나 이를 심인성 질환으로 여겨졌던 것이다. 비뇨기과 교과서인《캠벨 비뇨기과학(Campbell's Urology)》에서는 간질성 방광염을 '비뇨기과의 정신신체화 장애'라는 장에서 이렇게 설명한다. "간질성 방광염은 감정적인 혼란으로 자극과민성 방광의 마지막 단계에 발생하며 … 무의식적 증오의 발산 경로다." 또한 "짜증을 잘 내는 환자의 자극에 민감한 방광"이라고도 기술했다.[18] 라트너는 병을 진단받은 뒤 비뇨기과 교과서 저자들에게 편지를 보냈고, 위의 주장은 다음 개정판에서 삭제되었다.

진단을 받은 것은 다행이지만, 라트너는 여전히 거의 알려지지 않았고, 연구도 되지 않았으며, 진단과 치료법이 논란에 둘러싸여 있는 질병에 직면해 있었다. 무엇보다 그녀는 같은 질병에 걸린 환자를 찾기 위해 필사적이었다. "의과대학 마지막 2년 동안 강도 높은 통증을 끊임없이 겪으면서, 이 병에 걸린 사람이 세상에서 나뿐이라는 생각에 고립감을 느꼈어요."[19] 라트너는 국립보건원, 질병관리본부, 미국 비뇨기과협회에서 정보를 얻으려고 했지만 소득은 없었다.

1985년 라트너는 뉴욕시의 정형외과 수련의로 일하면서 최후의 수단으로 미디어를 택했다. 아는 사람의 도움을 받아 라트너는 '굿모닝 아메리카'라는 프로그램에 비뇨기과 전문의와 함께 출연했다. 라트너가 당시 새롭게 설립한 간질성 방광염협회(ICA)는 몇 명의 자원봉사자와 협회 명의의 우체국 사서함으로 이루어져 있었는데, 단 5분간의 방송 출연 이후로 편지가 홍수처럼 밀려들었다. 첫 일주일에만 1만여 통의 편지가 도착했고 몇 달이 지나도록 편지는 줄어들지 않았다.

"편지마다 온통 괴로움이 가득했죠. 내 이야기와 똑같았어요."라고 라트너는 회상했다. 당시 알려졌던 환자 프로파일과 달리 환자는 대부분 젊은 여성과 중년 여성이었고, 똑같은 증상을 겪으며 의사에게 서부밍하는 똑같은 경험을 했다. "한가듣은 5~10명의 의사를 만나고, 정밀검사는 모두 음성이었으며, 아무런 진단도 받지 못했어요.[20] 몸에 이상이 없다거나 이 모든 증상은 '당신의 머릿속'에서 나왔다는 말을 들었어요. 간질성 방광염은 극심한 통증을 겪고 잦은 소변으로 십 분마다 화장실을 가야 해요. 환자는 심각한 장애로 집에 갇혀서 친구, 가족, 사회와 단절되죠. 때로 가족과 친구조차 환자의 증상이 진짜가 아니라고 생각하기 시작해요. 의사가 그렇게 말했으니까요."

간질성 방광염은 장애 보상을 받을 수 있는 질병 목록에 등재되지 않았기 때문에 일할 수 없는 여성들이 장애연금을 받지도 못했다. 또 통증 때문에 성관계를 가질 수 없다는 이유로 남편이 떠난 여성들도 있었다. 칠십 대 여성 환자는 이십 대에 이 질병에 걸렸는데, 누구도 자신을 환자라고 믿지 않았다고 한다. 라트너는 "누구도 평생 이들의 존재를 눈여겨보지 않았다."라고 말했다. 가끔 기부금과 함께 도착하는 편지도 있었는데, 이들은 고통 끝에 자살한 환자의 가족이었다. "아내 조애너를 기리며 세 명의 기부금을 보냅니다."라고 44세였던 조애너의 남편과 십 대 아들이 보낸 편지에는 "극심한 통증과 치료되지 않는다는 절망감에 조애너는 4월 8일에 자살했습니다. 이 기부금이

다른 환자의 운명을 바꿀 수 있도록 돕고, 치료법을 찾는 데 작은 도움이 됐으면 합니다."라고 적혀 있었다.[21]

편지는 다른 수많은 간질성 방광염 환자의 일반적인 경험을 보여주었다. 1993년 논문에 따르면, 간질성 방광염 환자의 43%가 평균 4년이 걸려서 제대로 진단받기 전까지 정서장애라는 진단을 받았다.[22] 환자들은 자신의 증상이 '단순히 신경이 예민'한 탓이라며, '연애를 하거나, 결혼하거나, 아이를 갖거나, 삶을 즐기라'는 말을 들었다.

간질성방광염협회는 설립 초기부터 간질성 방광염을 연구하는 소수의 비뇨기과 전문의가 참여했다. 그러나 라트너는 비뇨기과 분야에서는 완전히 관심이 없어 보였다고 했다. 비뇨기과는 남성의 생식기관과 남녀의 비뇨기관 질병을 다루나, 오늘날까지도 남성 중심적인 세부 분과이다. 그때 당시 비뇨기과 전문의의 99%는 남성이었다. 2015년 미국 건강정보 사이트인 '웹엠디WebMD' 설문조사에 따르면 지금은 92%가 남성이다.[23] 간질성방광염협회가 설립된 초기에 겪은 가장 흔한 반응은 비웃음이었다. "남성 의사들은 간질성 방광염이라는 질병이 존재한다는 사실 자체를 믿지 않았다"고 라트너는 말했다.

하지만 간질성방광염협회가 의회와 함께 일하면서 연구 자금을 지원할 수 있다고 반복해서 알려주자, 사람들이 서서히 몰려들기 시작했다. 1990년대 초반 간질성방광염협회가 국립보건원에 했던 로비가 성공했고, 처음으로 간질성 방광염 연구에 연방 연구 자금이 유입되었다. 라트너가 계속 공들인 매스컴 보도도 도움이 되었다. 라트너는 평판 있는 언론 하나가 의사의 진료실에서 얼마나 정당한 권력이 될 수 있는지 발견하고 놀랐다. "의사는 환자를 믿지 않아요. 하지만 진료실에 들어갈 때 〈뉴욕타임스〉 의료 전문 기자인 제인 브로디가 쓴 기사를 가져가면 의사는 환자의 말을 믿죠!" 하지만 1999년까지 비뇨기과 전문의 시험을 준비하는 전공의에게 간질성 방광염은 반드시 공부해야 하는 내용이 아니었다.

라트너가 스스로 자신을 진단했을 때, '어쩌면, 나는 백만 명 중에 한 명일 수도 있지만, 실은 한 블록 이내에 사는 여성도 나와 똑같은 문제를 겪고 있을지도 모른다.'고 생각했다. 간질성방광염협회로 쇄도하는 편지를 보면서 이 질병은 의학 문헌이 주장하는 것만큼 희귀한 실병이 아닐 끳 끝다는 그녀의 의심은 확신으로 변했다. 하지만 이를 사실로 증명할 연구가 필요했다. 간질성방광염협회는 비뇨기과 전문의와 연구팀을 꾸려서 1987년에 미국에서 최초로 간질성 방광염에 대한 역학조사를 실시했다.[24] 이 연구는 간질성 방광염 환자가 병을 진단받으려면 다섯 명의 의사를 거치면서 평균 4.5년이 걸린다는 것은 밝혀냈다. 그리고 환자 한 명이 진단받을 때, 다섯 명 이상이 진단받지 못하기 때문에, 유병률을 거의 50만 명까지 추산해 볼 수 있었다. 환자들은 삶의 질을 묻는 질문에서 신장투석 환자보다 더 낮은 점수를 보였고, 자살률은 일반인보다 네 배나 높은 것으로 나타났다.

그 이후로 유병률 추정치는 더 높아졌다. 간질성 방광염을 진단하는 기준을 객관적인 검사 결과에 의존하지 않고 증상에 근거하도록 바꾼 것도 영향을 미쳤다. 간질성 방광염을 진단받으려면 라트너가 아주 애써서 받아냈던 검사인 방광 내시경 검사를 받아, 방광에 허너 궤양(Hunner's ulcer)이나 염증이 일어난 곳을 찾아야 했다. "하지만 알고보니, 이 증상을 나타내는 사람은 아주 소수이다. 환자 대부분은 해당되지 않는다. 그래서 진단은 거의 내려지지 않죠. 일단 잘못된 정보가 비뇨기과 교과서 같은 데 인쇄되고 나면, 아무도 이의를 제기하지 않아요."라고 라트너는 설명했다. 간질성방광염협회의 지원을 받아, '미국 당뇨병, 소화기병 및 신장병 국립연구소'는 1987년 최초로 간질성 방광염을 정의하고 연구 기준을 제시했다.[25] 방광통증 증후군이라는 용어는 2000년대에 눈에 보이는 병리 현상이 없는 모든 만성 방광통증을 가리키는 포괄적인 단어로 사용되었다.

현재 일반적으로 간질성 방광염이나 방광통증 증후군은 감염이나 다른 질병으로 설명할 수 없는 방광 주변의 불편감, 압박감, 통증이 잦고 급한 요의와 함께 나타나는 증상으로 정의한다. 환자의 약 10%는 허너 궤양이 나타나는 간질성 방광염이며, 다양한 간질성 방광염이나 방광통증 증후군 유형을 밝히는 데 더 많은 연구가 이루어져야 한다. 이들은 비슷한 증상을 나타내지만 기저 원인이 다르므로 다른 치료법을 적용해야 한다.

2011년, 랜드RAND연구소 연구원들은 미국 전역에서 실시한 대표 집단 조사를 바탕으로 간질성 방광염 유병률을 최초로 추정했다.[26] 330~790만 명의 미국 여성이 간질성 방광염이나 방광통 증후군 증상을 나타냈다. 평균적으로 이들은 14년 동안 이 증상을 앓았다. 대부분은 여러 의사를 찾아갔지만 절반 이하만이 그나마 다른 병명이라도 진단받았을 뿐이고, 간질성 방광염이나 방광통 증후군 진단을 받은 환자는 10%뿐이었다. 놀랍게도 진단받지 못하고 고통받는 수백만 명이 전문병원에서 치료받는 여성만큼이나 고통스러운 증상을 보고했다는 사실이 후속 연구에서 밝혀졌다.[27] 다시 말해서. 간질성 방광염이나 방광통증 증후군의 통증은 심각성에 따라 다를 수 있지만, 진단받지 못했다고 해서 삶에 영향을 미치지 않는 가벼운 사례라고 볼 수 없다는 뜻이다. 진단받은 여성은 그저 백인이고 건강보험이 있는 경우에 해당했다. 원래 간질성 방광염은 남성보다 여성에 9배나 더 많다고 예측했지만, 2007년 논문은 간질성 방광염을 앓는 미국 남성이 100~400만 명이라고 추정했다.[28]

라트너의 진단 이후 30년이 지났고, 한때는 폐경기 여성이 앓는 희귀한 정신신체화 질병이었으나, 지금은 미국인 800~1,000만 명이 앓는 질병이 되었다.

신뢰할 만한 환자로 처신하는 일은 어렵다

1980년대 초반, 라트너가 끝나지 않는 지옥 같은 요로감염증이 모두 그녀의 머릿속에서 나왔다는 말을 들을 때쯤, 과학 연구는 기질적 병리 현상에 기인하지 않는 통증은 '설명할 수 없는' 심인성 증상이라는 명제에 도전하기 시작했다. 중추신경계에 대한 지식이 늘어남에 따라 세 번째 선택지가 생겼다. 많은 논문에서 '중추성 감작'이라는 매우 흥미로운 현상을 입증했는데, 실험 대상자에게 상대적으로 짧은 통각수용성 통증을 자극하면 잠시 뒤, 중추신경계 전체가 상처를 입은 부위의 신경뿐만 아니라 몸 다른 곳의 신경에서 오는 모든 통증 신호에 과민성을 나타낸다.[29] 실제로 중추신경계는 통증 신호를 누를 뿐만 아니라 증폭하는 역할을 했다.

이런 사실은 통증이 정말로 모두 '우리의 머릿속'에서 나왔을지도 모른다는 점을 보여준다. 다만 '전환' 같은 이론적인 심리 과정이 아니라 신경세포 수준에서의 변화 때문이다. 결국, 모든 통증은 문자 그대로 우리 머릿속에 들어 있다. 뜨거운 팬에 화상을 입었을 때 손이 아프다고 느끼지만, 사실 손은 아프다고 느낄 수 없다. 통증은 뇌에서만 느낄 수 있다. 1980년대에 중추성 감작에 대한 초기 연구를 수행한 울프는, 이 현상은 조직 손상으로 일어나는 통증과 똑같지만 통증을 처리하는 과정 그 자체의 이상으로 발생하는 '지각 오류'일 수 있음을 시사했다.

독자들은 통증과 관련한 지식의 변화를 의학계가 열렬히 반겼으리라고 생각할지도 모르겠다. 결국, 설명할 수 없는 통증에 '심인성'이라는 꼬리표를 다는 일은 사실 설명이 아니었던 것이다. 적어도 대부분의 의사가 선호하는 살과 피, 세포, 신경화학물질 수준에서 말이다. 이에 반하여 의사들은 설명할 수 없는 통증에 대한 기존의 '설명'에 상당히 만족한 듯 보였다.

울프의 말을 들어보면 중추성 감작의 의미가 처음에는 받아들여지지 않았다. "이러한 개념들은 보통 처음에는 잘 수용되지 않는다. 특히 병리기전이 없는 통증은 실직수당이나 의료보험금을 타려는 사람이나 마약성 진통제 중독자, 꾀병, 거짓말쟁이, 히스테리 같은 정신과 장애 환자가 주장하는 것이라고 생각하는 의사들은 더더욱 믿지 않았다. 이런 의사들은 중추신경계가 통증을 증폭하는 현상이 다양한 임상 통증을 일으키는 '진짜' 신경생리학적 현상일 수 있다는 관점을 믿기 힘들었다. 대부분의 의사들은 자신이 이해하지 못하는 통증을 정의할 때, 정신신체화나 신체형 장애 같은 느슨한 진단명을 선호했다."[30]

'꾀병, 거짓말쟁이, 히스테리'라고 여겨지는 대부분이 여성이라는 사실은 우연이 아니다. 확실히 하자면 만성통증에 대한 지식의 결핍은 여성이든 남성이든 모든 통증 환자에게 수년 동안 영향을 미쳤다.

그리고 '설명되지 않는' 만성통증을 앓는 수많은 남성들 역시도 환자를 믿지 않거나 무시하는 의사와 맞닥뜨렸다. 하지만 여전히 의사가 환자의 만성통증을 심리적인 요인으로 설명할지를 결정하는 데 성별 차이가 있다는 증거가 있다. 포그레이스 재단 설립자인 신시아 투생 Cynthia Toussaint은 지난 이십 년간 통증을 겪는 여성을 지원하는 조직에서 일하면서 이런 사례를 수없이 들었다.[31]

1980년대에 전도유망했던 발레리나였던 투생은 햄스트링 부상을 당한 후 '복합부위 통증 증후군(complex regional pain syndrome)'에 걸렸다. 복합부위 통증 증후군은 남성보다 여성에게 세 배나 많이 발생하는, 거의 알려지지 않은 신경성 동통이다. 작게 베인 상처나 작은 부상이 과다한 통증을 일으키는 병으로 종종 부어오름, 피부 변색, 과도한 발한, 피부의 온도 변화가 일어난다. 통증은 원래의 상처 부위를 벗어나 팔다리, 때로는 몸 전체로 퍼져 나간다. 샤르코는 복합부위 통증 증후군을 경미한 히스테리의 유형으로 분류했고 오랫동안 정신신체화 장애로 의심했다. 요즘은 매년 대략 5만 건의 복합부위 통증 증후군 사례가 진단되고, 전문가들은 실제 환자 수가 더 많을 것으로 본다. 특히 관찰할 수 없는 신경 손상과 관련된 유형의 복합부위 통증 증후군을 가진 환자들에 대해서 의료진들은 그들이 스스로 통증을 지어내거나 과장한다고 보기 때문이다.

투생의 햄스트링 통증은 사라지지 않았다. 1년 반 후, 비슷한 타는 듯한 통증이 반대편 다리에도 생겼다. 6년 뒤에는 통증이 양팔로 옮겨갔다. 5년 동안, 통증이 성대를 손상해서 투생은 말을 할 수 없을 정도였다. 그러나 투병하는 십 년 동안 그녀는 진단을 받을 수 없었다. "여성은 자기가 정말로 아프다는 사실을 증명해야 한다고, 13년 동안

이나 그녀가 아프다는 것을 아무도 믿지 않았다"고 투생은 말한다. 한 의사는 투생이 증상을 꾸며내고 있다며 자백유도제를 먹으라고 하기도 했다. 다른 의사는 투생의 통증이 '무대 공포증'의 징후라고 생각했다. 투쟁은 결국 휠체어에 의지하게 되었고, 때로는 자살 충동을 느끼고 있었지만, 어떤 의사는 그녀가 자신을 배려하는 배우자로부터 얻는 '이차적 이득을 즐기고 있다'며 비난했다.

투생은 만성통증을 앓는 여성과 이야기를 나눌 때, 여성 환자의 입에서 가장 먼저 나오는 이야기는 항상 "난 의사가 말하는 것처럼 미친 게 아니다"라는 말이라고 했다. 포그레이스 재단은 여성의 통증에 초점을 맞추고 있지만 투생은 가끔 만성통증을 앓는 남성 환자의 이야기도 듣게 되었고, 그녀는 늘 남성 환자들의 경험에 대해 열심히 귀 기울였다. 많은 측면에서 남성 환자의 이야기는 여성 환자 이야기와 별반 다르지 않다. 설명도 해주지 않고 효과적인 치료법은 더 모르는 의사 때문에 똑같은 좌절을 겪고, 그를 이해하지 못하는 친구나 가족과 단절되며, 그들이 한때 누렸던 삶을 되뇌며 살아간다. 하지만 한 가지 두드러진 차이점이 있다. 남성 환자는 자신의 통증이 정말 존재하고, 정신건강 상태가 정상이라는 것을 선제적으로 방어할 필요가 없다는 점이다. 때로 투생은 그들의 말을 중단시키고 "이렇게 길고 끔찍하고 절망스러운 과정에서, 의사가 당신의 말을 믿지 않거나 미쳤다고 말한 적이 있었나요?"라고 물어보는데, 보통 남성 환자는 "아뇨, 그런 적은 없어요."라고 대답한다. "삶도, 경력도, 꿈도 잃어버렸다 같은 이야기이다. 하지만 의사들은 남성 환자의 말은 믿어준다. 우리 여성들은 한 번도 받아보지 못했던 존중이다."

만성통증을 앓는 여성은 급성 통증을 앓는 여성과 같은 어려움에 직면한다. 히스테릭하게 보이지 않고, 별로 아프지 않은 척하면서 통증이 어느 정도로 심한지를 어떻게 증명해야 할까? 그러나 '설명할 수 없는' 만성통증 환자들에게 이러한 바늘구멍을 지나는 일이 끝도 없이 이어지며, 때로는 거의 불가능한 일이다. 눈에 보이는 통증의 원인이 없는 상태에서는 환자의 통증 호소만이 유일한 증거다. 그러나 통증을 설명하는 여성의 표현은 언어적인 표현이든 찡그린 표정이든 눈물이든 감정적으로 보이기 쉬우므로, 만성통증을 앓는 많은 여성은 의료진에게 진지하게 받아들여지기 위해 극도로 자제하는 태도를 보여야 한다고 생각한다. 2002년 〈뉴욕타임스〉에는 노스웨스턴대학교 통증전문의가 어떻게 동료 의사들이 '여성 환자의 눈물을 신체적 통증의 신호가 아니라 감정적인 문제가 있는 것으로 해석하는지'를 절절하게 인식하게 되었는지에 대한 기사가 실렸다. 그녀는 다른 의사에게 자신의 여성 환자를 보내기 전에 "할 수 있는 모든 수단을 동원해서 울지 말라"고 '지도'했다고 한다.[32]

물론 고통의 심각성을 더 정확하게 전달하려는 목적이라면, 통증을 가볍게 보이게 하는 전략에는 명백한 위험이 따른다. 만성통증을 앓는 여성은 종종 히스테릭하지 않게 보이려고 통증이 얼마나 심한지를 의료진에게 숨기는 지경에까지 이르기도 한다. 만성통증 관리법에서 의사와 환자 간의 의사소통을 연구한 2007년 논문의 저자들은 "여성 환자는 자신의 통증을 정확하게 전달하는 일과 부정적인 젠더 전형성으로 인해 의도치 않게 그들의 진정성이 훼손되지 않도록 하는 일 사이에서 균형을 잘 잡아야 한다."라고 지적했다.[33] 여기에 더해 로런의 충수염 오진 사례에서 볼 수 있듯이, 의사들은 남성 환자에게나 통증을 축소하는 태도를 예상하지 여성 환자에게는 기대하지 않는다.

3부. 히스테리라는 이름으로 방치된 질병들

통증 점수를 10이라고 얘기해도 아파 보이지 않는 여성 환자는 통증을 꾸며내는 꾀병 환자로 의심했다.

2003년 발표된 질적 연구 제목처럼 '믿을 수 있는 환자로 보이는 일은 어렵다.'[34] 이 논문은 만성 근육통을 앓는 노르웨이 여성 열 명을 대상으로 한 면접조사를 바탕으로, '의사를 만날 때 믿을 만하고 이해 가능하며, 진지하게 받아들여지게' 하기 위해서 여성 환자들이 어떤 '일'을 어떻게 해야 했는지 탐색했다. "여성 환자는 너무 강하지도 약하지도 않게, 너무 건강하거나 아프지도 않게, 너무 영리하거나 어리숙하게 보이지 않기 위해 미묘한 균형을 잡으려고 노력한다"고 논문은 설명했다. 여성들은 그 과정을 적극적인 태도와 너무 적극적이지는 않은 태도 사이에서 줄타기 하는 것으로 묘사했다. 여성 환자들은 치료를 받기 위해 계속 싸워야 했지만, 한 환자는 이렇게 말했다. "조심스럽게 시작하세요. 한 번 의료진에게 적대감을 사면, 더는 나은 대접을 기대할 수 없으니까요."

이러한 진 빠지는 균형 잡기는 말이나 행동에 그치지 않고, 어떻게 보이는지까지 이어진다. 너무 태연해 보이면 의료진에게 정말로 아프다고 인지되기 힘들었다. 많은 여성들이 의사에게서 "아주 건강해 보이시네요!"라는 말을 듣지 않도록 옷을 입어야 한다고 느끼는 것을 보고했다. 젊은 시절에, 자신의 통증을 진단해 줄 의사를 찾아다니던 투생 역시 어머니가 병원에 갈 때는 화장하지 말라고 했던 말을 떠올렸다. 그리고 이런 인식은 옳았다. 논문을 보면 의료진은 특히 여성에 대해서 '아름다운 것은 건강하다'라는 편견에 강하게 사로잡혀 있었다. 1996년 연구는 의료진이 '매력적인' 환자는 통증을 덜 느낀다고 인식한다는 사실을 드러냈고, 이런 편견은 여성 환자에게만 적용되었다.[35]

특히 기능성 통증 환자는 신뢰할 만한 환자로 보이기 위해 힘든 싸움을 치러야 한다. 의료진들이 다양한 만성통증을 앓는 여성들의 호소를 믿지 않기 때문이다. 2014년 포그레이스 재단은 온라인 뉴스 사이트인 〈내셔널 페인 리포트National Pain Report〉와 팀을 이루어 섬유근육통, 요통, 퇴행성관절염, 편두통, 신경성 통증 등 만성통증 장애를 앓는 여성 2천4백 명을 대상으로 설문조사를 했다.[36] 이 중 90% 이상이 의료시스템이 여성을 차별한다고 느꼈다. 80% 이상은 의사가 남성 환자와 자신을 다르게 대한다고 느꼈고, 2/3는 자신이 여성이기 때문에 의사가 자신의 통증을 심각하게 여기지 않는다고 느꼈다. 45%는 의사에게 자신의 통증이 모두 '당신의 머릿속'에서 나왔다는 말을 들었다. 60%는 의사가 자신의 병을 모르겠다고 인정했다고 말했고, 3/4은 통증과 함께 사는 법을 배워야 한다는 말을 들었다. 1/5은 자신의 통증이 어린 시절의 트라우마 때문이라는 말을 들었다. 절반 이상이 의사에게 "좋아 보이네요. 분명히 나아지셨을 겁니다."라는 말을 들었다.

통증 환자가 되어본 의사들 또한 여성 통증 환자가 직면하는 편견을 증언했다. 기자인 주디 포어맨Judy Foreman의 저서 《통증의 나라(A Nation in Pain)》에서 가장 눈에 띄는 증언들은, 환자가 되고서야 의료계가 통증에 대한 이해가 전혀 없다는 걸 깨닫고 충격받은 의사들에게서 나왔다.[37] 소수의 남성 의사는 자신의 성별과 전문지식이 없었다면 완전히 의심받았을 것이라고 느꼈다. 캐런 빙클리Karen Binkley 박사는 알레르기 전문의이자 의대 조교수로, 부러진 발가락이 복합부위 통증 증후군으로 이어졌을 때, 자신의 병을 그녀 스스로 진단해야 했다. 빙클리가 찾아간 네 명의 의사와 많은 의사 친구 중에는 이 병을 아는 사람이 없었다. 빙클리는 자신이 의사였기 때문에 스스로를 돌볼 수 있는 지식과 방법을 갖추고 있었다고 말했다. 만약 그녀가 보통의 여성 복합부위 통증 증후군 환자였다면? 빙클리는 한 점의 의심도 없이 대답했다. "내가 의사가 아니었고, 그럼에도 계속 고집을 부렸다면 나는 정신병원에 보내졌겠죠."

포그레이스 재단의 설문조사에서 거의 절반에 가까운 응답자가 자신이 여성이라서 의사가 마약성 진통제 처방을 주저했다고 생각했다. 마약성 진통제의 무분별한 확산이라는 배경은 지금까지 이 책에 소개한 몇몇 이야기의 뒤편에 있다. 매년 미국인 3만3천 명이 헤로인, 펜타닐, 처방받은 마약성 진통제 남용으로 사망한다. 따라서 마약성 진통제의 확산이 대중 건강을 위협한다는 것은 확실하다. 또 의사가 마약성 진통제를 처방하는 일에 부담을 느낀다는 사실 역시 명백하다. 이런 상황은 급성이든 만성이든 통증을 호소하는 환자를 불신하는 분위기로 이어졌고, 특히 여성, 유색인종, 저소득계층 등 특정 환자에게 영향을 크게 미쳤다. 매기와 재키가 그랬듯이, 눈에 보이는 증거 없이 통증만으로 응급실에서 처치를 바라는 환자는 '마약 중독자'로 의심받기에 충분했다.

통증 전문가들은 중독 위험에 대한 우려와 이것이 몇몇 만성통증 환자에게는 생명을 구하는 마지막 수단이라는 인식 사이에서 균형 감각을 잃지 말아야 한다고 경고한다. 또 마약성 진통제 확산의 근본적인 원인은 복합적인 현상이지만 의료계가 만성통증의 유행에 효과적으로 대처하지 못한 데서 나왔다고 지적한다. 스탠퍼드대학교 통증의학과장인 숀 매키Sean Mackey 박사는 최근 미국 뉴스 사이트인 〈복스Vox〉와의 인터뷰에서 1990년대는 통증을 치료해야 한다는 의식이 커지던 시기였지만 의사들은 어떻게 대처할지 훈련받지 못했다고 설명했다.[38]

그 결과 "통증에 대해 거의 교육을 받지 못했지만, 통증을 치료해야 한 다는 인식은 높아지고, 통증을 치료할 수단이 매우 적었던 의사들은 '그거 알아? 통증 치료에 마약성 진통제를 처방해도 좋다는군!'이라는 말을 들었어요. 다른 검사를 하기보다 마약성 진통제를 처방하는 편 이 쉬웠죠."라고 매키는 말했다.

○

알렉시스의 사례를 살펴보자. 알렉시스는 진통제를 받았지만 자신 의 통증이 진지하게 다루어진다고 느끼지는 않았다. 의사가 잘못된 곳이 없다고 결론 내렸을 때, 알렉시스는 통증이 너무 심했기 때문 에 뭔가가 분명히 잘못됐다고 주장했다. 그러자 "음, 정말로 아프다 면 약을 처방해줄 수는 있습니다."라고 말하며 의사가 진통제를 처 방해주었다고 했다. 알렉시스는 의사가 자신을 진료실에서 치워버 리기 위한 가장 빠른 방법으로 진통제를 처방한다는 느낌을 받았다. 진통제는 알렉시스가 바라던 것이 아니었다. "나는 고작 열한 살, 열 두 살, 열세 살, 열네 살, 열다섯 살, 열여섯 살이었어요. 남은 삶을 진통제에 의지하고 싶지 않았어요." 특히 알렉시스는 학교에서 잘 활용할 수 없는 마약성 진통제에는 관심이 없었다. (나중에 알렉시스 는 자신에게 맞는 비마약성 진통제를 찾았다.) "누구라도 내 병을 진단하 고 제대로 치료해서 통증을 다스려주기를 바랐어요." 하지만 의료 체계는 그녀에게 평생 진통제를 먹든지 아니면 그냥 참아내든지, 내키지 않는 두 가지 선택지만을 가지고 있는 것 같았다.

알렉시스는 결국 포기했다. "열일곱 살이 되었을 때, 이제 그만하기 로 했어요." 알렉시스는 다른 심리검사를 한 1차 의료 의사가 치료해주기를 기대했다. "난 이런 검사 수백 번도 해봤어. 난 우울증에 걸린 게 아니야. 통증만 치료해주면 돼. 이런 심정이었어요." 알렉시스는 순순히 질문지도 작성했다. 검사 결과는 정상이었다. 하지만 의사는 통증이 심인성 요인 때문이라고 했다. 진료실을 나온 알렉시스는 울면서 어머니에게 이제 됐다고 말했다. "이제 이런 거 그만하겠다고, 내가 미쳤다고 말하는 의사를 더 이상은 안 만나겠다고 말했어요. 필요한 도움을 얻기에는 치러야 할 싸움이 너무 힘들었으니까."

그래서 이후 십 년 동안 알렉시스는 아무것도 하지 않았다. 피임약을 받을 때만 진료받고 통증은 그냥 견뎌냈다. 결혼하고 대학을 다니면서, 자신의 말은 듣지 않고 결국 치료도 해주지 못할 의사를 만나느라 낭비할 돈도 없었다. 십 년 동안 알렉시스는 진통제, 전기 이불, 천연크림 등 상당히 괜찮은 통증 관리 일상을 개발했지만, 정상적인 삶을 살기는 힘들었다. 통증은 늘 그 자리에 있었다. 끊임없이 이어지는 통증은 "때로는 묵직했고, 때로는 격심했다." 알렉시스는 통증 때문에 두 학기를 휴학했지만, 대체로 "어떻게든 버틸 수 있었다"고 말했다.

○

설명할 수 없는 것을 설명하기

최근까지 가장 절망스러운 점은 너무 히스테릭하지도 냉철하지도 않고, 너무 차분하지도 어수선하지도 않은 태도를 유지해서 완벽한 환자가 되려는 여성들의 노력이 기능성 통증 장애를 가진 경우에는 늘 실패한다는 것이다. 기껏해야 그저 의사가 통증이 실제로 있다고 믿는 정도, 하지만 그 의사는 고통에 대한 설명도 그걸 어떻게 다루어야 하는지에 대한 이해도 가지고 있지 않다. 최악의 경우는 여성의 통증을 심인성이나 날조된 것으로 여겼다. 만성통증 환자에게 필요한 것은 자신의 증상을 더 잘 전달할 수 있는 충고나, 의사가 환자의 말을 더 신뢰할 수 있게 하는 방법이 아니다. 연구 그들에게 필요한 것은 설명할 수 없는 것을 설명해줄 과학적 연구다.

만성통증 장애에 대한 연구, 특히 여성에게 많이 발병하는 기능성 통증과 알려지지 않은 통증 장애에 대한 연구에서 가장 눈에 띄는 것은 너무나 연구가 되지 않는다는 사실이다. 심지어 오늘날에도 만성적인 통증이라는 상태가 얼마나 많은 사람들에게 영향을 주고 있는지, 사람들을 어떻게 무력화하는지, 그리고 만성적인 통증을 다루는 우리의 지식은 얼마나 부족한지를 연구할 수 있는 자금이 엄청나게 부족하다. 만성통증연구연합의 추정에 따르면 외음부통, 측두하악관절장애, 간질성 방광염, 섬유근육통, 자궁내막증, 과민성 대장증후군, 만성 긴장성두통, 만성 편두통, 만성 요통, 만성피로증후군에 배당된 2014년 국립보건원 연구 자금은 총 1,118억 원이었다.[39] 병을 앓는 환자 1명당 평균 연구 자금은 1,100원에 지나지 않는다. 이와 대조적으로 당뇨병 환자 1명당 연구 자금은 4만 원이다.

한편 '의학적으로 설명할 수 없는 증상'과 마찬가지로, 만성통증에 대해 수행된 대부분의 연구는 만성통증을 일으킨다고 추정하는 심리적 요인과 개인의 성격적 특징들을 밝히는 데 집중하고 있다. 만성

통증 환자에게 우울증과 불안증이 높게 나타난다는 사실을 근거로 기분장애를 통증의 원인으로 지목하는 것은, 통증의 본질에서 볼 때 질병의 결과를 원인으로 오인하는 어이없는 일이다. 통증은 감각인 동시에 감정이다. 통증은 우리를 불쾌하게 만들기 때문에 통증이 고통스러운 것이다. 진화론적으로 우리가 통증을 일으키는 원인을 피할 수 있도록, 통증은 불쾌할 수밖에 없게 만들어졌다. 만성통증을 안고 사는 많은 사람들이 심리적인 고통에 시달린다는 사실은 전혀 놀라운 일이 아니다. 만성통증의 원인이 심인성이라는 억측에서 출발해서 이를 뒷받침할 증거를 찾을 때에만 주목할 만한 것이다.

사실 '의학이 설명할 수 없는' 끝없는 통증과 살아가는 악몽에 시달리는 사람들을 거의 완벽하게 이해하는 방법은 통증이 심리적 요인으로 발생한다는 증거를 토대로 재구성된 것이다. 1990년대에 통증 전문가들은 《정신질환의 진단 및 통계 편람》에 명시되어 있는 심인성 통증의 개념을 비판하기 시작했다. 통증 전문가들의 우려 중 하나는 심리적 통증을 앓는 환자들이 '의사를 자주 찾아가고, 진통제를 자주 먹으며, 수술을 자주 요청하고 병약한 척한다"고 묘사되는 것이다. 그러나 통증 전문가 헤럴드 머스키Herold Merskey 박사가 지적한 대로, 이는 "심리적인 문제, 행동적 문제로 취급되는" 경향이 있지만, "장애를 일으키는 개인의 특정한 성격적 문제를 보여주는 증거가 아니라 장기간 지속된 질병에 따른 결과일 가능성이 높다."[40]

아마도 가장 불공평한 것은, 치료에 '반응이 없는 것'을 통증이 기질적인 것이 아니라 환자의 무의식 속에 숨겨진 동기에 의한 현상임을 나타내는 경고로 여기는 것이다. 페미니스트 작가이자 만성 두통 환자인 폴라 케이멘Paula Kamen은 2006년 출판한 회고록《내 머릿속에만 있는 병(*All in My Head*)》에서 다음과 같이 썼다. "우리 시대를 포함해서, 시대마다 의사들은 자신들의 진단검사 방법이 확정적이라고 여긴다. 더불어 약물 반응성을 중요한 검증 기준으로 여긴다."[41] 의사들은 만성통증에 대한 진정한 이해가 없다는 것, 그리고 그들이 통증을 성공적으로 완화하는 데 자주 실패한다는 사실을 이유로 오히려 피해자인 환자에게 책임을 떠넘기며 곤경에서 벗어났다.

상처에 모욕이 더해지면서, 부적절한 치료가 야기한 환자의 당연한 짜증까지도 심인성 이론의 증거가 되었다. 연구 논문에서는 만성통증 환자가 강한 적대감을 가지고 있다고 했는데, 이 역시 그다지 놀랄 만한 발견도 아니지만 심인성 이론에 증거로 추가되었다. 미국 심리학협회가 출판한《통증 환자의 성격 특성(*Personality characteristics of Patients with Pain*)》에서 머스키는 억울한 감정이 만성통증 환자에게서 오랫동안 관찰되는 것은 "불만족스러운 치료 경험이 쌓여서 생긴 결과일 수 있다. 만성통증 환자가 짜증을 잘 내고 억울함을 표출하며 까다롭게 구는 것은 당연하다. 이에 대한 더 자세한 설명은 필요 없다."[42]라고 말했다.

케이멘은 "누군가의 질병에 대한 타당한 의학적 '증거'가 없는 것은, 때로 그저 기술이 이를 따라잡기를 기다려야 하는 문제다"라고 쓰고 있다. 1990년대와 2000년대에 새롭게 개발된 영상 기술 덕분에, 만성통증 환자는 마침내 자신의 통증에 대한 확실한 증거를 갖게 되었다. 기능적 자기공명영상(fMRI)과 PET 스캔으로 혈류를 측정해서 사람이 통증을 느낄 때 뇌의 특정 구조가 활성화하는 현상을 관찰할수 있게 되었다. 진료실에서는 통증이 여전히 주관적이지만, 실험실에서는 간접적이지만 관찰할 수 있는 것으로 바뀌고 있다.

2001년에 관문통제이론을 제안한 저명한 통증 연구자인 로널드 멜작Ronald Melzack은 새롭게 나타난 증거를 모아 현재 많은 통증 전문가들이 수용하고 있는 새로운 통증 모델을 만들었다. 데카르트가 상상했던 신경섬유 가설과 달리, 통증이라는 경험은 중추신경계의 여러 곳에 흩어져 넓게 펼쳐진 '신경망의 결과물'이다. 척수, 뇌줄기(뇌간), 시상, 섬피질, 대뇌변연계, 전전두엽 피질이 포함된 중추신경계는 이들이 함께 감각, 감정, 인지 작용을 만들어낸다. 이 같은 신경매트릭스(neuromatrix) 이론에 따르면, 통증은 조직의 상해나 말초신경의 염증 반응으로 일어나기도 하지만 반드시 그렇지는 않다.[43]

이런 통증 신경매트릭스는 부분적으로는 유전자가 결정했지만, 신경계 전체가 그렇듯이 변화할 수 있다. 악기를 연주하거나 새로운 언어를 익힐 때 도움이 되는 신경가소성(neuroplasticity, 두뇌가 경험, 환경, 신체 상태에 따라 변화하는 능력-옮긴이)이 만성통증의 경우에 관한 한 우리에게 불리하게 작용하는 것처럼 보인다. 중추성 감작에 대한 초기 연구를 보면 통증 그 자체가 신경매트릭스를 근본적으로 변형시킬 수 있어서 '연습할수록 완벽해지면서' 끔찍하게 엉망이 된다. 오랫동안 통증을 겪으면서 신경세포는 더 약한 통증 신호에도 더더욱 민감하게 반응하게 된다. 점차 중추신경계가 말초신경계에서 보내는 통증 신호를 억제하는 것도 제대로 작동하지 않을 뿐만 아니라, 오히려 신호를 증폭시킨다. 그리고 전체 시스템이 극도로 활성화하면서 아주 작은 유해 자극조차 없어도 계속 과민한 상태를 유지한다. 통증 반응은 저절로 지속된다.

지난 몇 십 년 동안 논문은 중추신경계 내에서 통증이 증폭되는 비정상성이 수많은 '설명할 수 없는' 기능적 통증의 원인일 수 있다고 주장했다. 클라우는 이런 유형의 중추성 통증을 다음과 같은 비유를 들어 설명했다. 사람의 몸을 전자기타, 기타 줄을 감각신경이라고 상상해보자. 기타는 계속 연주하지만 앰프를 최적의 상태로 설정하면 기타 줄을 정말 강하게 튕겨야(감각) 불쾌한 소음(통증)이 날 것이다. 하지만 중추성 통증의 경우는 앰프 소리가 최대로 높여져 있다. 기타 줄을 정상적인 강도로 연주해도 갑자기 모든 소리가 너무 크게 들린다. 이 상태에서는 부드럽게 피부를 쓰다듬는, 그저 닿는 정도의 정상식인 감각도 통증을 일으키는데, 이를 '이질통異質痛'이라고 한다. 가벼운 통증을 큰 통증으로 과하게 느끼는 현상은 '통각과민'이라고 한다.

환자를 자극하여 통증 감수성을 측정하는 연구에서 과민성 대장 증후군, 측두하악관절장애, 만성 긴장성 두통, 특발성 요통, 외음부통, 간질성 방광염, 섬유근육통 같은 기능성 통증 장애 환자는 건강한 사람과 비교할 때 통각과민 증상과 이질통을 앓고 있다. 이 환자들의 뇌에서 통증을 관장하는 영역이 보통은 통증으로 인식하지 않는 자극에도 반응해서 활성화한다는 사실을 기능적 영상 연구로 확인했다. 또 공통적으로 시상하부-뇌하수체-부신피질 축의 조절장애, 자율신경계와 면역계의 이상, 뇌의 다양한 영역에서 회백질과 백질의 부피 변화 등의 이상이 보였다.[44]

설명할 수 없었던 통증을 설명하는 진전이 이루어지면서 모든 만성통증에 대한 우리의 지식도 변하고 있다. 통각수용성 통증과 염증성 통증을 포함하는 만성통증도 중추화된 통증이 될 수 있는데, 이러한 경우 조직 손상의 정도가 환자가 호소하는 통증 강도와 왜 관련이 없는지를 설명하는 데 도움이 된다. 예를 들어, 엑스레이 촬영 결과 심각한 무릎 골관절염이 확인된 사람의 30~40%는 통증을 느끼지 않는다. 반면 엑스레이 촬영으로 골관절염이 확인되지 않은 사람의 10~15%는 심각한 관절 통증을 느낀다. 류머티즘 관절염이나 루푸스 같은 자가면역질환을 앓는 환자의 약 20~30%는 섬유근육통 진단 기준도 충족한다.[45] 이는 그들의 통각수용성 통증과 염증성 통증에 중추화된 통증이 겹쳐지는 것과 같다.

히스테리의 긴 그림자는 수많은 사람들이 다양한 통증을 겪는 이유를 탐구하는 과학의 진보를 가로막았다. 1980년대와 1990년대까지의 소규모 연구들은 기능성 통증 장애들 사이에서 높은 중첩성을 보였는데, 한 가지 통증 장애를 앓는 환자는 그렇지 않은 사람보다 또 다른, 혹은 더 심각한 통증 장애를 일으킬 가능성이 더 컸다. 하지만 당시에는 환자 개개인의 장애 원인이 심인성 요인이라고 생각해서, 두 가지 만성질환을 동시에 앓는 상태는 의사가 환자를 무시하는 원인이 되었다. 결국, 환자가 의학적으로 설명할 수 없는 증상을 더 많이 앓을수록 신체화 장애를 앓는다는 확신만 높여주었다. 이전에는 신체화 장애 대신 브리케 증후군, 더 이전에는 히스테리를 앓는다고 생각했다. 《정신질환의 진단 및 통계 편람》 제4판에 기재된 신체화 장애 진단 기준을 보면, 몸의 네 군데에 나타나는 통증과 위장관 통증 두 종류, 생식기관 증상 한 종류, 유사 신경성 증상 한 종류를 나타내면 신체화 장애를 진단받을 수 있었다.

문제는 이런 역사가 예외가 아니라 규칙일 수 있다는 점이다. 만성통증연구연합회 회장인 크리스 비슬리Chris Veasley는 지난 십 년간 많은 연구 결과가[46] "원발성 장애를 가진 사람보다 다발적인 증상을 앓는 사람이 실제로 더 많다"고 주장했다고 말했다.[47] 그리고 많은 증상을 앓을수록 결과도 나빴다. "앓고 있는 질병의 수가 많을수록 치료 효과는 줄어들고 장애, 비용 증가, 기분 장애가 생길 확률이 높아진다."라고 비슬리는 말한다. 심지어 오늘날에도 "다발성 병증은 오랫동안 심인성 질환이라고 여겼기 때문에 환자가 경험하는 낙인은 훨씬 더 크다."

왜 이러한 중첩이 발생하는지는 이제 중요한 연구 주제가 되었다. 여기서 중요한 질문은 국립보건원이 말한 것처럼 '중첩된 만성통증'의 발달 정도가 경로를 이탈할 수도 있는 질병의 진행을 어느 정도까지 반영하느냐는 것이다. 중추성 통증 장애가 발생할 위험의 절반 정도는 유전적 민감성에 따르므로, 결국 다발성 통증 장애를 일으켜 중추신경계가 기능장애로 빠질 가능성이 높은 사람도 있다. 그러나 소수의 환자는 첫 번째 통증 장애가 치료되어 나아지면, 즉 초기에 개입하여 중추성 통증으로 번지는 상황을 막을 수 있다면 추가적인 통증 장애가 생기는 일을 피할 수 있다고 비슬리는 말한다. 즉, 여성의 설명할 수 없는 통증을 처음부터 진지하게 받아들였다면 히스테리, 브리케 증후군, 신체화 장애를 얼마나 많이 예방할 수 있었을지 누가 알겠는가?

섬유근육통과 의료계의 성차별

○

알렉시스의 통증은 남편이 오토바이 사고를 크게 당한 몇 년 전만 해도 감당할 수 있는 수준이었다. 알렉시스는 남편을 온종일 간호하기 위해 당시 일하고 있던 직장 세 곳을 모두 그만두었다. 알렉시스의 남편은 6개월 동안 휠체어 신세를 졌고, 걷기 위한 재활 치료에 또 6개월을 보냈다. 알렉시스는 남편을 화장실에 데려다주고, 목욕시키고, 침대에 눕히고 일으켰다. 충분히 잘 수도 없었다. 알렉시스는 많은 스트레스를 받고 있었다. "나 자신을 돌볼 수가 없었어요. 그래서 통증이 심해지기 시작했죠."

어깨와 팔꿈치, 목, 턱에 통증이 일시적으로 더 자주 왔지만 알렉시스가 가장 견디기 힘든 지속적인 통증은 등과 엉덩이 통증이었다. 이 힘든 시기를 지내는 동안 알렉시스의 몸 구석구석에, 심지어 손가락 끝의 작은 관절에까지 통증이 나타나기 시작했다. 알렉시스는 너무 피곤해져서 움직일 수가 없었다. 그때쯤 남편은 직장에 나갈 만큼 몸이 회복되었지만, 알렉시스는 때로 식사를 하러 침대에서 일어나는 것조차 힘들었다. 그녀는 마침내 간신히 시간제 접수 안내원으로 직장에 복귀했지만, 하루하루가 전쟁이었다.

통증으로 의사를 찾아가는 일이 두려웠지만 결국에는 어쩔 수 없었다. "통증을 무시할 수도, 내 방식대로 통증을 완화할 수도 없는 지경까지 이르렀어요. 정말로 살아갈 수가 없을 정도였어요." 그러면서도 알렉시스는 진료 예약을 계속 미루었다. 자신의 말을 듣지도 않는 누군가에게 다시 가서 말하기가 싫었기 때문이었다. 처음 알렉시스가 찾은 의사 두어 명이 정확히 이런 태도를 보였다. "또 똑같은 이야기가 반복돼서 바로 포기했어요." 알렉시스는 항불안제와 항우울제를 처방받았다. "진료실에 그다지 오래 있지 않았어요. 의사들은 내 증상을 나아지게 할 수 없으니까요."

○

만성통증 전문가들 사이에서 섬유근육통은 통증을 처리하는 과정 자체의 기능장애를 보여주는 전형적인 만성질환이다.

섬유근육통의 역사도 비슷한 궤적을 밟아왔다.[48] 1592년 프랑스 의사인 기욤 드 바이유Guillaume de Baillou는 근육통을 설명하면서 '류머티즘'이라는 용어를 처음 도입했고, 19세기 이후의 의학 문헌에서 다양한 유형의 근육 류머티즘과 원인에 대한 이론을 기술했다. 1859년 출판한 《히스테리의 임상과 치료(Clinical and Therapeutic Treatise on Hysteria)》에서 의사인 피에르 브리케Pierre Briquet(브리케 증후군에 자신의 이름을 남김)는 "근육 통증은 아주 흔해서 병이 진행되는 동안 근육통을 앓지 않는 여성 신경증 환자는 없을 정도"라고 말했다.[49] 전신통증은 조지 비어드George Beard가 1880년에 묘사한 신경 쇠약 증상이기도 했다. 20세기 초 영국 신경학자 윌리엄 가워스William Gowers는 근육섬유 조직의 염증 반응이 원인일 것이라는 추정을 바탕으로 이 질병을 '섬유조직염'이라고 부르자고 주장했다. 이 용어는 70년이 넘는 시간 동안 근육 통증이라면 만성이든 급성이든, 전신통증이든 국소통증이든 상관없이 설명하기 어려운 통증을 지칭하는 범용 단어로 자리 잡았다.

그러나 수십 년이 지나도 염증 반응이 있다는 증거는 찾을 수 없었다. 게다가 통증 특이성 이론이 널리 받아들여지면서, 기질적 병리학으로 설명할 수 없는 다른 모든 만성통증처럼 섬유조직염의 원인도 심인성 이론인 것으로 무르익어갔다. 1930년대 스코틀랜드 의사는 만성 류머티즘은 그저 히스테리나 불안 상태가 나타내는 현상이라며, "통증을 호소하는 것은 구조적인 변형이나 기능저하가 없다면 그저 상징일 뿐"이라고 주장했다.[50] 제2차 세계대전을 치르면서, 그리고 전쟁이 끝난 후 군인들 사이에서 섬유조직염이 유행하면서 주목받았고,

그 요인이 심인성이라는 혐의는 더욱 강화되었다. 1943년 미군 군의관 두 명이 이 병은 '심인성 류머티즘'으로 불러야 한다고 주장했다.[51] 그 후 수십 년 동안 정신신체의학의 영향력이 최고조에 달했다가 사그라지면서, 섬유조직염은 심인성 류머티즘이라는 단어와 혼용되었다. 그리고 다른 설명할 수 없는 증상들처럼, 전쟁이라는 맥락에서 벗어나 점점 더 여성의 질병이 되어갔다. 1968년 한 미국 의사는 섬유근육통의 특징은 대부분 '걱정이 많은 여성'들에게 나타난다고 설명했다.[52]

1970년대 초에 현대 섬유근육통의 아버지로 불리는 휴 스미스 Hugh Smmythe 박사는 심인성 통증이라는 두루뭉술한 범주에서 섬유조직염 증후군을 명확하게 구별할 수 있는 특징을 찾아냈다. 스미스는 섬유조직염이 피로감, 수면 부족, 아침강직(류머티즘 환자가 아침에 일어났을 때 몸이 경직되어 움직여지지 않는 현상-옮긴이), 그 밖의 다양한 압통점壓通點을 포함한 전신통증으로 확인할 수 있다고 주장했다. 1980년대에는 소수의 류머티즘 전문의가 섬유근육통이라고 이름을 새롭게 붙이고, 이 질병의 표준 진단 기준을 만들어 질병을 연구하고 진단할 수 있게 했다. 1990년대에는 미국 류머티즘학회가 섬유근육통에 대해 처음으로 공식 진단 기준을 발표했다.[53] 이 기준에 따르면 섬유근육통은 전신통증과 함께 특정 압통점 18군데 중 최소 11곳에서 통증을 느끼는 상태다. 이 기준이 2010년에 바뀌면서 압통점은 진단 기준에서 사라졌고, 이제는 전신 통증, 피로감, 수면 부족, 환자가 종종 겪는 인지장애(환자들은 종종 '섬유 안개'라고 부름)가 진단 기준이다.[54]

초기 섬유근육통 연구는 근육에서 병리기전을 밝히는 데 집중했지만, 연구의 초점은 꽤 빠르게 중추신경계의 이상으로 옮겨갔다. 이제 많은 통증 전문가들은 섬유근육통을 통증을 통제하는 시스템이 최대한으로 민감해져서 닿기만 해도 모든 것을 통증으로 느끼는 중추화된 통증의 최후 단계로 본다. 통증 처리 시스템이 과민성을 나타내는 이유는 아직 알 수 없다. 섬유근육통은 신경전달물질의 균형이 깨지면서 나타나는 것으로 보이는데, 신경전달물질의 양이 너무 많으면 통증 신호가 증가하고, 너무 적으면 신호가 줄어든다. 신경전달물질은 수면, 각성, 기분, 기억에 관여하므로 질병의 다른 증상을 설명할 수도 있다. 섬유근육통 환자 중에는 소섬유 신경병증을 앓는 사람도 있다. 또 다른 흥미로운 최신 연구는 섬유근육통에서 나타나는 중추 감작이 뇌의 면역세포가 부적절하게 활성화됐기 때문인지를 탐색한다. 이는 다른 만성통증 증상에서도 마찬가지일 수 있다.

완벽하게 '의학적으로 설명'되지 않더라도, 통증 전문가에게 섬유근육통은 심인성 질환이 아니다. 통증 전문가인 조엘 카츠Joel Katz는 《정신질환의 진단 및 통계 편람》에서 신체화증후군 장애를 새로운 범주로 두는 것을 반대하는 논문에서, 통증과 관련된 신경생리학 지식이 더 정교해지면서 한때 설명할 수 없어서 자동적으로 마음의 문제라고 여겨졌던 통증에 대한 많은 수수께끼를 지금은 설명할 수 있다고 지적했다. "통증 전달 회로의 복잡성을 볼 때, 현재는 잘 알지 못하는 많은 통증을 앞으로는 정신병리학적인 병인病因에 의지하지 않고도 설명할 수 있을 것이다."[55]

가장 최근인 2008년에는 회의론자들이 〈뉴욕타임스〉에 '약물 승인, 질병은 진짜인가?'라는 제목의 기사를 통해 섬유근육통이 정말 존재하는지 의문을 제기했다.[56] 뇌 영상기술이 발달하면서 섬유근육통 환자가 실제로 통증을 겪는지에 대한 의심은 없어졌지만, 몇몇은 아직도 신경생물학적 이상을 보여주는 수많은 증거들을 기존의 심인성이라는 틀로 설명하려고 했다. 즉, 통증은 실제지만, 과민성은 환자가 스스로 만들어낸 것이라는 주장이다.

섬유근육통의 심리사회적 설명을 지지하는 사람들은 2000년 〈뉴요커〉에 실린 기사에서 신체화에 대한 지겨운 주장을 반복했다.[57] 한 정신과 의사는 환자가 매일의 통증과 아픔에 점점 더 집착하기 때문에 섬유근육통이 발생한다고 했다. "자신의 증상이 질병 때문에 생긴다는 믿음에 사로잡혀, 앞으로 몸이 쇠약해지고 불행에 처하게 되리라고 예측한다. 이는 자신의 몸에 대한 환자의 각성을 더 강화해서 증상의 강도도 강해진다." 환자에게 섬유근육통이라는 진단을 내리면 환자는 '섬유근육통 클럽'의 정식회원이 되어, 통증이 환자의 삶을 지배할 수 있다고 주장한 의사들도 있었다. 환자는 통증에 집중할수록 점점 더 통증 신호에 예민해지므로, 환자를 치료하는 방법은 진단을 축소하는 것뿐이라고 했다. "의료진이 이를 실제보다 축소하면, 통증은 더 경미해지거나 사라질 것입니다."

이런 설명이 현실과 부합하는 증거는 거의 없다. 섬유근육통 환자는 다른 사람보다는 우울증이나 불안 병력이 있을 가능성이 다소 클 수도 있지만, 대다수는 그렇지 않다. 섬유근육통 환자들의 통증은 대개 상당히 갑작스럽게 시작된다. 어떤 경우는 상처나 수술로 생긴 급성 통증이 유발점이기도 하다. 대개 이런 통증은 몇 주 동안 지속된 뒤, 병리학적인 과정 끝에 통증 처리 시스템이 멈춘다. 그러나 근본적으로는 어떤 스트레스 요인(정신적이든 육체적이든, 몸은 구분하지 않는다)들은 질병 감수성이 높은 사람들의 통증 처리 시스템 스위치를 최대한으로 올릴 수 있는 것으로 보인다. 그 밖의 다른 유발점은 차 사고로 인한 트라우마, 성폭력, 전쟁 경험, C형 간염, 엡스타인-바 바이러스나 파보바이러스 같은 특정 감염 질병, 라임병, 오래 지속된 감정적 스트레스 등이 있다. 류머티즘 관절염이나 골관절염처럼 설명할 수 있는 통증을 앓는 환자의 상당수는 결국 섬유근육통을 앓는다.[58]

의료계가 섬유근육통을 과거에 해온 것보다, 또 지금보다 얼마나 더 '축소'할 수 있을지는 상상이 가지 않는다. 의사의 3/4이 섬유근육통을 진단하기가 불편하다고 말하며, 섬유근육통 환자의 진료를 노골적으로 거부하기도 한다.[59] 그러니 미국 성인 400만 명가량이 섬유근육통과 일치하는 증상을 나타낸다고 추정한 2012년 관찰 연구에서, 이들의 3/4이 공식적으로 진단받지 못했다는 사실을 발견한 것은 당연하다.[60] 이들은 '섬유근육통 클럽 정식회원'이 아니더라도, 절반 가량이 직장을 다닐 수 없을 정도로 장애를 겪는다. 알렉시스도 그 중의 한 명으로, 피로감과 통증이 갑자기 그녀의 삶을 덮쳤을 때까지 섬유근육통이라는 말은 들어본 적도 없었다.

섬유근육통은, 식품의약국이 중추신경계에 작용해서 섬유근육통을 치료하는 세 약물 중에서 첫 번째 신약을 승인한 2007년부터, 정식적인 진단으로 더 널리 받아들여졌다. 우울증에서 주의력결핍 과잉행동장애까지, 정확한 기전을 아직 모르는 데다 눈에 보이지도 않는 수많은 질병이 실제로 존재한다는 것을 증명하는 데는 약물 치료가 도움이 되었고, 전문가들이 다른 의사들을 교육할 기회도 제공했다. 하지만 환자는 자신을 무시하는 의료진을 계속 마주치게 된다. 자신이 정말로 통증을 느낀다는 사실을 증명하는 과정에서 겪는 스트레스와 좌절감은 상황을 더 악화시킬 수 있다. 섬유근육통 환자 670명을 대상으로 한 2013년 설문조사에 따르면, 환자의 증상을 무시하는 의료진과 만난 경험이 더 많은 환자는 삶의 질이 더 낮았다. 반면 주치의를 신뢰하는 환자는 통증이 완화된 것으로 나타났다.[61]

아마 섬유근육통을 향한 지속적인 회의론에 대한 가장 관대한 설명은 새로운 지식이 의료계의 도처에 침투하려면 오랜 시간이 걸린다는 것 정도이다. "통계적으로 섬유근육통을 증오하는 가장 거대한 집단은 나이 많은 남성 의사들로, 이들은 다른 시대에 교육을 받았기 때문에 섬유근육통에 대해 아무것도 배우지 못했다."라고 클라우는 말한다. 오늘날에도 만성통증에 대한 최신 지식은 대체로 교육과정에 반영되지 않는다. 클라우는 통증에 대해 제대로 가르치는 의과대학교가 거의 없다고 말한다. 일반적으로 의과대학은 아직도 시험을 치르기 위한 지식을 가르치며 C섬유, A섬유, B섬유 같은 다양한 신경섬유에 대한 기초적인 과학적 정보를 강조한다. "이런 지식은 매우 객관적인 동시에 만성통증 환자를 실제로 돌보는 데는 완전히 쓸모없고 하찮은 지식이다. 그러나 의과대학 교육과정이 바뀌는 속도는 매우 느리다." 클라우는 섬유근육통이나 다른 기능성 통증 장애를 믿지 않는 '네안데르탈인'들을 설득하느라 시간을 낭비하지 말라고 환자들에게 말한다. "나도 최소 한 시간은 쓰고, 슬라이드와 내 유명세를 이용해야 가까스로 그들을 이길 수가 있으니까요."

하지만 다른 기능성 통증 장애와 비교했을 때, 섬유근육통은 유독 큰 회의론에 부딪혔다. 예를 들면 만성 요통도 구조적인 문제로 설명할 수 없지만, 그 존재 자체를 논박하는 기사는 없다. 섬유근육통 전문가 데이비드 에델베르그David Edelberg 박사는 섬유근육통에 대한 의료계의 반응은 '가까이서 보지 않아도 놓칠 수가 없는 의료계의 성차별'을 보여준다고 주장했다.[62]

이 말은 사실이다. 의료계, 그리고 문화 전반에는 환자의 90%가량이 여성인 섬유근육통 환자를 특히 치명적으로 업신여긴다. 여성 혐오로밖에는 설명할 수가 없다. 외음부통과 섬유근육통 환자인 작가 에이미 베르코위츠Amy Berkowitz는 저서 《압통점(Tender Points)》에서 온라인에서 수집한 섬유근육통 환자에 대한 댓글을 공개했다.[63] "섬유근육통 환자는 장애인 수당을 챙기려는 끔찍하고 뚱뚱한 여자다. '일하는 건 피곤하니까, 돈을 주든지 약을 줘!'라는 식이다. 다른 사람이 열심히 일할 때, 집에 앉아 리얼리티 쇼나 보는 게으른 자들이다 이들의 71%는 뚱뚱한 여자로, 의자에서 엉덩이를 떼본 적이 없다. 인정하기 싫어도 이것이 사실이다." "인터넷 기사를 읽을 수 있고 '아야!'라고 11번 말할 수 있는 사람이라면 누구나 걸릴 수 있는 병." "직장에서 이런 괴짜들과 일하는데, 그 사람 얼굴에다 대놓고 사기꾼이라고 말해버렸다. 그 뚱뚱한 엉덩이를 움직여서 일해야 한다. 그들은 그저 '아프고 싶어서' 우는소리를 하는 것뿐이다."

섬유근육통을 향한 오랜 불신은 의학계가 역사적으로 이런 환자를 어떤 시각으로 봐왔느냐의 맥락에서만 이해할 수 있다. 섬유근육통과 관련해서 2012년 기사는 다음과 같이 썼다. "섬유근육통 환자는 의사가 진료하기 싫어하는 환자다. 해결할 수 없는 문제로 계속 의사를 찾아오는 단골 환자다. 유명한 류머티즘내과 과장인 의대 교수가 우리에게 말했듯, '이 환자들은 제정신이 아니'며 이런 시각이 일반적이다."[64]

의학이 이러한 관점에 이바지했다는 점은 의심할 여지가 없다. 관찰할 수 있는 말초 병리기전이 없는 만성통증은 그 자체를 신경생물학적 증상으로 인정하기를 주저한다는 결론을 피하기 어렵다. 수십 년 동안 의학계는 섬유근육통을 질병으로 인정하지 않았기 때문이다. 20세기 동안 의사는 여성의 만성통증의 많은 부분이 마치 다른 사람의 문제인 양 외면해왔다. 기능성 만성통증은 연구 의제 순위에서 가장 하위에 머물렀다. 환자들은 오로지 이차적 이득을 얻기 위해 장애를 일으키는 통증을 끈질기게 계속 이어가는 것처럼 취급받았다.

　　의료계가 새로운 과학 지식을 수용하기까지는 오랜 시간이 걸리지만, 모든 새로운 지식이 대부분이 여성이고, 수백만 명의 환자가 '꾀병, 거짓말쟁이, 히스테리 환자'에서 심각한 질병을 앓는 환자로 바뀌는 것과 같은 과감한 수정을 요구하지는 않는다. 이 환자들을 무시해온 의료계의 태도는 거의 범죄 수준이다. 만성통증과 관련한 패러다임의 변화를 수용하려면, 수십 년 동안 가장 큰 건강 문제를 다뤘던 의학의 접근법이 근본적으로 잘못되었다는 것을 먼저 인정해야 한다.

| 편두통은 과민한 여성의 하찮은 통증이 아니다

기능성 만성통증을 신경생물학적으로 설명할 수 있어도 증상은 주관적인 것으로 남는다. 뇌 영상기술은 환자의 통증을 객관적으로 증명해주지만, 진료실에서 통증은 여전히 환자의 주관적인 경험이다. 짐작건대 섬유근육통의 생체지표가 언젠가 발견되어 진단을 객관적으로 확인할 수 있게 된다면, 그제야 의료계는 섬유근육통을 정당한 질병으로 받아들일 것이다. 그러나 지금으로서는 섬유근육통과 다른 기능성 통증을 받아들이려면 환자가 통증을 호소할 때 환자 개개인을 믿

어야만 한다. 통증에 대한 미국 의학연구소 보고서는 "의료진은 주관적인 통증을 호소하는 환자의 표현 능력을 믿고, 그 표현을 신뢰하는 법을 배워야 한다."라고 결론 내렸다.[65] 편두통의 역사를 보면, 통증을 신경생물학적 장애로 받아들이더라도 여성 환자에 대한 믿음으로까지 확장하는 데는 여전히 어려움이 있다.

미국인 3천8백만 명이 편두통을 앓으며, 이들 중에 3/4은 여성이다. 즉 미국 성인 여성의 18%라는 엄청난 수가 편두통을 앓는다.[66] 소수의 환자는 한 달에 몇 번만 편두통을 겪지만, 편두통 환자의 1/4은 편두통으로 정상적인 생활이 힘들 정도로 심각하다. 미국인 240~710만 명이 만성 편두통을 앓는 것으로 추정하는데, 두통의 빈도가 점차 늘어나서 나중에는 한 달에 최소한 15일은 두통을 앓는 일이 석 달 연속 이어진다.[67]

많은 사람이 최소한 하루의 절반 정도를 일하지 못하거나, 잠들지 못하거나, 침대 밖으로 나올 수조차 없다는 뜻이다. 편두통은 보통 4~72시간 동안 지속되는데, 상상하기 어려울 정도로 끔찍하다. 작가이자 편두통 환자인 조앤 디디온Joan Didion은 "편두통으로 고통받는 사람에게는 '편두통으로 죽은 사람은 없다'는 사실이 애매한 축복"이라고 말했다.[68] 신디 매케인Cindy McCain은 남편인 존 매케인John McCain 상원의원이 베트남전에서 고문받은 경험을 상상할 수 있다고 말해서 유명해졌다.[69] '참을 수 없는' 편두통의 고통은 남편이 받은 고문과 '거의 비슷할 것'이라고 말했는데, 매케인 상원의원은 아내의 비유에 수긍했다. 환자들은 편두통을 그만큼 자주 겪지 않더라도 편두통이 자신의 삶을 완전히 바꿔버린다고 말한다. 언제 나타날지 예측할 수 없기 때문에 편두통의 전조를 어떻게 피할지 노심초사하게 한다는 것이다.

여러 가지 면에서 볼 때, 편두통은 현재 다른 만성통증이 처한 상황을 이미 이십여 년 전에 거쳐 왔다. 국제두통협회 최고운영책임자 발레리 사우스Valerie South는 1998년 학회에서 "지난 100년 동안 편두통은 상상의 질병으로 여겨졌고 여성만의 문제로 치부되었다. 의사는 여성이 아이를 돌보면서 받은 스트레스를 감당하지 못해서 생긴다고 했지만, 최근 연구 결과는 편두통이 실제로 존재하는 생물학적 문제라는 사실을 강조한다."라고 말했다.[70] 한 유럽의 신경학자도 덧붙였다. "십 년 전에는 의사에게 편두통이 진짜 존재하는 질병이냐고 물으면, 70%는 아니라고 대답했다. 지금은 아마도 40% 정도의 의사들이 이를 존재하지 않는 질병이라고 생각할 것이다." 두통 전문가 스티븐 실버스타인Stephen Silberstein은 2000년 라디오 방송에서 이러한 변화를 요약해서 설명했다. "우리는 편두통은 혈관이 확장되고 삶을 직시할 수 없는, 노이로제에 걸린 여성의 장애라고 믿었어요. 하지만 지금은 편두통이 뇌에 생기는 장애라는 사실을 알아요."[71]

만성 편두통을 앓고 있는 사회학자 조애너 켐프너Joanna Kempner는 서양의학이 편두통과 다른 유형의 두통을 바라보는 관점이 히스테리의 역사와 유사하게 발전했다는 사실을 발견했다. 옛날에는 편두통을 다른 질병처럼 감정이나 정신적 요인에 영향을 받는 기질성 질병으로 대개 이해했다. 빅토리아 시대에는 편두통과 다른 두통이 신경장애와 밀접한 연관성이 있다고 생각했다. 19세기 말에는 편두통의 생물학적 기전을 설명하는 두 이론이 경쟁했다. 두개골 혈관이 부적절하게 수축하거나 확장되는 혈관장애라고 주장하는 사람도 있었고, '신경 폭풍'으로 통증이 생기는 신경학적 장애라고 주장하는 사람도 있었다. 양쪽 모두 '신경이 과민한 사람', 즉 한 19세기 의사가 말했듯이 '뇌가

매우 흥분하기 쉽고, 감각이 예민하며, 상상력이 풍부한 사람'이 특히 잘 걸린다고 보았다.[72]

흥미롭게도 편두통은 오늘날 여성에게 더 흔하다고 알려졌지만, 예전에는 전형적인 편두통 환자는 남성이라고 생각했다. 19세기 의사들은 어쨌거나 여성은 신경장애에 취약하기 때문에 장애의 유병률이 여성에게 더 높다고 믿었다. 하지만 두통에 대한 여러 종류의 용어가 일관성 없이 사용되었고, 여성과 남성에게는 대체로 다른 꼬리표가 붙었다. 노 너싱은 히스테리성 두통을 간단받을 가능성이 높았는데 이 두통을 히스테리 증상의 하나로 여겼으며 '진짜 편두통'과 연관성은 있지만 다른 두통으로 생각했다. 물론 진짜 편두통과 히스테리성 두통이 서로 어떻게 다른지는 환자의 성별을 제외하면 명확하게 설명할 수 없었다.

정신신체의학이 1930년대에 사라지자, 현대 두통 연구의 아버지로 불리는 헤럴드 울프Harold G. Wolff는 '편두통 기질'이라는 개념을 대중화했다. 울프는 편두통의 혈관이론 지지자였지만 이는 질병의 기전일 뿐이고, 편두통의 근본 원인은 환자의 감정에 뿌리내리고 있다고 믿었다. 환자와 면담한 내용을 바탕으로, 울프는 '편두통 유형'을 성취와 성공에 사로잡힌 야심가이자 완벽주의자로 정의했다. 편두통 환자의 대부분이 여성이었는데도, 울프는 남성의 편두통 기질에 대해서 더 많이 설명했다. 별로 놀라운 일도 아닌 것이, 울프 자신이 편두통 환자여서 울프는 편두통을 상당히 긍정적인 방향으로 묘사했다. 편두통 환자의 완벽주의 성향은 편두통을 일으키지만 책임감 있고, 성실하며 신뢰할 만한 유형이었다.[73]

그러나 여성 편두통 환자의 성격에는 이런 긍정적인 면이 없다.

울프가 보기에 편두통을 앓는 여성의 가장 중요한 문제는 여성의 역할, 특히 성별에 따른 역할을 수용하지 않는 데 있었다. 울프는 자신의 여성 환자 중에 80%가 성적으로 불만족스럽다고 주장했다.[74] 당시 다른 두통 전문가는 어떤 여성이 편두통을 앓는지에 대해 더 명확하게 말했다. "일주일에 세 번 편두통을 앓는 여성은 반사회적 성격이거나, 일을 너무 많이 하거나, 걱정이나 조바심이 많다. 아니면 자신의 뇌를 잘못 이용하고 있다."[75]

편두통 기질과 혈관이론은 1930년대부터 1970년대 초까지 의료계를 지배했다. 이 이론의 첫 번째 균열은 1960년대 초에 식품의약국이 메티세르자이드를 편두통 예방 치료제로 승인하면서 생겼다. 메티세르자이드는 환자의 감정 상태나 성격에 변화를 일으키지 않고 세로토닌 농도에 영향을 미쳤으며, 이 사실은 편두통이 심인성 질환이라는 개념을 뒤엎었다. 전문가들은 맨 처음 울프가 개발한 편두통 기질 프로파일에 의문을 제기하기 시작했다. 최초로 인구 기반 역학 연구가 진행되자, 편두통 기질에 대한 미신은 그저 중상류층 환자가 저소득층 환자보다 의사에게 진료를 더 많이 받았기 때문인 것으로 밝혀졌다.

신경생물학적 설명이 서서히 자리를 대체했지만, 편두통 기질에 대한 논의는 1980년대까지는 찾아볼 수 있다. 1990년대에는 fMRI와 PET 스캔 연구가 편두통의 병리생리학적 기전에 대한 단서를 제공했다. 연구 결과를 통해 편두통이 부분적으로 유전된다는 사실을 보여주었고, 편두통과 관련된 다수의 유전자를 찾아냈다. 이 중에서도 가장 중요한 사건은 1990년대 초, 이미트렉스Imitrex(약품명은 수마트립탄)를 시장에서 판매한 일이다. 많은 환자의 편두통을 가라앉힐 수 있었던 이미트렉스와 복제약 몇 가지가 크게 히트했고, 의사는 환자를 실제로 치료할 수 있었으며, 편두통을 둘러싼 오명과 혐의가 벗겨졌다. 이미트렉스 개발자는 "수마트립탄의 발견은 편두통이 정말로 기질적 질병이며 신경증 환자가 상상으로 만들어낸 것이 아니라는 점을 확인"해주었다고 설명했다.[76]

그러나 2014년 출판한 저서 《편두통과 젠더와 건강의 정치학(Not Tonight: Migraine and the Politics of Gender and Health)》에서 켐프너는 의료계가 편두통이 신경생물학적 장애라는 점을 수용했지만, 이 변화는 편두통에 오랫동안 드리워졌던 히스테리한 여성이라는 망령을 지울 만큼 강하지 않았다는 우울한 결론을 내린다. 그리고 지난 수십 년 동안, 편두통은 현대 의학에서 진짜 질병으로 인정받는 데 필요한 상당수의 항목을 성공적으로 충족했다고 지적한다. 잘 정립된 진단 기준, 독립된 세부 전공, 질병을 눈으로 관찰할 수 있는 뇌 영상, 약물 치료법, 유전자 연관성 등을 들 수 있다. 하지만 아직도 편두통은 제대로 치료되지 않고, 연구 자금도 모자라며, 과민한 여성의 하찮은 통증으로 축소된다. 요약하자면, 그녀는 편두통이 여전히 '정당성 부족'으로 고통받고 있다고 말한다.

의대생은 두통 장애에 대해 정식으로 수련을 받지 않는다. 두통 장애는 교육과정에서 필수가 아니며, 설문조사에 따르면 의대 졸업생은 두통에 대해 평균 2~4시간의 강의만 듣는다.[77] 두통 전문가 피터 고즈비Peter Goadsby 박사는 신경과 외래환자를 볼 때 "두통은 가장 흔한 증상인데, 역설적으로 신경과 수련의에게 가장 적게 가르친다며, 전기 기사에게 전구에 대해 가르치지 않는 것과 같다."라고 말했다.[78] 이런 불일치 현상은 젊은 의사들에게 편두통이 하찮은 질병이라는 인상을 준다. 수련의 과정에서 신경과 전문의가 두통 환자를 진료하지 않는

3부. 히스테리라는 이름으로 방치된 질병들

것을 보는 것은 이러한 인식을 강화한다.

미국 신경학과를 상대로 한 최근 설문조사에 따르면, 거의 절반 가량의 응답자가 두통 환자를 진료하는 데 더 많은 시간이 소요되고, 1/3은 두통 환자가 다른 환자보다 감정적 소모가 더 많다고 대답했다.[79] 조사 응답자의 절반은 두통 환자가 다른 환자보다 정신과적 문제가 더 많으리라고 판단했고, 1/4은 환자가 '질병 장애를 계속 유지하려는 동기'가 있다고 느꼈다. 이런 점에서 두통 전문의는 수요가 높지만 선망의 직업이 되지 못한다. 켐프너가 설명하듯이, 여성 편두통 환자에 대한 부정적인 선입관이 환자를 치료해야 하는 의사에게도 영향을 미치는 것이다. 두통 전문의는 "두통은 늘 푸대접만 받는 의료계의 로드니 데인저필드Rodney Dangerfield(미국 코미디언-옮긴이)"라며 농담하곤 한다.

연구 자금을 지원받을 때도 푸대접받는다. 국립보건원은 최근 들어 매년 223~279억 원을 두통 장애 연구에 쏟아 붓지만 대부분 편두통 연구로 집중되며, 만성 매일 두통이나 군발두통처럼 보다 희귀한 두통 유형에는 아주 적은 금액만 지원한다. 두통 환자의 수가 어마어마하게 많고 두통이 심각한 장애라는 점을 볼 때 놀라울 정도로 적은 액수다.[80] 비교해보자면, 뇌전증 환자는 210만 명으로 편두통 환자 수의 5%에 지나지 않으며, 장애를 겪으며 살아온 시간이 편두통 환자의 1/3 정도뿐이지만, 연구 자금은 4~5배 더 많이 받는다. 연방정부의 지원이 없는 상태에서 두통 장애에 대한 대부분의 연구는 제약 산업계가 지원한다.

물론 편두통을 치료하는 약물의 존재가 편두통을 실제 생물학적 질병으로 자리매김하도록 확실하게 돕고, 많은 환자의 삶의 질을 개선한 것은 사실이다. 하지만 제약 산업계의 편두통약 광고는 편두통을 향한 진지한 시각을 형성하는 데는 도움이 되지 않았다. 광고는 편두통이 약으로 쉽게 치료할 수 있는 중산층 백인 여성의 사소한 불편이라는 인상을 심어주었다. 그러나 실제로는 저소득층 미국인과 유색인종에게 더 흔한 질병이며, 미국에서만 800만 명의 남성이 앓고 있는 질병이다. 효과적인 치료법은 환자들을 빗겨간다. 예방적 치료법은 치료받는 환자의 50% 정도에만 50%가량의 효과를 나타낸다.[81] 이미트렉스 같은 약물이 모든 환자에게 효과적이지 않으며, 알약 하나당 13,400~51,000원 정도로 약값도 매우 비싸다.

　　대중의 상상과 의료계에서, 편두통은 이제 의문의 여지없는 진짜 질병이지만 여전히 심각한 질병으로 인식하지는 않는 것 같다.

○

　　모린은 몇 년 전, 11일 동안 편두통을 앓으면서 알게 된 사실이 있다. 모린은 가끔 긴장성 두통을 앓았고 몇 년 전 대학을 다닐 때는 편두통도 두어 번 앓았지만, 이 편두통은 이전에 경험한 그 어떤 두통과도 달랐다. 갑자기 이전에는 경험한 적이 없었던 끊임없는 지끈거림이 머릿속을 울렸다. 빛과 소리에 과민하게 반응했다. 눈은 계속 쓰라리고 상체의 모든 근육이 아팠다. 음식을 먹으려 하면 역겹고 때로는 토하기도 했다. "지옥 같았어요." 앓기 시작한 지 7일이 되자 모린은 정말로 걱정스러워졌다. 시력은 너무 흐려져서 일시적으로 눈이 보이지 않는 날도 있었다. 말할 때도 가끔 발음이 불분명해졌다. "인터넷을 찾아보니, 증상이 3일 이상 이어지고 시력에 변화가 있으면, 모두 병원에 가라고 했어요." 그녀가 도움을 청했던 응급진료센터의 간호사는 뇌졸중이나 동맥류를 배제하기 위해서는 응급실로 가보라고 했다.

처음에 응급실에서 의사는 모린이 가슴에 닿을 만큼 턱을 숙이지 못하자 뇌수막염의 전조인지 우려하면서 한 시간 안에 진료를 받을 것이라고 말했다. 하지만 시간은 계속 흘러갔다. 대기실은 조명이 너무 밝고 북적거렸다. "대기실에서 계속 기다리는 일은 너무 힘들었지만, 내가 왜 아픈지 알고 싶어서 필사적이었죠." 네 시간 뒤에야 간호사가 와서 모린의 증상이 '그저 편두통'일 뿐이기 때문에 몇 시간 더 기다려야 진료를 받을 수 있다고 말했다. 간호사는 모린에게 "통증이 심하면 타이레놀을 드릴 수 있지만, 여기 있는 사람들은 실제로 아프고, 우리는 환자가 당연히 받아야 할 진료를 받을 수 있게 해야 합니다. 응급실은 정말 아픈 사람을 위한 공간입니다."라고 말했다.

"나는 이 고통을 7일째 겪고 있는데, 간호사는 내 면전에 대고 '음, 당신은 정말 아픈 게 아니니까 여기 있을 필요 없고, 응급실에 있는 모든 환자와 달리 여기 있을 자격이 없습니다.'라는 식으로 말했죠. 나는 그 말을 듣자마자 울었어요." 모린은 시력이 이상하게 바뀐다고 응급실에 온 이유를 다시 말하면서, 간호사에게 지금 자신이 아프지 않다고 말하는 것이냐고 물었다. 간호사는 "글쎄요, 진통제를 얻으려고 무슨 말이든 해대는 사람들이 있어서요."라고 말했다. "요점은 간호사가 나를 믿지 않았고, 내가 히스테릭하게 보이려고 하고 있고, 간호사의 감정에 호소해서 강력한 진통제를 얻으려고 하고 있다는 말이었죠. 하지만 나도 내 행동을 어떻게 통제할 수 없었어요." 모린은 일어나서 응급실을 나갔다. 다음 날 모린은 성소수자에게 우호적인 병원에 진료 예약을 했다. "내 파트너가 진료를 받으라고 했어요." 여전히 통증은 지독했지만, 모린은 병원에 가서 '그런 대접을 또 받느니 그냥 아프고 말겠다.'라고 생각하고 있었지만 말이다. 편두통이 시작된 지 열흘째가 되어서야 모린은 진단받고, 치료받고, 신경전문의에게 보내졌다.[82]

○

켐프너는 "질병이 완전하게 인정받으려면, 병을 가진 사람들은 마땅히 간호의 지원을 받을 자격이 있는 것으로 보아야 한다"고 주장했다.[83] 편두통 환자는 대개 통증을 겪고 있는 여성 환자로, 그들은 오랫동안 신뢰받지 못해왔다. 결과적으로 "편두통이 뇌 질환으로 분류되어도 편두통을 앓는 사람은 약하고 불평을 늘어놓는 건강염려증 환자로, 일상의 작은 아픔과 통증을 견디지 못하는 사람으로 여긴다." 모린의 경험이 보여주듯이, "편두통을 심각한 질병으로 여기지 않는 한, 그것이 질병으로 확립되거나 의료진이 환자를 신뢰하느냐 마느냐 중요하지 않다." 다른 많은 만성통증 질환 역시 같은 상황에 처해 있다.

"보통 사람처럼 느끼는 게 어떤 건지 잊어버렸어요"

○

일 년 전쯤, 알렉시스는 마침내 수년 동안 찾아다니던, 원하는 치료법을 찾아냈다. 알렉시스의 어머니도 오랫동안 비슷한 증상을 겪었는데, 스스로 인터넷을 탐색하면서 최근에 섬유근육통 전문가를 찾아 병을 진단받았다. 어머니는 알렉시스도 진료를 받으라고 했다. 마침내 스물아홉 살이 되어서야 알렉시스는 진단을 받았고, 자신의 통증을 인정해주는 의사를 만났다. "내가 열한 살 때부터 가졌던 수많은 질문에 답해주었어요. 갑작스럽게 원하는 답을 얻었고, 내 편을 들어주는 사람을 만났죠."

여전히 통증과 피로감은 견딜 수 없이 괴롭지만, 이제 알렉시스는 통증을 조절할 수 있게 도와줄 사람을 만났다. 남편과 가족의 뒷받침에 힘입어, 알렉시스는 11개월 된 쌍둥이 엄마가 되었다. 한때는 간호사가 되고 싶었지만, 지금은 자신과 아이들을 돌보는 것만으로도 벅차다. "내 몸도 돌보아야 하니 직업과 모든 것을 갖춘 슈퍼맘은 될 수 없겠지요. 녹초가 되기 전에 하루 동안 내가 할 수 있는 일이 많지 않거든요." 저녁이 되면 알렉시스는 너무 아파서 쌍둥이를 재우지 못할 정도다. "이 통증이 내 인생을 지배한다는 사실을 인정하기가 힘들지만, 질병이 내게 미치는 영향을 부정할 수는 없죠."

알렉시스의 통증을 알아주고 통증을 조금이라도 가라앉히는 방법을 아는 의사를 만났으니, 이제 알렉시스의 가장 큰 문제는 치료를 계속해나가는 일이다. "지출이 많아서 내 의료비는 지출 순서에서 자꾸 뒤로 밀려요." 전문의를 찾아다니는 일에서는 벗어났지만, 알렉시스는 권고받은 몇 가지 검사를 받는 날짜를 자꾸 미루고 있다. "진료비를 대는 데 보험은 별로 도움이 되질 않아요." 알렉시스의 주치의는 당분간 피로감을 덜어줄 약 몇 가지를 처방했다. 그 약이 알렉시스의 인생을 바꿨다고 해도 과언이 아니다.

"사람답게 사는 것 같고, 마음대로 움직일 수 있어요. 지금까지 할 수 없었던 일들, 가게에 가서 장도 보고 세탁도 하고, 보통 사람처럼 모든 일을 할 수 있죠. 하지만 처방약은 한 달에 50만 원이나 해요. 너무 비싸서 우리 형편으로는 살 수 없어요. 쌍둥이를 키우는 데는 젖병이랑 이유식, 아기 옷까지 돈이 많이 들잖아요. 사실 울컥해요. 그동안 보통 사람처럼 느끼는 게 어떤 건지 잊어버리고 있었거든 요. 지금은 다시 알아요. 저는 매일 완치, 아니면 조금이라도 완화되 기를 기도해요."

6장. 이브의 저주, 아픈데 정상이라니

○

엘런은 열한 살 때 생리를 시작했다. 처음엔 약한 경련 같던 생리통이 몇 년 후에는 완전히 다른 끔찍한 통증으로 바뀌었다. "통증이 자궁에서 엉덩이로 옮겨가더니, 점점 더 심해졌어요. 전에 겪었던 생리통과는 전혀 다른 통증이었죠. 타들어 가는 것 같은 염증성 통증이었는데, 뜨거운 커피 잔을 관절에 갖다 대는 것 같았어요." 등에서부터 목까지 통증이 올라오면서 아프고 뻣뻣해졌다. "결국 걷거나 서 있거나 앉을 수 없었어요. 몸에 부담이 너무 컸거든요. 통증을 분산시키려고 침대에서 앞뒤로 움직이는 것이 전부였어요."

고등학교에 다닐 때는 월경이 시작되기 하루나 이틀 전에 통증이 최고조에 이르러서 결석하기 일쑤였고, 양호실 단골 학생이 되었다. "내가 아픈 척한다고 생각하는 것 같았어요. 왜냐하면 나를 보면 '아, 그래, 또 너구나.' 하는 표정이었거든요. 최소 한 달에 한 번은 엄마가 학교로 데리러 와서 조퇴하거나, 아예 등교하지 않았어요." 결국 몇 번은 병원에 가기도 했다. "병원에서는 어떻게 해야 할지 모르더라고요. 진단을 하려고도 하지 않았어요. 그저 모르핀만 놔주고, 다음 날 아침 집으로 돌려보냈죠."[1]

○

아마도 지난 세기 동안 수많은 여성 질환에 대한 지식을 탐구하는 데 가장 거대한 장벽은 설명할 수 없는 신체 증상을 정신 탓으로 돌리는 프로이트 이후의 변화일 것이다. 하지만 여성의 생식기관과 성 기능에 관련한 질환은 더 낡은 편견이 작용했다. 여성의 질병을 완전히 정상적인 상태로 취급하는 의학의 경향이다.

설명할 수 없는 여성의 증상이 19세기 말에는 최소한 의사들에게 실제 질병으로 받아들여졌지만, 그것들은 또한 불행하지만 피할 수 없는 여성의 운명으로 여겨졌다. 히스테리를 기질적 질병으로 추정했지만 모든 여성에게 내재된 질병으로 여겼다. 1883년에 프랑스 의사 오귀스트 파브르Auguste Fabre는 다음과 같이 말했다. "대체로 여성들은 모두 히스테릭하다.··· 모든 여성은 히스테리의 씨앗을 품고 있다. 히스테리는 질병이기 이전에 기질이며, 아직 발달하지 못한 히스테리가 여성의 기질을 형성하고 있다."[2]

여성의 모든 증상은 여성의 생식기관으로 귀결되었기 때문에, 왠지 여성의 일상적인 생식 주기와 상태는 본질적으로 병적인 상태라고 인식했다. 1900년에 미국부인과학회장은 여성의 삶은 의학적으로 볼 때 매우 위험하다며 드라마틱하게 설명했다. "수많은 젊은 여성이 사춘기에 몰려드는 파도와 맞서다가 영원히 장애를 안게 됩니다. 이를 무사히 넘어서고 출산이라는 바위에 부딪혀 조각나지 않더라도, 끊임없이 반복되는 월경이라는 파도와 성적 폭풍에 곱게 갈리다가, 마침내 완경(menopause)이라는 잔잔한 항구에 다다르게 되죠."[3]

에런라이크와 잉글리시에 따르면, "19세기 말부터 20세기 초까지 의사의 진료는 '여성은 아픈 상태가 정상'이라는 이론이 지배했다."[4] 히스테리를 심리적인 문제로 보았던 마지막 시기에, 어떤 면에서 균열이 나타나기 시작했다. 이전의 의학은 여성의 일상적인 생식 주기나 상태와 관련된 많은 증상을 여성이 신체적으로 비정상이며 열등하다는 증거로 여기고, 공적인 삶에서 여성을 배제할 때 합리화하는 증거로 삼았다. 그러다가 갑자기 이 모든 것을 사실이 아니라고 여겼다.

월경을 예로 들어보면, 19세기 말에는 월경을 하는 동안은 일상

활동도 안전하지 않을 만큼 여성의 건강이 나쁘다고 생각했다. 따라서 고등교육과 직업을 갖는 일은 생각도 할 수 없었다. 1872년 출판된 《여성의 건강과 질병에 대한 조언(A Physician's Counsels to Woman in Health and Disease)》을 보면, "긴 산책, 춤, 쇼핑, 승마, 파티는 생리 중에는 항상 자제해야 한다."라고 했다.[5] 그러나 프로이트 이후 월경과 관련된 통증과 그 밖의 증상은 다른 설명할 수 없는 증상과 함께 심인성으로 분류했다. 1970년대 교과서를 보면 월경통은 "호르몬 불균형이 있을 수 있지만 대체로 성격 탓"이라고 했다.[6] 여성은 생리 주기가 여성을 약화해 남성과 똑같이 일할 수 없다는 의학계 주장에 저항하는 동시에, 몇몇 여성은 정말로 생리 기간에 심신이 약화된다고 주장해야 했다.

여성의 재생산 능력과 변화를 병리적 현상으로 보는 관점으로 되돌아가기도 했다. 폐경에 대해서는 변화가 특히나 극단적이었다. 1966년 로버트 윌슨Robert A. Wilson은 저서 《영원한 여성성(Feminine Forever)》에서 폐경은 '치료할 수 있는' 질병이며 에스트로겐을 보충하는 치료법 덕분에 "여성은 더 이상 폐경 때문에 고통받지 않아도 된다."라고 말했다.[7] 페미니즘 연구들이 말한 것과 같이, 이전의 의학은 '여성이 폐경 증상으로 고통받는다'라는 사실을 인정하지 않았다. 수전 러브Susan Love 박사는 다음과 같이 언급했다. "폐경이 거대한 사업이 되기 전까지, 미국 여성은 항상 이 증상이 머릿속에서 나왔다는 말을 들어야 했다. 호르몬 대체요법이라는 새로운 사업이 나타나자 의료계의 태도는 완전히 돌변했다. 모든 증상이 '실재'하는 증상이 된 것은 물론이고, 모든 여성이 모든 폐경 증상을 겪는다고 기대했으며, 다 같은 정도와 강도로 겪을 것이라고 추정했다."[8] 조앤 캘러핸Joan Callahan은 '모두 당신 머릿속에 있다'에서 '여성은 모두 병을 앓고 있고, 모두 치료받아야 한다'로, 깜짝 놀랄 정도로 바뀌었다고 지적했다.[9]

사실 극단적으로 모순되는 두 주장 사이에서 의학은 갈팡질팡하는 모습을 보이기도 한다. 즉, 여성의 생식 기능은 본질적으로 비정상적이고 병리적인 것으로, 그것이 가져오는 증상은 모두 '정상'이라는 주장과, 여성의 생식 기능은 정상이고 그것이 어떤 증상을 일으켰을 때 너무 과민하거나 과잉 반응하는 등의 반응이 '비정상'이라는 주장이 대척점에 서 있다. 요약하면, 모든 여성들이 아프거나 또는 몇몇 여성들이 제정신이 아니거나, 둘 중의 하나다. 현재 의학은 양쪽 주장의 가장 나쁜 면이 합쳐진 위치에 안착했다. 여성의 생식 기능이 다소 이상한 것은 '정상'으로 간주한다. 그리고 정말로 안 좋다면 어쩌면 그건 '망상'일 거라고 생각한다.

자궁내막증

이러한 극단적인 두 주장은 명백하게 의학의 무지를 덮기 위한 것이다. 월경, 임신, 출산, 그리고 완경은 호흡과 소화만큼이나 자연스러운 생물학적 과정이며, 명백하게 질병이 아니다. 하지만 어떤 여성은 생리주기가 고통스러운데 왜 다른 여성은 그렇지 않은지, 어떤 여성은 폐경기 증상을 겪는데 왜 다른 여성은 겪지 않는지, 의학은 여전히 이유를 모른다. 물론 이러한 무지는 오랫동안 의학이 '여성의 문제'를 정상이거나 정신질환으로 다루어왔기 때문이다. 요컨대 여성은 선천적으로 신체적·심리적 결함이 있으니 피할 수 없다고 여겨지는 증상들은 연구할 필요가 없었던 것이다.

아마 자궁내막증만큼 여성 질환의 정상화 때문에 억압받은 질환도 없을 것이다. 흔하지만 잘 알려지지 않은 질환으로 미국에서만 최소 630만 명이 앓고 있는 자궁내막증은 자궁내막과 유사한 조직이 몸의 다른 부분(대개는 복강, 난소 주변, 나팔관, 방광, 창자)에 생기는 질병이다.[10] 자궁내막은 수정란의 착상에 대비해 자궁 내벽을 덮고 있는 점막 조직으로, 착상되지 않으면 월경 때 출혈과 함께 내막이 쓸려 나온다. 자궁내막 유사조직은 매달 월경을 일으키는 호르몬에 똑같이 반응하여 출혈을 일으키고, 탈락되어 나간다. 그 결과 통증과 염증 반응이 일어나고, 결절·낭포·흉터 조직이 만들어진다. 심각한 경우, 유착이 생겨 골반 내 장기들을 들러붙게 만들기도 한다.

증상은 월경 전이나 월경 중에 통증, 피로감, 심한 출혈, 배변통, 배뇨통, 월경 중 설사와 변비 증상이 있다. 자궁내막증을 앓는 여성의 1/3이 불임이며, 절반 이상은 성관계를 할 때 통증을 겪는다.[11] 월경 때뿐만이 아니라 항상 통증이 일어나는 자궁내막증 환자도 있다.[12] 사실 만성 골반통증을 앓는 여성의 90%는 자궁내막증이 원인일 것으로 추정한다. 한편 아무 증상이 없는 여성도 있는데, 이런 환자는 임신을 시도하면서 질병을 발견한다.

공식적으로 진단받으려면 자궁내막증 병변을 확인하는 외과적 수술을 해야 한다. 즉, 자신의 증상이 단순히 '끔찍한 월경통'이 아니라고 의사를 설득해내야 한다는 것인데, 사실 이 일은 많은 여성에게는 거의 불가능한 일이다. 미국에서는 통증이 시작되고 진단받기까지 평균 10~12년이 걸린다.[13,14] 그리고 환자의 60%가량은 20세 이전에

자궁내막증 때문에 통증이 시작된다.[15]

방황하는 자궁

자궁내막증을 누가 발견했는지에 대해서는 의견이 분분하다. 월경 중에 심각한 통증과 그 밖의 증상으로 복부가 부푸는 모습을 묘사한 서양의학 문헌 중에서 17세기 기록이 가장 오래된 것이다. 1921년, 미국 부인과 전문의 존 샘슨John Sampson 박사는 그때까지 여러 이름으로 불려 혼란을 일으켰던 이 질병에 고대 그리스어로 '비정상적인 자궁'이라는 뜻의 '자궁내막증'이라는 현대적 이름을 붙였다. 샘슨 박사는 이 질병이 '역류월경' 때문에 일어난다고 주장했다. 역류월경은 월경이 일어나는 동안 자궁내막 조직이 자궁을 거슬러 올라가 나팔관을 통해 복강에 자리 잡는다는 가설이다.

자궁내막 조직이 자궁의 올바른 위치에 있지 않고 방황한다는 자궁내막증에 대한 샘슨의 설명이, 히스테리에 대한 고대 그리스의 '방황하는 자궁' 이론처럼 기이하게 들린다면 우연이 아니다. 권위 있는 자궁내막증 전문가 세 명이 2012년에 자궁내막증의 역사를 분석한 62쪽짜리 책을 출판했다. 4,000년이 넘는 의학의 역사를 꼼꼼하게 살펴서 여성의 월경과 골반 통증에 대한 기록을 분석한 저자들은 "수세기 동안 심인성 질환으로 추정했지만 지금은 신빙성이 떨어진 수수께끼 질병, 히스테리 케이스는 대다수가 자궁내막증일 가능성이 높다는 반박할 수 없는 증거가 있다."고 결론 내렸다.[16]

지금 이 주장에 대해서는 확신할 수 없다. 히스테리가 현대에는 잘 알려졌지만 당시에는 아직 이해하지 못하던 수많은 질병을 포괄하던 큰 천막이었던 것으로 보인다. 하지만 저자들은 수세기 동안 히스테리로 명명된 질병 중 하나가 자궁내막증이었다는 강력한 논거를 제시했다. 의심할 여지없이, 고대 그리스와 로마 시대에 월경통과 그 밖의 이상 증세는 '히스테리코스'류 질병의 핵심 특징이었을 것이다. 이러한 질병은 '틀림없는 진단 잡동사니'를 대표하지만, 저자들이 지적하듯이 만약 자궁내막증이 몇몇 사례의 원인이었다면 가능한 한 빨리 결혼하고 임신하라는 고대에 권장한 치료법은 월경을 억제해서 실제로 효과가 있는 것처럼 보일 수 있다. 심지어 히스테리가 신경계 장애로 여겨지기 시작했을 때도 '월경 곤란'은 질병의 흔한 증상으로 남았고, 몇몇 의사는 자신이 진료하는 히스테리 환자가 주기적으로 통증을 호소한다는 점에 주목했다. 프랑스 정신과 의사 필리프 피넬Philippe Pinel은 "소녀가 사춘기에 들어서면 지독한 히스테리 폭발이 시작된다. 달마다 겪는 월경을 시작하면서 소녀는 히스테리 폭발과 함께 배변과 배뇨 곤란을 겪을 수 있고, 증상은 대개 월경이 끝나 정상으로 돌아올 때까지 3~4일간 지속된다."라고 설명했다.[17]

19세기까지 프랑스 병리학자들은 과다월경과 고통스러운 월경통을 부검을 통해 확인한 복강 내 종괴와 관련지어 생각했다. 하지만 대체로 자궁내막증은 장비를 갖추지 않으면 보통 의사는 확인할 수 없는 것으로 남아 있었다. 1887년에 한 의사는 자궁내막에 작은 결절이 있는 여성들이 촉진으로는 알 수 없을 만큼 종양이 작고, 자궁이 커지거나 이동하거나 다른 영향을 받지 않았기 때문에, 그저 '히스테리'로 진단받았다는 사실을 한탄했다. 자궁내막증이 존재했다는 단서는

19세기에 인기 있던 특허 약품인 리디아 핑크햄Lydia E. Pinkham의 '배지터블 컴파운드' 광고에서 찾을 수 있다. '신경쇠약 치료제'라고 선전한 이 약을 먹은 환자의 증언은 자궁내막증 증상과 '부인과 질환'을 암시하고 있다.[18]

20세기에는 설명할 수 없는 월경통을 심인성 질환으로 여겼고, 자궁내막증이 일으킬 수 있는 수많은 증상을 신체화 탓으로 돌렸다. 자궁내막증협회 설립자인 메리 루 발웨그Mary Lou Ballweg는 1997년 기사에서 자궁내막증과 신체화 장애는 임상적으로 구별되지 않으며, 두 증상을 구별하는 유일한 방법은 외과 수술로 자궁내막증 증상을 직접 확인하는 것이라고 지적했다.[19] 자궁내막증의 모든 주요 증상(월경통, 불규칙한 월경, 과다한 월경 출혈, 성관계 중의 통증, 복부 통증, 메스꺼움, 복부 팽만감, 설사, 요통, 요폐 등)은 신체화 장애 증상으로도 기재되어 있었다. 발웨그는 "프로이트 이후 수십 년 동안 여성은 모든 증상이 머릿속에서 나왔다는 말을 들어야 했다. 자궁내막증을 앓는 수백만 명의 여성에게 신체화 장애라는 병명을 들이미는 행동은 여성에 대한 오랜 편견의 새로운 변주일 뿐"이라고 말했다.

이브의 저주

오늘날 대중과 의료계가 공유하고 있는 널리 퍼진 믿음 중에서 '월경통은 정상'이라는 생각은 환자가 의사의 진료실에 들어서기도 전에 시기적절한 자궁내막증 진단을 받는 것을 방해한다. "이 선입견은 의사보다 더 거대한 장벽이다. 우리 사회는 소녀들에게 여성이 되는 것은 고통스러운 일이라고 가르친다. 이 신화의 싹부터 잘라내야 한다."라고 발웨그는 지적한다.[20]

자궁내막증을 진단받은 여성을 대상으로 한 2006년 연구는 진단 지연의 이유 중 하나는 여성 스스로 '월경통은 정상'이라고 생각해서 의사를 찾지 않는 것이라고 밝혔다.[21] 여성은 자신이 끔찍한 월경통을 앓는 '운 나쁜' 사람 중 하나라고만 생각했다. 실제로 이들이 자신의 월경이 정상이 아니라는 사실을 어떻게 알 수 있겠는가? 월경을 둘러싼 수많은 낙인들은 많은 젊은 여성을 어떤 비교할 만한 준거도 없이 남겨둔다.

○

엘런도 알 수 없었다. 통증이 끔찍해서 매달 월경 때마다 우울하고 불안했다. 하지만 엘런은 한 번도 고등학교 친구들에게 이런 이야기를 한 적이 없다. "월경에 대한 이야기는 잘 안 하잖아요. 여자들끼리도 안 해요. 월경통에 대해 물어볼 데가 없어요. 다른 사람은 다들 잘 견디고 아픈 것 같지도 않아서, 나도 그래야 하지 않을까 싶은 생각이 들었죠."

엘런 어머니의 반응 역시 마찬가지였다. "엄마한테 월경통 때문에 죽을 거 같다고 했더니, 엄마는 '월경 때는 원래 그래'라고 말했어요. 엄마가 나만 했을 때, 엄마도 월경통이 정말 끔찍했다고 했죠. 엄마는 진통제를 먹고 직장에 휴가를 내고 쉬곤 했는데, 그래서 엄마는 나도 그런 게 당연하다고 생각했어요."

○

이런 일 역시 흔하다. 자궁내막증을 앓는 많은 여성이 엄마나 친척에게 증상을 이야기하면, 그들도 비슷한 일을 겪었다는 사실을 알게 된다. 이건 자궁내막증이 집안 내력일 수 있기 때문이다. 친척 중에 누군가가 자궁내막증을 앓으면 같은 질병을 앓을 확률은 7배나 높아진다.

케이트 시어Kate Seear는 저서《현대 유행병의 요소 : 자궁내막증, 젠더와 정치학(The Makings of a Modern Epidemic: Endometriosis, Gender and Politics)》에서 월경통이 정상으로 인식된 이유는 부분적으로는 사람들이 월경에 대해 말하지 못하게 하는 강력한 '월경 예절'이 있기 때문이라고 주장했다.[22] 시어의 연구를 보면, 자궁내막증을 앓는 많은 여성들이 월경통에 대해 이야기했다가 비난을 받았다. 일을 안 하려고 핑계를 댄다고 생각하는 고용주나 동료, 성관계를 피하려는 핑계라고 생각한 배우자, 다른 사람은 불평하지 않고 견디는 것을 가지고 관심을 끌려 한다고 생각하는 다른 여성들과 충돌하기도 했다. 이런 비호의적인 반응 때문에 침묵 속에서 통증을 견디는 쪽이 더 나은 선택이 되었다. 시어는 "이러한 경험들이 애초에 여성이 자신의 월경 문제를 드러내지 못하게 한다면," 비정상적인 월경에 대한 대중의 인식이 높아지더라도 자궁내막증 진단은 개선되지 않을 것이라는 데 주목했다.

○

"나는 월경이 원래 고통스러운 것이며 그저 참고 웃어야 한다고 배우며 자랐어요. 그래서 이 문제는 무감해져야 한다고 느꼈어요. 통증 때문에 등교하지 못하고 집에 있거나 쉬거나 약속을 취소할 때면 기분이 정말, 정말 나빴어요."라고 엘런도 동의했다. 스무 살이 된 지금까지도 엘런은 통증에 대해서는 '절대로 말 못 할 것 같은'

기분이 든다. 다른 이유를 대면서 자신의 부재를 '정당화'하려 분투한다. 엘런은 "몸이 안 좋다"거나 "갑자기 무슨 일이 생겼다"고 둘러댄다. "아니면 편두통이 있다고 말해요. 편두통은 흔한 변명이니까요. 실제로도 편두통이 있으니까 거짓말은 아니에요. 다만 사람들이 생각하는 만큼 자주 편두통이 있는 게 아닐 뿐이지요." 엘런은 이런 종류의 고통에 쩔쩔매는 것이 싫다. "이건 수치스러우니까요."

○

이런 분위기 때문에 여성이 의료 전문가에게 진료받기는 훨씬 더 어렵다. 의료 전문가는 월경에 대한 오래된 문화적 신화를 깨야 할 사람이지만, 오히려 월경통에 대해서는 여성이 '정상'인 통증에 너무 과장해서 반응한다고 말하곤 한다. 자궁내막증협회의 연구 기록을 보면 자궁내막증을 진단받은 여성의 61%가 몸에 아무런 이상이 없다는 말을 의료진으로부터 들었다고 했다.

발웨그 같은 운동가는 통증 강도에 상관없이 월경통이 '정상'이라는 개념 자체에 의문을 제기해야 한다고 주장한다.[23] 자궁내막증처럼 잠재된 질병 때문에 나타나는 월경통은 이차성 월경곤란증으로 분류되며, 이차성 월경곤란증의 또 다른 흔한 원인에는 자궁근종과 난소낭종이 있다. 일차성 월경곤란증은 다른 명확한 질병 없이 나타나는 월경통을 말한다. 수십 년간 심인성 질환으로 여겨졌고, 1970년대에는 여성이 자신의 역할을 수용하지 못하기 때문이라고 했으며, 이제는 질병을 '정상'이라고 하고 있다.

일차성 월경곤란증이 흔한 것은 사실이다. 미국에서 월경하는 사람, 특히 청소년 대부분은 월경 시기에 보통은 가벼운 통증을 겪는다.

이보다는 적지만 무시하지 못할 수의 여성들이 일상에 지장이 있을 정도의 월경 곤란을 겪으며 등교나 출근을 포기한다. 세계보건기구가 평가한 2006년 결과를 보면, 여성의 12~14%가 심각한 월경통을 앓는다.[24] 그러나 물론, 심각한 월경통을 앓는 여성 중에서 얼마만큼이 자궁내막증을 진단받지 못한 환자인지는 알 수 없다. 미국 여성 59,000명 이상을 대상으로 한 2016년 조사에 따르면 6%의 여성이 자궁내막증을 진단받았다.[25] 환자가 자궁내막증을 진단받기까지 오랜 시간이 걸리는 점을 고려하면, 심각한 월경통을 겪는 많은 여성이 자궁내막증을 가지고 있을 가능성이 높다. 다시 말하자면, 의학적으로나 보다 넓은 문화적 차원에서나 심각한 월경통의 정상화는 자궁내막증의 과소 진단 때문이다.

월경통이 일반적이라고 해서 반드시 그것이 정상이라는 의미는 아니다. 수십 년 동안 일차성 월경곤란증을 '설명할 수 없는' 증상으로 여겼지만, 자궁 근육의 수축과 이완을 조절하는 프로스타글란딘의 불균형이 원인일 수 있다는 연구 결과가 나왔다. 월경통의 원인을 호르몬 불균형이라고 정의하면서도, 그리고 모든 여성이 월경통을 겪지 않는다는 피할 수 없는 분명한 사실에도 불구하고, 의료계는 일차성 월경곤란증을 정상으로 다루려고 한다. 문화 전반이 그렇듯 말이다. "여성들은 월경통을 정상이라고 받아들이지만, 나는 그럴 수 없다. 현대 사회에는 어떤 여성의 월경통을 고통스럽게 만드는 아주 아주 많은 원인이 있지만, 우리는 원인을 계속 연구하고 개선해야 한다. 일상적인 생리 기전이 고통스러울 리가 없다. 자궁내막증이 원인이든 아니든, 이것은 틀림없는 문제다."라고 발웨그는 말했다.

자궁내막증이 역류월경 때문에 생긴다는 샘슨의 이론은 당연한 결론으로 귀결되었다. 즉, 여성이 가임 기간 동안 임신하지 않고 월경을 계속하면, 자궁내막증이 생길 위험이 더 커진다. 의사들은 4,000년 전에 히스테리에 관해 내렸던 똑같은 처방인 임신을 권고하기 시작했다.

1940년대에 자궁내막증에 대해 영향력 있는 전문가였던 조 빈센트 메그스Joe Vincent Meigs 박사는 '임신이 늦어지고 횟수도 줄어들면서' 자궁내막증이 증가했다고 경고했다.[26] 그러면서 여성이 임신하도록 교육하고 피임법을 가르쳐서는 안 된다고 강력히 권고했다. 임신을 늦추면서 여성은 '자연의 법칙'에 저항하고 있으며, 이는 여성과 원숭이를 비교하면 명확하게 알 수 있다고 주장했다. "원숭이는 가임기가 되자마자 짝짓기를 해서 죽을 때까지, 혹은 더는 임신할 수 없을 때까지 새끼를 낳는다. 원숭이는 월경을 거의 하지 않을 것이다. 인간 여성도 원숭이와 비슷한 생리 구조를 갖추고 있으므로 월경이 시작된 후 14~20년까지 출산을 미루는 일은 잘못되었다." 물론 미국 의학계의 우생학적 관점에서 이 글을 쓴 메그스는 모든 여성의 자궁내막증을 걱정하지는 않았다. 메그스는 자궁내막증이 '부유하지 않은 환자'에서는 흔하지 않다고 주장하고, '우리 인종의 조혼과 빠른 출산'을 지지했다. 여기서 '우리'란 성공한 앵글로-색슨족으로 고등교육을 받은 상류계층을 뜻했다.

1960년대에 더 많은 여성이 눈꼴사납게 '자연의 법칙'을 깨고 일터에 나오자, 자궁내막증은 '일하는 여성의 질병'으로 불렸다. 전형적인 자궁내막증 환자는 특정한 심리 상태를 공유한다고 여겨졌다. "환자는 뼈나 근육 조직이 발달한 체형에 체중 미달이고, 과민하고, 지적이고, 자기중심적이며, 완벽주의자다. 이런 특징은 결혼과 출산을 미룰 가능성이 높은 성격 유형으로, 그러니 당연히 배란이 끊기지 않고 지속된다."[27] 이 분야의 한 유명한 전문가는 1971년에 "이런 성격 유형은 매일 매일 재떨이를 청소해야 하는 타입"이라고 썼다.[28] 의학 문헌에서는 자궁내막증이 일하고 싶어서 출산을 미룬 삼십 대 초반부터 중반까지의 중상류층 백인 여성의 질병이라는 생각이 거의 1990년대까지 공식적으로 지속되었다.

이런 편견의 결과로 여성은 스스로 선택한 삶 때문에 질병을 자초한 것으로 비난받았다. 1980년대에는 일하는 여성을 진정 유행병의 원인 제공자로 여겼다. 1988년에 두 과학자는 "지난 20년 동안 선진국 여성의 개인적 성취는 힘든 가족 부양보다 직업적 성취를 이룰 경우 더 크게 인정받았다. 그러면서 자궁내막증의 발생 빈도도 증가했다."라고 썼다.[29] 시어가 말했듯이, 자궁내막증을 '여성의 부적절하고 부자연스러운 직업 활동의 산물'로 여겼다.[30]

이쯤 되면 '일하는 여성의 질병'이라는 선입견에 진실이 하나도 없다는 소리를 들어도 당신은 전혀 놀라지 않을 것이다.[31] "이런 신화가 생긴 이유는 교육받고 부유한 여성만이 의사에게 진단을 받아낼 수 있었기 때문"이라고 발웨그는 설명했다. 이 여성들은 전문의의 진료와 외과수술을 받을 수 있을 만큼 재정 능력이 있을 뿐만 아니라, 자신의 증상이 정말로 비정상이라는 점을 의사에게 설득시킬 만큼의 권위도 있었다. 자궁내막증 전문가인 마크 라우퍼Marc Laufer 박사는 다큐멘터리 '자궁내막증이라고?(Endo What?)'에서 이렇게 말했다. "내가 1980년대에 학교에 갔을 때는 자궁내막증이 '일하는 여성의 질병'이라고 배웠다. 그게 무슨 뜻이냐고? 의료보험이 있는 백인 여성이라는 말이다. 이 여성의 통증에는 귀를 기울이는 것이다."[32]

그러면 다른 여성의 통증은? 인종차별적인 억측들은 많은 유색 인종 여성을 진료에서 배제하는 데 효과적이었다. "1980년대까지도 소수인종은 자궁내막증에 걸리지 않는다고 교과서에 쓰여 있다. 만약 아프리카계 미국 여성이 자궁내막증에 걸린 백인 여성과 똑같은 증상 으로 의사를 찾아갔다면 골반염을 진단받았을 것이다. 그리고 그녀는 문란하고 낙인찍혔을 것이다."라고 발웨그는 말했다. 1993년 논문 은 자궁내막증에 걸린 흑인 여성의 40%가 성관계로 인한 골반염으로 오진받았음을 제시했다.[33] "너무나 노골적인 인종차별이어서 몹시 화 가 났다."고 발웨그는 말했다.

한편 십 대들은 정상적인 월경을 견디는 법을 아직 익히지 못해 서 그렇다는 이야기를 계속해서 들었다. 그러나 연구 결과를 보면 월 경 곤란을 호소한 십 대의 70%가 결국 자궁내막증으로 진단받았다.[34] '결국'이라는 단어가 중요하다. 평균적으로 여성은 의료 전문가 일곱 명을 만난 뒤에야 전문의에게 보내져서 치료받기 시작한다.[35] 자궁내 막증 관리센터 설립자인 로버트 올비 주니어Robert Albee Jr. 박사는 자궁내 막증이 진단되지 않았을 때 젊은 여성들에게 미치는 심리적 영향에 대한 기사에서 "의학 산업계와 의료 전문가에게 자궁내막증 조기 진 단을 개선해달라고 부탁하기 위해 이 글을 쓴다. 제발 우리의 젊은 여 성들이 통증에 시달리고 있다고 말할 때 믿어주기를 부탁한다"고 썼 다.[36]

자궁내막증이 나이 든 여성에게만 나타난다는 오해가 생긴 또 다 른 이유는 역사적으로 의사들이 이 질병이 임신에 미치는 위협만을

3부. 히스테리라는 이름으로 방치된 질병들

우려해왔기 때문이다. 원인 모를 불임에 시달리는 여성의 절반가량이 자궁내막증을 앓고 있으며, 자궁내막증을 앓는 여성의 30%는 임신할 수 있지만 난임을 경험한다. 물론 나머지 절반가량은 후에 임신에 성공한다.[37] 자궁내막증을 가진 많은 환자들은 자신들이 임신하려고 노력할 때만 증상이 진지하게 다루어졌다고 보고했다. 2003년 논문을 보면 의사에게 불임을 호소한 여성은 월경통을 호소한 여성보다 더 빠르게 자궁내막증 진단을 받았다.[38]

불임은 많은 자궁내막증 환자들에게 확실히 중요한 문제다. 하지만 의료계의 초점은 환자의 임신 능력이나 임신에 대한 당사자의 욕구와는 관계없이 불임에 맞춰져 있으며, 이는 수많은 환자가 겪는 통증에 대한 상대적인 무관심을 보여준다. 자궁내막증 환자인 리사 산미겔Lisa Sanmiguel이 마침내 병명을 진단받았을 때 주치의는 그녀에게 "자궁내막증으로 인한 가장 큰 상실은 아이를 못 가진다는 것"이라고 말했다고 회상했다.[39] "십 대 후반과 이십 대 초반을 친구, 학교, 그 밖의 다양한 사회적 관계에서 단절당한 채 침대에 누워 극심한 고통을 겪은 젊은 여성에게 자궁내막증으로 인한 가장 큰 상실은 '나 자신의 삶'이었어요."

불임에 맞춰진 초점은 질병의 심각성을 표시하는 분류 체계에도 새겨져 있다. 복강경 수술을 하면 자궁내막증은 낭종과 병변의 위치에 따라 네 단계 중 하나로 분류된다. 난소와 나팔관에 생긴 자궁내막증은 불임을 더 자주 일으킨다고 여겨져 점수가 더 높다. 결과적으로 '경미한' 자궁내막증을 가진 여성이 '심각한' 자궁내막증을 앓는 여성보다 더 큰 통증을 겪을 수 있으며, 실제로 그런 경우가 많다. 다른 많은 만성통증 질환과 다르게 자궁내막증의 병변은 정말로 뭔가가 잘못됐다는 객관적인 증거를 제시하지만, 여성은 진단을 받은 후에도 종종 자신의 통증을 무시당한다.[40] 만약 환자가 '경미한' 자궁내막증을 가지고 있지만 '심각한' 통증을 호소한다면, 그것은 심인성이라고 말해질 가능성이 높다. 이 분류 체계는 통증이 아니라 불임에 미치는 영향을 예측하기 위한 것이지만, 사실 그 역할도 잘 해내지 못하고 있다.

몇몇 전문가들은 자궁내막 유사조직이 얼마나 몸에 퍼져 있는지가 아니라, 조직의 화학적 활성 정도에 따라 증상의 심각성이 달라진다고 본다.[41] 하지만 의사들은 자궁내막 유사조직의 양과 환자의 통증 강도 사이의 낮은 연관성을 오랫동안 여성의 심리적 기질에 의지하여 설명해왔으며, 자궁내막증 환자들은 그저 특별히 신경증에 잘 걸리고 불안해 하며 통증에 과잉 반응하는 경향이 있다고 주장한다. 자궁내막증이 어떻게 모든 증상을 일으키는지 아직 잘 모른다고 말하지 않고 신체화 장애, 건강염려증, 신체화 망상증을 질병의 증상으로 들먹이면서 자궁내막증이 환자에게 설명할 수 없는 심인성 증상을 일으킨다는 상당히 터무니없는 주장도 한다.[42]

사회학자 에마 웰런Emma Whelan은 사실 통증은 자궁내막증 환자가 느끼는 주요 증상이지만 수십 년 동안 '부인과 의학은 불임을 치료하는 데 초점을 맞춰야 하며, 통증은 심리학자에게 맡겨야 한다'고 생각해왔다고 썼다.[43] "한 연구팀은 '만성통증 환자는 … 다른 사람의 마음을 교묘하게 조정하는 사람일 수 있다'며, 심리학자들은 이런 환자를 더 잘 다룬다고 주장하기도 했다." 1980년대에 시작된 환우회의 노력 덕분에 질병의 고통스러운 통증이 점점 인식되고 있다. 발웨그는 말한다. "처음부터 우리는 불임이 아니라 통증이 가장 중요한 문제라고 말해왔어요. 하지만 자궁내막증협회의 전 세계적인 노력에도 불구하고, '통증과 자궁내막증'에 대한 의학학회는 2006년이 되어서야 열 수 있었죠."

○

결국 엘런은 직접 인터넷 검색을 했다. "내가 겪은 통증이 사실은 정상이 아니라는 것을 알았죠. 대부분의 여성은 월경을 어떻게든 견뎠어요. 불편하긴 하지만 움직이지 못할 정도는 아니었죠. 그제야 내가 정상이라고 생각했던 게 사실은 정상이 아니라는 걸 알았죠." 엘런은 어머니에게 자신이 자궁내막증을 앓고 있는 것 같다고 말했다. 부인과 전문의를 찾아갔더니 자궁내막증일 수 있지만 진단을 확인하기 위해 수술할 필요는 없다는 대답을 들었다. "그 의사는 내가 피임약을 먹어서 통증을 관리할 수 있다면, 그저 그 정도면 괜찮을 거라고 생각한 것이죠. 그래서 피임약을 먹었더니 통증이 크게 줄었어요. 하지만 시간이 지나면서 통증은 다시 시작됐고, 예전처럼 통증이 심해졌어요. 그래서 피임약 복용량을 늘려야 했지만 그러고 싶지 않았어요. 부작용이 너무 많으니까요."

한편 엘렌은 주치의의 충고에 따라 통증을 관리하는 데 점점 지쳐갔다. "의사는 '요가를 하세요. 침을 맞으세요. 마사지를 해봐요. 운동해요. 이부프로펜을 먹어봐요.'라고 말했죠. 그런데 나는 이미 이부프로펜을 과량으로 복용하고 있었어요. 의사가 내 말을 듣지 않는 것도 피곤해졌고요. 나는 할 수 있는 한껏 통증을 호소했어요. 정말 너무 아팠거든요. 통증을 축소해서 말하는 건 생각도 못 했어요."

하지만 엘런은 다른 사람들, 심지어 주치의조차도 자신의 통증 정도를 과소평가하고 있다는 사실을 알게 됐다. 그나마 월경을 석 달에 한 번만 해서 통증을 견디는 게 조금은 나았지만 통증이 없어지지는 않았다. 엘런은 새 의사를 찾고 있는 중이다.

○

미궁에 둘러싸인 수수께끼

국립보건원이 자궁내막증 연구에 아주 적은 지원금을 배당했던 1980년대 초에는 연구 자금을 신청한 연구자가 한 명도 없었다.[44] 로런스와 와인하우스는 "대부분의 의사는 여성들이 겪는 끔찍한 골반통이 모두 머릿속에서 나온 것이라고 생각했다. 귀중한 연구 시간을 존재하지도 않는 질병을 연구하는 데 낭비할 이유가 없지 않을까?"라고 설명했다. 지금은 관심을 보이는 연구자가 많아졌지만 연구 지원금은 여전히 부족하다. 국립보건원이 2016년에 지원하는 자궁내막증 연구 기금은 겨우 111억 7,500만 원이다. 자궁내막증 환자 한 명당 1,600원을 책정했다. 자궁내막증 관리센터 외과 프로그램 책임자인 헤더 기돈Heather Guidone은 "자궁내막증 연구 지원금이 너무 부족하다"라고 말한다.[45] 자궁내막증에 대한 연구자들의 관심 부족과 의학 교육의 부재는 한 연구자가 2004년에 말했듯이 자궁내막증을 '병인의 혼란과 치료의 사각지대' 상태로 방치하고 있다.[46]

유병률이 높아서 부인과 전문의가 가장 많이 마주하는 질병이지만, 의과대학에서는 자궁내막증에 대한 교육을 충분히 하지 않는다. 기돈은 의사들이 알아야 할 정확한 정보를 배우지 못하고 있다고 말했다. 일반의를 상대로 한 최근 조사에서 거의 2/3가량이 자궁내막증을 진단하기가 꺼려진다고 대답했다. 자궁내막증이 외과적으로 진단된다는 것의 의미는 심지어 대부분의 부인과 전문의도 자궁내막증에 대해 제대로 배우지 못했다는 것을 뜻한다. '무난한 환자를 만날 수도 없거니와 환자에게 무엇을 해줘야 할지도 모르기 때문에' 많은 의사들이 자궁내막증 환자를 피하고 싶어 한다고 발웨그는 덧붙였다.

현재 할 수 있는 치료법은 대개 월경을 억제해서 증상을 덮어버리는 방식이다. 엘런의 주치의 같은 많은 부인과 일반의는 진통제와 함께 호르몬 피임법을 첫 번째로 권한다. 하지만 이는 어떤 환자들에게는 통증을 최소화할 수 있도록 돕지만, 결국 '시간을 잠시 버는 미봉책'일 뿐이라고 기돈은 말한다. 다른 호르몬 치료법도 본질적으로 많은 부작용과 함께 환자를 폐경으로 이끈다. 믿기 힘들지만 어떤 의사들은 어린 여성에게 아직도 임신을 치료법으로 권한다. 페이스북의 자궁내막증 그룹 이용자는 "주치의가 임신을 하면 통증이 줄어든다고 말했다. 난 이제 열한 살인데."라고 코멘트를 달았다.[47] 자궁절제술이 유일한 치료법이라고 들은 환자도 있는데, 이는 절대 사실이 아니다. 실제로 자궁절제술을 받고도 통증이 계속되는 환자도 있다. 너무나 많은 환자가 그저 환자의 등을 두드리면서 '이 약을 먹어보고, 안 되면 다음에는 임신하고, 그래도 안 되면 자궁절제술을 하죠.'라고 말하는 의사를 만나고 있다고 기돈은 말한다.

자궁내막증 전문가들은 이렇듯 일회용 반창고나 붙이고 지켜보는 식의 치료에 의존하지 말고 환자를 전문의에게 곧바로 이송해 공식적인 진단을 받고 외과적 치료를 받게 해야 한다고 말했다. 수십 년 전에는 복부 전체를 가르고 수술했지만, 그동안 크게 발전해서 이제는 절제 부위를 최소화한 복강경 수술로 자궁내막 유사조직만을 절제할 수 있다. 하지만 이런 복잡한 수술은 대부분의 일반 부인과 의사는 가지지 못한 전문 기술이 필요하다. 전문 외과의를 만날 때쯤이면 많은 환자가 이미 수술에 여러 번 실패한 다음이다. 많게는 15번 이상 수술한 환자도 있다. 기돈은 수술을 하고도 여전히 질병을 앓을 뿐 아니라, 외과적 손상과 흉터를 끌어안고 있다고 말한다. 외과 전문의에게 가더라도 성공을 확신할 수는 없다. 자궁내막증은 호르몬 불균형과 면역 불균형이 일으키는 전신질환이므로 증상이 자주 재발하다, 기돈의 말처럼 환자는 '수술, 약, 치료라는 끝없는 순환 고리'에 갇히게 된다.

의학이 여전히 자궁내막증 기전을 모르므로 효과적인 치료법을 찾기가 힘들다. 의학 문헌에서는 자궁내막증을 수수께끼라고 반복해서 언급한다. 한 전문가는 '자궁내막증은 미궁에 둘러싸인 수수께끼'라고 말하기도 한다.[48] 그리고 이 말은 사실이다. 아직도 자궁내막증에 대한 가장 기본적인 질문에 답을 못하고 있다. 근본 원인이나 증상이 나타나는 과정에 대해 합의된 내용이 없고, 자궁내막 유사조직이 무엇이고 어디서 생겼는지도 분명하지 않다.

샘슨의 역류월경 가설이 거의 백 년 가까이 가장 그럴듯한 가설로 자리하고 있지만, 전문가들은 이제 그 틀 밖에서 생각해야 할 때라고 말한다. 이 가설의 가장 큰 문제점은 대부분의 여성, 즉 85%의 여성이 역류월경을 겪지만 이들 모두가 자궁내막증을 앓지는 않는다는 점이다. 이 사실을 설명하기 위해 한 유명한 이론은, 대부분의 여성은 제 자리를 벗어난 자궁내막 세포가 자리 잡고 문제를 일으키기 전에 면역계가 이를 청소한다고 주장한다. 자궁내막증 환자는 면역계가 제기능을 수행하지 못해서 자궁내막 세포가 증식한다는 주장이다. 실제로 자궁내막증 환자에게는 면역 이상이 나타난다. 자궁내막증을 앓는 여성의 면역세포는 어떤 식으로든 심각한 문제가 있음을 발췌그도 인정한다. 하지만 이 현상이 질병의 원인인지 결과인지는 아직 명확하지 않다.

　다른 이들은 샘슨의 가설이 구제 가능한 것인지에 의문을 제기하며, 부인과 의학이 치명적인 결함에도 불구하고 단지 타성에 빠져 그 이론을 붙들고 있다고 말한다.[49] 자궁내막증은 사춘기 이전의 소녀, 자궁에서 사망한 태아, 드물게는 남성에게도 나타난다고 지적한다. 자궁내막증이 역류월경으로 일어난다는 주장이 이런 현실을 어떻게 설명할 것인지는 명확하지가 않다. 게다가 자궁내막증을 일으키는 세포는 자궁내막 세포와 비슷하지만 유전적으로나 화학적으로 정확하게 같은 세포는 아니다. 호르몬과 염증 요인이 자궁 밖에 있는 정상 세포를 자궁내막과 유사한 세포로 바꾼다는 주장도 있고, 또 다른 가설은 배아 발달 단계에서 오류가 일어나기 때문에 이런 변화가 나타난다고 주장한다. 한편 자궁내막증과 다이옥신 같은 환경 독소의 연관성을 찾아낸 연구도 있다. 하지만 유전학 연구에 따르면 자궁내막증이 생길 위험의 절반은 유전에 따른 것이라 시사한다. 몇몇 전문가는 자궁내막증은 하나의 질병이 아닌 많은 질병의 집합체라고도 하여, 다양한 원인에 따라 다른 하위 유형을 가진다고도 본다.

　확실히 수수께끼이긴 하다. 하지만 다른 사람들이 지적하듯, 자궁내막증이 얼마나 신비로운지를 강조하는 이 끈질긴 경향은 반드시 필요한 질문을 회피한다. 심신을 약화하는 질병이 이렇게나 널리 퍼져 있는데, 정식으로 질병 이름이 붙여진지 거의 한 세기가 지났는데,

증상이 의학 문헌에 기록된 시기는 훨씬 더 오래전인데, 왜 이토록 자궁내막증에 대해 알려진 사실은 없는 것일까? 페미니스트 문화 비평가 엘라 쇼하트Ella Shohat는 '자궁내막증은 수수께끼, 알 수 없는 것, 복잡한 것, 신비한 것, 퍼즐'이라는 식의 결론이 '그것에 원인이 있다'는 진실을 가려버린다고 지적했다.[50] 서양의 과학적 사고가 여성과 여성의 몸을 성가시고 도무지 이해할 수 없는 퍼즐로 묘사한 긴 역사를 되돌아보면, 의학은 자궁내막증 자체를 본질적으로 설명할 수 없는 것처럼 행동한다. 사회학자 캐런 존스Caren F. Jones가 '한낱 유한한 인간의 능력을 넘어선'이라고 표현한 것처럼 말이다.[51] 사실은 그저 설명하려는 노력을 충분히 기울이지 않았던 것이다. 수백 년 동안 여성의 월경통은 실제로 해결해야 가치가 있는 의학적 수수께끼로 평가받지 못했다.

외음부통

○

"고통스러운 일이었어요. 지금까지 기억하는 가장 고통스러운 경험 중 하나예요."라고 니콜은 떠올렸다. 그녀는 열여덟 살에 부인과에서 첫 진료를 받으면서 골반 내진도 받았다.[52] 니콜이 처음 해보는 검사였고, 보통 이 통과의례가 유쾌하지는 않다고 알려져 있지만, 이것이 여성을 울게 할 정도로 타는 듯한 통증을 일으키는 것은 아니라고 확신하고 있었다.

"너무 아파서 열여덟 살인데도 울었어요. 그렇게 아플 줄은 몰랐거든요." 하지만 누구도 잘못됐다고 생각하지 않는 것 같았다. 검사받는 시간이 한 시간은 지난 것 같았지만 그저 몇 분이 지났을 뿐이었다. 니콜은 간호사가 '주사 맞은 아이를 달래는 것 같은 태도로' 자신을 안심시켰던 것을 기억한다. 여성이었던 부인과 의사는 "아직 성관계 경험이 없어서 아플 수 있어요."라고 말했다. 누구도 니콜이 겪은 통증이 골반을 내진할 때 나타나는 정상적인 반응이 아니라고 말해주거나, 건강에 문제가 있어 진료가 필요할 수 있다고 일러주지 않았다.

"수치심에 울면서 진료실을 나섰던 기억이 나요. 통증뿐만 아니라 내 기분을 무시했다는 생각 때문에요. 집에 가기 전에 울음을 그치려고 차로 동네를 돌았어요." 니콜은 자신의 통증이 뭔가 잘못됐다는 걸 알았지만, 의사가 그것이 정상인 것처럼 행동하는 데 놀라서 그 후에는 어떻게 해야 할지 몰랐다고 했다. 니콜은 탐폰을 사용하려다 포기한 일도 떠올렸다. "너무 당황스럽고 부끄러웠고, 내 질은 뭔가 이상해서 탐폰을 쓸 수 없나 보다고 생각했죠." 이후 2년이 더 지난 뒤에야 니콜은 자신의 병명을 알았고, 병을 치료하기 시작한 것은 그로부터 7년이 더 지난 뒤였다.

○

의료계에 자궁내막증을 심각한 질병으로 여기고 치료해줄 것을 청원하면서, 활동가들은 만약 이 증상이 남성에게 영향을 미쳤다면 훨씬 더 큰 관심사가 되었을 거라고 주장했다. 월경통이 널리 정상화되었다는 것은 받아들인다고 해도, 만일 남성 질병이었다면 월경통의 다른 증상들을 그렇게 쉽게 무시했을 거라고 상상하기 어렵다. 자궁내막증을 위한 활동을 하는 낸시 피터슨Nancy Petersen은 "만약 한 남자가 아이를 낳지 못하는 병에 걸렸고, 성관계 중이거나 배변 중에 참을 수 없는 통증이 생기고, 여성 호르몬과 외과수술로 치료해야 한다면, 자궁내막증은 국가적 위기 상황으로 선언됐을 것"이라고 말했다.[53]

성관계 때 통증을 느끼는 것을 의학용어로 성교통이라고 하는데, 이는 남성도 간과할 수 없는 증상이다. 자궁내막증협회는 '자궁내막증에 걸린 조'라는 만화 시리즈를 통해 자궁내막증 환자에 대한 이중 잣대를 분명히 보여주었다.[54] 여성인 부인과 의사가 남성 환자에게 "조, 지난번에 말했잖아요. … 이건 정신적인 문제예요. 모든 남성은 가끔 성관계를 할 때 긴장할 수 있어요. … 차차 나아질 겁니다."라고 말한다. 조가 이전에는 이런 문제가 없었다고 말하면서 정신적인 문제가 아니라 몸에 이상이 생겼다고 주장하자, 여성 의사는 "조, 솔직하게 말해봅시다. 당신이 아주 예민하다는 건 우리 둘 다 아는 얘기죠. 발륨(신경 안정제)을 먹어보고 효과가 있는지 봅시다. 어때요?"라고 대답한다.

여성에게 흔한 수많은 만성통증 질병은 성관계를 할 때 통증을 일으킬 수 있다. 자궁내막증 환자의 절반 이상은 삽입 섹스를 할 때 통증을 느끼고, 과민성 대장증후군 환자도 절반가량은 마찬가지다.[55] 간질성 방광염 환자의 90%는 통증 때문에 성관계에 소홀해졌다고 대답했다.[56] 수많은 여성이 겪는 성교통은 정상으로 치부된다. 혹시 이상 증세로 인정받더라도 원인은 심인성으로 돌려지기 일쑤다. 이런 경향은 니콜이 나중에 진단받은 질병인 외음부통을 이해하는 데 장애가 되었다.

외음부통은 외음부에 석 달 이상 지속하는 만성통증으로 정의되며, 명확하게 밝혀진 원인은 없다. 보통 '타는 듯한 통증'으로 묘사하며, 외음부 전체에 영향을 미치거나 전정부 통증처럼 질 입구에 영향을 미치는 특정 부분에만 국한하기도 한다. 탐폰을 넣거나, 삽입 섹스를 하거나, 꽉 끼는 바지를 입는 등 직접적인 자극으로 통증이 오기도 하지만 이유도 없이 지속해서 통증이 올 수도 있다.

대부분 여성에게 영향을 미치고 설명되지 않는 다른 만성통증처럼, 외음부통도 최근까지는 상대적으로 적고 백인 여성에게만 나타난다고 여겼다. 연구자들이 역학연구를 하고 나서야 외음부통이 실제로는 흔한 질병이고, 진단받지 못하는 경우가 매우 많으며, 인종·민족·사회경제적 배경과 관계없이 나타난다는 사실이 밝혀졌다. 2003년에 처음으로 일반 인구 집단 기반의 유병률 연구가 이루어지자, 시기에 관계없이 미국 여성의 7%가 외음부통 증상을 겪고 있다는 결과가 나왔다.[57] 백인 여성과 흑인 여성에 차이가 없었고, 히스패닉 여성은 외음부통에 걸릴 확률이 80%가량 더 높았다. 환자의 40%는 진료받지 않았고, 진료받은 환자의 60%는 의사를 서너 명 거치고도 진단을 받지 못했다.

후속 연구도 비슷한 결과를 내놓았고,[58] 외음부통이 유색인종 여성에게는 드물다는 오해를 종식시켰다.[59] 지금까지의 연구 중에서 가장 규모가 큰 2012년 연구 결과를 보면, 외음부통은 미국 여성의 1/4 이상에게 삶의 어느 한순간에는 영향을 미친다고 한다.[60] 6~70세까지 모든 연령대의 여성에게 나타나며, 평균적으로 삼십 대에 증상이 시작된다. 응답자의 절반 이하가 의사를 찾았지만, 그 중 2% 이하만이 외음부통을 진단받았다. 의사를 찾은 여성들이 에스트로겐 결핍증이나 질염이라는 말을 가장 많이 들었다. 그것이 사실이라면 치료해서 증상이 개선되었어야 했지만 명백하게 그렇지 않았다. 환자들이 외음부통을 겪은 기간은 평균 12년이었다.

결혼 문제와 여성 불감증

외음부통(vulvodynia)이라는 용어는 1980년대에 들어서야 확정되었지만, 비슷한 증상에 대한 사례는 이집트 파피루스나 에페수스에서 나온 소라누스(2세기경의 그리스 의사-옮긴이)의 글 같은 고대 문헌에도 나타난다. 외음부의 만성통증이나 감각과민증은 19세기나 20세기 초의 의학 문헌에서도 볼 수 있다. 1874년 길야드 토머스Gaillard Thomas는 저서 《여성 질병의 실제(Practical Treatise on the Disease of Women)》에서 설명할 수 없는 외음부 통증은 "다행스럽게도 자주 나타나지는 않지만 극히 드물지도 않다. 더 일반적으로 자세히 기록되지 않았다는 사실이 놀랍다."라고 지적했다.[61] (나는 여성 생식기 통증이 빅토리아 시대의 남성 의사에게 최우선 과제가 아니라는 사실에 놀라지는 않았다.)

그 후 1920년대에 한 번 언급된 이후로 외음부통은 수십 년 동안 의학계에서 사라졌다.[62] 1950~1980년대까지 외음부통은 의학 문제보다는 결혼 문제로 다루어졌다. 알프레드 킨제이Alfred Kinsey나 윌리엄 매스터스William H. Masters, 버지니아 존슨Virginia E. Johnson 같은 초기 성 연구자는 질을 통한 성관계가 건강하고 행복한 이성애적 결혼생활에서 중요한 부분이라고 보았고, 의학은 외음부통이 성관계에 방해가 될 때만 문제라고 규정했다. 사회학자인 에이미 칼러Amy Kaler는 외음부통에 대한 의학 문헌이 20세기 동안 어떻게 변해왔는지를 분석해서 보여주었다.[63] 그에 따르면, 이 시기에 외음부통은 삽입 섹스 때 생기는 통증인 성교통과 성관계를 방해하는 골반 근육의 무의식적 경련을 일컫는 질 경련이라는 두 가지 성적 장애에 속했다.

의사들은 여성의 통증으로 신체화되어 나타났다고 생각되는 부부관계의 문제들을 해결하는 데 집중했다. 1954년에 한 의사는 "감각 과민증은 상상의 산물이며 통증은 스스로 만들어냈다는 사실을 성교통 환자가 직시할 수 있도록 도와야 한다."라고 조언했다.[64] 치료법은 최면요법(성관계는 최상의 만족감을 주는 좋은 행위"라는 의사의 말을 따라 하는 것)에서부터 부부 상담, 마취 연고까지 다양했다.[65] 칼러가 지적하듯이 치료의 성공은 "통증 자체가 완화했는지보다 성관계를 할 수 있는 지를 기준으로 측정"했다.

1970년대를 지나면서 페미니즘 운동으로 여성의 독립적인 성적 주체성에 대한 의식이 커지면서, 문제의 뿌리는 점차 이성애자 부부에서 여성 자체로 옮겨갔다. '남편을 거부하는 아내' 같은 제목의 의학 기사에서만 외음부통이 나타나는 일은 더 이상 없었다.[66] 1980년대가 되자 외음부통은 그 자체로 주목받기 시작했고, 성교통은 외음부통 증상의 하나로 여겨졌다. 이전에는 남성의 성생활을 방해하지 않는 한 여성 생식기의 만성통증은 의학적 문제로 고려되지 않았던 것을 생각하면, 어떤 면에서는 진보의 신호였다. 하지만 다른 면에서 생각하면, 이전에는 이 질병이 '무능하고 성난 남편과 놀라고 긴장한 아내가 함께 만들어내는 성적인 재난'이라는 식으로 양쪽의 문제로 여겼다.[67] 하지만 이제 비난은 여성에게로만 향했다. 해방된 여성들은 이제 성관계를 즐겨야 하는데, 기질적인 원인도 없이 극심한 통증으로 그러지 못하는 여성은 개인의 정신적 문제 때문일 것으로 여기게 된 것이다.

물론 이 시대에는 설명할 수 없는 통증은 몸 어느 부분에 나타나더라도 심인성이라는 꼬리표가 붙었다. 하지만 외음부통에 대해서는 상당히 명확한 이유로 정신분석학적 설명이 특히 인기가 있었다. 여성 생식기 부위의 설명할 수 없는 통증이 종종 성관계를 방해한다고? 이 말의 상징성은 저항하기에는 너무 유혹적이어서 사이비 프로이트 이론들이 난무했다. 1978년 발표된 영향력 있는 논문은 "정신신체화성 외음부질염은 실존하는 임상적 실체로, 질 통증에 대한 물리적 증거가 없는 모든 환자에게서 볼 수 있다."라고 했다.[68] 또 환자는 "정신적인 어려움을 부인하면서 신경증, 의존적 성격, 죄책감, 감정적 동요의 징후를 드러내고, 이런 자신의 복잡한 증상으로 이차적 이득(해당 이유로 성관계를 갖지 않음)을 얻는다."라고 썼다. 또 다른 논문은 "질경련은 왜곡된 무의식적 소망을 상징적으로 드러내는 신경증 증상인 전환장애다. 성관계를 피하려는 소망의 적극적이고 의도치 않은 신체적 표현이며, 어떤 사례는 남근을 획득하거나 끊어내려는 추가 소망을 보여준다."라고 주장했다.[69]

이렇게 외음부통에 대한 끈질긴 성적 대상화와 심리화가 환자들을 고통스럽게 했음은 의심할 여지가 없다. 칼러가 100명이 넘는 외음부통 여성 환자와 면담하면서 도움이 되지 않는 의료적 권고나 치료를 받은 적이 있는지 물었을 때, 1/3 이상이 자신의 증상을 '심인성'이라거나 '머릿속에서 나온 것'이라고 한 말이 가장 쓸모없는 의료적 조언이었다고 대답했다.[70] "환자는 통증을 겪었다는 이유로 자신이 불감증이거나, 성기능 장애가 있거나, 억압되었다거나, 성적으로 비정상이라는 말을 들었다. 다시 말하면 여성 환자가 의료진을 만났을 때, 환자가 통증을 호소하면 그 통증은 그들의 성적인 것 전반이 어떻게든

병들었다는 진단으로 일반화되어버렸다."라고 칼러는 기록했다. 응답자의 1/3은 질병을 진단받은 후, '자신이 미친 게 아니라서 다행'이라는 생각이 가장 컸다고 대답했다.

한 여성의 주치의는 환자에게 사춘기 직전의 아동에게나 줄 법한 '첫 성관계 직전에 젊은 여성이 느끼는 불안'에 대한 유인물을 건네주었다. "내가 성관계를 할 준비가 되어 있지 않고, 성관계에 트라우마가 있어서 통증을 자신에게 투사하고 있다고 암시한 거죠. 성인인 나를 준비되지 않은 어린 소녀로 취급했어요." 또 다른 여성은 첫 성관계를 가진 후 너무 고통스러워서 혼자 화장실에 숨어서 울다가 한 달 반 뒤에야 의사를 찾았다. 이 여성은 처음 만난 의사가 한 말을 들려주었다. "그 의사는 내게 '환자분의 병은 불감증이니, 집에 가서 파트너를 잘 달래주세요.'라고 했어요. 나는 그 말을 절대 잊지 않을 겁니다."

○

충격적인 골반 내진 이후, 니콜은 대학에 진학해서 남자친구를 사귀었다. "부인과에서 처음 내진을 받은 후부터 처음 성관계를 하기 전까지, 인터넷에서 스스로 진단할 단서를 찾았어요." 아마 질경련이나 지금은 전정부 통증으로 불리는 외음부질염, 둘 중 하나인 듯했다. 니콜은 그 남자에게 삽입 섹스는 어려울 수도 있고, 시간이 많이 걸릴 수도 있다는 것을 경고했다. 천천히 익숙해지면서 니콜은 열아홉 살에 삽입 섹스를 했지만, 여전히 너무, 너무 아팠다. 그러다가 한 번, 큰 통증을 겪게 되자 니콜은 더는 성관계를 할 수 없었다. "하고 싶었지만, 그러려고 노력도 했지만, 할 수 없었어요."

니콜은 이제 장기적인 관점에서 이 문제를 해결해야겠다고 생각했다. 니콜은 새 부인과 의사를 찾아가서 자신의 상태를 설명했다. "그 의사는 마음을 편하게 갖고, 전희를 더 오래 하고, 윤활유를 사용하라고 말했어요. 그래서 벌써 그렇게 하고 있다고 대답했죠." 첫 번째 부인과 의사를 만났을 때와 마찬가지로, 니콜은 의사가 틀렸다고 확신했다. 그때 '이게 안 될 리가 없어. 성관계를 할 수 없는 건 정상이 아니야. 윤활제를 안 썼다고 성관계를 할 수 없다니.'라고 생각했던 것을 니콜은 뚜렷이 기억한다. "알고는 있었지만, 어떻게 해야 할시를 몰랐어요."

또다시 다른 의사를 찾는 수밖에 없었다. 이번 의사는 니콜을 질경련과 질전정염으로 진단하고 삼환계 항우울제, 항경련제, 국부용 연고 등 다양한 치료법을 제시했다. 이중 삼환계 항우울제와 항경련제는 만성통증 치료에도 자주 사용된다. 하지만 어느 것도 효과가 없었다. "내게 희망은 없는 것 같았어요."

○

| 만성통증 장애

1980년대 후반이 되어서야 외음부통은 심리적 성적 장애라는 개념이 사라지기 시작했다. 1986년 국제외음부질환협회(ISSVD) 회장은 외음부통의 원인을 단순하게 심리적 원인으로 추정해서는 안 된다고 경고했다. "이 불완전한 세계에서 질병의 기질적 원인을 모두 배제했다고 절대적으로 확신할 수는 없기 때문이다."[71] 1989년 한 논문에서는 이

질병이 "오랫동안 특이한 정신신체화된 부인과 질병으로 여겨졌으나, 초기 심인성 요인의 역할을 강조했던 주장은 점차 다른 기질적 원인의 증거를 찾는 정교한 연구에 길을 내주었다."라고 지적했다.[72] 1990년대 초에는 여전히 정신과적 문제와 외음부통 사이의 인과를 증명하려는 논문이 눈처럼 쏟아졌지만 결국 실패했다.

너무나 많은 질병들과 마찬가지로, 외음부통 환자들이 조직을 만든 후에야, 오래된 심인성 모델이 무너지기 시작했다. 1994년에 환자 다섯 명이 모여 미국 외음부통증협회(National Vulvodynia Association)를 창립했다. 이들의 첫 번째 의제는 국립보건원이 외음부통과 관련한 연구에 자금을 배정하도록 하는 일이었다. "국립보건원이 외음부통에 관심을 보이기 시작한 유일한 이유는 우리가 1996년에 국립보건원을 방문해서 학회가 필요하다고 요구했기 때문입니다."라고 미국 외음부통증협회의 설립자이자 전前 이사였던 필리스 메이트Phyllis Mate가 말했다.[73] 국립보건원이 후원한 1997년 첫 번째 학회에서 전문가들은 외음부통을 성 장애가 아닌 만성통증 장애로 재개념화를 요청했다. 국립보건원이 2003년에 주최한 외음부통 워크숍에서 대부분의 논문은 통증의 생물학적 기전에 초점을 맞추었다.

21세기 초반 이런 경향은 《정신질환의 진단 및 통계 편람》에 기재된 성관계 시 발생하는 통증의 분류 체계를 전체적으로 조정하라는 요청으로 이어졌다. 많은 외음부통 전문가들은 성교통과 질경련을 '성적 통증 장애' 목록에 올리거나 여성의 성기능 장애로 분류하는 것은 타당하지 않다고 주장했다.[74] 캐나다 연구팀은 "통증이 질 삽입과 성관계를 방해한다는 이유로 외음부통 환자들이 임상적인 주목을 받지만, 문제를 일으키는 것은 통증이지 성관계가 아니다."라고 했다. 연구팀은 '설명할 수 없는' 또 다른 질병인 요통을 예로 들면서, 외음부통을 성 장애로 보는 관점의 문제점에 대해 설명했다. "요통 환자는 통증으로 직장에서 일을 할 수 없다는 점 때문에 임상적 관심을 끌지만, 그렇다고 해서 요통을 업무 장애라고 개념화하는 일은 적절치 않다."

물론 이러한 의학적 견해의 최종적인 변화는 외음부통 환자들이 오랫동안 주장해왔던 것과 일치한다. 외음부통 환자는 통증이 없다면 성관계에 대해 불안이나 우울, 두려움을 느끼지 않는다. 성관계를 할 때마다 칼이 깊이 찔리는 듯한 고통을 느끼지 않는다면 성관계를 원한다. 사실 심인성 이론의 미학은 환자가 뭐라고 주장하든지, 그것에 관심이 없다는 데 있다. 그녀는 진정으로 성관계를 원할 수도 있지만, 그녀의 '무의식'은 남근을 끊어내는 것에 관심이 더 많을 수 있다고 주장한다. 몇몇 연구자는 외음부통 환자가 의식적으로 자신의 심리적 문제를 숨기고 있다고 주장하기도 했다. 1992년에 발표된 한 논문을 보면, 환자를 대상으로 심리적 고통, 우울, 불안을 검사해서 정량분석을 했다.[75] 환자들이 정상 범위를 나타내자 예상치 못했던, 그리고 원치 않았던 결과를 마주한 연구팀은 몇몇 대상자와 면담을 했다. 연구자들은 면담 중에 받은 주관적인 인상을 근거로 하여, 환자가 실제로는 심리적으로 혼란에 빠져 있는데 정신신체화 꼬리표를 달지 않으려고 고의로 검사에서 숨겼다고 결론 내렸다.

다른 설명할 수 없는 장애들을 통해 이미 확인했듯이, 심인성 이론의 지지자들은 환자가 자신의 이론을 단호하게 거부하는 태도를 해당 장애의 정신병리학적 프로파일에 무작정 집어넣는 경향이 있다. 의학 문헌은 종종 외음부통 여성 환자들을 비순응적이고 공격적이며 다루기 힘들다고 설명한다. 위에 소개한 '정신신체화된 외음부질염'에 대한 논문을 쓴 저자들에 따르면, 이 질환의 전형적인 환자들은 의사에게 '도움을 요청하지만 자신의 증상이 심리적 요인에서 나왔다는 설명에는 완강히 저항'한다. 이런 선입견이 널리 퍼져 있어서 1994년 논문에서 한 연구자는 자신의 동료들에게 "외음부전정통증 증후군을 앓는 많은 여성 환자들이 특히나 양심적이고, 진지하며, 자기 주장이 강하다는 특정한 기질을 보인다는 임상 소견은 결정적으로 지금까지 정식 연구를 통해 사실이라고 증명되지 않았다."라는 점을 명심하라고 경고했다.[76]

외음부통에 대한 의료계의 인식 변화는 다른 설명할 수 없는 만성통증 장애가 1980년대 이후 거친 진화의 과정을 그대로 보여준다. 하지만 다른 장애와 비교했을 때 외음부통의 변화는 더 오래 걸렸다. 만성통증에 대한 신경생물학 지식이 축적되고 있었음에도, 통증이 여성 생식기와 성생활에 영향을 미친다는 사실은 질병을 성심리性心理 장애가 아닌 다른 것으로 보게 하는 데 강력한 장벽이 되었다. 실제로 가장 최근인 2007년까지도 반대자들은 외음부통에 대한 낡은 정신분석학적 가설을 부활시키려고 했다.[77] 한 연구 그룹은 "외음부는 자연스럽게 성적인 소통 기관으로 진화했고, 외음부통은 여성이 대면하고 싶지 않은 갈등을 피하기 위해 발견한 최선의 방법일 수 있다. 심신의학의 기본 개념은 갈등이나 고통을 드러내는 것이 불가능할 때 신체를 무대로 사용할 수 있음을 보여준다. 따라서 외음부가 어떤 문제를 드러내 보이는 극장이 될 수 있다."라고 주장했다.

○

"누구도 내게 '음, 그 증상은 모두 네 머릿속에서 나온 거야!'라고 직접적으로 말하진 않았어요. 하지만 '좀더 편안하게 생각해봐'라는 말을 들으면 이건 내가 짊어진 부담 때문이거나 나 스스로가 만들어낸 것이라고 느끼게 돼요."라고 니콜은 말했다. 니콜은 '나는 내가 편안한다고 느끼는데. 나는 성관계를 갖고 싶고, 기분 좋아지고 싶고 그래서, 할 수 있는 건 다 하고 있다고.'라고 생각했던 것을 기억한다. 윤활제를 더 많이 사용하라거나 더 편안하게 마음먹으라는 의사의 조언이 통증을 완화해주지 않자, 니콜은 더 고통스러웠다. "내 통증을 고칠 수 없다는 불편한 느낌이 주기적으로 찾아왔고, 다시는 기분이 나아지지 않았죠."

물론 외음부통이 관계 문제나 심리적 고통으로 일어나지는 않지만, 확실히 그런 결과로 이어질 수는 있다. 외음부에 영향을 미치는 만성통증은 생물적으로는 몸의 다른 부분에 생기는 만성통증과 별 다를 게 없을 수도 있지만, 감정적인 측면에서는 특히 다루기 힘들다. 외음부통 환자 중에는 환자의 통증이 실제가 아니라고 의심하거나 삽입 섹스를 하지 못해서 좌절하는 파트너들과 싸워야 한다. 다행히 니콜의 대학 때 남자친구는 항상 니콜을 전적으로 지지해주었다. "그는 절대로 그 문제에 대해서 내 기분을 나쁘게 하는 말을 하지 않았어요. 단 한 번도요." 하지만 새 파트너를 만나면 자신의 문제에 대해 설명할 일이 두렵기 때문에, 그 사람과의 관계에 갇혀 있는 기분이 들었다. "내가 '정상적으로' 성관계를 할 수 있다면, 그 관계에 머무르지 않았을 것 같아요."

보다 일반적으로 삽입 섹스를 할 수 없다는 스트레스는 니콜의 마음에 큰 타격을 주었다. "질에 음경을 삽입하는 것이 성관계라고 배웠고, 그것이 완전한 관계의 상징이고 정상적인 성관계라고 생각하

죠. 그러다 보니 그런 성관계를 하지 않으면 뭔가 잘못됐다는 느낌
이 들어요." 니콜은 통증에 더해서 자신이 비정상이라는 생각에 짓
눌렸고, 이 고민을 누구에게도 털어놓을 수 없었다. "그저 너무 부끄
러웠어요. 팔이 부러졌다면, 아니면 몸의 다른 부분에 장애가 생겼
다면, 그건 그렇게 큰 문제는 아니었겠죠. 하지만 왜 그런지 몰라도
나에게 성적인 문제가 있다는 것은 정말, 정말 창피했어요. 내 생각
에는 삽입 섹스를 하지 않는 것은 정상적인 관계를 맺지 않거나 비
정상이라고 느끼게끔 하기 때문에 그런 것 같아요."

○

| "윤활제를 더 사용하라"는 의학적 권고로 부적절하다

니콜은 의사 두 명을 만났고, 그 중 한 명만이 니콜의 증상에 대해 아
무것도 모르는 것 같았다. 이는 메이트가 외음부통을 앓았던 1990년
대 초반에 비하면 상당한 진전이다. 지금은 많은 의사가 외음부통을
알고 있지만, 그 당시 미국에는 외음부통을 알고 있는 의료진이 대략
200명 정도였을 것으로 메이트는 추정했다. 환우회는 의료계의 인식
을 끌어올리는 데 중요한 역할을 했다. "의사는 의과대학에서 외음부
통에 대해 2분도 배우지 않으며, 인턴이나 수련의 때도 외음부통에 대
해서는 배우지 않아요. 따라서 스스로 공부하지 않는 한 이 질병을 알
도리가 없죠."라고 메이트는 말했다. 미국 외음부통증협회는 직접 의
사들을 교육해서 이 어려운 상황을 해결하기로 했다. 2007년 미국외

음부통협회(NVA)는 막대한 기부금을 받아 강의 자료를 개발하여 매드스케이프Medscape에 등재했다. 매드스케이프는 의료진이 계속 의학교육을 받으면 연수 평점을 받을 수 있게 하는 인터넷 강의 프로그램이다. 놀랍게도, 이에 응하는 사람이 많았다. 22,000명이 빠르게 가입했고, 현재 인터넷 강의 중에서 세 번째로 인기 있는 프로그램이다. 이것이 다른 무엇보다도 많은 부인과 의사들을 교육했다고 메이트는 말했다.

외음부통의 인지도가 높아지면서, 요즘은 환자의 절반 이상이 진단을 받기까지 의사를 두 명 이상 거치지 않게 되었다고 메이트는 평가했다.(1996년 이전에는 5~7명의 의사를 만나야 했다.) "게다가 외음부통이 확실한 장애라고 생각하는 의사가 많아졌어요. 그렇다 해도 '성관계를 갖기 전에 와인 한 잔을 마셔라'라고 말하는 의사를 만나는 여성이 아직도 있어요. 지방에서는 외음부통을 치료할 수 있는 의사를 찾기가 어렵기도 해요." 유발성 전정통을 진단받은 환자 85명을 대상으로 실시한 2013년 조사에 따르면, 2005년 이후에 증상을 겪기 시작한 여성들은 그 이전에 질병을 앓았던 환자보다 더 빠르게 진단받았다.[78] 하지만 여전히 환자의 35%는 정확한 진단을 받기까지 의사의 진료를 15회나 받아야 했고, 37%는 진단을 받기까지 36개월이 넘게 걸렸다고 했다. 물론 이러한 논문이 늘 그렇듯, 확진을 받은 환자의 경험만을 확인할 수 있을 뿐이었다. 한 번 무시당하고는 포기하거나, 다른 의사를 찾아갈 형편이 안 되거나, 처음부터 의사의 도움을 구할 생각도 못한 환자는 조사할 수 없었다.

그리고 니콜이 그랬듯이, 진단을 받으면 나름대로 안도감이 들지만 진단받았다고 해서 자동으로 효과적인 치료법을 가져오지는 않는다. 설명할 수 없는 다른 질환들처럼 외음부통이 외음부에 만성적인 통증을 일으키고 아직 의학적으로 이해하지 못한다는 사실만으로도 서로 다른 여러 병리기전이 결합된 것일 가능성이 있다. 메이트는 의학계가 외음부통이 단일 요인으로 발병하지 않는다는 점을 발견했다고 말한다. 전문가들은 신경섬유의 과성장부터 골반저근육 장애, 비정상적 호르몬, 염증 물질의 소량 증가, 질 미생물 과민증 등 다양한 현상을 원인으로 의심한다. 당연히 어떤 환자에게 효과적인 치료가 다른 환자에게는 전혀 소용없을 수 있으며, 치료는 시행착오를 거쳐야 하는 영역으로 남아 있다. 외음부통 치료에 대한 무작위 대조 임상시험은 거의 없었다. 2010년에 유일하게 국립보건원의 지원을 받아 시행한 연구는 '오랫동안 만성통증 치료에 사용해 왔고, 30년 넘게 외음부통 치료의 일 순위 선택지였던 삼환계 항우울제의 효과가 위약보다 높지 않았다'는 사실을 발견했다.[79]

일반적으로, 외음부통에 대한 연구는 애석하게도 불충분하다. 국립보건원은 2000년에 처음으로 연구를 지원하기 시작하면서 이후 5년 동안 56억 2천만 원을 지원하겠다고 약속했다. 지난 몇 년간 매년 22억 5천만 원을 지원했지만 이 액수는 외음부통 환자 한 명당 370원꼴로, 다른 만성통증과 비교해도 심각하게 지원이 부족하다. 지난 이십 년 동안 외음부통 관련 연구 논문은 매년 약 36편만이 발표되었고, 대부분의 연구는 수십 명 정도의 헌신적인 연구자들의 결과물이다. 2012년에 국립보건원이 발표한 외음부통 연구 계획에 따르면, "외음부통의 진단, 병인, 예방, 치료를 위한 연구가 충분히 이루어지려면 더 많은 연구자가 필요하다."[80]

대학원생이 되어서야 니콜은 외음부 통증 전문병원을 찾았다. 니콜은 이때까지 5년 동안 삽입 섹스를 할 수 없었다. 그리고 비로소 그녀의 상태를 어느 정도 호전시키는 치료법의 조합을 발견했다. 현재 스물아홉 살인 신경과학자는 여전히 통증에 시달리지만 예전만큼 심각하지는 않으며 통증을 다루는 데 제법 익숙해졌다.

니콜은 외음부통에 대한 연구가 거의 없다는 점에서 좌절을 느꼈다. "이 실병이 남성에게 생기는 병이었다면 국립보건원의 주요 연구과제가 되었을 겁니다." 그토록 오래 신체적으로, 감정적으로 고통받은 이유가 의사에게 기본 지식조차 없어서였다는 사실을 알고 니콜은 분노했다. "내가 첫 번째 부인과 의사를 찾아간 뒤 정상적인 성생활을 하기까지 7년이 지나야 했어요. 그동안 다양한 전문의를 다섯 명 이상 만났는데, 실패했다고 느낀 적이 너무 많았죠. 만약 열여덟 살에 찾아갔던 그 부인과 의사가 달리 행동했다면, 끔찍한 기분을 느끼며 트라우마가 될 경험을 7년이나 하지 않았을 겁니다. 그 의사가 나를 다르게 대했다면 내 삶의 부정적인 부분이 정말 크게 달라졌겠죠."

이런 경험 탓에 니콜은 동료들보다 의학에 더 회의적인 태도를 갖게 되었고, 의학의 한계를 더 고통스럽게 인식하게 되었다. "나는 신경과학자고, 의사들과 함께 연구해요. 하지만 아직도 의료계를 신뢰하지는 않습니다. 의사가 하는 말을 무조건 믿어서는 안 된다는 걸 배웠으니까요. 의사의 말이 항상 옳지는 않아요. '윤활제를 더 써봐요'라는 말은 적절한 의학적 권고가 아닙니다."

뚱뚱해서 아픈 거라고?

○

레베카는 열일곱 살에 보행성 폐렴과 기관지염에 걸렸다. 치료를 받자 증상은 대부분 나아졌지만, 기침은 몇 달 동안 계속되었다. 일 년이 지나도 레베카는 편히 숨을 쉴 수가 없었고 폐렴이 완전히 떨어지지 않은 것 같았다. 의사는 결국 레베카가 과체중으로 생긴 천식 때문에 기도 벽이 수축하는 기관지 경련을 앓고 있다고 진단했다. 체중을 조금 줄이면 기관지 경련이 줄어들 거라고 충고했다.

레베카도 처음에는 이 설명을 받아들였다. 대학에 다니는 2년 동안 레베카는 일주일에 두어 번 춤추러 다녔고, 학교 캠퍼스에 있는 '유산소 언덕'이라고 부르는 높은 언덕을 매일 오르내렸다. "나는 아주 활동적이지만 체중은 줄지 않았고, 숨쉬기는 점점 더 힘들어졌어요. 의사를 찾아가서 왜 병이 낫지 않느냐고 물으면 늘 항생제를 처방해 주고는 체중을 줄이라고 했어요." 레베카는 고향 집으로 돌아오고 나서는 가능한 한 신체활동을 최대로 늘렸다. "운동을 시작했어요. 산책도 상당히 오래 했죠. 스스로 자립하기 위해 일을 세 가지나 했고, 풀타임으로 학교도 다녔어요."

레베카가 체중이 문제가 아닐지도 모른다고 생각하게 된 첫 번째 계기는 스무 살에 피를 토했을 때였다. 응급실 의사는 혈관이 터져서 그런 것 같다며 레베카에게 흡입기를 주고 퇴원시켰다. "의사는 체중을 줄이면 기침도 줄어들 거라고 말했어요." 하지만 레베카는 천식 환자 중에 자기처럼 심한 기침을 하는 사람은 보지 못했다. "악몽에 빠져 있는 것 같았어요. 기침은 떨어지지 않았죠. 또 늘 해

오던 운동을 할 때 숨이 너무 가빠서 운동하기가 점점 더 힘들어졌어요. 숨이 너무 차서 계단을 오를 수 없을 정도였죠. 항상 너무 피곤했어요."

스물세 살 때는, 기침 경련이 일어날 때 방광을 통제하기 힘들어서 결국 성인용 기저귀를 차야 했다. 경련 때문에 구토도 했다. 샤워하고, 기침하고, 토하고, 뜨거운 수증기가 숨쉬기 편하게 해주길 기대하면서 많은 밤을 보냈다. 직장에 출퇴근하면서 3km가량을 매일 걸었지만, 결국은 너무 힘들어서 걸어서 출퇴근할 수도 없었다. 기침시럽, 제산제, 스테로이드 등 복용 약이 너무 많아서 3.7 l 짜리 지퍼팩에 다 넣을 수 없었다. "아무것도 소용없었어요." 레베카는 자신이 건강염려증인지 의심하기 시작했다. 도움이 너무 간절해서 입원환자를 위한 정신건강 시설도 찾아갔다. "난 내가 미쳐가고 있나 싶었죠."

하지만 혈액검사가 정상으로 나오자, 의사는 "뭐라고 말해야 할지 모르겠습니다. 내가 보기에는 그냥 체중이 문제예요."라고 말했다.[81]

○

의료진이 '정상적'이라며 증상을 무시하는 유일한 환자 집단이 여성만은 아니다. 여성의 생식기 기능과 관련한 증상을 정상화하듯이 노인 환자, 트랜스젠더 환자, 과체중 환자에게도 증상이 정상이라며 무시하는 경향이 있다. 이 모든 사례에서 의사들은 본질적으로 비정상적이라고 여겨지는 환자의 정체성의 어떤 측면들을 너무나 자주 보지 못했다. 그들의 증상은 '비정상적인' 나이, 성 정체성, 혈액형의 '정상적'인 결과로서 무시된다.

나이가 들면서 수많은 심각한 질병에 걸릴 위험이 커지는 점을 고려할 때, 노인 환자의 증상을 정상이라고 무시하는 상황은 상당히 아이러니하다. 전문가들은 알츠하이머에서 우울증까지, 치료할 수 있는 질병을 자주 정상적인 노화 과정으로 간과하는 상황을 우려한다.[82] 때로는 의사는 물론 환자들조차도 만성통증을 노화에 따른 필연으로 생각한다. 골관절염을 앓는 노인 환자는 의사에게 "뭘 기대하십니까? 환자분은 그냥 늙어가는 겁니다."라는 말을 듣기도 했다.[83]

유사한 사례가 트랜스젠더 환자에게도 일어난다. 많은 트랜스젠더 환자는 트랜스젠더를 위한 의료센터를 찾는 일에서부터 거대한 장벽과 마주한다. 어떤 보험사는 성전환 수술과 호르몬 치료의 보험 적용을 거부한다. 2011년 논문을 보면 평균적으로 미국 의대생은 성 소수자 관련 교육을 평균 5시간 받는다.[84] 또 대부분의 의과대학이 성적 이력을 조사할 때, 환자에게 남성, 여성, 혹은 양쪽 모두와 성관계를 하는지 등을 모두 물어보는 것을 학생에게 가르친다고 했지만 1/3만이 성전환에 대한 정보를 가르쳤다. 결과적으로 성전환 관련 지식을 갖춘 의사를 찾는 것이 쉽지 않다.

그러나 트랜스젠더 역시 다른 모든 사람처럼 일반적인 의료 서비스가 필요하다. 의료계의 편견과 무지는 트랜스젠더들이 의료가 필요할 때도 병원을 찾지 않게 만든다. 2011년 조사 결과에 따르면, 미국 성전환자의 1/4이 차별이 두려워서 진료를 미루고 있다고 답했으며, 19%는 진료를 아예 거부당했다.[85] 진료를 받더라도, 성전환 환자는 종종 자신의 모든 증상이 성전환 때문이라는 말을 들었다. 호르몬 치료 때문인지, 아니면 성전환 그 자체가 문제가 되는 것이든지 말이다. 이런 일은 비일비재해서 2015년 영국 성 소수자 홈페이지인 '핑크 뉴스'에게재된 기사는 이 현상을 설명하며 '성전환적 팔 부러짐 증후군(trans broken arm syndrome)'이라는 용어를 만들었다.[86] "의료진은 성 소수자의 모든 의료 문제, 정신건강 문제부터 부러진 팔까지, 말 그대로 모든 것이 성전환 때문이라고 생각한다."

심장질환에서 군발두통까지, '남성 질병'으로 유형화된 질병을 앓는 여성은 신뢰의 간극 때문에 의사가 지식에서 비롯된 편견에 사로잡히지 않도록 하기가 힘들다. 마찬가지로, 여성은 특히 자신의 증상을 성상화하는 경향을 극복하기까지 힘든 시간을 보낼 수도 있다. 감정 과잉의 건강염려증으로 인식되면, 환자가 호소하는 증상을 정상으로 판단하려는 의사에게 무언가 몸에 이상이 생겼다는 사실을 확신시키기가 훨씬 더 어려워진다.

뚱뚱한 환자의 증상이 무시되는 경우는 특히 성차별과 체중 편견의 복합적인 결과를 보여준다. 모든 과체중 환자는 성별과 관계없이 의료계의 거대한 편견에 직면한다. 레베카 펄Rebecca Puhl은 코네티컷대학교의 러드 식품정책과 비만센터 부센터장이자 체중에 대한 오명 전문가로, 의사들이 뚱뚱한 환자에 대한 편견을 공개적으로 인정했다고 지적했다.[87] "만약 젠더나 인종 편견을 연구한다면 솔직하게 응답하지 않을 테니 내가 사용하는 평가도구는 쓸모없을 겁니다. 정치적으로 올바르게 보이고 싶어 할 테니 말이죠."라고 레베카는 말했다.

그러나 여성은 이런 편견의 피해를 견뎌야 한다. 환자를 대상으로 한 설문조사에 따르면 여성은 의료진에게 체중을 줄이라는 권고를 남성보다 더 많이 받는다.[88] 의사 행동에 대한 연구도 이런 사실을 확인해준다. 2001년 연구에 따르면, 의사는 여성의 체질량지수가 25일 때 '정상' 범위를 아주 조금 벗어난 수치인데도 체중을 줄이라고 권고했다.[89] 환자가 남성이면 다이어트를 권하는 대신 자신의 외모를 긍정하라고 격려했다. 2014년 연구를 보면 남성은 38%인 데 비해 여성은 53%가 의사 때문에 수치심을 느꼈다고 대답했는데, 이런 경험을 한 가장 큰 이유 두 가지는 환자의 체중과 성생활이었다.[90]

"약간의 '과체중'은 남성보다 여성인 경우에 더 심각하게 다뤄진다."라고 기자이자 《몸에 대한 진실(Body of Truth)》의 저자인 해리엇 브라운Harriet Brown이 말했다.[91] 여성에게 강제되는 엄격한 미의 기준을 생각하면, 놀라운 일은 아니다. 사실 여성은 남성보다 더 다양한 영역에서 체중 때문에 차별받는다. 러드 센터에서 발표한 2008년 연구를 보면 남성은 체질량지수가 35, 혹은 정상 체중보다 30kg이 넘어갈 때까지 심각한 차별을 받지 않는다.[92, 93] 하지만 여성은 체질량지수가 27, 정상 체중보다 6kg만 넘어가도 현저하게 차별의 증가를 경험한다. 그러나 여성 체중에 대한 불균형적인 우려는 특히 부당하다. 만약 의사들이 성차별적 편견이 아니라 과학에 근거해서 체중을 우려한다면, 반대 현상이 나타나야 정상일 것이다.

여성은 남성보다 더 뚱뚱해도 건강할 확률이 높다는 점을 여러 논문이 계속 입증하기 때문이다.[94] 분명한 것은, 누군가의 건강을 체중으로 판단하는 일은 어리석은 행동이다. 2016년 분석에 따르면, 체질량지수를 바탕으로 신진대사 건강을 판단한다면 미국 성인 7,490만 명에 대한 그릇된 진단을 초래할 것이다.[95] 특히 여성은 잘못 판단된다. 2008년 연구에서는 과체중인 남성 48.8%와 비교할 때 과체중인 여성의 57%가 대사적으로 더 건강했고, 29.2%의 비만 남성보다 35.4%의 비만 여성이 대사적으로 더 건강했다.[96]

체중에 대한 잔소리가 계속되면 여성은 예방적 진료를 위해 의사를 찾는 일을 주저하게 되는데, 이는 심지어 심각한 문제에까지 영향을 미친다. 여성 1,000명을 대상으로 한 2016년 전국 표본 설문조사에서 1/3이 넘는 여성이 의사에게 체중을 줄이라는 권고를 받았으며, 45%는 의사를 보기 전에 몇 *kg*이라도 체중을 줄이려고 진료 예약을 자주 취소하거나 연기했다고 응답했다.[97] 또 과체중인 여성은 평균 체중인 여성보다 골반 내진, 유방 검사, 유방 조영 검사를 적게 받았다. 2002년 연구에서는 체질량지수가 '정상' 범위에 드는 많은 여성이 자신이 과체중이라고 생각하면 진료를 미룬다는 결과가 나왔다.[98]

과체중인 여성 환자는 레베카가 그랬듯이 많은 의사가 환자의 모든 증상을 체중 탓으로 돌리는 경험을 한다. 최근 〈뉴욕타임스〉 기사는 병원에 가자마자 체중 때문에 병의 증상이 무시된 몇몇 환자의 이야기를 실었다.[99] 한 여성은 고관절 통증이 있어서 정형외과 의사를 찾아갔는데, 의사는 그녀를 진찰해보지도 않고 즉시 '비만 통증'이라고 진단해버렸다. 이 여성은 사실 점진적 척추측만증 환자로 환자의 통증은 체중과는 관계가 없었다. 또 다른 여성은 갑자기 몇 발짝만 걸어도 숨이 차기 시작해서 병원을 찾았는데, 응급실 의사는 그저 너무 뚱뚱해서 폐가 눌려서 그렇다고 대답했다. "다이어트 할 생각은 해보셨나요?"라고 의사는 환자에게 물었다. 하지만 이 여성은 폐에 목숨을 위협할 만한 심각한 혈전이 생긴 상태였다.

이런 편견은 비만 남성에게도 적용되지만 특히 여성에게 심각하며, 병의 증상을 호소해도 의사들은 무시하기 일쑤다. "남성에 비해 너무, 너무, 너무 많은 여성이 의사에게 이런 일을 겪었다고 얘기해요. '무릎이 뒤틀려서 의사한테 갔더니 체중을 줄이라는 말을 들었다'라는 식의 이야기를 들으면, 환자는 십중팔구 여성이죠."라고 브라운은 말했다.

3부. 히스테리라는 이름으로 방치된 질병들

마침내 레베카는 새로 일차 진료의를 찾았는데, 이 의사는 레베카를 호흡기내과 전문의에게 보내 폐 기능을 검사하게 해준 첫 번째 의사였다. "내 문제를 진지하게 들어주고 증상을 체중 탓으로 돌리지 않은 최초의 의사였어요. 그 여의사는 내 말에 귀 기울였어요. 내가 노력하고 있다는 말도 들어주었고, 매일 어떤 활동을 하고 어떤 음식을 먹는지에 대한 이야기도 모두 들었어요. 그러더니 '좋아요. 말씀하신 대로 모두 하고 있는데 아직도 증상이 계속되고 있다면, 다른 의사와 상의해야겠군요.'라고 말했죠."

호흡기내과 진료를 예약하기 전에 또다시 피를 토해서 레베카는 응급실에 실려 갔다. 이번에는 의사가 엑스레이 검사보다 더 정확한 CT 검사를 했고, 비정상 소견을 발견해서 호흡기내과로 넘겨졌다. 레베카가 호흡기내과로 가자, 의사는 기관지에서 종양을 발견했다. 2주도 채 지나지 않아 레베카는 아래쪽 조직 절반이 죽어서 검게 변한 왼쪽 폐를 수술로 제거해야 했다.

레베카를 수술한 의사는 5년 전에 진단받았더라면 폐를 살릴 수 있었을 거라고 말했다. "내가 왜 항상 아프고 기침을 하는지 해답을 찾고자 했던 지난 5년이 주마등처럼 스쳐 지나갔죠. 내가 아픈 이유가 뚱뚱하기 때문이라던 의사들의 말도 생각났어요."

○

○

나탈리는 열한 살이 되었을 때 갑자기 심한 복통과 구역질을 겪었다. 의사였던 나탈리 어머니는 빨리 응급실로 데려갔다. 모든 검사를 마친 뒤 의사는 나탈리의 통증을 월경통으로 진단했다. 사춘기에 막 접어든 나탈리는 아직 월경을 하지 않았다. 어머니는 진단에 동의하지 않았지만, 자신이 보호자로서 편견을 가지고 있나 싶어서 응급실 의사의 말을 믿으려 했다. 나탈리는 굴욕감을 안은 채 집으로 돌아왔다. "아마 월경통으로 응급실에 간 아이는 내가 처음일 거예요."

그날 밤 나탈리는 통증 때문에 자다가 깨어났다. "당황스러웠지만 부모님께 아프다는 걸 들키지 않으려 했죠. 다음 날 아침, 통증이 시작된 지 24시간이 지나자 아파서 움직일 수 없을 정도가 됐어요. 아버지는 나를 응급실로 데려갔고, 어머니는 자신이 의사임을 강조해서 초음파 검사를 받게 했죠." 그러자 심각한 충수염이 발견되어 수술실로 곧바로 옮겨졌다. "수술 후 의사는 자신이 본 파열되지 않은 충수 중에서 가장 컸다고 말했어요. 내가 소녀가 아니라 소년이었다면, 적절한 치료를 받지 못한 채 24시간 동안 통증을 겪지는 않았을거라 말해도 과언이 아닐 거예요."[100]

○

여성의 생식주기와 관련지어 병의 증상을 정상이라고 치부하는 현상은 자궁내막증, 외음부통, 그 밖의 만성 골반 통증을 일으키는 환자만 고통스럽게 한 것이 아니다. 어떤 통증이든 '아래쪽 그 부분'이면 얼마나 통증이 심각하든지 간에 월경통으로 치부하고, 성관계 중에 생기는 어떤 통증이든 와인 한 잔으로 완화하라고 한다면, 모든 질병에서 '오진 왕국'이 펼쳐진다. 어쨌든 생식기관은 생명에 직결된 다른 기관들과 아주 가까이 있다.

대학보건소에서 천공성 궤양을 일으켜 심한 복통으로 기절했던 매기에게 '임신했나요? 아니면 월경 중인가요?'라고 질문한 일을 떠올려보라. "너무 충격적이었어요. 그런 상황에서 의료진이 한 질문 두 가지가 그것뿐이었죠. '지금 말하는 통증이 이 두 가지 중에 어떤 거예요?'라는 말투였죠."라고 매기는 말했다. 아니면 대장암으로 인한 통증이 3년이나 이어졌는데도 계속 월경통으로 무시된 여성 환자를 떠올릴 수 있다. 알렉시스의 고관절 통증도 마찬가지다. "너무 자주 '여성 문제'라는 이유로 무시당했어요. 만일 남성이 같은 통증을 호소했다면 훨씬 더 많은 검사를 했을 거예요. 탓할 만한 것이 없을 테니까요."라고 알렉시스는 말했다.

최근 〈버즈피드BuzzFeed〉에서 여성 독자들이 병원에서 통증을 무시당했던 이야기를 나눴다.[101] 몇몇 여성은 의사가 자신의 건강 상태를 처음부터 '정상적인' 월경통으로 오진했다고 말했다. 이 여성들 중에 한 명은 결국 끔찍한 통증에 시달려서 남편에게 업혀서 응급실에 가게 되었고, 응급실 의사가 담석을 발견해서 제거 수술을 했다는 여성도 있었다. 또 다른 여성은 다낭성 난소 증후군으로 통증과 출혈이 40일이나 계속되었다고 했다. 신장결석인데 4일이나 방치된 여성도 있다. 골반 통증으로 토하고 울었던 여성은 나중에 보니 양쪽 난소에 있던 낭종이 파열된 것이었다. 이틀 동안 복통, 설사, 구토, 발열에 시달렸던 여성은 병원에서 정맥주사를 맞으며 하룻밤을 보냈는데, 원인은 대장균 감염이었다.

여성의 몸에 생기는 수많은 증상을 의사가 '여성 문제'로 돌리는 대상은 월경만이 아니다. 여성이 임신하면 몸에 나타나는 모든 증상이 임신 탓이고, 출산하고 나면 산후 치유 과정이거나 어머니인 상태 그 자체가 증상의 원인이라고 둘러댄다. 아이를 낳고 몇 년 동안 만성적으로 병증을 앓는 여성을 만났는데, 매달 감염과 폐렴으로 병치레를 했다. "의사는 계속 처음 엄마가 돼서 그런 것이고 예측된 상황이니, 내가 극복해내야 한다고 말했어요." 다른 의사를 찾아가서 검사하자, 자가면역질환을 두 가지나 앓고 있는 것으로 밝혀졌다. "내 병의 모든 증상을 아이를 낳은 탓으로 돌린 처음 의사의 말을 계속 믿었다면, 아직도 나는 병에 걸린 채 비참한 상태였겠죠."

가임기를 지나면 폐경이 찾아온다. 수많은 질병, 안면홍조 같은 증상을 일으키는 비호지킨 림프종이나 갑상샘 기능항진증 같은 질병뿐만 아니라,[102] 자궁암이나 자궁경부암처럼 불규칙 출혈이 있는 질병도 폐경 이행기의 불규칙 월경 증상으로 무시되곤 한다.[103] 여성들은 뇌종양부터[104] C형 간염까지,[105] 온갖 질병을 폐경으로 진단받았다고 말했다. 내 고모의 주치의는 처음에는 요통과 혈뇨를 폐경 탓으로 돌렸지만, 6개월이 채 안 돼서 고모는 신장암으로 돌아가셨다. 돌아가실 때쯤 발견한 신장암은 이미 손쓸 수 없을 만큼 퍼져 있었다.

100년 전처럼 여성의 생리 자체를 건강하지 못해서라고 생각하지는 않지만, 여성이 아픈 상태가 정상이라는 편견은 계속해서 여성의 삶을 위협하고 있다. 여성은 삶의 상당 부분을 아파야 한다고 당연하게 여긴다면, 19세기처럼 여성은 선천적으로 아프다는 생각이 점점 더 일반화될지도 모른다. 2015년 〈텔레그래프〉 기사에서 스물네 살인 영국 여성이 복부 팽만감과 통증을 호소하자 남성인 그녀의 주치의가 "여성의 몸은 질서정연하게 원칙에 따라 움직이지 않으니, 조화를 이루지 못하는 게 정상입니다."라고 말했다고 회상했다.[106]

　다행히도 엘런 같은 젊은 여성은 이런 말을 믿지 않는다. 엘런은 아직도 자신의 통증에 대해 진단을 받지 못했다. 자궁내막증일 수도 있지만 다른 병일 수도 있다. 하지만 엘런은 의학이, 그리고 더 넓게는 사회 문화가 여성의 월경통에 접근하는 잘못된 방식에 대해서는 정확한 진단을 내릴 수 있다. "월경통을 비정상이라고 말하진 않겠지만 월경통에 반응하는 여성의 행동은 비정상이라고 꼬리표를 붙이겠죠." 25년이 넘도록 자궁내막증 환자를 도와온 기돈은 이제야 변화가 감지되기 시작했다고 말했다. 여성들은 의사들이 가부장적인 태도로 자신을 병원에서 내보내려 하는 것에, 괴로운 통증을 그냥 '삶의 일부'라고 말하는 것에 동의하지 않는다. "환자가 더 많은 권한을 쥐고, 더 많이 배우고, 더 많은 정보를 갖춘 결과라고 생각합니다. 여성은 이제 '이건 정상이 아니야. 당신이 날 도울 수 없다면 나를 도와줄 다른 의사에게 보내줘.'라고 말하게 되었습니다."

7장. 경합하는 질병들

○

2011년 젠 브레아는 남자친구와 함께 케냐와 탄자니아를 여행했다. 여행하는 동안 두 사람은 아팠다가 나았다가를 반복했고, 집에 돌아온 지 2주 후에 브레아는 열흘간 40℃나 되는 고열에 시달렸다. 마침내 나았지만, 안도감은 오래가지 못했다. 다음 날 아침 일어난 브레아는 새로운 문제를 발견했다. "너무 어지러워서 3주 동안 집에서 나가지 못했어요. 화장실에 갈 때는 벽을 짚고 다녀야 했고 문틀에 부딪히기 일쑤였죠." 이 증상도 점차 사라져서, 브레아는 대학원으로 돌아갔다. 하지만 봄과 여름 내내 브레아는 힘에 부쳤고 감염에 감염이 이어졌다. 인후염이 왔고, 다음은 부비동염에 걸렸다. 그럴 때마다 그녀는 다시 심한 어지러움을 한동안 느껴야 했고, 그러고는 나아졌다.

"고열이 지나간 후 처음으로 의사를 찾아갔어요. 어지러움이 너무나 이상했기 때문이에요. 살면서 그런 적이 없었어요. 사소한 문제로 의사에게 쫓아가는 그런 사람은 아니지만 계속 아프니 의사를 계속 찾아갈 수밖에 없었어요." 거의 처음부터 의사는 "나를 진정시키고 내가 정말 아픈 게 아니라는 사실을 이해시키는 데 초점을 맞췄어요. 병에 걸릴까봐 불안해 하는 마음이 원인인 것처럼 말이죠. 의사는 내게 아무것도 잘못된 게 없음을 확신시키는 데 주력했죠. 검사 결과가 정상이면 잘못된 게 없다는 뜻이니까요."

"병원에서 내이 감염이나 탈수증 때문이라는 말을 얼마나 많이 들었는지 몰라요." 브레아는 탈수증이라는 병명을 안 들으려고 진료 전에는 물을 1*l*씩 마셨다. "28년을 살아오면서 전에는 겪지 못했던 증상이니, 뭔가 잘못된 게 맞아요. 물 마시는 걸 까먹어서 그런 게 아니라고요.'라고 말하고 싶었죠." 브레아는 그 외에도 의사가 자신이 증상을 과장한다고 생각하는 것을 알아차리고 훨씬 전부터 약혼자를 데려가기도 했다. "진료실에 남자가 같이 있으면, 그리고 남자가 나와 결혼할 사람이라고 하면, 의사가 나를 더 존중하리라고 생각했죠. 그런데 정말로 효과가 있었어요."

하버드대학교 박사 과정을 밟는 젊은 혼혈 여성인 브레아는 자신이 그런 위치에 있다는 것을 깨닫고 괴로웠다. "살면서 '이런 상황에서 긴밀 필요한 것은 샤프롱(사교 행사 때 미혼 여성을 보살피던 나이 든 여성-옮긴이)이구나'라는 생각이 처음으로 들었어요. 내 말을 의심하는 누군가를 만난 것도 처음이었죠. 갑자기 전문적이고 권위 있는 내 모습은 사라지고 무력하게 서 있다는 걸 느꼈고, 사람들이 나를 도와주지 않을까봐 두려워서 과감하게 행동할 수 없었어요."[1]

○

의사학자인 찰스 로젠버그는 "문화 속에서 질병은 우리가 동의하기 전까지 사회적 현상으로 존재하지 않는다."라고 말했다.[2] '경합하는 질병'이라고 일컬어지는 질환에서, '경합'이라는 것은 여성인 환자가 자신의 증상이 기질적 질환이라고 믿는 것과 의료계가 '의학적으로 설명할 수 없는 증상'은 모두 여성의 머릿속에 들어 있다고 주장하는 것 사이에 있을 가능성이 높다. 사실 모든 '기능성' 증후군은 '경합하는' 것으로 볼 수 있다. 환자들은 보통 자신의 증상을 신체적인 증상으로 생각하는 반면, 의학은 그 대부분을 기본적으로 심인성으로 추정하기 때문이다. 우리는 앞서 이런 추정이 간질성 방광염부터 외음부통, 섬유근육통처럼 설명할 수 없는 만성통증에 대한 과학적 이해를 넓히는 것을 가로막고, 이 나라에 엄청난 고통을 야기하는 질병을 다루는 것을 어떻게 방해하는지를 살펴보았다.

특히 언론의 주목을 받았던 '의학적으로 설명할 수 없는' 질병의 경우, 경합하는 질병들에 대한 논쟁은 격렬해지기도 한다. 섬유근육통과 함께 이 장에서 설명할 만성피로증후군, 만성 라임병, 화학물질 과민증이 그런 사례다. 섬유근육통에서 살펴본 것처럼 이런 질병이 새롭게 등장한 것이 아니라, 그저 여성의 신체화된 심인성 증상을 가리키는 또 다른 명명일 뿐이라고 여기는 사람들은 언론 보도 자체가 문제를 악화시킨다고 생각하는 경향이 있다.

사실 '경합하는' 질병들은 때로 '유행하는 질병들'이라는 별명으로 드러나기도 한다. 한 의사는 1997년 기사에서 '질병을 살아가는 방식'으로 삼는 신체화 환자는 섬유근육통, 만성피로증후군, 화학물질 과민증 같은 '유행하는' 진단들에서 '현대적인 은신처'를 찾았다는 것이다.[3] "과거에는 히스테리 또는 알 수 없는 병으로 정의되던 환자들은 매스컴의 부추김으로 자신의 심리사회적인 곤경을 해결하기 위해 현재에 유행하는 수단을 선택했다. 히스테리는 사라진 것이 아니라 단지 새로운 스타일을 찾은 것뿐이다."

'유행하는 질병'이라는 너무나 젠더화된 언어가 보여주듯이, 경합하는 질병들에 대한 논쟁이 암시하는 것은, 그리고 때로는 노골적으로 드러내는 것은, 이런 질병의 환자는 대부분 여성이 차지하고 있기 때문에 이것이 실재하는 기질적 질병일 가능성이 낮다는 가정이다.

'만성피로증후군'이라고 알려진 병을 가지고 있다고 추정되는 인구는 미국인 80~250만 명가량이며, 그들 중 80% 이상이 여성이다. 다른 많은 나라에서는 근육통성 뇌척수염으로 알려져 있으며, 현재는 근육통성 뇌척수염과 만성피로증후군을 모두 사용하고 있다.

　미국에서 이 질병이 처음 인지된 시기는 1980년대 중반이다. 전국각지에서 소수의 의사가 이에 모를 심가한 피로감과 함께 반복적적 인후염, 림프샘 압통, 두통, 근육통, 인지장애 등이 나타나는 환자에 대해 보고하기 시작했다. 처음에는 '만성 엡스타인-바 바이러스 증후군(chronic Epstein-Bar virus syndrome)'이라고 불렸는데, 많은 환자가 단핵구증(혈액 속에 핵이 하나인 백혈구 숫자가 비정상적으로 많아지는 증상-편집자)을 일으키는 바이러스에 대한 항체를 높은 농도로 생성하기 때문이다. 사실 이는 끝이 없는 강력한 단핵구증 같은 것으로 보였으며, 종종 급성 독감과 같은 질병 이후에 나타났다. 특히 타호 호수 근처에 있는 네바다주의 부유한 휴양지인 인클라인 마을에서 대규모의 발병 사례가 두 의사에 의해 보고되었다. 질병관리본부에서 나온 조사원들이 면밀히 조사했지만 엡스타인-바 바이러스(EBV)가 발생 원인이라는 증거는 없었다. 1988년 질병관리본부에 소집된 연구자들은 이 질병을 진단하는 기준을 발표하고, 그 원인이 밝혀질 때까지 '만성피로증후군'이라고 부르자고 제안했다.

　그러나 만성 EBV 감염이 원인이라는 처음의 가설이 잘 들어맞지 않자 의학계는 그저 신경증을 앓는 여성의 일반적인 심인성 증상일 뿐, 실재하는 질병은 없다고 의심하는 쪽으로 빠르게 태도를 바꿨다.

1988년에 발표한 논문은 만성피로증후군 환자가 심리적 문제, 대개는 우울증과 신체화 장애로 고통받고 있다고 결론 내렸고,[4] '만성피로는 정신 질병이다'나[5] '피로, 사실인가 허구인가'와[6] 같은 제목의 헤드라인 기사로 이어졌다. 다음 해 국립보건원은 만성피로증후군 환자 28명 중 21명이 '정신질환을 앓았거나 현재 앓고 있다'고 밝히고 앞선 논문들과 같은 결론을 내렸다.[7] 그 이후로 만성피로증후군은 그 정당성을 위한, 그리고 연구 자금을 위한 힘든 싸움에 직면해 왔다.

환자들은 만성피로증후군이라는 병명을 싫어했다. 병명을 듣는 순간 '아, 나도 항상 피곤한걸!' 하는 반응을 불러일으키기 때문이다. 대부분의 사람들이 수면 부족에 따른 탈진이나 힘든 일을 하고 난 후의 일시적인 피로감을 안다. 하지만 만성피로증후군의 피로는 일상적인 피로감과는 강도가 다르며 휴식을 취해도 나아지지 않는다. 환자들은 '계속해서 전기충격을 당하는 중에 영구히 낫지 않는 독감, 숙취, 시차증에 시달리는 상태'라고 표현한다.[8] 혹은 '너무 힘들어서 7~10일에 한 번 옷을 갈아입는'다고 말한다. 화장실에 가는 일도 힘에 부쳐서 "화장실에서 침대로 돌아가는 일이 산 정상에 오른 것처럼 숨쉬기가 힘들다"라고도 한다. 정말 심각한 환자는 침대에 앉아 있거나, 말을 하거나, 빛이나 소리를 견디지도 못한다.

몇 년 전에서야 주요 의료기관은 만성피로증후군이 심각한 신경 및 면역 관련 질환이라는 점을 인정하기 시작했다. 2015년 미국 의학연구소는 거의 9,000여 편의 논문을 토대로 만성피로증후군의 많은 비정상성을 조사해서 300쪽 분량의 보고서를 발표했다.[9] 보고서는 질병 이름을 '전신성 활동불내성 질환(SEID)'으로 바꾸고 새로운 진단 기준을 제시했다. 오래 지속되는 깊은 피로감에 더해 환자는 과로 후 전신무력감(신체나 정신 활동을 한 후 증상이 더 악화되는 현상), 잠을 자도 피로가 풀리지 않는 상태를 경험하며, 인지장애나 기립성 조절장애(일어서면 증상이 더 악화되는 현상) 중 한 증상을 나타낸다.

미국 의학연구소는 보고서를 통해 "만성피로증후군은 다양한 체계에 나타나는 심각한 만성 복합질병으로, 빈번하고 현저하게 이에 영향을 받고 있는 환자의 활동을 제한한다."고 결론지었다. 환자의 약 50~75%가 질병 때문에 일을 할 수 없으며, 1/4은 때로 집에, 심한 환자는 집내에 갇혀 있다. 만성피로증후군 환자는 울혈성신부전, 2형 당뇨병, 다발성경화증, 말기 신장질환, 에이즈, 유방암, 만성 폐쇄성 폐질환 환자와 비슷하거나 더 심각한 기능 손상을 나타낸다. 시간이 지나면 증상은 나아지다가 재발하며, 완전히 회복하는 환자는 거의 없다. 만성피로증후군으로 인한 생산성 손실과 의료비 측면에서의 경제적 부담은 매년 57조 5,790억 원이다.[10]

의과대학의 1/3 이하만이 만성피로증후군을 교육과정에서 가르치고,[11] 의학 교과서의 40%만이 만성피로증후군을 설명한다.[12] 그럼에도 조사 결과는 대부분의 의료진이 만성피로증후군을 인지하는 것으로 나타났다. 그러나 적절한 교육과정이 없기 때문에 의료진들의 지식은 근거 없는 미신에 바탕을 두고 있다. 2011년 질병관리본부 연구에 따르면, 의료진의 85%가 만성피로증후군이 전적으로 혹은 부분적으로 정신질환이라고 믿고 있었다.[13] "많은 의료진이 만성피로증후군의 심각성에 대해 회의적이며, 정신건강 질환으로 착각하거나 환자의 상상에 따른 허구라고 생각한다. 의료진의 오해나 무시하는 태도는 환자가 진단을 받는 과정을 길고 힘들게 한다."라고 미국 의학연구소의 보고서는 개탄했다. 환자를 대상으로 한 조사 결과, 환자의 78%는 진단받기까지 1년이 넘게 걸렸고, 29%는 5년 넘게 걸리기도 했다.[14] 어쨌든 이 환자들은 진단을 받은 상황이다. 하지만 84~91%에 이르는 대부분의 환자는 아직 진단조차 받지 못했다.[15]

| 신경증 여성 환자의 11억 원짜리 검사

1980년대 중반에 만성피로증후군에 대해 경종을 울렸던 의사들은, '이 질병에 대해서는 조사할 것이 없다'고 의료계가 재빠르게 결론짓게 한 요인이 분명 이 질환의 성비에 있다고 보았다. 사실 소수의 남성 환자가 아니었더라면 이 질병이 인식되었을지 의심스럽다. 탐사보도 기자 힐러리 존슨Hillary Johnson이 쓴 만성피로증후군 연구를 시작한 첫 십 년의 연대기인 《오슬러의 거미줄(Osler's Web)》을 보면, 회의적인 동료 의사들의 마음을 바꿀 절반의 기회를 얻기 위해 이 질병에 걸린 남성 환자의 사례를 전시해야 했던 의사들의 이야기로 가득하다.

이 중 한 명이 내과 전문의 캐럴 제숍Carol Jessop 박사다. 제숍은 1984년부터 샌프란시스코에 있는 여성 공동체 병원에서 설명할 수 없는 비슷한 증상을 심하게 앓는 수십 명의 여성 환자를 봐왔다. 캘리포니아대학교 샌프란시스코캠퍼스 내과의 부교수인 제숍은 자신의 환자들을 동료 전문의에게 보내 광범위한 검사를 했다. 하지만 계속해서 비정상 소견을 발견하지 못하자, 동료들은 환자가 우울증이라고 말했다고 제숍이 존슨에게 말했다. 몇몇 남성 동료는 '신경증을 앓는 여성에게 11억 원짜리 검사'를 한다며 제숍을 나무랐다.[16]

1985년, 수수께끼 질병을 앓고 있는 100명 이상의 환자를 돌보던 제숍은 새로운 병원체가 원인이 아닐까 의심하기 시작했다. 제숍은 결국 캘리포니아대학교 샌프란시스코캠퍼스에서 에이즈 바이러스를 연구하던 미생물학자를 설득해서 공동연구에 끌어들였다. 제숍은 그에게 자신의 환자에 대해 설명하고, 어쩌면 에이즈 바이러스 같은 레트로바이러스의 일종으로 추측하는 알려지지 않은 새로운 감염체가 환자의 면역계에 영향을 미치는 것이라는 자신의 가설을 설명했다. 여기에 깊이 흥미를 느낀 미생물학자는 환자 몇 명을 실험실로 보내 달라고 해서 환자의 혈액에서 바이러스를 탐색하기 시작했다. 그러나 처음 몇 명의 환자를 연구한 뒤, 그는 주저하기 시작했다. 이유를 짐작한 제숍은 이번에는 남성 환자를 실험실로 보냈다. "그는 여성 환자 열 명을 만났는데, 모두 히스테리 환자 같다고 생각했다. 그러고 나서 한 남성을 만났고, 그 남성의 고충은 진지하게 받아들였다."고 제숍은 설명했다.[17]

남성 만성피로증후군 환자가 무시당하거나 정신질환 사례로 치부되거나 꾀병 환자로 보이지 않았다는 이야기가 아니다. 그들 역시 분명히 그런 경험을 했다. 어떤 설명도 없이 오랫동안 아프다고 주장하면 누구든 불신당할 위험이 있다. 하지만 의사는 만성통증처럼 만성피로증후군의 원인을 여성의 마음 탓으로 돌리기가 훨씬 쉽다. 예를 들어 만성피로증후군을 진단받은 환자 50명을 대상으로 한 1996년 호주 논문을 보면, 진단을 받는 과정에서 남성 환자는 30%, 여성 환자는 85%나 정신질환을 진단받았다.[18] "증상과 상관없이, 여성 환자가 감정을 표출하거나 괴로움을 나타낸 점이 진단에 영향을 미쳤다고 본다. 이와 대조적으로 남성 환자가 자신의 증상이나 치료에 대해 가지고 있는 의견은 일반적으로 신뢰되었다."라고 논문의 저자들은 말했다. 사실 의사들은 남성의 고충은 실재하는 것이라 믿으면서 그것이 '객관적인' 증거와 일치하지 않더라도, 때로는 '객관적인' 증거를 무시했다. 남성 두 명 중 한 명은 단핵구증 검사 결과가 음성으로 나와도 단핵구증을 진단받았다. "의사는 남성의 설명보다는 검사 결과를 무시하기로 선택한 것이다."

존슨은 "놀라울 정도의 편견이 있다는 명확한 증거가 있다"고 말했다.[19] 그녀는 자신이 병에 걸렸을 때부터 만성피로증후군에 대한 탐사보도를 시작했다. "내가 만났던 만성피로증후군을 앓는 남성 환자의 대부분은 그 어떤 여성 환자보다 진지하게 대해졌어요. 남성 역시 수없이 무시되었지만, 최소한 의사는 남성 환자가 어딘가 잘못됐다고 말하면 그 말을 믿기는 하는 거죠. 만약 의사가 무엇을 해야 할지 모르거나 그것에 대해 아는 바가 없다면, 남성 환자는 신경과 전문의나 감염질환 전문가에게 보내질 거예요. 남성은 온갖 과로 보내지지만 여성 환자는 항우울제를 받거나 성생활 문제를 해결하라는 그런 말을 듣죠."

미국에 이러한 증상이 만성피로증후군이라는 별명을 얻기도 전부터, 환자들 대부분이 여성이라는 점은 이러한 증상이 히스테리 이상의 무언가일 수 있다는 의견을 묵살할 수 있게 하는 근거였다. 20세기 전반에 걸쳐 산발적으로 발생한, 만성피로증후군으로 의심되는 질병은 의료 문헌에도 나타난다. 1955년에 수수께끼 질병이 의사와 간호사 300명에게 유행하면서 런던 왕립자유병원(Royal Free Hospital)은 여러 달 동안 문을 닫아야 했다. 당시 연구자들은 알 수 없는 바이러스가 중추신경계 감염을 일으킨 것이 원인이라고 결론 내리고, '양성 근육통성 뇌척수염'을 병명으로 제안했다. 연구진들은 1950년대 후반에는 플로리다에서 호주까지 만성피로증후군이 수십 번이나 집단 발병했다고 주장했다.

하지만 1970년대가 되자 두 명의 정신과 전문의가 런던 왕립자유병원 사례를 다시 검토한 뒤 〈영국의학저널〉에 발표한 유명한 논문에서 이 사례를 집단 히스테리라고 주장했다.[20] 이들의 가설을 뒷받침하는 주요 증거는 무엇이었을까? 남성보다 여성 환자가 더 많다는 것이 증거였다. "유행하는 히스테리의 특징은 여학교, 수녀원, 여교도소처럼 격리된 여성 집단에서 일어난다는 점이다. 왕립자유병원은 다른 병원처럼 여성의 인구 밀도가 상당히 높은 격리 시설이었다. 히스테리 가설에 따르면, 여성 집단의 발병률은 남성 집단에 비해 상당히 높다. 이 사례가 히스테리 사례라는 데는 논쟁의 여지가 없다."라고 저자들은 주장했다. 저자들은 질병에 걸렸던 어떤 환자와도 면담하지 않았고, 그때까지도 병에서 회복하지 못한 환자도 만나지 않은 채, '겁먹고 히스테릭한 집단의 주관적인 고충으로 나타난 증상의 명백한 사례'라고 결론지었다.

저자들은 다른 수많은 만성피로증후군 사례도 히스테리 때문이거나 '해당 공동체의 편향된 의학적 인식' 때문에 작은 증상을 과장해서 부풀렸다고 주장했다.[21] 또한 이러한 주장은 그 중 여덟 건이 간호사에게 일어났으며, 젊은 여성일수록 본질적으로 집단 히스테리에 취약하다는 점을 다시 근거로 언급했다. 논문의 저자들은 만성피로증후군의 새 이름으로 '신경성 근육통'을 제안했다.

○

처음 고열을 앓고 일 년 뒤, 브레아는 끔찍한 신경 증상을 겪기 시작했다. 친구와 식당에 갔다가 갑자기 영수증에 서명할 수 없다는 사실을 깨달았다. "손이 움직이질 않았어요. 처음에는 왜 그런지 몰랐죠." 브레아는 원의 오른쪽을 그릴 수 없다는 사실을 깨달았다. 브레아의 몸 오른쪽은 감각이 마비되었고 단어를 떠올리기 위해 애써야 했다. 결국 브레아는 응급실로 갔고, 뇌졸중이 아닐까 걱정했다. 신경과 전문의의 진료를 여러 차례 받은 후에 다발성경화증과 뇌전증은 제외되었다. MRI 결과는 정상이었지만 뇌전도 검사에서 측두엽에 이상이 있는 걸로 나왔다. 그러나 알려진 질병과 연관성이 없는 '비특이적' 증상으로 판명되자 브레아는 전환 장애로 진단받았다. 이로써 브레아는 오랫동안 히스테리로 명명되었던 만성피로증후군을 가진 여성의 오랜 역사에 합류했다.

"신경과 전문의는 내 모든 증상이 내가 기억하지 못하는 오래된 트라우마 때문이라고 말했어요. 갑자기 스물여덟 살에 고열을 앓은 뒤에 말이에요." 브레아는 의사가 그녀의 증상들의 원인을 자신이 기억할 수 없고 의사도 알 수 없는 원인으로 설명하는 것이 '조금은 편리한 것'처럼 들렸다고 생각했다. 또한 의사가 자신이 지난해 앓았던 모든 질병을 '마음' 탓으로 돌렸을 때 회의적이 되었다. 급성 부비동염(축농증)? 심리적 문제로 인한 장애. 항생제를 먹으니까 나았는데? 그것도 역시 심리적인 문제라는 것이다. 어지럼증도, 위장관 장애도, 생애 처음으로 겪어보는 새로 생긴 끔찍한 두통도 모두 심인성 질환이라고 했다. 덧붙이면, 다른 의사들이 브레아의 증상을 심인성이라고 우기기 전에 브레아는 이미 정신과 전문의 진료를 받은 참이었다. 브레아는 정신과 트레이닝을 받지 않은 의사의 추측을 듣느니 전문의의 소견을 듣는 게 낫다고 생각했다. 정신과 전문

의는 브레아에게 "환자분이 정말로 아파하는데, 그 원인은 정신과
적 문제가 아닙니다. 다른 의사가 환자분의 질병 원인을 찾을 수 있
기를 바랍니다."라고 말했다.

○

여피 독감

이전의 만성피로증후군 발병을 남성보다 여성 집단에 더 많이 발생했
다는 이유만으로 집단 히스테리로 결론 내릴 수 있다는 것은 분명했
지만, 1980년대 중반에도 개개인의 만성피로증후군 사례가 명백하게
계속 증가하는 상황을 설명해야 했다. 그리고 만성피로증후군이 심인
성 질환으로 보여지면서 이 질병은 특정 유형의 여성에게 나타나는 병
으로 정형화되었다. 만성피로증후군에 관한 1987년 〈타임〉 기사의 부
제는 '여피병(yuppie disease, 여피는 도시 주변을 생활기반으로 삼고 전문직
에 종사하는 젊은이들 young urban professionals의 머리글자를 딴 YUP에서
나온 말—옮긴이)'이었고, 이 용어는 이후 삽시간에 퍼져나갔다.[22] CBS
방송은 같은 해 방영한 프로그램에서 "직장에서 압박을 크게 받는 전
문 직업을 가진 삼십 대 여성"으로 전형적인 환자 상을 묘사한 뒤, 이
질병을 "병이라고 하기보다는 시대적 동향"이라고 평했다.[23]

영국에서도 비슷한 일이 있었는데, 영국에서는 근육통성 뇌척수
염이라는 병명으로 남았다. 한 신경과 전문의는 1993년에 근육통성
뇌척수염에 대해 '프론트라인Frontline'이라는 방송 프로그램에서 "이 질

병에 완벽하게 들어맞는 임상적 특징은 이 병에 걸리는 사람의 성격 프로파일이다. 많은 환자가 배우자와의 관계나 일상생활에서 근본적인 성 심리 문제를 안고 있다. 내가 만난 환자의 4/5가량은 중년 여성들로 결혼 생활에 만족하지 못하며, 자녀 문제로 어려움을 겪고 있다."라고 말했다.[24] 두 명의 심장 전문의가 1988년 〈선데이타임스〉 런던판 기사에서 밝힌 바에 따르면, 근육통성 뇌척수염 환자는 "평균 이상의 지능을 갖추었고, 높은 수준의 추진력을 가지고 있으며, 열정적이지만, 자신의 야심을 이룰 만큼 능력 있는 슈퍼맨도 슈퍼우먼도 아니다. 이들은 5성급 야심을 가졌지만, 4성급 능력을 가진 사람들이다."[25]

학자들 역시도 언론에 퍼진 '여피 독감'의 고정관념을 받아들이기 시작했고, 왜 여피족 대부분이 여성인지를 설명하는 심리사회적 이론을 제공했다. 1991년에 두 명의 정신과 전문의는 만성피로증후군은 '여성의 역할을 확장하려는 투쟁'의 시대에 아픈 환자 역할로의 도피를 '문화적으로 승인받는 일'이라고 주장했다.[26] 이들은 많은 만성피로증후군 환자가 일과 가정의 의무 사이에서 균형을 유지하는 것에 어려움을 느낀다고 주장했다. "만성피로증후군 진단은 환자의 피로감, 감정적 고통, 이와 연관된 정신생리학적 증상에 '정당한' 의학적 근거를 부여하며 환자가 자유의지가 아니라 질병 때문에 그들이 견딜 수 없는 상황에서 벗어나도록 허락한다."

"페미니즘에 의해 '해방되어' 이전에는 남성만의 영역이었던 곳에 여성들이 들어서면서, 1970년대 여성들은 그들 스스로에게 힘든 직장생활과 풍요로운 가정생활을 양립하여 '모든 것을 가지라'고 주문해왔음을 알아차렸다."고 또 다른 논문은 주장했다. "이는 양립할 수 없는 서로 다른 정체성을 위태롭게 지탱하려는 행동이다."라고 했다.[27]

이 이론은 1980년대의 일 중독증에 의해 능력 이상의 일을 떠안은 많은 여성들이 무의식적으로 탈출구를 찾아 헤매고 있다고 주장했다. 여성이 느끼는 피로감은 초생산성 문화에 대한 '상징적인 저항'이었다. 사실 연구자들이 말한 대로 만성피로증후군은 많은 환자에게 실제로 긍정적인 변화였다. "성공에 대한 기대를 포기하자 만족감과 안도감이 우러났다."

당시 페미니즘에 대한 백래시backlash(사회, 정치적 변화에 대해 나타나는 반발 심리 및 행동—편집자)의 영향은 너무도 뻔했다.[28] "이 질병에 걸리는 여성에 대한 잘못된 정형화는 너무나 깊게 여성 혐오적이었다."라고 존슨은 말했다. "이 질병에 걸리는 여성은 사실 그럴 만하다는 것이다. 그들은 제한구역을 벗어났고, 교육을 받았고, 학위를 받았으며, 대개 남성이 차지했던 전문직을 차지했기 때문이라고 주장"하는 것이다. 페미니즘은 여성들에게 '모든 것을 가지는 것'을 원하도록 설득해왔으나, 여성들이 실제로는 그렇지 않다는 것을 필연적으로 깨달았을 때, 여성들은 만성피로증후군을 변명으로 이용한다고 여겨졌다.

언론과 학계가 퍼뜨린 성차별적인 고정관념은 여성 '여피족'이 불균형적으로 이 병을 더 많이 앓는다고 연구자들이 주장할 수 있게 했다. 1988년 기사를 보면, 국립보건원 상임인 만성피로증후군 연구자는 "이 질병의 인구 통계는 교육받은 백인 성인 여성이 아주 위험함을 보여준다. 이는 정밀한 의료 검진을 받을 형편이 되는 환자 집단에 대한 편향이나 또는 그 개인들의 체질적인 나약함을 반영하는 것일 수 있다."라고 말했다.[29] 환자 대부분이 "이전에는 아주 건강했다"라고 보고했지만, 논문의 저자는 이 환자들이 흔히 "이룰 수 없는 야망과 부족한 대처 능력, 신체적 불만에 대한 역사"를 가지고 있다고 주장했다.

또 "이런 환자의 요구를 들어주거나 그들의 고통의 원인에 대한 가설을 검증하는 것은 어렵고 때로는 불쾌하다."라고 덧붙였다.

초기 만성피로증후군 연구에서 교육받은 백인 여성들의 과잉 대표성이 그들의 상대적인 특권과 관련이 있는 건 의문의 여지가 없다. 편두통 환자가 전문직을 가진 완벽주의자라는 논리도, 외음부통이 처음에는 백인 여성의 질병이었던 것도, 자궁내막증이 직업을 가진 여성의 질병으로 여겨진 일도 모두 똑같은 이유다. 질병을 진단받을 수 있었던 계층은 교육받은 백인 여성들과 그것에 집요하게 매달리는 여성들뿐이었다. 객관적인 생물표지자도 없이 새롭게 정의된 이 질병에 대해 대부분의 의사는 심인성 질환이라며 묵살했다. 당연히 그것을 진단받은 환자는 반복되는 의사 진료를 감당할 수 있는 경제력이 있어야 하고, 그저 '우울증'이라는 의사의 결론을 계속해서 거부할 만한 권위도 충분했으며, 이 질병에 관심을 가진 한 줌의 미국 의사를 찾아낼 수 있는 정보와 인맥을 가진 사람들뿐이었다. 1980년대 중반에 인클라인 빌리지Incline Village(미국 네바다주 타호 호수 근처에 있는 미국 최고의 부촌-편집자) 의사들이 처음 진료했던 한 환자를 예로 들어보자. 그녀는 십 년 동안 아파서 누워 있어야 했던 중상류층 가정주부로, 이들에게 진료받기 전까지 이 여성은 의료비로 4억 5,000만 원을 지출했고 210명이나 되는 의사를 만났다.[30] 만났던 의사 중에는 메이요 클리닉Mayo Clinic(환자 중심의 서비스와 정밀한 검사로 유명하며, 존스홉킨스 병원과 함께 미국 양대 병원으로 꼽힘-편집자)의 명망 높은 의사도 있었지만, 그들 모두 이 여성이 마음이 병든 것이라고 결론 내렸다.

사실 1990년대만 해도 교육받은 백인 여성들만이 이 병에 취약한 것이 아니라 다른 여성들도 만성피로증후군에 취약하다는, 지역사회를 기초로 한 역학 연구가 있었다. 1991년에 연구자들이 네바다주 북부를 조사한 결과, 교육 수준이 낮은 저소득층에서 만성피로증후군에 걸릴 가능성이 더 높다는 사실을 발견했다.[31] 1999년에는 약 3만 명의 시카고 주민을 조사해서, "만성피로증후군은 여성, 소수 집단, 교육 수준과 사회적 지위가 낮은 계층에서 가장 높은 수준으로, 지속적으로 발견"된다고 결론지었다.[32] 1987년에 언론은 타호 호수의 '여피' 같은 장면과는 거리가 먼, 가난한 농업 공동체인 네바다주 예링턴에서 만성피로증후군이 발생했다고 보도하기도 했다.[33] 하지만 만성피로증후군 환자들이 특정한 배경과 성격을 공유한다는 이야기를 고수하고 싶어 하는 언론과 의학계는 이런 사실들을 무시했다.

병든 회의주의

베이트먼 혼 센터의 설립자이자 의료책임자인 루신다 베이트먼Lucinda Bateman 박사가 만성피로증후군 전문가가 된 이야기는, 지금도 만연하고 자동적인 무시가 1980년대 만성피로증후군 환자에게는 어떠했는지를 보여주는 좋은 예다. 1987년, 베이트먼은 존스홉킨스 의과대학을 졸업하고 수련의 과정을 시작했다. 그녀가 의과대학에 입학했을 때만 해도 젊고 건강했던 그녀의 여동생은 지금 많이 아픈데, 어떤 의사도 여동생의 끔찍한 피로감을 설명해주지 못했다.[34] "마지막으로 여동생을 진료한 의사는 '저녁에 강의라도 듣든지 해서 삶의 폭을 넓혀보세요.'라고 말했어요. 의사는 여동생의 질병이 머릿속에서 만들어졌고, 단지 세 아이들에게 압도당한 바쁜 엄마라서 그런 것임을 넌지시 내비친 거죠.'라고 베이트먼은 말했다. "여동생을 잘 알기에 말도 안 된다고 생각했어요. 여동생은 재능도 많고 매우 생산적인 사람이라, 눈 감고도 다른 누구보다 더 많은 일을 할 수 있었거든요."

여동생의 병명을 알아내기 위해 베이트먼은 새로 정의된 만성피로증후군에 대한 논의를 주의 깊게 관찰했다. "저는 만성피로증후군이 정말 흥미로우며 새롭게 등장하는 질병과 전혀 다른 어떤 것이 될 줄은 몰랐어요." 하지만 베이트먼은 "이 환자들이 정말 어떤 질병에 걸렸다고는 생각하지 않는" 선배들이 있는 보수적인 학계에 자신이 종사하고 있다는 사실을 이내 깨달았다. 베이트먼은 다른 의사에게 무시당하는 환자를 위한 왕진 의사가 되었다. 1990년 수련의 과정을 마친 그녀는 솔트레이크시티에 공동 개원을 했다. "만성피로와 섬유근육통을 호소하는 환자들이 홍수처럼 밀려들었는데, 그 이유를 알 수 없었다." 나중에 알고 보니, 유타대학교 감염내과에 있던 베이트먼의 동료 의사들이 진료 시간 이후 응답 메시지를 "만성피로증후군이라고 생각하시면 여기로 전화해보세요."라고 바꾸고, 베이트먼의 연락처를 알려준 것이었다. 재미 삼아!

많은 의료인들은 베이트먼처럼 개방적이기 보다는 만성피로증후군을 노골적으로 조롱하는 편이었다. 이는 종종 만성피로증후군의 주관적인 증상들에 따른 당연한 결과로 간주된다. 그러나 이는 초기부터 만성피로증후군 연구자들이 객관적, 생리학적인 이상을 풍부하게 기록했다는 사실을 몰랐을 때의 이야기다. 1990년대 초, 연구자들은 만성피로증후군 환자에게서 면역세포의 한 종류인 자연살해세포(NK세포)의 이상을 발견했다. MRI 결과는 우울증보다 오히려 다발성경화증과 유사한 뇌 손상을 나타냈다. 신경인지검사에서도 환자에게 기억과 집중에 문제가 있음을 객관적으로 확인했다. 연구자들은 단지 이 질병을 설명하는 단 하나의 명백한 증거를 아직까지 밝혀내지 못했을 뿐이다.

하지만 만성피로증후군에 대해 경종을 울리는 의사들은 이 질환이 새로운 병이며, 최소한 과거에는 산발적으로 발생하거나 낮은 강도로 발생했더라도 현재는 점점 널리 퍼지고 있다고 확신했다. 어떤 실병이 아직에 충분히 밝혀되고 연구된 적이 없다면, 11억짜리 검사에서 '잘못된 것이 없다'고 나오더라도 그 사실이 이 질병의 존재를 부정하는 증거는 될 수 없다. 만성피로증후군을 진단한 토머스 잉글리시Thomas English 박사는 1991년 〈미국의학협회저널〉에 발표한, 동료 의사에게 보내는 공개편지에서 "증상이 이상하고 낯설다고 해서 질병이 실재가 될 수 없다고 믿어야 하는가? 우리의 실험실 검사가 오래된 질병뿐만 아니라 새로운 질병들도 포착할 수 있다고 생각하는가?"라고 물었다.[35] '건강한 회의주의'는 의사에게 귀중한 자질이지만, 이 회의주의가 환자에게 향할 때는 의료계 전체가 새로운 의학 수수께끼를 풀 수 없게 될 것이라고 잉글리시는 경고했다.

베이트먼은 의학이 여성의 설명할 수 없는 증상을 오랫동안 무시해왔지만, 1980~1990년대에 '근거중심의학'이 대두하면서 문제가 더 심각해졌다고 주장했다. 질병이 충분히 연구되지 않았다면 근거로 삼을 만한 증거 자체가 없으므로 이 접근법은 "주의하지 않는다면, 반드시 추후에 문제를 일으킬 수 있다"라고 베이트먼은 지적한다. 동시에 의사들에게 환자들과 보내는 시간을 줄이라는 재정적 압박도 증가하고 있다. "앉아서 환자의 이야기를 듣는 의사에게 주어지는 인센티브는 완전히 없어졌다. 실제로는 오히려 마이너스다. 진료 시간이 길어지면 불이익을 받는다." 만성피로증후군은 "의사가 진료하는 방식을 과학적이고 경제적으로 바꾸면서 변화 속에 갇혀버렸다. 우리는 의사에게 상자 밖에서 생각하지 말라고 가르친다. 우리가 아는 것과 잘 맞아떨어지지 않는 것들은 아마도 중요하지 않거나 심리적인 문제라고 암시한다. 그리고 이것들은 쓰레기통으로 던져진다. 호기심 같은 것은 없다. 이것이 바로 의학의 현대적 변화다."라고 베이트먼은 주장했다.

잉글리시는 만성피로증후군에 회의적인 동료 의사들에게 질문을 던지면서 글을 마무리했다. "회의주의자들의 마음에 이 씨앗 하나만 심으려 한다. 만에 하나라도 당신이 틀렸다면? 당신의 환자에게 닥쳐올 결과는 무엇일까?"

○

브레아에게는 결과가 즉각적이고 극적이었다. 전환 장애라는 주치의의 진단이 인상적이지는 않았다. 하지만 브레아는 자신에게 무슨 일이 일어나고 있는지 이해하는 데 도움이 될 어떤 설명이라도 절실하게 필요했다. 그래서 신경과 전문의 진료실에서 3*km* 떨어져 있는 집으로 돌아가면서, 자신의 마음이 어떻게 이런 증상을 만들어내는지 알아내려고 했다. 집에 돌아오자마자 그녀는 통증으로 의자에 쓰러졌고, 그날 밤에 또다시 극심한 고열에 시달렸다. "그 후 넉 달 동안 침대에서 일어나지 못했고, 다시 회복되지 않았죠. 몇 년이 지나자 좀 나아졌지만 의사의 진료실을 나서던 때만큼 나아지지는 않았어요."브레아는 덧붙였다. "만성피로증후군 증상이 있을 때, 단지 의사만 잘못하는 게 아니에요. 환자가 의사의 조언을 받아들이는 것이 실제로 자신의 상태를 더 악화시킬 수 있고, 다시 회복하지 못할 수도 있다는 겁니다.”

다른 많은 환자처럼 브레아도 결국 인터넷에 의지했다. 자신이 만성피로증후군이 아닐까 의심하면서 미국에 있는 수십 명의 전문가 중 한 명을 찾았고, 확진을 받았다. 브레아는 계속 병이 심해졌다. “수많은 날을 베개에서 머리를 들어 올리지도 못했어요. 몇 달 동안 내 집 문턱도 넘어보지 못했습니다. 몇 주마다 한 번씩 거실로 나갔는데, 이건 대단한 일이있죠.” 브레아는 곧 요강은 사용해야 할지 고민했고, 몇 가지 음식을 빼고는 많은 식품에 민감해져서 자신이 결국 굶어 죽지 않을까 걱정했다.

하향 곡선에서 마침내 벗어난 것은 에이즈 관련 감염에 흔히 처방하는 항바이러스제를 먹은 후였다. 갑자기 하루에 스무 걸음 이상 걸을 수 있었다. 게다가 인터넷을 통해 다른 환자들에게 조언을 구하고, 나락으로 떨어지지 않게 생활의 완급을 조절하는 요령을 배웠다. 실질적으로 도움이 되는 치료법을 발견하자 브레아는 자신과 수많은 다른 환자가 처음에 받은 심인성 오진에 대해 더 분노했다. “일단 심인성 질환이라는 꼬리표가 붙으면 의사는 환자에게 실제로 도움이 되는 것을 찾아보려 하지 않아요. 그게 제일 힘든 점이죠. 합당하게 치료받았다면 얼마나 좋아졌을지 생각해보지만, 이런 일은 거의 없죠.”

○

의료계에 널리 퍼진 회의주의는 종종 환자 개인을 해치기도 했다. 하지만 만성피로증후군 환자에게 가장 오랫동안 파괴적인 영향력을 행사한 것은 향후 30년간의 연구 방향을 결정한 소수의 남성 과학자들의 회의주의였다. 시류를 거스르고 자신의 만성피로증후군 환자의 말을 믿은 의사는 큰 힘을 발휘할 수 없었다. 믿어주는 것 말고 환자에게 무언가를 더 해주려면 과학적 연구 결과가 필요했다.

하지만 질병관리본부가 질병을 조사하던 처음 몇 년간은, 의회에서 질병을 조사할 권한을 부여받은 바이러스성 발진 및 헤르퍼스바이러스 분과 직원 대부분에게조차 만성피로증후군은 공개적인 조롱거리였다. "이게 진짜일 리가 없고, 농담일 거라는 식의 분위기가 만연했어요. 환자는 그저 불평 많은 불행한 여성이라는 식이었죠." 1980년대 말 질병관리본부 카페에서 책을 쓰고 있었던 존슨이 말했다. 만성피로증후군 조사를 맡은 팀장은 존슨에게 "나는 이 병에 대해 끝도 없이 농담할 수 있어요. 당신도 알 겁니다. '아, 피곤해라. 만성피로증후군에 걸렸나봐.' 누구도 이런 것을 조사하고 싶지는 않죠."라고 말했다.[36]

팀원들은 분과 복도에 걸린 게시판에 만성피로증후군에 걸렸다고 생각하는 건강염려증 환자를 비웃는 풍자적인 편지를 붙여 놓기도 했다. 존슨에 따르면, 그 편지는 "나는 아파요. … 너무 피곤해서 이 편지를 비서한테 불러주는 데만 6일이 걸렸어요. 이 질병에 추천할 만한 치료법 목록이 필요해요. 인기순으로 나열해보면, 아시클로비르, 감마글로불린, WXYZ-2, 3DPG, 비타민 A, 비타민 B_1부터 B_{12}까지, 비타민 C, 비타민 D, 비타민 E, 비타민 F, 비타민 G, 비타민 H, 비타민 I, 비타민 J, 비타민 K, 비타민 L, 비타민 M, 비타민 N, 비타민 O, 비타민 P, 비타민 Q, 아연, 카드뮴, 코발트, 네오디뮴, 이터븀, 레시틴, 모리틴, 레스이스모리틴(모리틴과 레스이스모리틴은 언어유희-옮긴이), 감각차단, 뜨거운 석탄 위를 걷는 것, 감각차단과 뜨거운 석탄 위 걷기를 번갈아 하기, 정제한 과일박쥐 구아노 주사, 침대에서 휴식을 취하기가 있어요. 나는 이미 발륨, 리튬, 할돌(신경이완제-옮긴이), 소라진(항정신병 치료제-옮긴이)을 복용해봤지만, 먹을 때만 잠깐 나아질 뿐이에요. 사회보장연금과 근로보상금을 받을 방법도 알려주세요. 저는 40년간 이 병을 앓아왔답니다. 아, 저는 29살이에요."라고 쓰여 있었다.

그리고 질병관리본부는 실제로 이런 멸시적인 태도를 눈감아줬다. 존슨이 저서인 《오슬러의 거미줄》에서 폭로한 사실 중 하나는 의회가 직접 지원한 만성피로증후군 연구 자금은 질병관리본부가 과학적으로 다른 프로젝트에 재분배했다는 사실이었다.[38] 2년 뒤, 바이러스성 발진 및 헤르퍼스바이러스 분과장은 자신을 내부고발자라고 주장하면서 해당 책임을 공개적으로 상급자에게 돌렸다. 1999년에 미국 보건복지부 감찰관이 한 회계 감사에서, 의회가 1995년부터 1998년까지 질병관리본부에 만성피로증후군 연구 지원금으로 배정한 259억 원의 최소 39%가 다른 프로젝트로 배정된 사실을 확인했다.[39] 질병관리본부는 연구비 사용 내역에 대해 의회에 거짓 보고를 올렸다. 2000년 미국 회계감사원은 만성피로증후군 연구 과정이 이 절도 행각으로 방해받았으며, 여기에는 질병관리본부와 국립보건원 프로그램의 형편없는 협력관계도 한몫했다고 보고했다.[40]

1980년대 중반에 의회는 국립보건원이 만성피로증후군 연구 지원금을 외부 연구자에 내주었다고 고발했다. 그러나 1990년까지 국립보건원은 두 가지 연구지원금만을 제공했다. 만성피로증후군에 대해 관심이 없었기 때문이 아니다. 1980년대에 의료계는 전반적으로 이 질병을 무시했지만, 오히려 수수께끼로 둘러싸인 새 질병의 원인을 밝히고 싶어 하는 연구자는 많았다. 하지만 국립보건원은 이미 질병의 원인을 확정하고 이를 확인시켜줄 연구를 지원하려는 중이었다. "어떤 연구비도 탈 수도 있었던 그 시대의 수많은 일류 연구자들이 만성피로증후군에 흥미를 갖고 연구 지원금을 받으려고 했지만 누구도 받지 못했다."라고 존슨은 말했다. 지원자의 연구 계획서는 "'만성피로증후군의 원인 병원체를 탐구하려는 귀하의 연구 계획은 지원할 수 없습니다. 아시겠지만 만성피로증후군은 정신질환이기 때문입니다.'라는 사유로 거부되었다. 이것은 실화다."라고 존슨은 덧붙였다.

"맙소사, 그 고정관념은 연방정부에도 깔려 있었다."라고 미국 보건복지부의 만성피로증후군 자문위원을 수년 동안 지낸 베이트먼은 말했다. "거의 모든 연방 사무국과 일했는데, 이 관료들은 학계와 똑같이 만성피로증후군에 대해 들으려 하지 않았다. 수년 동안 장애물만 높이 쌓아 올렸다. 놀라울 정도였다." 결국 이 장애물은 수많은 유명 연구자를 이 분야에서 몰아냈다. 그 결과 환자들은 스스로 만성피로증후군 연구에 돈을 댈 수밖에 없었다.

사실 국립보건원은 2000년까지 만성피로증후군에 대한 책무를 수행하지 않았다.[41] 1980년대 이후 만성피로증후군을 관리한 미국 알레르기와 감염질환 국립연구소는 이 질병을 자신들의 업무 범위에서 지웠다. 만약 그 시점에 비비안 핀Vivian Pinn이 만성피로증후군을 여성건강연구사무국에서 관리하겠다고 제안하지 않았다면, 이 시점에서 만성피로증후군은 국립보건원 안에서 노숙자 신세가 되었을 것이다. 그러나 극히 적은 예산을 가진 여성건강연구 사무국은 연구지원을 할 수 없었고, 2001년부터 2008년까지 국립보건원의 만성피로증후군 연구지원금은 45%나 줄었다.

국립보건원의 유일한 만성피로증후군 상근 연구자는 금방 만성피로증후군이 심인성 질환이라고 믿게 되었다. 1985년에 그는 만성피로증후군이 만성 엡스타인-바 바이러스 감염이나 새로운 종류의 면역기능 장애에서 유발될 수 있다고 제안했다. 그러나 3년 후 일관된 이상을 찾을 수 없자, 이 질병이 실제로 '정신신경증 장애'일지도 모른다고 생각했다. 한 환자는 존슨에게 "그가 이 질병의 원인을 찾을 수 없자 그 사실을 받아들이는 대신 우리를 정신신경증 환자라고 했다."라고 말했다.[42] 그는 의과대학에서 만성피로증후군 강연을 시작하면서 학생들에게 빅토리아 시대의 젊은 여성이 실신해서 의자에 앉아 있는 슬라이드를 보여주었다.[43] 신경증 혹은 히스테리 열병, 정령의 열병, '수증기, 피하 주사 혹은 분노' 같은 18세기 문헌을 발췌해 보여주었다.

만성피로증후군의 심인성 가설 지지자는 만성피로증후군을 히스테리가 아니라 신경쇠약과 더 많이 비교한다. 신경쇠약은 19세기 후반에 유행했던 히스테리와 유사한 신경 장애다. 1990년대 초 논문에서는 만성피로증후군과 신경쇠약의 '놀라울 정도로 비슷한' 점을 지적하면서, "환자 대부분이 기저 정신질환이나 정신생리적 반응을 겪고 있고, 장애라는 것이 문화적으로 용인된 질병 행동이라는 것을 증명하게 되면서, 만성피로증후군은 신경쇠약이 그랬던 것처럼 사회적 가치가 떨어지는 운명을 겪을 것"이라고 예측했다.[44] 또 다른 유명한 논문도 1990년에 이 두 질병을 비교하면서 만성피로증후군을 '오래된 술을 새 부대에 담은 격'이라고 표현했다.[45]

피로감, 수면의 질 저하, 인지장애 등 만성피로증후군과 비슷한 증상을 보이는 섬유근육통을 대상으로도 똑같은 논쟁이 일어났다. (물론 병인 기전을 알 수 없는 상태에서 같은 증상을 나타내는 질병들 사이에 명확한 경계선을 긋기란 어렵지만, 전문가들은 보통 두 질병을 구분한다. 섬유근육통의 특징인 통증 과민성과 만성피로증후군의 특징인 과로 후 전신 무력감을 기준으로 두 질병을 구분하지만, 사실 환자는 보통 두 증상을 모두 발현한다.) 2013년 논문은 섬유근육통이 신경쇠약과 모든 측면에서 구별되지 않는다고 말하면서, "과거에도 혼동되는 질병을 시간이 명확하게 밝혀주었다.[46] 우리는 지금 히스테리와 신경쇠약을 구분할 수 있다. … 이 질병들은 항상 심인성 장애였다."라고 주장했다.

이 결론은 의학계가 집단 기억상실증에 걸렸다는 증거다. 지금까지 얼마나 많은 기질성 질환이 19세기에 히스테리, 신경쇠약, 신경증 장애라는 꼬리표를 달고 있었는지, 그래서 21세기까지 오진되고 있는지 의학계는 잊어버렸다. 다발성경화증, 측두엽간질, 자궁내막증, 자가면역질환처럼 다양한 증상을 보이는 질병도 히스테리나 신경쇠약과 '모든 측면에서 구별할 수 없었다는 사실'은 무시한다. 지난 몇 세기 동안 계속 변화하는 수많은 느슨한 진단명들의 유사점은 어쩐지 심인성 기원의 증거라고 여겨지지만, 이것은 그저 여전히 '의학적으로 설명되지 않은' 상태일 뿐이다.

똑같은 병력을 두고 쉽게 정반대의 결론을 내릴 수 있다는 사실은 이 주장의 약점을 더욱 드러낸다. 19세기의 신경쇠약에 대한 설명과 만성피로증후군의 유사성은 이 질병이 오래되었다는 사실을 보여준다. 히스테리와 마찬가지로 신경쇠약이라는 꼬리표를 달았던 많은 질병은 피로감을 유발하는 새롭고 다양한 질병으로 분류되었고, 이제 '설명할 수 없는' 하나 또는 그 이상의 질환으로 남았다. 20세기 대부분 동안 이러한 상태가 '사라진' 이유는 오직 하나, 의학이 이 증상을 심인성 질환이라고 오진했기 때문이다. 만성피로증후군 환자인 도로시 월Dorothy Wall은 2005년 발표한 회고록 《보이지 않는 것과의 만남(Encounters with the Invisible)》에서 "만성피로증후군을 신경쇠약의 부활이라고 주장하는 것은 만성피로증후군의 위신을 떨어뜨리고 무시하려는 의도다. 그래도 나는 신경쇠약에 대한 우리의 관점을 수정할 시기가 무르익었다고 생각한다."라고 썼다.[47]

이런 관심에서 1980년대 중반에 만성피로증후군의 재축현은 무엇보다 페미니스트적 진보의 결과물이 아닌가 싶다. 만성피로증후군이나 그 비슷한 질병이 1980년대에 새롭게 나타나거나 더 널리 퍼졌을 수도 있다. 그러나 여성 환자가 자신의 증상이 모두 환자의 머릿속에서 나왔다는 의료계의 결론을 거부할 만큼 사회적 권위를 충분히 갖추게 되었기 때문일 수도 있다. 동시에 환자를 믿어줄 만큼 이해심 많은 의사가 늘어났을 수도 있다. 1960~70년대의 여성운동 시기에 성년이 된 베이비붐 세대가 중년기에 접어들었을 때, 여성에게 주로 나타나는 설명할 수 없는 수많은 상태들이 만성피로증후군이나 섬유근육통, 외음부통, 간질성 방광염 등까지 상당히 흔한 것으로 밝혀지면서 주목받은 것은 흥미로운 우연의 일치로 보인다.

만성피로증후군 환자가 '모든 것을 차지하려는 페미니스트 슈퍼우먼'이라는 고정관념이 환자의 신뢰도를 떨어뜨리는 데 재빠르게 이용됐다는 점은 역설적이다. 아마 질병을 앓은 몇몇 환자가 그런 여성이었기 때문일 것이다. 한 세대 전이라면, 만성피로증후으로 가장 이득을 본 환자는 '여피 독감'에 걸린 일하는 여성이 아니라 '히스테리 주부증후군(hysterical housewife syndrome)'을 앓는 주부였을 것이다.

히스테리 주부증후군은 여피 독감에 비해 의료가 그다지 진지하게 받아들이진 않았다.

방침의 전환

어쩌면 만성피로증후군에 대한 초기의 조롱이 불러온 가장 광범위한 효과는 그러한 조롱이 오래 지속될수록 되돌리기가 더 어려워졌다는 점일 것이다. "나는 특정 시점에서 이들이 초기 입장에 멈추어 굳어졌다고 본다"라고 존슨은 말했다. 일하는 엄마의 압박감, 성생활에 불만인 주부, 빈둥지증후군에 걸린 중년 여성으로 몰아 환자를 무시한 지 수십 년 뒤에, "질병관리본부나 국립보건원이 주류 언론에 나와서 '우리가 만성피로증후군이나 여피 독감이라고 불렀던 질병이 모두 농담이었다고 말한 것 기억하십니까? 음, 사실은 말입니다. …'라고 말하기가 얼마나 어려울지 상상할 수 있을 것이다."

　　지난 몇 년 동안 국립보건원과 질병관리본부는 마침내 모든 방침을 뒤바꾸기 시작했다. 2015년 국립보건원은 만성피로증후군을 연구하는 노력을 더 늘리겠다고 발표하면서 종합적인 원내 연구 프로젝트를 시작했고, 연구 지원금을 약 15%(73억 3,000만 원)나 늘려서, 수년만에 건초열(꽃가루가 점막을 자극함으로써 일어나는 알레르기-편집자) 연구 예산을 넘어설 것이라 발표했다.[48] 국립보건원 책임자 프랜시스 콜린스Francis Collins는 〈더 애틀란틱〉 기사에서 약간 절제된 표현으로 "이 질병의 심각성을 고려할 때 우리가 충분히 주의를 기울이지 않았다고 생각한다."라고 말했다.[49] 만성피로증후군에 대한 2017년 연구 지원금은 전년도의 거의 두 배인 169억 3,000만 원이 될 것으로 예상했다. 물론 국립보건원 예산이 전반적으로 삭감되는 상황을 고려하면 이보다는 적은 금액이 될 것이다. 하지만 이 질병으로 인한 부담에 상응하여 전문가가 주장한 적정 연구비인 2,821억 2,500만 원에는 아직도 한참 못 미치는 금액이다. 더불어 수십 년 동안 무시당한 질병에 대해 국가가 배상금을 지급하는 강력한 선례가 될 수도 있다.

최근에는 만성피로증후군을 싱대로 나쁜 과하이 저지른 익에 대한 시선이 바뀌기 시작했다. 미국의 만성피로증후군 전문가들은 대부분 이 질병을 신체 질병이라고 생각하지만, 이미 영국은 심인성 모델이 번창하여 장악해 버렸다. 그 이론은 만성피로증후군 환자들은 자신이 기질성 질병을 가지고 있고, 이는 운동할수록 악화된다는 '도움이 되지 않는 질병관'을 가지고 있어서 너무 과하게 휴식을 취한 결과 건강이 더 손상되었다고 주장한다. 수년 동안 저명한 영국의 정신건강 전문가들은 환자의 질병을 영속시키는 '활동에 대한 두려움'을 극복하도록 설계된 인지행동치료와 꾸준한 운동으로 구성된 프로그램을 권장해왔다.[50] 다시 말하자면 의사들은 만성피로증후군 환자를 단순히 오진했을 뿐만 아니라, 브레아 같은 환자의 질병을 더 악화하는 상태로 밀어 넣었다.

몇 년 전 영국 정부 기관은 PACE 연구를 지원해서 이 방법이 효과적인지 시험했다. 지원한 연구비는 90억 3,000만 원으로, 만성피로증후군 임상시험으로는 최대 규모의 연구였다. 연구 결과는 2011년 〈란셋Lancet〉에 처음 실렸고,[51] 언론은 '만성피로증후군? 그냥 일어나서 움직여, 라고 과학자는 말했다'와 같은 머리기사를 쏟아냈다.[52] 연구자들은 치료법이 '다소 효과적'이었다고 평가하고, 임상시험에 참여한 환자 60%가 증상이 개선되었으며, 22%는 실제로 '회복했다'라고 주장했다. PACE 연구 결과를 바탕으로, 질병관리본부와 메이요 병원을 포함한 주요 미국의료기관은 인지행동치료와 단계별 운동 요법을 권장하는 치료법으로 공공정보에 올렸다.

약한 운동도 환자의 증상을 크게 악화시킬 수 있다는 점에서, 만성피로증후군 환자는 이 결과에 회의적이었다. 또한 그들은 PACE 연구에 많은 심각한 문제가 있음을 지적했다. 시험에 참여한 환자의 증상 보고는 환자의 주관적인 보고에 전적으로 의존했는데, 맹검시험이 아니었기 때문에 환자의 기대감이 편향된 보고를 가져올 수 있었다. 신체 기능의 객관적인 측정 결과, 예를 들면 6분 동안 걷는 시험이나 환자의 직장 복귀 등의 결과를 보면, 치료한 후에도 환자의 증상은 개선되지 않았다. 더 중요한 문제는 연구자들이 연구를 진행하는 도중에 '개선'의 정의를 심각할 정도로 완화했는데, 이는 임상 연구에서 매우 거리껴하는 일이다. 그로 인해서 실제로 환자는 임상시험을 하는 동안 증상이 더 악화되었는데도 '회복했다'는 기준을 충족했다.

수년 동안 PACE 연구에 대한 환자의 비판이 이어졌으나 무시되었다. 2015년 들어 과학 관련 사이트인 '바이롤러지 블로그Virology Blog'에 PACE 연구에 대한 구체적인 폭로가 발표되자, 만성피로증후군 분야 밖의 연구자들이 주목하기 시작했다.[53] 한 공개 편지는 "출판된 논문에서 이런 결함이 나타나서는 안 된다."라고 선언하고, PACE 연구의 제3자 검토를 촉구하기도 했다. 환자들은 PACE 연구자를 상대로 임상시험의 원 자료를 공개하도록 하는 법정소송을 진행했다.[54] 마침내 2016년 법원이 원 자료를 공개하라고 판결하자, 독립된 연구자들이 원 자료를 재분석한 뒤 PACE 연구자들이 원래의 기준을 지켰더라면 환자의 20%만이 '개선'되고 7% 이하만이 '회복'되었을 것이라고 결론 내렸다.[55] 개선된 환자의 50%는 치료 없이 전문의의 진료만으로도 그만큼 나아졌을 것이라고 보았다. 이 비율은 대조집단 결과와 통계적으로 유의미한 차이가 없다.

과학저술가이자 만성피로증후군 환자인 줄리 레마이어Julie Rehmeyer는 2017년에 저서 《저세상을 지나며(Through the Shadowlands)》에서 PACE 연구의 결과는 완전히 잔못돼서, 정확하게 진실의 반대쪽을 가리켰다고 지적했다. "사실 신중히 읽으면 이 연구 결과는 만성피로증후군이 심리적 문제라는 기존 가설을 반박하는 강력한 증거였고, 오히려 심리문제 교정을 위한 치료들이 환자들을 더 아프게 했다. 인지행동 치료법과 운동은 병의 기원이 생물학적 기전이라고 알려진 루푸스, 다발성경화증, 암 치료에 따른 피로 환자에게 아무 소용없었던 것처럼 만성피로증후군 환자에게도 아무 효과가 없었다."[56] 2017년 질병관리본부는 인지행동치료와 운동을 인터넷 정보 목록에서 삭제했다. 과학자들과 환자단체는 '환자를 비효율적이고 해로운 치료법에서 보호하기 위해' PACE 연구 결과를 완전히 철회하라고 지속적으로 요청했다.[57]

한편, 순전히 의료계가 30년간 그렇게 했다고 해서 어떤 질병을 하찮게 봐야 한다고 느끼지 않는 젊은 세대의 임상의들이 새로운 시각을 갖기를 바란다. 베이트먼은 지역 의과대학에서 만성피로증후군과 섬유근육통 강의를 한다. "강의를 시작하기 전에 항상 '담당의에게서 이 질병을 폄하하는 말을 들어본 사람은 손들어보세요.'라고 물어봐요. 그러면 학생의 80%가 손을 들죠. 그러면 나는 다시 물어요. '이 질병을 앓는 환자를 아는 사람?' 그러면 학생의 절반 정도가 손을 듭니다."

그러나 요즘도 베이트먼은 강의에서 만성피로증후군과 섬유근육통을 앓는 남성 환자에 대해 더 많이 얘기한다. "의대생들이 이 질병을 더 진지하게 받아들이게 하려면 남성 환자 사례가 더 효과적이라고 나는 확신해요. 이 편견에 대해서 검증해보지는 않았지만요."

체위성 기립빈맥 증후군

브레아가 정보를 찾아 인터넷을 뒤지기 시작했을 때, 만성피로증후군 말고도 브레아의 관심을 끈 질병이 하나 더 있었다. 바로 체위성 기립빈맥 증후군이다.

체위성 기립빈맥 증후군은 가장 흔한 자율신경 장애로, 자율신경계 기능이 손상되는 질병이다. 보통 우리가 일어서면 자율신경계는 즉시, 자동으로 혈관을 수축하고 심장박동을 살짝 증가시켜 혈액이 중력 때문에 몸 아래쪽으로 쏠리지 않도록 반응한다.[58] 기립성 조절장애는 이 중요한 기전이 손상된 상태에 대한 포괄적 용어다.[59] 체위성 기립빈맥 증후군 환자는 이 기능장애를 벌충하기 위해 심장박동수가 증가한다. 환자는 머리가 어지럽고, 집중력이 떨어지며, 기절하는 등의 증상을 겪는데 대개 심장과 뇌로 혈액이 충분히 공급되지 않기 때문에 생긴다. 아니면 증상을 상쇄하려고 심장이 쿵쾅거리며 빠르게 뛰거나, 숨이 차고, 몸이 떨리고, 가슴 통증이 생기는 등 자율신경계가 과잉 활성화한다. 환자는 종종 피로감, 운동불내성, 구역질, 두통, 수면 문제를 보고하기도 한다.

체위성 기립빈맥 증후군은 당뇨, 몇몇 유전 장애, 많은 자가면역 질환 때문에 생기기도 한다. 하지만 주요 체위성 기립빈맥 증후군이나 특발성 체위성 기립빈맥 증후군은 혈관이 왜 수축하라는 신호를 받지 못하는지 원인이 명확하지 않다. 분명한 사실은 일어섰을 때 적절하게 반응하지 못하는 것이 심신을 약화시키는 문제라는 것이다. 같은 체위성 기립빈맥 증후군 환자라도 일부는 증상이 경미할 수 있고, 다른 이들은 침대에 누워 있거나 휠체어를 사용해야 한다. 연구자들은 체위성 기립빈맥 증후군 환자가 만성 폐쇄성 폐질환이나 울혈성 심부전 환자와 같은 수준의 기능장애가 있으며, 삶의 질이 신장 투석 환자와 비슷하다는 점을 발견했다.[60] 약 25%는 일을 하지 못하거나 학교에 가지 못한다.[61]

연구에 따르면, 만성피로증후군 환자의 1/3 정도에 이르는 상당수가 기립빈맥 증후군이나 다른 유형의 기립성 조절장애를 함께 앓고 있다. 반대로 체위성 기립빈맥 증후군 환자들을 살펴본다면, 대부분은 만성피로증후군 진단 기준에도 부합하는 심각한 피로 증상을 가지고 있을 것이다. 거대한 창고 같은 의료체계에서 환자에게 붙는 진단 꼬리표는 종종 환자가 만나는 전문가에 따라 달라진다. 자율신경계 전문가는 체위성 기립빈맥 증후군을 만성피로증후군으로 진단하는 것은 오진이라고 말하며, 체위성 기립빈맥 증후군으로 모든 증상을 설명할 수 있다고 생각한다. 한편 만성피로증후군 전문가는 체위성 기립빈맥 증후군을 만성피로증후군의 하위 유형으로 분류한다. 두 질병은 발생 기전이 아직 밝혀지지 않은 증후군이므로 두 질병 사이의 정확한 연관성 역시 불분명하지만, 적어도 체위성 기립빈맥 증후군이 만성피로증후군의 몇몇 사례에서 문제를 일으킨다는 점은 확실하다.

두 질병 모두 제대로 밝혀지지 않은 증후군이지만, 회의주의자들이 종종 너무 모호하고 비특이적이라며 불평하는 만성피로증후군의 주관적인 증상과는 달리, 체위성 기립빈맥 증후군은 매우 특이적이며 객관적인 진단 기준이 있다. 체위성 기립빈맥 증후군을 진단받으려면 성인의 경우, 서 있는 10분 동안 혈압이 떨어지지 않으면서 심장박동 수가 분당 30회 이상 증가하거나 분당 120회 이상이어야 한다. 또한 적어도 자율신경계 전문가에게 체위성 기립빈맥 증후군은 '설명할 수 없는' 질병은 아니다. 지금 당장은 특발성 체위성 기립빈맥 증후군 환자가 일어섰을 때 자율신경계가 적응하지 못하는 원인을 알 수는 없지만, 환자가 나타내는 증상은 충분히 예측할 수 있다.

따라서 체위성 기립빈맥 증후군은 만성피로증후군과 같은 선상에 놓고 볼 수 없다. 그런데도 의료계는 체위성 기립빈맥 증후군에 대한 의식조차 놀라울 정도로 없다. 의대생은 대부분 체위성 기립빈맥 증후군에 대해 배우지 않는다. 전문의 자격시험에도 나오지 않는다. 심지어 신경과 전문의와 심장 전문의조차 체위성 기립빈맥 증후군에 대해 잘 모른다. 자율신경장애 환자단체인 세계자율신경장애협회 공동 설립자인 로런 스타일스Lauren Stiles는 "우리는 자율신경장애가 무시되는 이유가 젊은 여성에게 발병하기 때문이라고 생각한다"라고 말했다.[62] 체위성 기립빈맥 증후군 환자의 80%는 젊은 여성과 중년 여성이다. 세계자율신경장애협회의 조사에 따르면, 체위성 기립빈맥 증후군 환자의 절반가량은 십 대일 때 증상이 처음 발현했다.

스타일스는 의사가 체위성 기립빈맥 증후군을 어렴풋이 알고 있을 때도 이 질병의 심각성을 축소하려는 경향이 있다고 말한다. 세계 자율신경장애협회가 의과대학에서 교육 강의를 하게 되자, 스타일스는 의사들이 일단 체위성 기립빈맥 증후군에 대해 알게 되면 수용적인 태도를 보인다는 점을 발견했다. "하지만 사실을 알기 전까지는 의심하는 의사가 많았습니다." 의사들은 십 대에 잠시 나타나는 증상으로 자라면 저절로 없어진다고 생각했다. 사실 체위성 기립빈맥 증후군 환자를 장기간으로 연구한 조사는 많지 않았다. 질병 발생 기전을 모르는 상태에서 치료법은 증상을 완화하는 정도에 한정된다. 2016년 메이요 병원 논문을 보면 치료로 완전히 개선된 청소년 환자는 1/5 이하인 반면, 환자의 절반 이상은 증상이 나아졌지만 이후에도 2~10년간 증상이 계속됐다.[63]

만성피로증후군 환자에게 체위성 기립빈맥 증후군이 얼마나 많이 나타나는지 알게 된 브레아는 집에서 할 수 있는 검사를 해보았다. 체위성 기립빈맥 증후군 진단법을 시행해보니, 누웠을 때 브레아의 심장박동 수는 분당 70회에서, 일어섰을 때 분당 140회까지 치솟았다. 브레아는 그 해에 하버드 병원에 가서 너무 어지러워서 침대에서 나올 수 없다고 호소했지만, 브레아가 만난 의사는 단 한 명도 체위성 기립빈맥 증후군 검사를 하지 않았다. 체위성 기립빈맥 증후군에 대해 알 만한 신경과 전문의와 심장 전문의조차도 마찬가지였다. "의사들은 왜 내가 일어서지 못하는지 이상하게 생각했지만 그것을 알아내지는 못했죠."

'과민 심장'에서 '불안 신경증'까지

스타일스는 똑같은 의학 역사가 관점에 따라 얼마나 다르게 보일 수 있는지에 대한 완벽한 예시로, 국립보건원 연구자가 만성피로증후군이 '정신신경증 증상'이라고 확신하며, 1990년대 자신의 강연에서 사용한 똑같은 이미지를 언급했다. "빅토리아 시대의 여성이 진주 장식을 움켜쥐거나 손을 이마에 대고 긴 의자에 누워 있는 그림 아시죠? 이 여성들은 체위성 기립빈맥 증후군을 앓고 있었을 거라고 확신합니다."

사실 두 질병 모두 피로감을 주된 증상으로 나타낸다는 사실을 바탕으로 만성피로증후군은 신경쇠약이라는 주장이 부활했다는 점은 약간 어리석어 보인다. 하지만 체위성 기립빈맥 증후군은 서 있을 때 빠르게 증가하는 심장박동수라는 특별한 징후와 연관된 상당히 독특한 증상을 나타내기 때문에 훨씬 더 설득력 있게 역사적 기록을 추적할 수 있다. 이는 미국 남북전쟁까지 거슬러 올라간다.[64] 1871년 제이컵 다코스타Jacob M. Da Costa 박사는 처음으로 주요 과학 잡지에 '과민 심장'에 대한 논문을 발표했다. 다코스타는 과민 심장 증상이 보통 급성 감염 질병에 걸린 후에 나타난다고 지적했다. 일어서면 더 악화하는 심계항진증과 빠른 맥박이 증상으로 나타나고 그 외에도 가슴 통증, 숨이 차는 증상, 어지럼증, 신체활동 후 피로감, 때로는 소화기 문제도 나타났다.

세계 1차 대전이 일어나는 동안, 체위성 기립빈맥 증후군은 다시 나타나서 다코스타 증후군, 일반 탈진, 노력 증후군(effort syndrome), 군인의 심장, 신경순환계무력증'과 같은 다양한 병명으로 불렸다. 대부분의 전문가는 원인을 알 수 없는 기질적 질병이라고 생각했지만, 몇몇 의사는 심인성 질환이라는 주장으로 돌아서기 시작했다. 미국 의사 폴 우드Paul Wood 박사는 1941년에 "다코스타 증후군은 정서적 증상에 대한 오해, 어떤 악순환 패턴들, 심장에 이상이 있을 거라는 확신의 증가, 운동하다가 갑작스럽게 사망할 거라는 두려움, 조건화, 히스테리로 생긴 것이다."라고 주장했다.[65]

세계 1차 대전이 끝나자 미국 연구자들은 민간인 사이에 널리 퍼진 다코스타 증후군에 대한 최초의 논문을 썼다. 저자들은 다코스타 증후군이 인구의 2~5%에 나타나며, 질병이 시작되는 시기는 평균 25세로 여성에게 두 배나 더 많다고 추정했다.[66] 물론 '군인의 심장'으로 진단할 수 없는 여성은 그저 히스테리, 신경쇠약, 신경증으로 불렸을 것이다. 우드는 이 평화로운 시대에는 누구도 이 질병에 관심을 보이지 않은 이유를 아마도 젠더 차이로 설명할 수 있을 것이라 주장했다. "민간인의 다코스타 증후군에 대한 호기심이 부족했던 이유는 여성에게 더 흔하게 나타났기 때문이다. 성별이 바뀌고 군복이 없다면, 이 질병은 뛰어난 변장술로 눈에 보이지 않는 것 같다. 남성 군인에게는 '노력 증후군'인 것이 여성 환자인 경우에는 심장, 호흡기, 혹은 다른 신경증으로 진단되었다."[67]

1960년대에는 다코스타 증후군의 심리 이론이 확고하게 자리 잡았다. "병의 원인에 대한 추측이 기질론에서 심인론으로 옮겨가면서 의학적 실체로서 다코스타 증후군에 대한 관심이 줄어들었다"고, 하버드 대학교 의사인 오글즈비 폴Oglesby Paul은 1987년 다코스타 증후군의 역사를 논평한 글에서 지적했다.[68] 하지만 이것을 드문 질병으로 여기지는 않았다. 1968년 우드는 심혈관계 병원으로 이송된 환자의

10~15%가 다코스타 증후군이라고 추정했다. 그러나 1980년대 후반에는 자주 정신과 진단이 내려지면서 '자주 언급되지는 않게' 되었다고 폴은 지적했다. "질병이 사라진 것이 아니다. 전과 다름없이 존재했다. '불안 상태'나 '불안신경증'과 같은 정신과 꼬리표가 붙었을 뿐이다."

폴은 "다코스타 증후군의 중요성과 예후, 치료법이 적절하게 평가받았으므로 진단명의 변화는 해를 끼치지 않았다"라고 썼다. 다코스타 증후군의 예후는 '차도와 악화가 오래 지속되는 삶'이며, 치료법이 환자에게 기질적 심장병이 없다고 '안심'시키는 것 외에는 없다는 점을 생각하면 이는 이상한 지적이다. 치료법이 없으며, 치료법을 찾으려는 노력도 없는 이 질병으로 고통받는 여성에게는 진단명의 변화가 질병의 본질에 대한 정확한 지식을 반영했는지의 여부가 상당한 변화를 가져왔음이 분명하다.

어느 정도는 체위성 기립빈맥 증후군이 수십 년 동안 불안장애와 구분되지 않았다는 점을 이해할 수 있다. 자율신경계는 몸과 마음이 얽힌 교차점에 있다. 공황장애와 체위성 기립빈맥 증후군은 심계항진, 어지럼증, 숨이 차는 증상 등 많은 증상을 공유하는데 여기에는 이유가 있다. 두 질병 모두 투쟁-도피 반응(fight or flight response, 외적인 위협에 저항하거나 그것을 처리하기 위해 자율신경계가 활성화되어 호흡·맥박 증가, 혈관 수축, 혈압 상승 등의 신체적 반응을 나타냄-옮긴이)을 일으키는 자율신경계의 교감신경을 흥분시킨다. 이 신경순환 무력증은 전쟁 기간에 대개 군인을 대상으로 수십 년간 연구되었으므로, 아마 연구하기가 어려웠을 것이다. '군인의 심장' 중 몇몇 사례는 현재라면 외상 후 스트레스 장애나 비슷한 병으로 진단될 것이다.

반면, 환자가 증상을 묘사하는 것을 들어보면 체위성 기립빈맥 증후군은 불안장애와 헷갈리기가 어렵다. 공황장애는 지속적이 아니라 산발적으로 일어나고 극심하고 압도적인 두려움이 함께 나타나지만, 체위성 기립빈맥 증후군 환자는 보통 기절할까봐 걱정한다. 2008년 논문에서 체위성 기립빈맥 증후군 환자 집단은 불안에 따르는 생리적 증상(예를 들어 심장이 뛴다든지)을 묻는 불안 검사에서 증상 정도의 점수를 기록했지만, 불안에 따르는 인지적 측면(극도로 걱정스러운 기분이 드나든지에 초점을 맞춘 검사에서는 불안 정도가 평균 집단보다 살짝 낮았다.[69] 무엇보다 불안장애는 오래 서 있은 뒤에 주로 생기지 않으며, 눕는다고 불안 증상이 개선되지도 않는다. 이는 수십 년 동안 '불안신경증'에 걸렸다고 진단받은 많은 여성들이 보고했음이 분명한 흥미로운 사실이다.

　　마침내 1980년대에 자율신경계를 연구하는 전문가가 '기립경사 테이블검사(tilt table test)'라는 신기술을 실험하기 시작했다. 환자는 기울어지는 침대에 누워 몸을 묶고, 70도 경사까지 침대가 기울어지는 동안 혈압과 심장박동수를 측정해서 중력을 상쇄하는 자율신경계의 능력에 문제가 있는지 평가한다. 1990년대 초에 메이요 병원 연구자들이 '체위성 기립빈맥 증후군'이라는 용어를 제안해서 수십 년 동안 다코스타 증후군, 군인의 심장, 신경순환계 무력증으로 불린 이 질병이 불안장애가 아니라 기립성 조절장애라는 사실을 밝혔다.[70]

"변호사라는 직업이 적성에 맞지 않을지도 모릅니다"

자율신경계 전문가들은 1990년대 후반까지 기립성 조절장애가 유행하는 현상을 지적하면서, 이 현상이 '질병 인식의 유행'을 반영한 것이며 실제로 발병률이 높아진 것은 아니라고 인정했다. 불과 몇 년 전과 다르게 한 의사는 "건강해 보이는 스무 살 여성이 어지럼증, 심계항진, 피로감을 호소하면 정신신체화 질병으로 무시해서는 안 된다!"라고 쓰기도 했다.[71] 물론 순진한 이 의사의 낙관론과는 달리, 가상의 여성은 이십 년이 지난 후에도 여전히 분명하게 무시당하고 있다. 질병 자체가 불안장애의 하나로 무시당하지는 않지만, 체위성 기립빈맥 증후군 환자 개개인은 브레아처럼 진단받기까지 수년 동안 계속 무시당한다.

세계자율신경장애협회는 최근 밴더빌트대학교 연구자들과 함께 15개국 체위성 기립빈맥 증후군 환자 3,000명을 대상으로 온라인 설문조사를 벌였다. 환자는 병을 진단받을 때까지 4년 2개월이 넘는 기간 동안 평균 일곱 명의 의사를 만났다고 보고했다.[72] 환자의 1/4은 의사를 열 명 이상 만났다. 환자의 80% 이상이 최소한 하나의 정신적인 문제라고 오진을 받았다. 가장 일반적으로 불안, 스트레스, 우울증을 앓고 있거나 혹은 '증상은 모두 당신 머릿속에서 나왔다'라는 말을 들었다. 한 연구는 체위성 기립빈맥 증후군을 진단하는 기준을 이렇게 설명했다.[73] "환자는 종종 명백한 임상 증상 없이 다수의 증상을 반복적으로 나타낼 수 있다. 즉, 전형적인 '원인 불명의 병을 호소하는 단골 환자'이다. 심각하게 무기력하지만 가끔은 괜찮아 보이기도 한다."

스타일스는 2010년 스노보드를 타다가 뇌진탕에 빠진 이후에 갑자기 병이 났다. 그녀는 진단을 받기까지 9개월 동안 40명의 의사를 만나야 했다. 스타일스는 섬유근육통, 만성피로증후군, 과민성 대장증후군이라는 진단을 받았고, 신경내분비종양이라는 오진을 받기도 했다. 스타일스의 증상이 그녀의 직업 때문에 발병했다면서 어쩌면 '변호사라는 직업이 적성에 맞지 않을지도 모른다'고 말한 의사도 있었다. 어떤 의사는 스트레스라며 포도주 한 잔을 처방하기도 했다. 뇌진탕을 일으킨 직후에는, 응급실에서 새해 전야부터 숙취로 왔다며 비난받았다. 스타일스가 항상 빠뜨리지 않고 하는 이야기 중에는 자녀가 있냐고 물은 한 내분비 건문의 이야기가 있다. 아이는 없다고 대답하자, 의사는 스타일스가 이미 서른한 살인데 아직 아이가 없으니 남편의 관심을 끌고 싶어서 아프다고 했다.

어쨌거나 의료계는 스타일스를 정확하게 진단한 적이 없다. 이 책에 실린 다른 많은 여성처럼, 스타일스도 스스로 공부하고 알아낸 것을 신경과 전문의가 확진했다. 처음에는 그녀의 체위성 기립빈맥증후군이 특발성이라고 들었지만, 몇 년 동안 의사들에게 가능한 모든 발병 원인을 모조리 배제해 달라고 주장한 끝에 자신의 증상이 자가면역질환의 하나인 쇼그렌 증후군으로 인한 말초신경의 심각한 손상 때문이라는 것을 알아냈다.

스타일스가 세계자율신경장애협회를 설립한 이유의 가장 큰 부분은 한 번도 제대로 된 진단을 받지 못한 환자들에 대한 생각에 몸서리쳤기 때문이다. 어쨌거나 스타일스는 유리한 위치에 있었다. 백인이었고, 뉴욕시 근처에 살았으며, 지지해주는 가족이 있었고, 연봉이 높고 의료보험이 있는 변호사였으며, '돈으로 할 수 있는 가장 좋은 병원'에 갔다. 그래도 만족스럽지 않았다. "내가 가난했더라면 어떻게 됐을까요?"라고 스타일스는 물었다. "내가 시골에 살았다면? 의사 한 명만 보장해주는 의료보험이었다면? 온종일 침대에 누워 있어야 했는데, 병원에 데려다줄 가족이 없었다면? 첫 번째 의사에서, 두 번째 의사에서, 세 번째 의사에서 멈춰야 했던 대부분의 다른 여성들을 생각해보세요. 계속 의사를 찾아다닐 돈과 시간이 충분한 사람이 몇 명이나 될까요?"

우리는 이 질문의 답을 알 수 없다. 체위성 기립빈맥 증후군은 국제질병분류(ICD) 코드가 없어서 이 병을 진단받은 환자가 몇 명인지조차 정확히 알 수 없고, 진단받지 못한 환자 역시 추정할 수 없다. (최근 스타일스는 국제질병분류 다음 버전에 체위성 기립빈맥 증후군의 코드를 얻기 위해 의사와 협업했다.) 체위성 기립빈맥 증후군이 1990년대에 처음 나타났을 때, 이 질병을 앓는 환자의 수는 미국인 40만 명으로 추정되었다. 이때 이미 체위성 기립빈맥 증후군은 드문 희귀병이 아니라 다발성경화증과 거의 같은 수준이었다. 가장 최근의 추정치는 1~3백만 명이다.[74]

| 환자 스스로 한다

아직도 많은 의사들이 체위성 기립빈맥 증후군을 모르는 이유는 세계자율신경장애협회가 2012년에야 설립되었기 때문이기도 하다. 사실 체위성 기립빈맥 증후군의 역사에서 얻을 수 있는 중요한 교훈은 의료계는 새로운 지식을 보급할 공식 절차가 없고, 오랫동안 여성의 설명할 수 없는 증상을 심인성 질환으로 무시해왔기 때문에, 새롭게 인

정된 소위 여성 질병에 대한 인식을 높이기 위해서는 환자단체가 절대적으로 필수적이라는 사실이다. "의사들도 언론 보도에는 민감하게 반응하기 때문에" 체위성 기립빈맥 증후군에 대한 언론 보도를 이끌어낸 세계자율신경장애협회의 노력은 큰 도움이 되었다. 또 세계자율신경장애협회는 환자가 직접 유인물을 통해 그들의 의사를 교육할 수 있도록 독려하고 있다. "우리는 환자를 통해 간접적으로 수많은 의사를 교육하고 있어요. 무작정 찾아가서 '선생님이 아직 모르시는 이 질병에 내애 알려드릴게요.'라고 말하기보다 환자를 통해 의사들에게 신뢰할 만한 전문 자료를 건네는 거죠."

세계자율신경장애협회는 질병 연구를 지원하는 일도 돕고 있다. 메이요 병원 연구자들이 체위성 기립빈맥 증후군을 정의했던 1990년대 초로 돌아가 보면, 많은 환자가 감염 이후에 증후군이 발병했으므로 면역계가 연관되었을 수 있다고 협회는 제안한다. 그 밖의 정황 증거도 자가면역이 바탕이 될 가능성이 있다는 단서를 보여주는데 여성에게 발병률이 더 높고, 가족력을 나타내며, 환자가 종종 다른 자가면역질환도 앓는다는 것이다. (그러나 다른 설명할 수 없는 질병처럼 "체위성 기립빈맥 증후군도 내재한 유전적 특질, 면역계의 이상, 구조적 신경통 같은 다양한 기전을 나타낸다."라고 스타일스는 말한다.) 자가면역질환 가설은 수십 년 동안 검증되지 않았는데, 이는 체위성 기립빈맥 증후군에 대한 연구 지원금이 거의 없었기 때문이다. "체위성 기립빈맥 증후군 환자 수가 가장 보수적인 추정치인 100만 명이라 할 때, 매년 국립보건원이 배정하는 연구비는 11억 2,000만 원이다. 다발성경화증 환자는 40만 명인데 연간 연구비를 1,122억 5,000만 원 이상 지원받는다."라고 스타일스는 말했다.

3부. 히스테리라는 이름으로 방치된 질병들

지난 몇 년 동안 여러 연구팀이 체위성 기립빈맥 증후군 환자에게서 아드레날린 작동성 수용체와 무스카린 수용체의 자가항체를 발견했다는 소규모 연구의 결과를 발표했다.[75] 이 두 가지 수용체는 자율신경계의 중요한 부분이다. 세계자율신경장애협회는 대규모의 후속 연구를 위한 자금을 마련하고, 말 그대로 연구자들을 환자에게로 데려옴으로써 과학적 과정의 속도를 높이는 데 도움을 주기로 결정했다. "우리는 과학자들에게 가서 '안녕하세요? 워싱턴 D.C.에서 매년 학회를 하는데, 참석하셔서 환자 100명의 혈청을 모아가지 않으시겠어요?'라고 말했다." 최근 학회에서는 여러 연구팀이 세계자율신경장애협회의 제안을 받아들였다. 2018년에 세계자율신경장애협회는 최소 3억 3,600만 원을 연구 지원금으로 내놓을 예정인데, 이는 과학 연구에 대한 세계 최대 공공자금 지원기관인 국립보건원 지원금의 거의 1/3에 해당하는 금액이다.

물론 세계자율신경장애협회 같은 공식 환자단체가 생기기 전에도 비공식적인 온라인 환자 커뮤니티는 체위성 기립빈맥 증후군 환자의 경험을 획기적으로 바꾸었다. 스타일스의 진단을 확진한 저명한 신경과 전문의는 스타일스가 같은 병을 앓는 다른 환자나 이 질병의 치료법을 아는 의사를 찾지 못하리라고 경고했다. 그러나 다행스럽게도, 그날 저녁에 스타일스는 인터넷에서 회원 3,000명이 모여 자신의 경험과 의사의 권고를 공유하는 환우회를 발견했다. 사실 스타일스는 온라인 환자 커뮤니티에 게시된 모든 내용을 신뢰했다. "나는 인터넷을 찾아 헤매면서 스스로 진단을 내렸고, 인터넷을 통해 필요한 의사를 만났으며, 인터넷으로 다른 환자들의 지지를 받았다. 그리고 우리는 자주 댄스 수업 같은 곳에서 만난 친구들에게 먼저 진단받은 후, 인터넷 환자단체에서 추천받은 의사를 찾은 환자들을 만난다. 인터넷이 있어서 정말 다행이다."

정말로 다행이다. 하지만 이렇게 되어서는 안 된다. 처음 발견한 이후 이십 년 넘게, 혹은 시작점을 어디로 잡느냐에 따라 150년으로 도 볼 수 있는 시간 동안 극심한 고통을 일으키는 흔한 질병이 아무것 도 알려지지 않은 채 남아 있는 것이다. 그 결과 환자가 진단부터 주치 의 교육, 질병을 밝혀내고 치료하는 데 필요한 과학연구 지원금 모금 까지 모든 일을 스스로 해야 했다. 환자는 더 나은 대접을 받아야 한다.

만성 라임병

○

1980년대 후반에 셰릴은 그녀의 주치의를 만나러 갔다. 과녁처럼 생긴 이상한 붉은 발진이 허벅지에 불룩하게 솟아올랐고, 목이 따 끔거렸다. 의사는 셰릴에게 인후염을 치료하는 항생제를 5일치 주 면서, 허벅지의 발진은 전혀 무엇인지 모르겠다고 했다. 두 증상은 진정되었지만 곧이어 다른 증상이 나타났다. 관절이 아파왔다. 셰릴 의 손은 때때로 갈고리처럼 구부러졌다. 신호등의 빨간 신호는 멈 추라는 신호일까, 진행하라는 신호일까 같은 단순한 문제를 그녀는 자주 헷갈렸다. 셰릴은 탈진했다. 공교롭게도 정체 모를 발진이 난 한 달 뒤에 셰릴은 임신을 했다. 임신 9개월까지 주치의는 셰릴에게 증상이 '그저 임신' 때문이라면서 안심시켰다. 아이를 낳고 나자 증

상은 '그저 어머니가 되어서' 나타난다고 했다.[76]

○

미국에서 가장 흔한 진드기 매개 전염병인 라임병은 검은다리 진드기를 통해 사람에게 전파되는 스피로헤타균인 보렐리아 부르그도르페리Borrelia burgdorferi가 원인균이다. 1992~2008년까지 미국에서 보고된 사례만 해도 두 배나 증가했다. 대부분 북동부, 중서부 상부 지역, 서해안 지대에서 발생했다. 질병관리본부는 현재 신규 라임병이 매년 30만 건 발생한다고 추정한다.[77]

라임병이 수천 년 동안 존재했다는 증거가 있지만, 확실하게 질병으로 분류되고 보렐리아 부르그도르페리가 원인균으로 지목된 것은 최근의 일이다. 미국에서는 코네티컷주의 작은 마을인 라임에서 1970년대 중반에 발생했던 의문의 질병에 대해, 주의를 이끌어내려 의학의 권위에 의문을 제기했던 두 여성의 집요한 노력 덕분에 발견할 수 있었다. 예술가인 폴리 머레이Polly Murray는 20년 전 코네티컷 남동부의 시골 지역을 처음 방문했을 때 두통, 발작, 관절이 부어오르는 (결국은 가라앉았지만) 증상을 겪었다. 1960년대 중반에 머레이가 어린 자녀와 함께 코네티컷 지역에 살았을 때, 그녀의 건강은 다시 악화되었다. 피로감, 기억력 문제, 구역질, 쿡쿡 쑤시는 듯한 통증이 무엇인지 알고 싶었지만 24명이 넘는 의사를 찾아가도 무슨 병인지 알 수 없었고, 그저 심인성 질환이라고만 했다. "머레이씨, 아시겠지만 무의식적으로 아프고 싶어 하는 사람이 있답니다."라고 한 의사가 말했다.[78]

몇 년 뒤, 머레이의 어린 아들과 딸도 같은 증상을 보였다. 발진, 두통과 함께 무릎이 부어올랐다. 결국 아이들은 소아 류머티즘 관절염을 진단받았다. 그러나 머레이는 수긍할 수 없었다. 소아 류머티즘 관절염은 아주 드물며 집단적으로 발생하지도 않기 때문이다. 게다가 이웃의 다른 아이들도 같은 증상을 일으켰다는 사실을 알고 있었다. 1975년 머레이는 코네티컷주 공중보건부에 관절염이 발병했다고 신고했다. 라임Lyme에 사는 또 다른 어머니도 이를 신고했다. 결국 예일 대학교 류머티즘 전문의로 이루어진 조사팀이 마을을 찾아왔다. 1977년 조사팀은 새로운 질병에 대해 설명하고(사실 이 질병의 증상은 대부분 수 세기 동안 여러 의학 문헌에 이미 설명되어 있다) 그것은 진드기에 의해 전염된다고 주장했다. 5년 뒤 의학 곤충학자는 이전에는 알려지지 않았던 스피로헤타균인 보렐리아 버그도페리가 원인균임을 밝혀냈다.

원인이 알려진 전염병이 논쟁의 대상이 된다는 사실을 의아하게 여길 수도 있다. 우리는 전염병이 의학에서 가장 간단한 분야라고 생각하는 경향이 있다. 명확한 원인이 있고, 바라건대 명확한 치료법이 있을 것으로 생각한다. 그렇다 하더라도 라임병은 상당히 많은 점이 불확실하다.

모두가 기본적으로 동의하는 사실은 다음과 같다. 초기 라임병은 급성기에 때때로 피로감, 두통, 열, 발한, 오한 등 독감과 비슷한 증상을 보인다.[79] 환자의 70~80%는 물린 자리에 유주성 홍반이라고 불리는 전형적인 붉은 발진이 나타나며, 약 20%는 발진이 과녁처럼 생겼다. 감염이 몸 전체로 퍼지면 안면 마비, 심장 합병증, 뇌수막염을 일으킬 수 있다. 치료하지 않으면 환자의 60%는 처음 감염된 이후 몇 달, 혹은 몇 년 후에 말기 라임병 증상을 나타낸다. 증상은 대개 관절염이며 때로는 뇌와 척수의 염증으로 나타나기도 한다. 초기와 말기 단계 모두에서 환자들은 잦은 피로감과 인지장애, 근육통과 관절통을 느끼는 경우가 많다.

조기 진단을 받으면, 라임병은 몇 주 간의 항생제 치료를 받게 되며 대부분은 증상이 완전히 사라진다. 하지만 실제는 이론보다 훨씬 어렵다. 가장 중요한 문제는 보렐리아 부르그도르페리균의 감염을 직접 검사할 수 있는 간단한 방법이 없다는 점이다. 혈액 속에 오래 머물지 않는 보렐리아균은 급성 감염 단계에서도 검출하기 어렵다. 대신 이 병에 대한 표준 혈액검사로 보렐리아균의 흔적을 간접적으로 찾아낼 수 있는데, 면역계가 보렐리아균과 맞서기 위해 만든 항체를 찾는 것이다. 질병관리본부는 라임병을 추적할 때 두 단계로 검사를 한다. 첫 번째로 엘리자ELISA 검사를 해서 결과가 양성이나 알 수 없음으로 나오면, 두 번째로 IgM과 IgG 항체를 검출하는 웨스턴 블롯 검사를 수행한다.

새로운 병원체가 침입했을 때 면역계가 항체를 대량 생산하는 데는 시간이 걸린다. 따라서 환자가 증상으로 인해 의사를 찾아가게 되는 초반 몇 주 동안은 감염된 환자의 절반가량이 혈액검사에서 음성 판정을 받는다. 검은다리 진드기는 보렐리아균 말고도 다른 병원체를 최소한 네 종류나 전파하므로 문제는 더 복잡해진다. 서로 다른 증상을 보이는 이런 감염은 종종 검사되지 않으며, 검출하기도 어렵다.

혈액검사의 한계를 감안하더라도, 라임병이 유행하는 지역에서는 발진을 근거로 진단할 수 있다. 하지만 의사는 때로 이런 면에는 주의를 기울이지 않고 혈액검사만 확인하려 든다. 여기에 더해 모든 환자가 발진이 생기고, 이를 알아차리고, 의사에게 바로 진료받는 것은 아니다. 심지어 진료를 바로 받아도 의사가 오진할 수도 있다. 한 논문에 따르면 결국 라임병이라고 확진을 받았지만, 발진이 나타나지 않왔던 환자의 절반 이상이 처음에는 오진받았다.[80] 심지어 발진이 난 환자도 거의 1/4이 처음에는 진단받지 못했다. 그 지역은 라임병이 풍토병인 곳이었는데도 말이다.

초기 진단이 빗나가면 엄청난 문제가 될 수 있다. 라임병은 다발성 질병으로 발전하므로 이후에는 진단하기가 더 어려워지고 항생제 치료도 잘 듣지 않는다. 라임병 말기가 되면 혈액검사는 더 정확해지지만 그래도 완벽하지는 않다. 실험실간 차이가 있으며, 의사에 따라서 해석이 나뉠 수 있다. 가장 중요한 한계는 감염 초기 단계에 항생제에 노출되면, 면역반응이 둔화되기 때문에 혈액검사에서 양성 반응이 나올 만큼 항체를 충분히 만들지 못하는 환자도 있다는 사실이다. 2015년 논문은 100명이 넘는 초기 라임병 환자에게 3주 동안 항생제를 처방하기 전과 후에 혈액검사를 했다.[81] 항생제를 처방하기 전에는 환자의 1/3 이상이 양성 결과를 보였다. 치료 후에는 60%의 환자가 양성 반응을 나타냈다. 이는 초기 단계에 라임병 진단을 받지 못했지만 다른 이유로 항생제를 먹은, 하지만 그것이 라임병 감염을 치료할 만큼 충분하지는 않았던 환자는 말기 라임병에 걸리게 되며, 혈액검사 결과는 절대 양성이 나타나지 않는다는 것을 의미한다.

셰릴이 바로 이런 사례였다. 일 년가량 앓은 셰릴은 우연히 새로 발견한 질병에 대한 방송을 봤다. 과녁의 흑점 비슷한 발진을 보자마자 주치의에게 전화해서 감염내과의에게 의뢰되었다. 셰릴이 발진 모양과 증상을 설명했지만 감염질환 전문가는 그녀가 라임병에 걸렸다는 사실에 회의적이었다. 만약 라임병에 걸렸다면 '정말로 아플 것'이라고 전문의는 말했다. 셰릴은 정말로 아프다고 주장하면서 혈액검사를 해달라고 부탁해야 했다. 하지만 검사 결과는 음성이었다. 셰릴은

TV 방송에 출연했던 예일대학교 의사를 찾아갔다. 라임병을 정의한 연구팀을 이끌었던 앨런 스티어Allen Steere 박사는 셰릴이 라임병에 걸렸다고 확진하고, 인후염 때문에 먹은 항생제 때문에 혈액검사가 음성 반응을 나타냈다고 설명했다. 3주간 항생제 정맥주사를 맞은 후 셰릴은 훨씬 나아졌고, 더 이상 안개 속에서 지치지 않았다. 하지만 등과 목에는 이동성 통증이 남았다.

축소하기 그리고 정신적인 문제로 만들기

라임병을 치료받은 후에도 수년 동안 증상이 나타나는 소수의 환자가 있다는 사실에는 논쟁의 여지가 없다. 다른 연구에 따르면, 이는 환자의 10~50% 정도이다. 말기에 진단받은 환자, 처음에 감염 정도가 심각했던 환자, 항생제 처방이 불충분했던 환자는 피로감, 관절통과 근육통, 수면 문제, 인지장애 등 만성 증상을 겪을 위험이 더 크다. 낮은 추정치인 10%로만 잡아도 미국인 약 3만 명이 매년 라임병 감염에 따른 만성질환으로 고통을 겪는다.

이러한 환자들 문제의 본질은 라임을 둘러싸고 가장 격렬한 논쟁 주제가 되어왔다. 한쪽에는 자칭 '라임병 전문'이라는 의사가 있다. 대부분 가정의들로 기본 항생제 처방으로 라임병 환자가 낫지 않으면 나을 때까지 몇 달이든 몇 년이든 계속 치료한다. 처음 투여한 항생제가 충분히 병을 제거하지 못해서 낮은 강도의 감염이 오래 지속된다는 가정에 근거한 행동이다. 많은 환자들이 오랜 치료 끝에 결국 나았다고 보고했고, 일부 환자는 항생제를 먹을 때는 나아졌다가 복용을 멈추면 다시 재발했다고 말했다. 다른 한쪽에는 만성 감염의 증거가 없을 때 항생제를 장기간 복용하는 처방은 부당하다고 주장하는 주류 라임병 전문가들이 있다. 주류 라임병 전문가들은 항생제를 장기간 처방하는 주치의는 '근거중심의학'의 규칙을 어기는 돌팔이라고 비난한다.

라임병 논쟁에 대해 탐구하면서 처음에는 주류 전문가가 라임병 치료 후 나타나는 만성 증상에 대해 어떤 가설을 제시하는지 낙관적인 호기심이 생겼다. 만약 감염이 진행 중이 아니라면, 그렇다면 뭘까? 하지만 몇 주 동안 이어진 항생제 복용으로 감염은 완치되었어야 한다고 믿는 많은 전문가들은 처음에 치료 후에도 나타나는 증상을 '의학적으로 설명할 수 없는' 증상과 똑같이 보았다. 즉, 치료 후 증상을 축소하고 정신적 문제라며 무시했다. 1993년 〈사이언스〉에 발표한 논문에 따르면, "요양 기간과 관절통 및 감염 후 피로감에 대한 반응은 발병 전 성격과 신체화 경향과 같은 요인에 의해 결정될 수 있다."[82] 또 다른 논문은 '심각한 심리적 외상'과 라임병 감염 후 이어지는 질병 사이의 연결 고리를 발견했다고 주장했다.[83] "몇몇 사례에서, 초기 증상은 스피로헤타균 감염 결과일 수 있지만, 이후에 나타나는 만성 증상은 부분적으로 혹은 전체적으로 전환 장애일 수 있다." 사실 다른 사례에서는 증상이 감염보다 먼저 일어났을 수 있으며, 히스테리에 걸린 여성이 통증의 기질적 원인을 찾아 그녀의 증상을 라임병 탓으로 돌렸다고 연구자들은 주장했다.

이 의사들은 항생제에 대한 엄청난 믿음과 이제 막 발견한 질병에 관한 대단히 한정된 지식에 대한 맹신을 바탕으로 치료 후 증상을 심인성 요인으로 설명했다. 어쨌든 라임병을 일으키는 병원체는 1982년에서야 겨우 분리되었고, 이 병원체가 혈액에서 조직으로 침투한 뒤에 어떤 일이 일어나는지는 몰랐다. 전염성이 있는 감염인지 검증할 방법이 없었으며, 치료가 됐는지 확인할 방법도 없었다. 게다가 몇몇 환자가 치료 후 호소하는 증상은 말기 라임병 환자의 증상과 매우 비슷했다. 어쩌면 이런 증상이 보렐리아균과 어떤 연관성이 있지 않을까, 하는 의심이 비합리적인 비약만은 아니었다.

1990년대 초기에 만성 라임병에 대한 회의주의는 계속 커져서, 증상이 지속되는 환자는 실제로는 섬유근육통이나 만성피로증후군 환자라는 주장이 나왔다.[84] 확실히 근육통과 관절통, 피로감, 인지장애 등의 증상은 최근에야 정립된 세 질병과 '의학적으로 설명할 수 없는 질병'에 모두 나타나는 증상이다. 그러나 라임병을 치료하고도 이런 증상을 겪는 환자를 실제로는 검사도 하지 않고, 타당한 설명도 없이 섬유근육통이나 만성피로증후군 환자라고 결론 내리는 것은, 새로운 설명을 제시하는 것이 아니라 증상을 설명할 가능성 하나를 부정하는 일이다. 논쟁의 여지가 있지만 근본 원인이 제시된 진단명을 완전히 정체불명의 다른 질병으로 바꿔버리는 것은, 환자의 증상이 라임병 감염과 더 이상 관련이 없다고 믿는 것에 지나지 않는다.

이것은 사실에 대한 문제가 아닌 견해의 문제로, 전적으로 항생제 치료에 대한 확신에 달려 있는 것처럼 보였다. 과학전문 기자 파멜라 와인트라우Pamela Weintraub는 2009년 출판한 저서 《정체불명의 병을 치료하라(Cure Unknown)》에서 "치료하기 전에 증상을 보이는 환자가 웨스턴 블롯 양성 결과를 보이면 라임병으로 진단될 것이다. 만약 같은 환자가 그 치료에 실패한다면," 그 후에는 만성피로증후군이나 섬유근육통으로 진단된다고 했다.[85] 셰릴을 예로 들면, 류머티즘 전문의는 셰릴의 등과 목에 남은 만성통증이 섬유근육통 때문이며, 셰릴이 라임병으로 한바탕 소동을 치른 후에 생겼는데도 라임병과는 전혀 상관없다고 말했다.

물론 의료계는 전반적으로 섬유근육통과 만성피로증후군을 심인성 장애로 보고 있었다. 소수의 라임병 전문가는 만성 라임병이 섬유근육통이나 만성피로증후군을 오진한 탓이라고 주장하면서, 비록 라임병과는 관련 없지만 섬유근육통이나 만성피로증후군의 병리적 기전이 결국 밝혀지리라고 믿는다는 진심 어린 입장을 취했다. 그러나 항생제 치료로 완치되지 못한 라임병 환자를 이런 질병의 틀에 맞추려는 경향은 직접적으로 그렇게 말하지 않았을 뿐, 그들을 히스테리나 건강염려증으로 무시하는 태도로 보인다. 사실 몇몇 주류 라임병 전문가는 세 질병을 하나의 덩어리로 섞은 진단명을 만들었다. 한 전문가는 2003년 편집자에게 보낸 편지에 "만성 라임병, 섬유근육통, 만성피로증후군, 그 밖의 허구 질병에 걸린 환자단체가 없다면 더 나아질 것"이라고 썼다.[86]

환자들이 섬유근육통이나 만성피로증후군이라는 새 진단에 저항하면서, 라임병 전문가들이 만성 라임병 환자에 대해 진짜로 생각하는 것들이 점점 더 명확해졌다. 2002년 논문에서 라임병의 주류적 시각을 옹호하는 한 저명한 지지자는 "만성 라임병은 제대로 밝혀지지 않은 질병을 쏟어 담는 또 다른 '컨테이너'일 뿐"이라고 주장했다.[87] 이 것은 '의학적으로 설명할 수 없는 증상'에 대한 설명을 찾는 환자의 주장을 담아놓은 것이며, 환자는 자신의 질병이 실재하고 '정확한 치료로 나을 수 있는 병'이라고 믿는다고 주장했다. 이 전문가의 관점에서

3부. 히스테리라는 이름으로 방치된 질병들

치료 후 증상을 보이는 환자는 대부분 감염 전에 이미 우울증과 높은 스트레스를 앓고 있었으며, 만성적이고 비특이적 증상과 통증에 취약할 수 있다. 자칭 라임병 전문의에게 모든 것을 라임병 탓으로 돌리도록 격려받은 환자는 '불치병에 걸렸다는 확고한 믿음으로 계속 아픈 병자 역할에 적응했고', 점차 진단에 동의하지 않는 의사에게 분노하게 되었다. 왜냐하면 질병 행동은 "환자가 자신의 고통을 표현하는 데 있어 근본적으로 수용되는 유일한 언어가 되었기 때문"이다.

미국감염질환협회는 라임병에 대한 주류의 견해를 대표하는 전문가 집단으로 2006년 지침서에서 치료 후 라임병 증후군(PTLDS)의 정의를 제시했다.[88] 치료 후에도 지속되는 증상은 '염증 반응이 가라앉는 속도가 느린 것'에 기인한다는 것을 인정하면서도, 협회는 이 증상이 환자가 라임병에 걸리기 전의 '감정' 상태와 연관되었을 가능성에 초점을 맞췄다. 사실 협회는 대부분의 사람들이 호소하는 일상적 통증과 치료 후 라임병 증상이 정말 다른지에 의문을 가졌다. "많은 환자들에게 나타나는 치료 후 증상은 라임병이나 진드기를 매개로 하는 감염질환이라기보다는 대개 일상적인 아픔이나 통증으로 보인다. 간단하게 말하자면, 건강한 사람에게도 비슷한 종류의 통증이 상대적으로 높은 빈도로 나타난다."

주류 라임병 전문가들은 치료 후 라임병 증후군이 존재할 수도 있다고 마지못해 인정하기 시작하면서도 절대 만성 감염 때문은 아니라며, '만성 라임병'으로 진단된 수많은 환자가 치료 후 라임병 증후군이나 말기 라임병에 걸리지 않았으며 보렐리아균에 감염된 적이 없다고 주장했다. 대신 이 환자들은 만성피로증후군, 섬유근육통, 의학적으로 설명할 수 없는 증상을 앓고 있지만 라임병이 더 존중받는다고 여겨지기 때문에 라임병 진단을 강요한다고 했다. 의학역사가 로버트 애러노위츠Robert Aronowitz는 이를 두고 다음과 같이 표현했다. "자신의 감정적 고통을 위장하려는 혹은 자신의 진단명을 모호한 병명에서 정당한 병명으로 업그레이드 하려는 스트레스 환자나 신체화 환자라는 거대한 집단 안에서 신체화 진단들의 시장이 존재한다."[89]

이런 사례에서 주류 라임병 전문가들은 현재 라임병 검사의 한계를 고려할 때, 보렐리아균 감염을 나타내는 혈액검사가 양성 반응이 아니라고 해서 환자가 균에 노출되기 않았다는 결정적인 증거는 아니라는 현실을 모호하게 하는 경향이 있다. 존스홉킨스대학교 라임병 연구센터 연구자들은 "보렐리아균을 검출하는 민감도 높은 황금률이 세워지기 전까지는, 보렐리아균 노출 때문에 의학적으로 설명할 수 없는 증상을 앓는 환자의 비율은 알 수 없을 것"이라고 설명했다.[90] 다르게 설명하자면, 활성 보렐리아균 감염이나 완치 또는 이전의 보렐리아균 노출을 검출하는 정확한 생물 표지자가 없다면 섬유근육통, 만성피로증후군, 그 밖의 의학적으로 설명할 수 없는 증상을 앓는 환자가 보렐리아균에 정말로 감염됐는지, 아니면 환자의 증상이 이미 치료된 라임병으로 촉발됐는지, 감염이 계속되는 결과인지 여부를 정확하게 결정할 수 없다.

만성 라임병에 대한 심리학적 이론이 주는 암시는 이 질병에 비위를 맞춰주는 의료진들과 언론이 그 상태를 영속화하고 있다는 것이다. 주류 전문가들은 지나치게 건강 상태를 걱정하는 사람에게 라임병에 대한 비이성적인 공포를 조성한 선정적인 언론을 비난했다.[91] 1980년대 초 라임병을 다루었던 첫 번째 논문에서 소수의 환자는 치료 후에도 증상이 지속되었다고 증명했지만, 신경 쓰지 않았다. 사실

2005년 논문에서 두 전문가는 최근 발표된 메타 분석 결과를 다룬 언론 보도로 치료 후 증상을 나타내는 환자 비율이 실제로 문제를 악화시킬 수 있다고 우려했다.[92] "우리는 그 언론 보도가 잘못 해석되어 불안과 잘못된 집착을 악화시키지 않기를 바란다. 그러한 불안과 집착은 아마도 주로 북동부 여성에 국한된 '치료 후 라임병 증후군'에 뿌리를 두고 있을 것이다."

젠더 편견과 성별에 대한 무지

물론 이러한 만성 라임병 환자는 여성으로 정형화되었다. 회의주의자 두 명의 설명에 따르면, 특히 건강염려증에 걸린 부유한 여성으로 교외의 풍경에서 나타나는 사소한 위협 하나하나에 집착한다는 고정관념이 있다.[93] 1991년 〈미국 내과학회지〉에 실린 풍자 칼럼은 만성 라임병 환자를 조롱했다. '피로 통제센터' 대표의 목소리를 빌려 저자는 새로운 라임병(Lime disease, 라임병의 Lyme과 철자 하나만 다르다-옮긴이)에 대해 썼다.[94] "새로운 라임병(Lime disease, 자외선 복사에 대한 과민성이나 라임즙에 들어 있는 피라노쿠마린이 고름이 가득한 발진을 유발하는 질병-편집자)이 국내에 유행하면서 라임Lyme병에 관한 대중의 관심과 지식이 늘어나고 있다. 소위 라임Lime병의 비율은 '사회경제적 계층 면에서 볼 때 중상위층부터 상위층 성인에게 가장 높게 나타나며, 여성 대 남성의 비율은 3:1이다. (라임Lyme병이 성별과 나이 분포에서 균형을 이루는 사실과 대조적인 현상이다.) 최근 라임Lime병 발생 사례를 분석한 결과, 예전에 라임lime을 장식한 혼합 음료가 나왔던 칵테일파티에 참석했던 것과 는 미약하거나 중간 정도의 연관성을 나타냈지만, 최근 라임Lyme병에 대한 언론 보도에 노출된 경험과는 강한 연관성을 보였다."라고 했다.

'만성 라임병에 젠더가 미치는 영향'이라는 제목의 2009년 논문 에서 저명한 주류 라임병 전문가 두 사람은 "만성 라임병 환자에게서 나타나는 여성의 과잉 대표성은 이런 질병이 실제로 존재한다는 생각 을 뒤집는 증거"라고 직접적으로 서술했다.[95] 환자가 주로 여성이라는 이유만으로 틴틴 왕립자유병원에서 발병한 사건을 집단 히스테리 사 례로 재구성한 일을 연상시키는 이 논쟁에서, 저자들의 주장은 다음 과 같다. 남성이 살짝 우위이긴 하지만 남성과 여성은 초기 라임병을 진단받을 확률이 비슷하므로, 만성 라임병이 계속되는 보렐리아균 감 염으로 생긴 질병이라면 만성 라임병 역시 양쪽 젠더에서 비슷하게 나타나야 한다. "만성 라임병 환자의 젠더에 따라 상당한 차이가 있다 면, 이는 만성 라임병이 보렐리아균 감염과는 연관성이 없다는 증거 다." 그러므로 남성보다 여성 만성 라임병 환자가 더 많다는 사실은 환 자가 실제로 섬유근육통, 만성피로증후군(여성에게 더 많이 나타나는 질 병), '섬유근육통이나 만성피로증후군의 기준에는 못 미치는 설명할 수 없는 증상을 앓는 환자'라는 뜻이다. 대개 '설명할 수 없는 증상을 가진 환자는 여성이 더 많기' 때문이다.

여성이 의학적으로 설명할 수 없는 증상을 가질 가능성이 더 높 기 때문에 라임 감염으로 일부 여성들의 '의학적으로 설명할 수 없는 증상'을 설명할 수 없다는 순환 논증의 극치를 보여준다. 하지만 이 주 장에는 이보다 더 큰 결함이 있다. 사실 저자들은 라임병 역학 결과에 서 알려진 성ㆍ젠더의 차이를 선별적으로 요약해서 제시했다. 논문

　　　　　　　　　3부. 히스테리라는 이름으로 방치된 질병들

세 편을 근거로 이들은 치료 후 라임병 증후군, 즉 객관적으로 초기 라임병으로 확진받은 후 치료를 받은 환자에게 나타나는 지속적인 증상은 남성과 여성 모두에 비슷하게 나타난다고 주장했다. 그리고 이 사실을 근거로 '만성 라임병'을 진단받은 여성은 대부분 실제로는 라임병에 걸린 적도 없다는 자신들의 주장을 강화했다. 그러나 지난 수십 년 동안 이 질문에 대해 연구한 대부분의 논문에서는 실제로 차이가 있다고 주장했다. 즉, 여성은 남성보다 치료 후 만성 증상을 나타낼 확률이 높다.

또한 이들은 또 다른 현저한 젠더 차이를 노골적으로 언급하지 않았다. 바로 남성은 말기 라임병 진단을 받을 가능성이 여성에 비해 약 두 배 높다는 사실이다. 질병관리본부가 제시하는 엄격한 기준에 따르면 말기 라임병을 진단하려면 객관적인 관절 부종이나 신경과 증상, 항체검사 양성 반응이 나타나야 한다. 초기 라임병 진단에서 상대적인 젠더 균형을 고려할 때, 말기 라임병 진단에서의 남성의 과잉 대표성 역시 설명이 필요하다. 존스홉킨스대학교 라임병 연구센터장 존 오코트John Aucott 박사는 "모든 여성에게 대체 무슨 일이 일어났나?"라고 물었다.[96] 이에 대한 답은 여러 가지가 있을 수 있다. 여성은 알 수 없는 이유로 공격적인 라임병 균주에는 민감하지 않을 수 있다. 또 면역 반응이 더 활발해서 감염이 몸에 퍼지기 전에 더 효과적으로 막을지도 모른다. 아니면 여성은 남성보다 라임병에 걸릴 확률이 낮지만 곧바로 병원을 더 많이 찾아올 수도 있다. 이런 현상이 실제라면, 초기 단계 진단의 젠더 균형이 설명되고, 남성이 초기 단계에서 치료받지 못하고 말기 라임병으로 진행하는 것도 설명할 수 있다.

그러나 말기 라임병 여성 환자가 공식적인 진단 기준을 충족하지 못하는 비전형적인 증상을 보여서 진단받지 못했을 수도, 섬유근육통이나 만성피로증후군으로 오진받았을 수도 있다.[97] 또 만약 여성이 초기 라임병 치료 후 만성 증상을 나타낼 확률이 높고, 여성들의 말기 라임병의 주관적인 징후가 인식되지 않는다면 여성이 만성 라임병 환자에서 과잉 대표성을 나타내는 현상은 전혀 미스터리가 아니다. 단순히 오진의 결과로 결론 내릴 수 있는 근거이기도 하다. 이는 대다수가 여성인 많은 라임병 환자들을 누락하는 진단 기준과 치료 패러다임에 대한 고발이 될 것이다.

　그러나 다른 많은 영역에서처럼, 최근까지 라임병의 잠재적인 성별·젠더의 차이는 완전히 무시되었다. 오코트의 존스홉킨스 연구팀은 이를 바꾸기 위해 노력하고 있다. 몇 년 전, 연구 코디네이터인 앨리슨 레브만Alison Rebman은 다른 감염질환에서 성·젠더의 차이를 기록한 새로운 연구를 읽고 영감을 받았다.[98] 라임병 역학 연구에서 단서를 찾은 레브만은 여기에 뭔가가 있다고 생각하고 문헌을 샅샅이 살펴서 라임병의 성·젠더의 차이에 대해 이미 알려진 사실을 조사하기 시작했다. 그러나 알 수 있는 사실이 거의 없었다. "우리가 가장 기초적인 자료로 돌아가서 그것을 살폈을 때, 환자 집단들은 성별로 나눠져 있지 않았다. 그리고 어떤 논문들은 자신들의 분석에 성별을 표시하지도 않았다."고 그녀는 말했다. 직접적인 임상 증상, 치료법에 대한 반응, 라임 감염에 대한 면역 반응의 영역에서 발생할 수 있는 차이를 탐색한 논문은 사실상 없었다. 펍메드PubMed(생명과학 및 생물의학 주제에 대한 데이터 검색 엔진-편집자)에 검색어로 '젠더·성별, 면역력, 라임병'을 넣으면 다섯 편의 논문이 나오는데, 이 중 관련성이 있는 것은 두 편뿐이다. "보통 수많은 영역에서 성·젠더의 차이를 연구하지 않지만, 라임병에서는 정말 한 편도 없었다."

　레브만에 따르면, 존스홉킨스 연구팀은 남성과 여성 사이에 "다른 감염질환들을 포함하여 많은 주요한 면역학적 차이점이 있다는 것을 암시하는 새로운 발견들이 있었기 때문에 연구할 가치가 있다"고 판단했다고 한다. 존스홉킨스대학교 라임병 연구센터는 미국 내에서도 특히 라임병의 치료 후 증상의 원인을 규명하는 데 초점을 맞춘 몇 안 되는 연구소였다. 그 자체만으로도 상당히 놀라운 일이다. 만성 라임병에 대한 논쟁이 수십 년 동안 의료계를 뒤흔들었는데도, 환자에게 무슨 일이 일어나는지 실제로 연구하려는 공조적 노력은 거의 이루어지지 않았던 것이다.

　존스홉킨스대학교 라임병 연구센터는 열린 마음으로 이 문제에 접근해서 만성적인 저강도 감염의 가능성과 함께 최초의 감염으로 야기된 일종의 면역기능 장애가 있는지도 탐색했다. 심리적 이론은 이미 검토되었다. 2012년 연구팀은 초기 라임병을 치료받은 환자 집단을 추적하여, 6개월 후에 환자가 어떤 증상을 보이는지 연구하는 첫 번째 전향적 연구를 시작했다.[99] 치료 후 라임병 증후군을 나타낸 환자는 연구 집단의 1/3에 해당했는데, 치료 후 라임병 증후군을 나타내지 않은 환자들과 비교해서 심리적 특성에는 차이가 없었다. 또한 주류 전문가들이 이러한 만성 증상들은 '일상의 아픔과 통증에 비견할 정도로 약하다'고 서술한 것과 반대로, 통증은 환자들에게 심각하게 영향을 미쳤다.

　2010년에 실시한 성·젠더의 차이를 직접 탐색한 센터의 첫 번째 연구에서, 표준 항체 검사는 대개 민감도가 높지 않으며 여성의 경우는 민감도가 훨씬 더 낮다는 점을 발견했다.[100] 초기 라임병을 확진받은 환자 중에서, 남성은 절반인 데 비해 여성은 1/3만이 두 단계의 혈액검사에서 양성 반응을 보였다. 2015년 실시한 연구에서는 항생제 치료를 받고 나면 여성이 검사에서 양성 반응을 보일 확률이 특히 낮다는 사실을 보여주었다.[101] 만약 심장마비에 대한 표준검사처럼 라임병 표준 혈액검사도 시스템적으로 여성의 진단율이 낮은 것이라면, 당연히 실제로는 라임병에 걸린 여성이 섬유근육통이나 만성피로증후군으로 오진되었을 가능성, 또는 아예 진단되지 않았을 가능성을 의심할 수 있는 충분한 이유이다. 그 반대의 경우를 생각하는 것보다 말이다. "이 문제를 연구하기 시작한 논문이 실제로 극소수이기 때문에 이는 아직 답이 나오지 않은 질문"이라고 레브만은 말한다. 그 외에도 답해지지 않은 질문에는 다음과 같은 것들이 있다. 라임 감염에 대한 항생제 치료의 약동학(약물이 체내에서 흡수, 분포, 대사, 배설되는 과정을 연구하는 약리학의 한 분야-옮긴이)에서 성·젠더의 차이가 있는가? 라임병 감염이 여성에게 자가면역 반응이나 다른 종류의 면역기능 장애를 유발하기 때문에, 라임병을 치료한 후 증상이 지속될 가능성이 여성에게 더 큰가?

아직은 답을 모르지만, 최근에 들어 연구자들이 이러한 질문을 던지기 시작했다는 점은 주목할 만하다. 와인트라우는 주류 라임병 전문가들이 "한 사람의 방부제 같은 '객관성'이 다른 사람의 순수한 절망을 능가하는 것처럼, 자신들이 반드시 옳다는 것을 증명하는 것처럼" 굴며, 라임병 논쟁을 환자의 신뢰할 수 없는 일화적인 경험 대 확고한 과학의 이성적인 추구라는 경쟁 구도로 틀지어왔다고 지적했다.[102] 그녀는 "근거중심의학의 '숭고한 진리'를 위해 환자의 이야기를 거부한다면, 적어도 우리는 그 근거가 확실하고 객관적이며 공고한지 확인해야 하지 않을까?"라고 말했다.[103] 그녀가 8년에 걸친 조사 끝에 내린 결론은 라임병에 대한 우리의 지식은 논란의 여지가 많고 불완전하다는 사실이다. "진실은 주류 전문가들이 자기도 잘 모르는 질병에 견고한 틀을 덧씌웠다는 점이다."[104] 증상, 진단이 누락될 위험, 혈액검사의 정확성, 치료법의 효율성, 장기적인 합병증 등에 성·젠더의 차이가 존재할지도 모른다는 가능성에 대한 완전한 무지는 라임병에 대한 우리의 지식을 한심할 정도로 불완전하게 만들었다.

만성 라임병 이야기는 여러 지점에서 의학적 지식이 이미 완전해졌다는 환상을 유지할 수 있도록 지식의 간극과 신뢰의 격차가 어떻게 서로 연동될 수 있는지를 완벽하게 보여주는 사례이다. 한편으로 의학은 성·젠더의 차이가 없다는 검증되지 않은 가설을 토대로, 라임병이 남성과 여성에게 영향을 미치는지에 있어 생물학적으로 다양성이 존재할 가능성을 무시해왔다. 다른 한편으로 의학은 자신들이 만든 질병의 경직된 틀에 맞지 않는 가설의 모순을 설명하기 위해 여성이 '의학적으로 설명할 수 없는 증상'에 걸릴 확률이 높다는 의학적 사실, 즉 여성이 히스테리에 취약하다는 근거 없는 고정관념에 의지했다. 이는 그것이 있다는 것조차 인정하기를 거부하고 있는 지식의 간극을 성차별적 고정관념으로 채우고 있는 것이다.

보렐리아균이 발견된 지 35년 후, 라임병에 대한 논쟁은 의료계 사상 가장 추악한 의사 대 의사의 싸움 중 하나로 남았다. 그러나 이런 경향은 다행스럽게도 바뀌기 시작했다. 마침내 라임병을 무시하는 대신 라임병 환자의 만성 증상을 설명하려는 연구자들이 나타났다. 그리고 그들은 마침내 만성 라임병 환자에서 여성의 우세를, 그 상태를 무시해야 할 이유가 아니라 퍼즐을 풀 단서로 보기 시작했다. 레브만은 "할 일이 태산 같다"고 말했다.

○

그리고 이 일은 오래 걸릴 것이다. 지난 수십 년간의 라임병 논쟁은 라임병 환자들이 진단과 적절한 치료를 받는 경험을 더 어렵게 만들어왔기 때문이다.

2008년에 셰릴에게 라임병이 재발했다. 아이러니하게도, 셰릴이 소유한 펜실베이니아 숲에 진드기 방충제를 뿌린 뒤에 엉덩이에 진드기가 파고들어 순식간에 발진이 생긴 것이다. 그녀는 곧바로 치료하는 일이 얼마나 중요한지 잘 알았기에 바로 진료를 예약했고, 간호사는 항생제를 열흘치 처방했다. 셰릴은 자신이 괜찮으리라고 생각했다. 그러나 몇 주 뒤, 갑작스럽게 한 시간 간격으로 홍조와 발한을 겪었다. 어지럼증, 이명, 근육통, 피로감을 느꼈고 눈 흰자위는 붉게 충혈되었다. 몸무게가 14㎏이나 빠르게 줄었다. 말이 뒤섞이고 생각을 할 수 없었다. "간단한 이메일을 쓸 때도 단어 하나하나를 조심스럽게 확인해야 했어요."

관절통이 없어서 처음에는 라임병이라고 생각하지 못했다. 몇 년 동안 자신을 전담했던 주치의를 찾아가자, 주치의는 체중을 줄였다고 셰릴을 칭찬했다. "몸무게가 딱 적당해요!" 그녀는 울음을 터뜨렸다. 체중은 53㎏이지만 몸이 너무 아팠다. 주치의는 셰릴을 내분비 전문의에게 보냈지만 아무 이상이 없다는 말만 들었다. 브레아처럼 셰릴도 진료받으러 갈 때 남편을 데려가기 시작했다. "그러자 대화가 완전히 달라졌죠. 진료실에 남자가 있다는 것만으로 얼마나 달라지는지 놀라울 정도였어요."

사실 나는 다양한 질병을 앓는 여성들에게 질병의 심각성을 의사에게 알리려면 배우자나 아버지, 아니면 아들이라도 남성을 데려가야 한다는 이야기를 우울할 정도로 많이 했다. 한 18세의 여성 환자는 갑작스러운 가슴 통증으로 응급실에 두 번이나 실려 갔는데, 한 번은 혼자 갔고 한 번은 친구와 함께 갔다. 그러나 심장병 진단검사가 정상으로 나오면, 불안장애라면서 집으로 돌려보내질 뿐이었다. 세 번째는 아버지와 갔다. 아버지는 그저 그녀가 말했던 것들을 반복했을 뿐이지만, 그것은 통했다. 이번에는 의사가 혈액검사를 했고, 그녀는 응급 수술실로 옮겨져 쓸개를 제거하는 수술을 받았다. 다른 여성은 섬유근육통과 만성피로증후군으로 직장을 잃고 장애보상급여를 신청했다. 이 여성은 진료나 법에 관련된 모든 미팅에 '2미터의 키에 저음의 목소리를 가진 스무 살 된 아들'을 데리고 다녔다. "내 말은 듣지도 않던 사람들이 내 아들이 입을 열면, 세상에나, 귀가 쫑긋하지 뭐예요!"

이비인후과 의사는 마침내 셰릴의 진료 기록에서 진드기에게 물렸던 기록을 발견하고 라임병이니 항생제 정맥 주사가 필요하다고 말했다. 하지만 많은 의사가 이미 한 번 치료받은 환자, 그리고 의료보험이 없는 환자에게 오래 항생제를 처방하는 일을 꺼린다. 결국 셰릴은 항생제 정맥 주사를 석 달 동안 처방해줄 의사를 찾아냈지만, 혈액검사 결과가 음성으로 나왔기에 1,300만 원이라는 비용을 개인적으로 부담해야 했다. 셰릴의 증상은 나아졌지만 완전히 치유되지는 않았다. 수년 동안 추가로 받은 항생제 치료가 도움이 됐다. 몇 년 전 테트라사이클린(항생제의 일종-옮긴이) 치료를 한 차례 한 뒤로 셰릴이 25년간 앓아왔던 섬유근육통 통증은 사라졌다. 그 뒤 몇 년 후에야 셰릴은 라임병을 일으킬 수 있는 진드기 매개 질병 두 가지에 동시 감염되었다는 사실을 알게 되었다. 하나는 바베스열원충(Babesia microti)으로 말라리아와 유사한 증상을 일으키고, 다른 하나는 심한 독감 유사 증상을 보이는 아나플라즈마증을 일으키는 것이었다. 8년 뒤, 셰릴은 80%가량 회복했지만 발한, 어지럼증, 이명, 통증, 피로감은 여전히 반복되곤 한다.

셰릴은 수수께끼 같은 자신의 질병에 대한 설명을 찾아 헤매다가, 라임병의 'L'자만 말해도 의사의 태도가 돌변한다는 점을 발견했다. 과열된 만성 라임병 논쟁은 질병 자체를 의심하는 분위기를 만들어내서, 진짜 라임병에 걸린 환자는 없고 오직 자신이 라임병에 걸렸다고 확신하는 환자만 있다고 의심하는 것 같았다. 셰릴이 한 의사에게 자신이 라임병 치료를 받았다고 말하자, 의사는 거의 반사적으로 셰릴의 말을 잘랐다. "라임병 발병 지역에 살지 않으시잖아요." 사실 셰릴은 미국에서 라임병 사례가 가장 많이 발생하는 펜실베이니아주 체스터 카운티에 살았다. 최근에는 감염질환 전문의를 만나 2008년에 진드기에 물려 감염되었고 짧게 항생제 치료를 받았으며, 완전히 낫지 않았다는 자신의 병력을 이야기하자, 전문의 역시 똑같이 반사적인 반응을 보였다. "이 의사는 대놓고 적의를 드러냈어요. '당신이 라임병에 걸렸다고 누가 그럽니까?'라고 했죠." 이 의사는 셰릴의 모든 이야기를 단계마다 그녀를 심문했다. 두 의사 모두 자신의 진료 기록에 셰릴을 만성피로증후군이라고 진단했다.

○

화학물질 과민증

설문조사 결과를 보면 미국인 13%가 흔히 접하는 합성 화학물질인 농약, 포름알데히드, 새 페인트, 새 카펫, 디젤 배기가스, 향수, 공기 청정제, 살충제, 세제, 매니큐어, 헤어스프레이, 담배 연기에 과민증이 있다고 대답했다.[105] 4%는 이런 물질 때문에 매일 고통을 겪으며, 최소한 중증 이상의 심각한 화학물질 과민증을 겪는 미국인은 1,100만 명이라는 엄청난 숫자에 이른다.[106] 화학물질 과민증 환자의 최소 13.5%는 이 증상 때문에 일을 하지 못한다.[107] 가장 심각한 경우, 자신의 증상을 개선하는 유일한 것을 위해 필사적으로 노력한 결과로, 사회적으로 종종 고립되고 심지어 노숙자가 되기도 한다. 현대 사회에서 화학물질과의 접촉을 피하는 일은 불가능하기 때문이다.

주로 여성에게 영향을 미치는 모든 경합하는 질환들 중에서도 화학물질 과민증이 아마 가장 하찮게 취급될 것이다. 화학물질 과민증은 환경 질병, 화학적 손상, 20세기 질병 등 여러 이름으로 불린다. 섬유근육통, 만성피로증후군, 치료 후 라임병 증후군은 최소한 주류 의학계에서 인식하고 있고 아주 적긴 해도 어느 정도 연방정부의 연구 지원도 받는데, 화학물질 과민증은 수십 년 동안 무시되었다. 2007년에 의사를 대상으로 실시한 설문조사를 보면 응답자의 절반을 조금 넘는 수가 화학물질 과민증을 알고 있었다.[108] 거의 모두가 화학물질 과민증 환자를 진료한 경험이 있는데도 1/3 이하만 화학물질 과민증에 대해 어느 정도 교육받은 적이 있으며, 7%만이 화학물질 과민증에 관련된 자신의 지식에 '매우 만족'했다. 이 역시도 설문조사를 하겠다고 스스로 선택한 의사 집단에 해당하는 결과이다. 이 연구의 연구자들이 "주류 의학에서 화학물질 과민증의 위치를 설명해 달라"는 설문을 보냈을 때, 한 의사는 설문지를 백지로 되돌려 보내면서 "이런 데 낭비할 시간은 없다"라고 대답했다.

화학물질 과민증은 1950년대에 알레르기 전문가인 테론 랜돌프 Theron Randolph가 '석유화학 문제'를 내세우며 처음 거론했다. 랜돌프는 천식, 두통, 피로감, 우울증, 관절통, 심장 두근거림, 어지럼증, 구역질, 집중 장애 등의 다양한 증상을 나타내는 환자들을 관찰했다. 환자들은 극도로 낮은 농도의 화학물질에 민감성을 나타내 듯 보였지만 전형적인 알레르기와는 달랐다. 화학물질을 제거한 특별한 방에 환자를 며칠 머물게 하고 그들의 증상이 사라지는 것을 확인한 뒤, 화학물질을 한 번에 하나씩 다시 유입해서 어떤 물질에 반응하는지 조사했다. 이러한 랜돌프의 실험은 임상 생태학자들의 움직임에 불을 지폈다.

1980년대까지 이 질병은 다중화학민감증으로 알려졌고, 임상 생태학자를 '가짜 과학자'라고 여기는 알레르기 전문가들과 임상 생태학자들 사이에 논쟁을 유발했다. 화학물질 과민증 전문가 클라우디아 밀러Claudia Miller 박사는 텍사스대학교 샌안토니오캠퍼스 보건과학센터 소속 면역학자이자 환경건강 전문가로, 알레르기 전문의들이 랜돌프의 이단적인 실험에 너무 격하게 저항한다고 주장했다. 알레르기 전문의들 역시도 최근까지 이단자로 여겨졌기 때문이다.[109] 1906년에 '알레르기'라는 용어가 처음 만들어졌을 때, 이 단어는 모든 종류의 '변형된 반응성'의 일반적인 상태를 가리켰다. 그러나 면역계에 대한 지식이 늘어나면서 특별히 면역계 과민증을 가리키는 용어로 재정의되었다. 면역글로불린 E(IgE)가 1960년대에 발견되기 전까지, 주류 의학계는 급성장하는 알레르기 전문의에 대해 회의적이었다. "알레르기 전문의들은 자신의 환자가 반응하는 것과 동일한 물질을 소량으로 주사하여 환자들을 치료할 때마다 그들의 동료들에게 마술이나 '부두 voodoo(마법 등의 주술적인 힘을 믿는 아이티의 종교)' 의학을 시험한다고 비난받았다. IgE를 발견하면서 알레르기 전문가들은 마침내 자신의 시술을 뒷받침하는 과학적 근거를 갖게 되었다"라고 밀러는 기록한다.[110] 알레르기 전문가들은 방어적으로 자신의 영역을 지켰다.

그 뒤 환자의 대부분이 여성이라는 사실이 드러났다. "화학물질 과민증 환자의 첫 사례들 중 상당수는 중상류층 여성들이었다. 이런 사례는 종종 우울증이나 '히스테리에 걸린 가정주부 증후군'이나 그와 비슷한 종류로 분류되었다."라고 밀러는 썼다.[111] 식별 가능한 원인이 없는 환자의 많은 증상은 대개 신체화로 진단될 운명이었다. "의과대학교에서 젊은 예비 의사는 종종 환자가 많은 증상을 보고할수록, 그 환자에게 질병이 없을 가능성이 더 커진다고 배운다. 즉, 진단은 대개 심리적인 것이라는 것이다."

개개인의 사례는 특히 무시받기 쉬웠다. 화학물질 노출로 환자가 대량으로 발생한 첫 몇몇 사례조차 히스테리에 걸린 여성으로 치부했다. 여성 사무실 근로자들 사이에 '새집 증후군'이 처음으로 집단 발생했을 때, 의료계가 보인 첫 반응은 환자 증상을 '집단 심인성 질환' 탓으로 돌린 것이었다.[112] 역사가 미셸 머피Michelle Murphy는 2006년 저서 《새집증후군과 불확실성 문제(Sick Building Syndrome and the Problem of Uncertainty)》에서 "새집증후군의 실상을 놓고 전문가들 사이에서 벌어진 논쟁에서, 여성이 환자 대부분을 차지한다는 사실은 노동자의 불안을 히스테리라는 진단명으로 설명하는 데 이용할 수 있다는 가능성을 열었다"라고 썼다.[113] 전문가들은 결국 새집증군을 1970년대에 새로 도입한 에너지 효율적인 건축 기준 때문에 환기가 불량해지고 휘발성 유기화합물 농도가 높아지면서 초래된 현상으로 결론 내렸다. 이들은 건강에 부정적 영향을 미친다고 증명된 것들이다.

1990년대를 지나면서 의학 문헌은 화학물질 과민증 환자가 삼십 대에서 오십 대 사이의 부유한 여성이라고 기록했다. 1999년에 실시한 첫 번째 인구 기반 연구는 화학물질 과민증이 여성에게 더 많이 나타나긴 했지만, 독자 여러분이 짐작했다시피 모든 인종과 경제 계층에서 발병한다는 사실을 발견했다.[114] 그리니 고정관념 때문에 '여피 독감'이나 '라임병'처럼 화학물질 과민증도 스트레스 받은 건강염려증 환자 사이에 유행하는 진단이라며 무시당했다. 한 의사는 1994년 언론 기사에서 이러한 증상은 "믿음일 뿐 질병은 아니다. 원인은 알 수 없으나 문화적으로 생긴 불안장애"라고 공언했다.[115]

만성 라임병 환자를 비난했던 것처럼, 화학물질 과민증 여성 환자들 역시 화학물질이 자신의 질병에 타당한 설명을 제공할 수 있기 때문에 그것에 집착하는 사람으로 그려졌다. 머피가 책에서 설명했듯이, 화학물질 과민증은 "자신의 고통을 정신신체화하는 여성의 오래된 능력의 또 다른 버전으로, 1990년대에는 히스테리성 마비 대신 화학물질 공포증이라는 형태로 나타났다고 보았다."[116] 또 다시, 라임병 때와 마찬가지로 언론과 다른 문화적인 동력들은 비이성적인 두려움을 조장한다며 비난받았다. 다만 이번에는 감염성 병원체가 아니라 나날이 독성을 띠는 세계에 대한 공포를 조장한다고 비난했다.

완전히 새로운 질병 이론?

그러나 세계는 객관적으로 의심의 여지없이 나날이 독성이 높아지는 것이 현실이었다. (라임병처럼 실제로 토지 사용 패턴이 바뀌고 교외 숲 지역이 개발되면서 늘어나는 유행병이었다.) 2차 세계대전 이후 시험도 거치지 않고 일상용품에 사용하는 합성 화학물질이 기하급수적으로 증가하는데도, 의료계는 화학물질 과민증이 화학물질 자체보다는 화학물질에 대한 공포 때문이라고 비난했다. 1990년대 초 국립연구위원회는 상업적으로 사용하는 화학물질 7만 종류 중에서 10% 이하만이 신경독성 시험을 받았다고 경고했다.[117] 여기에 매일 1만 5,000종의 새로운 물질이 더해진다. 한편 미국인은 이제 하루의 90%를 실내에서 지내는데, 실내 공기는 실외 공기보다 오염도가 훨씬 높다.[118]

많은 합성 화학물질이 건강에 심각한 영향을 미칠 수 있다는 사실을 누구도 부정하지는 않는다. 화학물질 과민증을 앓는 사람들은 대부분 특정 화학물질에 노출된 후에, 혹은 연속으로 노출된 뒤에 증상이 시작됐다고 말했다. 환자들이 자신의 증상을 야기한다고 말하는 화학물질은 사람이 만든 독성물질로, 많은 양에 노출된 경우 사람을 병들게 할 수 있다는 점은 모두 인정된다. 유출된 기름을 제거하는 청소원부터 걸프만 전쟁 참전 용사, 리모델링 공사 직원까지 많은 사례에서 사람이 독성 화학물질에 노출되어 병들면 평생 회복하지 못할 수도 있다는 사실이 증명되었다. 예를 들어 1987년 미국 환경보건국 본사 건물에 새 카펫을 8km 설치한 인부 225명이 작업이 끝난 후 병에 걸렸다. 대부분은 회복했지만, 스무 명 남짓한 사람은 장기간 화학물질 과민증을 나타냈고 건물주를 상대로 고소했다.

밀러는 1997년에 화학물질 과민증을 설명하기 위해 두 단계 과정으로 이루어진 '독성물질에 따른 내성의 저하(TILT) 가설'을 제안했다.[119] 유전적으로 민감한 사람이 대량의 화학물질에 노출되거나(살충제를 살포하는 일을 한 경우), 저농도 화학물질에 반복적으로 노출되면서(네일숍에서 매일 근무하는 경우) 병에 걸린다는 가설이다. 초기 노출은 신경계와 면역계를 손상하고, 이후로는 일상에서 접촉하는 많은 화학물질에 대한 일반적인 내성을 잃게 만든다. 점차적으로 애초에 이들을 병들게 했던 특성 화학물질뿐만 아니라 다른 모든 화학물질에 반응하게 되는 것이다. 이는 대부분의 화학물질 과민증 환자가 설명하는 경험과 일치한다. 어느 날부터 괜찮지 않았고, 그 이후로는 점점 더 악화되는 것이다.

독성물질에 따른 내성 저하의 정확한 생리 기전은 알려지지 않았지만, 특정 사람들이 유전적 취약성이나 다양한 범위의 노출로 인해 아직 의학이 이해하지 못한 방식으로 우리 환경에 존재하는 독성물질의 영향을 받는다는 주장은 일리가 있다. 호주의 한 연구는 화학물질 과민증을 믿었던 의사들과 믿지 않았던 의사들의 차이를 조사했다.[120] 이 두 집단의 차이점은 독성 화학물질이 인간의 건강에 미치는 영향에 대한 현재의 지식을 얼마나 포괄적으로 고려했는지에 따라 결정되었다. 최소한 우리가 모든 것을 알고 있지는 않다는 점을 인정한 의사는 화학물질 과민증 환자의 경험을 새로운 지식의 원천으로 생각하는 경향을 보였다.

사실 의료계가 여성 환자의 증상을 믿지 않아서 생긴 지식의 손실은 생각만 해도 충격적이다. 현대 의학의 아버지로 종종 거론되는 19세기 의사 윌리엄 오슬러William Osler 경은 "환자의 말에 귀 기울여라. 환자가 진단명을 말해준다"라는 유명한 말을 남겼다. 의학이 그 지혜에서 얼마나 멀어졌는지를 보여주는 데, 화학물질 과민증 환자에 대한 회의론보다 더 나은 지표는 없을 것이다. 여기, 자신이 아프다고 의학에 호소할 뿐만 아니라 무엇이 그들을 아프게 하고, 무엇이 그들을 낫게 하는지를 알아낸 환자들이 있다. 일반적인 상식이 지배하는 현실 세계에서 화학물질 과민증 환자가 화학물질에 노출되면 병들고 화학물질을 피하면 나아진다는 사실은, 화학물질이 증상의 원인이라는 훌륭한 증거다. 그러나 의학에서, 여성의 말은 인과관계에 대한 경험조차도 무시할 정도로 중요하지 않게 대한다. 입증할 수 있는 사실인데 '믿을 수 있는 것인지 아닌지' 선택할 수 있는 대상처럼 취급된다. 히스테릭한 여성이라는 망령은 너무나 강력해서 그것이 살짝만 환기되어도, 경험적인 진실에 의심을 불러일으키기에 충분하다.

독성물질에 따른 내성 상실이 일어나는 과정에 대한 다른 가설도 몇 가지 있다. 아마 가장 유명한 가설이 만성통증과 뇌전증 연구에서 빌려온 이론일 것이다.[121] 독성물질은 코의 후각 수용기를 통해 '혈액-뇌 장벽(혈액에서 뇌 조직으로 물질의 이행을 제한하는 관문-편집자)'을 우회해서 곧바로 뇌의 대뇌변연계로 이동한다. 아마 한 번의 대량 노출이나 반복적인 소량 노출이 후각 신경을 영구적으로 민감하게 만들 것이다. 만성통증에서 신경세포가 점점 더 약한 통증 신호에도 반응하듯이, 점점 더 작은 노출에도 대뇌변연계의 신경망이 흥분하게 된다. 실험실 연구는 그 조건에서 중추신경계 민감성과 염증 반응이 모두 일어나는 것을 보여주었다.[122] 화학물질 과민증 환자가 정상 농도의 일반 화학물질에 노출되었을 때, 뇌의 특정 영역으로 들어가는 혈류가 비정상적으로 감소한다는 사실은 뇌 영상 연구로 증명되었다.

전문가들은 화학물질 과민증이 현대 만성 질병의 큰 부분을 차지할 것으로 보고 있다. 〈가정의학회지(Annals of Family Medicine)〉에 발표한 2012년 논문에서 밀러의 연구팀은 만성 건강 문제로 텍사스주 샌안토니오에 있는 병원을 찾은 환자 400명을 대상으로 화학물질 과민증 유병률을 측정했다.[123] 소득이 가장 낮은 계급이면서 히스패닉계인 환자들은 다섯 명 중에 한 명이 화학물질 과민증을 보였다. 6%가 넘는 환자들은 화학물질 과민증이 심각한 수준이었다. 화학물질 과민증은 부유층의 고통이기는커녕 일반적으로 낮은 수준의 사회경제적 배경을 가진 환자들에게 나타났으며, 그 비율은 부유층이 9%인 것에 비해 25%나 되었다. 화학물질 과민증이 없는 사람과 비교했을 때, 이 환자들은 병원을 더 자주 찾았으며 알레르기, 우울증, 공황장애, 일반 불안장애 비율도 더 높았다. 다른 연구 논문에서도 화학물질 과민증 환자는 다양한 다른 건강 문제(심장질환을 비롯해 천식, 자가면역질환, 부비강염, 편두통, 섬유근육통, 만성피로증후군, 음식 불내성 등)가 발생하는 비율이 증가했음을 발견했다.

　물론 기분장애 발병 비율이 높은 것이 어떤 사람들에게는 이 질병이 정신질환임을 증명하는 근거로 여겨질 것이다. 그러나 화학물질 과민증 전문가들은 원인의 화살표가 다른 방향을 가리킨다고 주장할 뿐만 아니라 이는 만성질환을 앓는 사람들이 흔히 우울하거나 불안해하기 때문만은 아니라고 말한다. 전문가들은 화학물질 노출이 정신과적 증상을 일으킨다고 생각한다. 사실, 화학물질 과민증을 치료하지 않은 채 환자의 정신과적 증상을 치료하는 일이 도움이 된다는 증거는 없다. 화학물질 과민증 환자들에게 다양한 전통적인 치료법 및 대안의학 치료법의 효과에 대해 평가를 요청한 2003년 논문에 따르면,

화학물질 접촉을 피하는 것이 가장 효과적이었고, 항우울제나 항불안제 같은 처방약은 가장 도움이 되지 않았다.[124]

밀러는 독성물질에 따른 내성 저하는 질병세균론과 비견할 만한 완전히 새로운 질병 이론이라고 주장했다.[125] 다시 말해 화학물질 과민증은 사실 질병 그 자체로는 제대로 이해되지 않을 수 있다. 그러나 광범위한 만성질환 중에서 최소한 몇 가지(천식, 편두통, 우울증, 만성피로증후군 등)를 설명하는 동시에 모든 종류의 질병의 근본적인 요인이 될 수 있다. 의료계의 여러 질병 중에서도 가장 하찮게 여기는 질병이 우리가 질병을 이해하는 데 획기적인 패러다임 변화의 열쇠를 쥐고 있다고 예측하는 태도는 다소 무모하게 보일 수도 있다. 그러나 의학의 역사는 이것이 실제로 좋은 내기가 될 수도 있음을 시사한다.

의학이 "그 당시 받아들인 질병에 대한 설명에 맞지 않은 질병 패턴을 발견"했을 때, 새로운 질병 이론들이 항상 나타났고, 그런 다음 질병을 설명할 새로운 기전을 발견했다고 밀러는 지적한다. 화학물질 과민증이 "이미 받아들인 질병 기전과 맞지 않는다는 점은 종종 질병이 존재하지 않는다는 증거로 제시된다. 그러나 질병세균론과 질병면역설이 처음 나왔을 때도 같은 비판이 적용되었을 것이다."라고 밀러는 말한다. 의학은 새로운 질병 이론을 처음 대할 때, 늘 매우 회의주의적인 태도로 맞이해왔다. 만약 독성물질에 따른 내성 저하가 차세대 질병 이론이 된다면, 수십 년 동안 직면해온 논란과 저항은 사실 전형적인 것이다.

악몽 같은 시나리오

○

6년 뒤 브레아는 좀 나아졌지만 여전히 병 때문에 장애를 겪었다. "이제는 집을 나설 수 있지만, 한 번에 15m 이상 걸을 수 없어서 휠체어를 타야 해요. 보통은 밖에 자주 나가지 않아요. 나가면 몸이 더 나빠지니까요. 하루 두 시간 이상 밖에 나가면, 반드시 그 대가를 치르게 되지요." 2015년에 브레아는 '미액션(#MEAction)'이라는 만성피로증후군 환자를 위한 온라인 플랫폼을 공동 설립했다. 지난 4년 동안 '쉴 수 없는(Unrest)'이라는 제목의 다큐멘터리를 제작했다. 자신을 포함해서 만성피로증후군을 안고 살아가는 전 세계 환자들의 이야기를 담았다. 브레아는 이 다큐멘터리를 대부분 침대에 앉아 스카이프로 제작했다. 선댄스 영화제에서 상을 받은 이 작품은 2017년에 개봉됐다.

30년 동안 의료계에서 무시당했던 만성피로증후군의 상황을 지켜보는 브레아의 개인적인 감회는 남다르다. "인클라인 마을에서 집단적으로 발병했을 때, 나는 두 살이었어요. 그 집단 발병은 일종의 출발신호라고 생각해요. 이 질병은 아주 오랫동안 우리와 함께 있었지만 당시의 집단 발병이 미국에서 국가적 관심의 대상이 된 첫 번째 사례였으니, 경주를 시작할 진짜 기회였어요. 하지만 미국은 그렇게 하지 않았어요. 26년간의 연구가 이뤄냈을 성과를 상상해보세요. 내가 지난 6년간 겪은 지옥 같은 시간을 완벽하게 예방할 수도 있었다고 생각하면 너무 억울해요."

○

3부. 히스테리라는 이름으로 방치된 질병들

만성피로증후군, 만성 라임병, 화학물질 과민증 같은 경합하는 질병들의 이야기가 새롭게 출현하는 질병을 인식하고 대응하는 의료계의 능력 혹은 무능함에 대해 시사하는 바를 우리 모두는 이해하고 경각심을 가져야 한다. 사실 존슨은 《오슬러의 거미줄》을 쓸 때 만성피로증후군 환자만을 염두에 두지는 않았다고 말한다. 물론 700쪽이나 되는 이 두꺼운 책을 읽은 사람들은 대부분 만성피로증후군 환자지만, 존슨은 이 책을 일반 대중을 위해 썼다. "의사들이 단순히 검사를 하는 것으로 그들의 일을 하는 대신에 정말로 환자의 이야기에 귀 기울이기를 바라면서 썼어요." 의사는 물론 얼룩말이 아니라 말을 보도록 훈련받지만, "가끔은 얼룩말이 섞여 있기도 한 법"이다. 그리고 "환자가 진료실에 들어와서 '저 아파요. 걸을 수도 없고, 생각할 수도 없어요.'라고 하는 말하는 것"을 의사가 믿지 않는다면, 이러한 얼룩말들을 놓친 것이며, 수백만의 사람들에 의해 시스템적으로 간과된 것이다.

이러한 경합하는 질병을 가진 환자들 대다수가 여성이라는 점이 신뢰의 결핍을 야기했다는 데는 의심의 여지가 없다. 여성에게 이런 질병이 더 흔하다는 이유로 질병을 무시하고, 또는 그것이 예로부터 전해 내려오는 여성들의 히스테리를 위한 새로운 명명의 유행일 뿐이라고 주장하는 일은 몇 번이고 되풀이되었다. 존슨이 말했듯이 "여성이 80%를 차지하는 새로운 질병이 나타났을 때, 여기에 더해 의사가 얼룩말을 찾으려고 노력하지 않는다면 이것이야말로 악몽 같은 시나리오가 될 것"이다. 과학이 마침내 만성피로증후군, 체위성 기립빈맥증후군, 만성 라임병, 화학물질 과민증, 그 밖에 다른 의학적으로 설명할 수 없는 증상(하지만 앞으로 결국 설명할 수 있게 될)을 완전하게 설명하는 때가 오면, 이 과정에서 얼마나 많은 여성(아마도 수백만 명에 이를 것이다)이 무시되고 불신당했는지 기억해야 할 것이다. 결국 자신들의 역사를 잊은 사람들은 그 역사를 계속 반복하게 된다. 지구의 온도는 높아지고, 서식지는 변하고, 환경 독소는 점점 많아지는 끊임없이 변하는 세상에서, 다음 모퉁이를 돌면 언제나 새로운 질병들이 우리를 기다리고 있을 것이다.

여성이 아프다고 말하면 믿어주길!

난소암은 폐암, 유방암, 대장암, 췌장암에 이어 여성 사망 원인인 암 중에 다섯 번째를 차지하는 드문 질병이지만 아주 치명적이다. 매년 미국인 2만 2,000명 이상이 난소암을 진단받고, 이 중 약 1만 4,000명이 사망한다. 전체적으로 볼 때 진단받은 환자의 1/3 정도만이 십 년 이상 생존한다. 난소암 생존율이 낮은 주요 원인은 환자의 대부분이 진단받을 때 이미 암이 많이 진행된 상태이기 때문이다. 암이 난소를 벗어나 몸 전체에 퍼지기 전에 발견해서 치료하면, 5년 생존율이 92%에 이른다. 하지만 오직 15%만이 초기 단계에서 진단받는다.[1] 일단 골반을 넘어 퍼져나가면 5년 생존율은 30% 이하로 떨어진다.

난소암을 초기에 발견하기 어려운 이유 중에 하나는, 유방암을 검사하는 유방조영상이나 자궁경부암을 검사하는 자궁경부암 검사 같은 정기적인 검사 방법이 없기 때문이다. 난소암이 의심되면 의사는 손으로 촉진하는 골반검사로 암이 얼마나 자랐는지 만져보고, 초음파 검사로 확진하며, 혈액검사로 CA-125라는 암 항원을 측정한다. CA-125는 난소에 종양이 있을 때 주로 농도가 높아지지만, 종양이 암인지 확인하려면 수술하는 방법밖에 없다.

게다가 지난 세기 대부분 의학은 난소암이 치료하기에 너무 늦은 후기 단계에 이르기 전까지는 아무런 증상도 일으키지 않는다고 믿었다. 최근까지 난소암은 즉각적인 검출로 방어할 수 없으며 서서히 퍼지는 질병으로 '침묵의 살인자'라고 불렸다. 1942년, 부인과 전문의인 해리 스터전 크로센Harry Sturgeon Crossen은 난소암을 가리켜 "증상 없는 발병과 증상 없는 진행으로 조기 발견이 거의 불가능하며, 소리 소문 없이 다가오는 죽음"이라고 말했다.[2]

이런 운명론적인 태도는 전후 '암과의 전쟁'이 시작된 이래 난소암에 대처하는 우리의 접근 방식을 형성해왔다. 당시에는 예방적 차원에서 모든 폐경기 여성의 건강한 난소를 모두 제거하자고 주장한 의사도 있었고, 어떤 의사는 중년 환자에게 조기 검진을 위해 골반 검사를 자주 하는 필사적인(그러나 비현실적인) 노력을 권장했다. 그러나 역사가 페트리샤 젠슨Patricia Jasen은 의사가 아닌 환자가 느낄 수 있는 초기 증상이 있을 가능성은 고려하지 않았다고 설명했다.[3] "난소암은 침묵의 살인자라는 이미지가 단단히 자리 잡았다. 어떤 교과서는 난소암에 대한 증상은 어느 단계든 아무것도 설명하지 않아서, 의과대학생과 의사들은 환자가 경험하는 난소암 징후를 알아볼 수 있는 기본적인 지식이 없다." 환자들 또한 어둠 속에 남겨졌다. 조기 발견을 목표로 여성들이 질병의 증상을 인지할 수 있도록 다른 암 증상에 대해 교육하고 치료받도록 촉구하는 대중 캠페인에도 난소암은 포함되지 않았다.

'침묵의 살인자'라는 고정관념이 있긴 하지만 1930년대까지만 해도 일부 의사들은 난소암 환자들에게 어떤 증상이 나타나는지 물어

글을 마치며

보고 청취했다. 난소암 환자는 체한 것 같은 불편과 소화 문제를 겪었으며, 암을 발견하기 몇 달 전, 길게는 몇 년 전에도 이런 증상을 의사에게 보고했다. 확실히 유방암과 자궁암에서 볼 수 있는 혹 같은 덩어리나 설명할 수 없는 출혈과 비교하면, 난소암 증상은 상당히 모호하고 비특이적이다. 그러나 패턴은 일반화할 수 있을 정도여서, 1951년에 영국 부인과 전문의 스탠리 웨이Stanley Way는 '진단할 때 주의를 기울여야 할 증상'이라고 주장했다.[4] 웨이는 비슷한 증상을 겪는 40세 이상의 모든 여성에게 정밀 검진을 받아보라고 요청했다. 30년이 지난 지금도 난소암은 증상이 없다는 생각이 여전하다. 부인과 전문의 휴 바버Hugh Barber는 난소암 환자가 초기 증상을 호소하는 것을 두고 "너무 자주 칵테일파티에 가고, 너무 자주 전채요리를 먹는 중년 여성의 불평" 정도로 생각한다며 한탄했다.[5]

1960~1990년대까지 난소암 발병률이 높아지면서 난소암에 대한 우려가 커지고 있지만, 의료계는 그 증상을 더 잘 이해하는 데 관심을 기울이지 않았다. 1988년판 유명한 부인과 교과서에서는 "난소암은 불행하게도 징후나 증상에 있어서 아주 은밀하며 '침묵'한다."고 상기시켰다.[6] 대신 더 발전한 1980년대 역학연구에서는 마침내 난소암의 유전자와 환경적인 위험 요인을 밝혀냈다. 한편 모든 여성에게 사용할 수 있는 대량 선별법을 찾아내는 데는 상당한 노력이 들었다. 골반검사, 초음파 검사, CA-125 혈액검사를 결합하면 난소암을 검출하는 데 도움이 되지만 일상적인 검진에 유용할 만큼 정확하지는 않았다. 목표가 이루어지지 않을 것처럼 보이고 나서야, 드디어 의료계 내부에서는 마지막 선택지가 한 가지 남았다는 사실을 인정했다. 1996년 한 연구팀이 내놓은 논문에서 말했듯 "조기 진단을 하려면 여성의

주도권을 인정하고 그녀에게 의지해야 한다."[7]

　사실 여성들은 이를 꽤 오랫동안 주장해왔다. 1980~1990년대에 걸쳐 난소암 환자들은 그들의 이야기를 점점 더 많이 들려주었고, 처음에는 언론에서 그리고 나중에는 인터넷으로 하기 시작했다. 난소암이 '침묵의 위협'이라는 개념에 도전하는 공통의 주제가 나타났다. 난소암을 진단받기 전에 많은 여성에게 환자 자신이나 의사가 무시했던 증상이 있었다. 이런 증상은 위산 역류, 요로감염증, 담석증, 우울증, 폐경, 과민성대장승후군 등으로 오진되기도 했다. 환자단체는 난소암이 평판과 달리 실제로는 초기 증상이 있어서 여성이, 그리고 그들의 의사들이 '들으려고' 한다면 들을 수 있는 '귓속말을 하는 질병'이라고 주장하기 시작했다. 몇몇 환자들은 사실 난소암은 종종 실제로 소리를 지른다고 주장했다.

　1987년에 난소암을 진단받은 베스는 초창기 온라인 난소암 환자 단체에서 활발하게 활동했다.[8] "우리는 서로 비슷한 경험이 얼마나 많았는지 이야기를 나누었죠. 의사에게 가서 걱정스러운 증상을 적은 목록을 보여주고, 난소암에 대해 묻기도 했어요. 친척 중에 난소암에 걸린 사람도 있었거든요. 하지만 이 증상이 난소암일 리가 없다는 말만 들었어요. 난소암은 '침묵의 살인자'라서 증상이 없다는 거예요. 결국 난소암으로 진단이 나오자, 환자가 의사한테 '그거 봐요. 난소암도 증상이 있다니까요!'라고 말했죠. 그러자 의사가 '아닙니다. 난소암은 침묵의 살인자라, 환자분이 겪은 것은 증상일 수가 없습니다.'라고 하더라고요." 이런 식의 순환 논증은 미친 짓이다. "여성들은 들어달라고 소리 지르지만, 우리가 더 크게 외칠수록 아니라거나 말도 안 되는 소리라는 말만 듣는다."

　　　　　　　　　　　　　　　　　　　　글을 마치며

마침내 1998년 난소암생존자학회에서 전환점을 맞았다. 난소암에 대한 발표가 끝나고 이어진 질의응답 시간에 청중이 하버드대학교 의사인 강연자에게 난소암의 초기 증상을 자세히 알려달라고 말했다. 그러자 강연자는 표준 기준을 설명했다. 즉, 아무것도 없다고 대답했다. 당시 청중들의 말을 들어보면 그 강연자는 대부분이 난소암 생존자였던 청중 대부분의 신경을 긁어댔다고 했다. "청중은 일제히 화가 머리끝까지 나서 더는 참지 않기로 했죠."라고 베스는 말했다. 청중들은 모두 일어나서 위협적으로 느껴질 만큼 분노한 청중의 전형을 보여주며 강연 무대로 다가가 소리치기 시작했다.

　　바버라 고프Barbara Goff 박사는 젊은 부인암 전문의로, 청중이 분노하는 이 광경을 우연히 목격했다.[9] "강연장 뒤에 앉아 생각했어요. '내가 이 강연을 하지 않아서 다행이다. 나도 비슷하게 대답했을 테니까.' 아이비리그 대학, 아이비리그 의과대학, 아이비리그 수련의 생활을 거치면서 일류 아이비리그 교육을 받았지만, 나도 난소암은 침묵의 살인자라고만 배웠으니까요." 분노한 군중으로 돌변했던 난소암 생존자들이 진정했을 때, 고프는 청중 몇 명을 만났다. 난소암 생존자들은 고프에게 왜 의료계는 환자의 말에 귀 기울이지 않느냐고 물었다. 고프는 "음, 전문가의 의견이 교과서마다 그렇게 실려 있으니까요. 교과서를 바꾸는 유일한 방법은 이 신화를 깨뜨릴 연구 논문을 발표하는 방법뿐입니다."라고 대답했다. 그러자 그들은 고프에게 그렇게 할 수 있게 도와달라고 했고, 그녀는 동의했다.

　　고프는 유명한 환자 활동가 신디 멀랜슨Cindy Melancon과 연구팀을 꾸렸다. 멀랜슨은 난소암 환자를 위한 소식지를 발행하고 여성이 진단받기까지의 경험을 연구하기도 했다. 두 사람은 설문지를 1,500명에게 보냈는데, 응답지를 100% 이상 회수했다. 설문지를 받은 환자가 다른 환자에게 설문지를 보내주었기 때문이었다. 환자공동체가 얼마나 많은 이야기를 억누른 채로 말할 창구를 기다렸는지 보여주는 증거였다고 고프는 말했다. 이 연구 결과는 2000년 미국암협회가 발행하는 학술지 〈암〉에 발표했다. "난소암을 앓은 여성 대부분은 난소암과 관련된 증상이 있었으며, 진단받기까지 오랜 시간이 걸렸다"라고 결론 내렸다.[10] 말기 난소암 환자만이 아니라 생존 확률이 70~90%에 이르는 조기 난계 난소암 환자 중 기의 90%는 진단받기 전에 증상을 가지고 있었다.

이 연구는 여성보다는 주치의가 질병이 내는 '귓속말'을 듣지 못했다는 것을 암시했다. 환자는 증상이 시작되고 평균 두세 달 뒤에 의사를 만났는데, 신속한 진단을 내리는 데 가장 큰 장애물이 의사가 자신의 증상을 무시했다는 사실이라고 대답한 환자는 1/5뿐이었다. 대신 1/3가량은 주요 문제가 오진이라고 말했는데, 환자 대부분은 처음에 잘못 진단받거나 다양한 버전의 '모두 당신의 머릿속에서 나온 것'이라는 말을 들었다. 또 환자의 15%는 과민성 대장증후군을 진단받았고, 13%는 의사에게 '아무 이상이 없습니다'라는 말을 들었으며, 12%는 스트레스를, 6%는 우울증을 진단받았다. 환자의 30%는 다른 병으로 진단받아 처방약을 받았다. 20%만이 난소암이라는 진단을 받았다.

이 첫 번째 연구는 설문지를 난소암 생존자 소식지를 통해 전달하면서 표본이 편중될 수 있다는 한계가 있을 수 있으나, 이는 시작일 뿐이었다. 고프와 연구팀은 이 주제를 더 연구해서 증상 색인을 만들었다. 2007년 미국암학회, 부인암재단, 부인암학회는 공식적으로 '침

글을 마치며

묵의 살인자'라는 이름을 철회했다. 국가적 합의 성명에서 세 학회는 네 가지 증상(복부 팽만감, 골반이나 복부 통증, 음식 섭취가 어렵거나 배가 빨리 부르는 느낌, 요의가 자주 혹은 급박하게 오는 증상)이 초기 난소암을 암시할 수 있다고 선언했다.[11] 물론 대부분은 난소암 전조 증상이 아닐 수도 있다. 하지만 이런 증상이 새롭게 나타나거나, 거의 매일 나타나거나, 몇 주에 걸쳐 증상이 점점 심각해진다면 여성은 의사를 찾아 진료받아야 한다.

난소암 연구자금연합회는 홈페이지에 다음과 같이 선언했다. "수년 동안 여성은 난소암이 알려진 것과 달리 침묵의 살인자가 아니라는 사실을 알고 있었다. 지난 십 년 동안 과학은 여성이 이미 알고 있던 사실, 즉 난소암에도 증상이 나타난다는 사실을 확인했다."[12]

*

오랜 투쟁 끝에 드디어 여성의 목소리가 '침묵의 질병'이라는 뿌리 깊은 의학계의 신화를 뒤집은 이 이야기가 보여주는 것은 거의 비현실적이다.

그래도, 나는 적어도 낙관적인 해피엔딩을 기대한다. 한 세기나 걸리긴 했지만, 권위를 갖춘 환자가 결국 자신의 이야기를 들어줄 연구하는 의사를 찾았고, 그 결과 유익한 협력관계를 이끌어내 의학 지식의 발전을 이루었다. 고프는 조금 더 신중하다. "아직도 난소암을 증상을 통해 진단하는 것이 헛소리라고 생각하는 사람이 많습니다. 내 논문이 시간 낭비라고 여기는 사람도 많죠." 고프와 나는 이 사례를 과학과 환자 커뮤니티의 동반자 관계를 보여주는 고무적인 사례라고 보지만, "환자단체가 참여했기 때문에 이를 일종의 소프트 사이언스soft science(심리학, 사회학, 인류학 등 인간의 행동, 제도, 사회 등을 과학적으로 연구-편집자)로 여기는 과학자도 여전히 있다."

고프의 말에 따르면 "여성에게 치명적인 질병의 증상을 가르치지 말아야 한다. 그래봤자 걱정거리만 늘릴 뿐"이라고 말하는 사람도 있다. 난소암은 희귀하지만 증상은 일반적이고 흔해서 비판적인 사람들은 "불안장애 여성 환자가 진료실에 밀려들어 온갖 쓸모없는 검사를 요구할 것"이라고 주장하기도 했다. 이 연구에 따르면 과잉 검사에 대한 우려는 근거가 없지만 공포에 대한 두려움은 드러난다.[13] 1960년대에 최초의 경구피임약 안전성에 대한 청문회가 열리자, 의사들은 타인의 영향을 받기 쉬운 여성에게 불안의 씨앗을 심고 싶지 않아서 환자에게 부작용을 설명하지 않았다고 인정했다.[14] "여성에게 생길 수 있는 부작용을 말해주면 당장 다음날 증상을 나타낸다." 반세기도 더 지난 지금도 여성을 타인의 영향을 받기 쉬우며, 일시적인 작은 증상에도 초조해 하는 건강염려증 환자로 여긴다.

이런 고정관념은 현실적인 근거가 없다. 고프는 물론 우리는 모두 때때로 복부 팽만감을 느낀다고 말한다. "그러나 여성들은 똑똑하다. 예를 들어, 음식을 잘못 먹거나 생리를 할 때와 몸에 이상이 생겼을 때의 차이를 안다. 여성의 삶은 바쁘다. 아주 사소한 비정상적인 복부 팽만감을 핑계로 매번 의사에게 달려가지 않는다. 오히려 여성은 자신의 건강 문제를 과소평가하는 경향이 있다."

다른 연구자들은 증상의 인지도를 높이는 것이 반드시 생존율을 현저하게 증가시키지는 않을 것이라고 시사했다.[15] 최선의 희망이라면 증상을 못 느끼는 여성에게서 질병을 정확하게 검출하는 선별 검사법을 개발하는 일이다. 이 시점에서 증상 인식이 생존율에 얼마나 더 나은 영향을 미칠지를 연구한 결과는 아직 없지만, 난소암을 조기 진단 했을 때 생존율이 얼마나 더 높은지를 생각해본다면, 해볼 만한 연구 다. 고프가 말했듯이, "암을 조기 진단할 수 있다면 진단하기 싫을 이 유가 있을까? '이런, 이 암은 좀 나중에 진단하지.'라고 말할 사람이 누 가 있을까?"

게다가 지금은 선별 검사법이 없어서 우리가 아는 것은 증상이 전부다. "진단을 하는 최선의 길은 증상을 보이는 환자에게 더 강력한 의심을 갖는 것이다. 그러니 사람들이 좋아하건 싫어하건 간에 우리 는 증상에 근거해서 진단하며, 따라서 증상을 잘 관찰해야 한다."라고 고프는 말한다. 즉, 여성의 말에 귀 기울여야 한다는 뜻이다.

의학의 권위에 맞서다

난소암 환자가 저항한 순환 논리는 너무나 많은 여성이 익히 잘 알고 있는 문제이다. 다발성경화증을 앓는 여성은 다발성경화증은 통증을 유발하지 않으므로 통증이 있을 리가 없다는 말을 들어야 했다. 십 대 소녀들은 자궁내막증이 '직업을 가진 여성의 질병'이라는 이유로 진단 받지 못했다. 과학이 스스로 자기 교정을 하는지는 몰라도, 여성의 설 명할 수 없는 증상에 대한 대체 설명이 있다면 최소한 의학적 사실은 고집스럽게 자기만족적 태도를 고수할 수도 있다. 일단 수용되면, 의료 계의 미신은 그들의 실재를 스스로 창조해낸다. 환자단체가 아니었다 면, 간질성 방광염이 폐경기 여성의 희귀한 정신신체화 질병으로 남았 으리라는 데에는 의심의 여지가 없다. 질병 프로파일에 들어맞지 않는 수백만 명의 환자가 알 수 없는 질병으로 홀로 고통받으며 무시당했을 것이다. 한 세기 동안 난소암은 침묵의 살인자였다. 결국, 의학이 들을 수 없는 증상이 정말로 소리를 내는 것일까?

침묵의 살인자라는 신화의 첫 전환점이 난소암 생존자들이 경험담을 온라인으로 나누면서 시작됐다는 것은 놀라운 사실이 아니다. 인터넷이 수많은 여성 환자의 모든 것을 얼마나 많이 바꾸어 놓았는지는 과장하기가 더 어렵다. 환자 지지자로서, 나는 1980년대와 1990년대에 서음 질병에 걸린 환자의 이야기를 나누었다. 가장 명확한 사실은 의학 정보 접근성이 높아진 덕분에 의료 체계가 진단에 실패해도 스스로 진단하기가 더 쉬워졌다는 점이다. "내가 처음 아팠을 때 인터넷이 있었더라면, 그날 바로 무슨 병에 걸렸는지 알았을 거예요." 13년 동안이나 복합부위 통증 증후군을 진단받지 못했던 신시아 투생의 말이다. 요즘은 환자들끼리 의료 정보를 공유하기도 쉽고, 질병 연구와 대중의 인식 개선을 위한 단체를 만들기도 쉽다.

그러나 인터넷은 많은 여성 환자, 특히 의학이 모르는 질병에 걸린 환자들에게 더 중요한 것을 제공했다. 바로 자신이 혼자가 아니며 정신병에 걸리지도 않았다는 확신이다. 1990년대에 자신의 만성 두통을 해결할 방법을 찾던 세월에 대해 폴라 케이멘은 "고립감이 얼마나 심했는지 몰라요. 세상에서 치료되지 않은 사람은 나 혼자뿐이라는 기분이 들죠. 의사한테 가면 내가 엄청나게 특이한 사례처럼 느껴지니까요."라고 말했다.[16] 2006년에 책을 출판하고 다른 두통 환자들의 이야기를 수집하면서 케이멘은 내가 '괴물'이 아니라는 사실을 진정으로 깨달았다. "나도 다른 사람과 정말 똑같았어요."

이것은, 그 자체로 의료 체계 안에 너무도 만연한 여성의 경험에

글을 마치며

대한 실추를 해소하는 역할을 했다. 의학은 엄청난 힘을 가지고 있다. 수전 웬델이 말하듯, "모든 사람들의 신체적 경험의 실재를 확인하거나 부정할 수 있는 것", 즉 어떤 증상이 '설명'되고 어떤 증상이 '설명되지 않는지'를 결정하고, 공감하고 돌봐야 할 아픈 환자가 누구이고, 환자 역할로 2차 이득을 얻으려는 병원 단골손님은 누구인지를 판단하는 권위이다.[17] 그러나 여성 환자들이 모여 자신의 경험이 또한 다른 이의 경험임을 알게 되었을 때, 그들은 어느 정도 힘을 가질 수 있다. 외음부통과 섬유근육통에 대한 책을 쓴 에이미 베르코위츠는 "섬유근육통이 실재하든 아니든, 우리는 모두 섬유근육통을 앓고 있다."라고 말했다.[18]

나는 그저 대부분의 의료진이 여성의 증상을 의심하거나 축소해서 일어날 수 있는 해악을 잘 이해하지 못해서였을 뿐이라고 믿으려 한다. 의학이 여성의 신체적 경험의 실재를 부인할 때, 그것은 가스라이팅gaslighting(상황을 조작해서 타인이 스스로를 의심하게 만들어 통제하려는 행위-옮긴이)의 방식이다. "내 몸에 일어나는 일을 내가 느낄 수 없다면 내가 알 수 있는 것은 무엇인가? 나 자신을 부정할 수 없는데, 내가 통증을 느끼거나 어지럽거나 구역질이 나는 상황을 부정하는 세상과 나는 어떻게 연결될 수 있을까?"라고 웬델은 책에서 말했다.[19] 베르코위츠는 온라인에서 '수치심과 절망, 글자 그대로의 고통에 대해 같은 경험을 한' 다른 여성들을 찾음으로써 구원받았다. "처음 성관계를 한 스물두 살에 외음부통을 진단받고 하소연할 사람을 찾지 못했다면, 솔직히 자살했을지도 모른다고 생각해요."

나는 이 책이, 질병을 가로질러 의료시스템에 대해 여성들이 겪은 많은 경험들이 다른 여성들도 함께 겪은 것임을 인식하는 토대가 되기를 바란다. 난소암 여성 환자와 자가면역질환 여성 환자의 이야기는 일단 진단을 받으면 금방 달라지겠지만, 진단받을 때까지 두 환자가 겪는 경험은 아주 비슷하다. 외음부통 환자로 사는 것과 만성피로증후군 환자로 사는 것은 각각 나름 어려운 일이지만, 주변의 인식 부족과 질병이 거의 연구되지 않는 현실은 비슷하다. 각자가 앓는 질병은 다를 수 있지만, 의료체계와 관련된 여성의 문제 중 많은 부분이 동일한 역사와 동일한 구조적인 문제에 뿌리를 두고 있다.

여성들의 '의사 이야기'는 그들이 서로 매우 다른 경우에서도 비슷하다. 백인인 아이비리그 대학생은 불안장애에 시달리고, 유색인종 여성은 마약중독자라는 고정관념이 강하다. 교육 수준이 높은 백인 여성은 건강에 집착하는 건강염려증 환자로, 웹엠디WebMD(미국의 건강정보 포털 사이트-편집자)를 당장 끊어야 하는 사람으로 비친다. 그러나 교육 수준이 낮은 여성은 장애보상급여를 타려는 꾀병 환자로 비친다. 날씬한 여성은 '좋아 보이기 때문에' 심각한 질병을 앓을 리가 없고, 뚱뚱한 여성이 아픈 이유는 모두 체중 때문이다. 우리 삶의 대부분은 아프기에는 '너무 젊고', 우리의 증상은 월경통, 임신, 어머니가 되는 것, 폐경 탓으로 돌릴 수 있다. 나이가 들어서 이제 아픈 것처럼 보일 만한 나이가 되면, 너무 늙어서 아프더라도 아무도 신경 쓰지 않는다. 우리의 교차하는 정체성은 우리를 아프게 하는 특정한 고정관념을 다르게 만들 수도 있다. 어떤 경우에는 심지어 정반대이기도 하지만, 어쨌든 우리는 비슷한 지점에 있게 된다. 바로 우리의 증상을 신뢰하고 진지하게 받아들이도록 하기 위한 투쟁이라는 자리이다.

물론 여성들은 이런 상황을 헤쳐 나가기 위해 분투할 수 있는 다양한 능력이 있다. 하지만 일부 여성들만이 체위성 기립빈맥 증후군

글을 마치며

을 가진 로런 스타일스처럼, 9개월 동안 40명의 의사를 만나면서 시간과 돈을 무한정 투자할 수 있다. 모든 유색인종 여성이 재키처럼 한밤중에 응급실 의료진에게 자신의 환자를 봐달라고 전화를 걸어줄 의사를 만날 수도 없다. 라임병에 걸린 여성 환자들 중 소수만이 셰릴처럼 퇴직금 1,300만 원을 털어 치료에 쓸 수 있다. 요즘에는 엘런, 니콜, 브레아가 했듯이 많은 여성들이 스스로 진단하기가 쉬워졌을지 몰라도 모든 여성이 그렇게 하기 위한 언어능력과 인터넷 지식을 가지고 있는 것은 아니다. 수많은 트랜스젠더 여성과 과체중 여성들은 의사를 만나는 일 자체가 스트레스이며, 인격을 짓밟히는 일이 많아서 차라리 건강의 위험을 감수하기도 한다. 그리고 많은 여성이 필요한 의료 서비스를 마침내 발견했더라도 알렉시스처럼 의료비를 감당하지 못할 수도 있다.

이 책을 쓰기 위해 연구를 시작했을 때, 여성들의 이야기가 유사하고 동일한 시스템적인 문제를 근간으로 하리라는 점은 예측했다. 그러나 여성들의 운명이 이렇게 밀접하게 얽혀 있으리라고는 예상하지 못했다. 설명할 수 없는 모든 것을 심인성으로 돌려버리는 의료체계에서 지식의 격차 탓에 여성은 '의학적으로 설명할 수 없는 증상'을 더 많이 가지고 있으며, 이 때문에 여성은 계속해서 스트레스에 눌린 신체화 환자라는 고정관념에 갇히게 되며, 여성들의 증상은 남성들만큼 진지하게 받아들여지지 않는다는 사실을 계속 확인하게 될 것이다. 모든 여성은 의학이 여성에게 과도하게 많이 나타나는 '의학적으로 설명할 수 없는 증후군'을 설명해주기를 기대한다. 이런 증후군들이 생체표지자 없이 기능적 진단명으로 남아 있는 한, 의사들은 환자를 배제하는 진단명으로 계속 이용할 테고, 질병을 해결하지 못하면

재빨리 진료실에서 몰아낼 것이다. 자가면역질환을 앓는 여성은 계속 섬유근육통으로 진단받고, 라임병을 앓는 여성은 계속 만성피로증후군 꼬리표를 달게 된다. 난소암을 앓는 여성은 계속 과민성 대장증후군으로 오진받을 것이다. 그리고 알려지지 않은 질병을 앓는 여성은 계속해서 고통받게 될 것이다.

여성은 지식의 상ㅗㄴ사

그러나 난소암 이야기는 또 다른 메시지를 던져준다. 인터넷에서 난소암 생존자들이 서로의 경험담을 나누더라도, 난소암이 침묵의 살인자라는 전문가들의 견고한 의견을 바꾸려면 의사의 연구 결과가 필요하다. 근거중심의학의 시대에, 동료심사연구(peer-reviewed study)로 얻은 지식은 환자의 경험담 수천 개보다 훨씬 더 중요하다. 이것 역시 흔한 패턴이다. 2006년 한 연구는 다양한 급성 감염에 노출된 사람의 약 10%가 만성피로증후군에 걸렸다는 사실을 증명했다.[20] 대부분의 만성피로증후군 환자가 수십 년 동안 말해왔던, 환자들이 독감 비슷한 질병을 앓았다가 다시는 회복하지 못했다는 일화가 증명된 것이다. 스탠퍼드대학교 의료센터의 만성피로증후군 전문가인 호세 몬토야Jose Montoya 박사는 이렇게 요약했다. "우리 환자들은 우리들에게 내내 같은 말을 했다. 그리고 그들의 말이 옳다는 것을 증명하기 위해 연구가 이뤄져야만 했다."[21]

이는 여성 환자들의 일화를 연금술사처럼 과학적 연구로 바꿀 힘이 있는 의학계와의 연대가 필요하다는 것을 의미한다. 생의학 연구를 하는 모든 분야의 과학자뿐만 아니라, 더 위대한 과학 지식 탐구와 효과적인 의료를 추구함에 있어서 환자를 연구 대상으로만 보지 않고 파트너로 보는 고프 같은 의료인들이 필요하다. 경합하는 질병이라는 괴상한 용어가 의미하는 것처럼 '경합'에서의 적수들 역시 마찬가지이다. 난소암 환자들처럼, 여성들은 자신의 지식을 제공하고 싶어 한다. 환자의 지식을 활용하는 과학에 '소프트'한 것은 없다.

그저 연구 대상일 뿐일지라도 여성은 아직 열리지 않은 지식의 샘이다. 인류의 절반인 남성만을 대상으로 하는 연구, 남성과 여성의 차이점이 있을 가능성을 무시하는 연구, 신경증에 걸린 여성의 상상에서 나온 증상이라며 질병을 무시하는 연구는 인류의 의학 지식에 틈새를 만들어서 우리 모두를 빈곤하게 했다. 우리는 35년 동안 남성만을 연구했기에 심장질환을 완전하게 알지 못한다. 유행병처럼 번지는 자가면역질환을 치료하는 것이 우리의 우선 과제였다면, 지금쯤 면역계가 작용하는 방식을 비롯하여 암에서부터 감염질환까지 여러 다른 영역에서도 획기적인 발전을 가져올 수 있는 지식에 대해 훨씬 많이 알고 있을 것이다. 여성의 설명할 수 없는 통증은 불가해한 것으로 오랫동안 무시했기에, 사람들이 의료기관을 찾는 가장 흔한 원인인 통증에 대한 우리의 지식은 유아 수준이다. 의학이 매일 화학물질 때문에 고통받는 미국인 1,100만 명의 이야기에 귀 기울였더라면, 환경에 숨은 독성 화학물질이 사람의 건강에 어떻게 영향을 미치는지 더 상세히 알았을 것이다.

의학이 '의학적으로 설명할 수 없는 증상'에 접근하는 태도만큼 과학답지 않게 보이는 경우는 어디에도 없다. 오랫동안 과학 기자였다가 환자가 된 사람들은 '경합하는 질병'을 대하는 의학계의 치료법에 대해 기자답게 설득력 있는 탐사보도를 내놓는다. 과학이 진실을 추구하는 힘이라고 믿었던 기자들은 종종 의학이 '의학적으로 설명할 수 없는' 증상에 접근하는 방식을 보도하면서 충격과 깊은 실망감을 드러낸다. 만성피로증후군 환자에게 운동과 인지행동치료를 주장하는 PACE 논문을 읽고, 이를 무비판적으로 보도하는 언론을 보면서 줄리 레마이어는 "과학과 언론에 배신감"을 느꼈다.[22] 자신의 질병을 설명하지 못한 채 두 손 들고 이 질병은 설명할 수 없다고 덮어버리는 의료계의 지배층을 맞닥뜨렸을 때, 그녀는 "미지 괴하의 땅에서 시민권을 박탈당한 난민처럼 느껴졌다"고 말했다.[23]

무엇을 할 수 있을까?

이 책을 위해 자료를 조사하면서 인터뷰했던 모든 의사와 환자단체에 효과적인 변화를 위해 무엇이든 하고 싶을 독자들에게 어떤 메시지를 전하고 싶은지 물어보았다. 그러자 모두가 하나같이 1990년대에 그랬듯이 여성 단체가 큰 도움을 줄 수 있다고 강조했다. "여러분이 할 수 있는 일이 없다고 생각하지 마세요. 여러분은 스스로 생각하는 것보다 더 큰 힘을 갖고 있습니다."라고 전前 식품의약국 여성건강국장 수전 우드는 말했다. 구체적으로는 이 책에도 설명한, 여성에게 많이 나타나지만 무시되었던 질병에 대해 국립보건원 연구 지원금을 늘리라고 독자들이 의회에 요구할 수 있다. 대체로 여성에게 편중되어 나타나기 때문에 무시되어 왔던 질병들은 더 많은 연구가 절실하게 필요하다.

그러나 환자단체는 다른 필요한 개혁을 이끌어내는 것에 도움을 줄 뿐이다. 성·젠더의 차이를 밝혀내기 위한 분석 연구가 좋은 연구라는 합의를 연구 공동체 안에서 끌어낼 수 있는 사람들은 연구기금 제공자, 과학학술지 편집인, 모든 영역의 생의학 연구자들이다. 새롭게 출현하는 성·젠더의 차이에 대한 지식을 의과대학의 교육과정에 통합하는 일도 의료계의 의지가 필요한 도전적인 과업이다. 의과대학생들에게 영향을 미치는 암묵적인 편견에 대해 더 많이 교육하고, 의사들이 자신의 오진에 대해 반드시 피드백받도록 보장하는 개혁 역시도 마찬가지다.

요약하자면, 의학계와 연구 공동체는 의학의 젠더 편견을 바로잡는 것에 전념할 필요가 있다. 그리고 아마도 여성들이 환자로서 의료계가 약속을 지키도록 도울 가장 좋은 방법은 언론이나 페이스북, 친구, 가족, 의료계에 몸담은 동료에게 자신이 겪었던 '의사 이야기'를 하는 것이다. 결국, 문제를 수정하는 첫 단계는 문제가 존재한다는 사실을 인식하는 일이기 때문이다.

인터뷰했던 모든 사람들에게 의료체계 안에서 배회하고 있는 다른 여성들에게 해줄 충고가 있는지 물었다. '자신의 몸이 내는 소리에 귀 기울여 봐요, 뭔가 잘못되었다고 느끼는 자신을 믿으세요, 자신을 의심하는 대신 다른 의사를 찾아가요'와 같은 충고를 받았다. 이는 좋은 조언이지만, 우리는 왜 이 조언이 필요한지 분명히 알아야 한다. 여성들은 의료기관에 들어설 때 그들의 말을 귀담아듣지 않고, 무언가 잘못되었다고 그들이 느끼는 것을 믿지 않으며, 거듭 스스로가 자신의 몸이 느끼는 실재를 의심하게 하는 의료진을 너무나 자주 만나기 때문이다. 브레아는 자신의 몸이 걷지 말라고 소리치는데도 불구하고 신경과 전문의 진료실에서 집까지 걸어갈 갔던 순간을 이야기하면서 "전문가들이 나에게 말한 것들이 내 본능을 무시하도록 만들었다"고 했다. 그렇다, 여성은 자신의 본능을 믿어야 한다. 하지만 애초에 의학은 여성을 무시해서는 안 된다.

내가 인터뷰했던 많은 사람들은 여성들에게 자기 질병에 대한 정보를 충분히 알고, 많이 배운 의료 서비스 소비자가 되라고 격려했다. 여성은 자신의 질병에 대해 스스로 탐색해야 한다. 약물 반응부터 심장나비 증상까지, 성 젠더의 차이에 대한 모든 정보를 찾아야 한다, 그러나 여기서, 우리가 여성 개개인에게 의료체계의 결점을 보완해줄 것을 요청하고 있다는 것을 인정해야 한다. 어떤 환자는 의료 서비스의 파트너가 되고 싶을 수도 있고, 인터넷은 확실히 환자가 스스로 더 쉽게 정보를 찾을 수 있게 했지만, 모든 여성이 '역량 있는 환자'가 되는 데 필요한 방대한 자료를 가지고 있는 것은 아니다. 그리고 그렇게 하는 것이 의무가 되어서도 안 된다. 사회는 의사를 수년 동안 교육하고, 높은 급여를 지급하며, 의사에게 전문가로서의 명성과 존경을 부여한다. 우리는 완전히 무지하고, 수동적인 환자일 수도 있고, 그럼에도 여전히 훌륭한 의료 서비스를 받을 수 있어야 한다. 만성통증 환자 지지자인 크리스 비슬리는 이렇게 말한다. "무작정 찾아가서 의사가 정확한 진단명, 검사 결과, 치료법을 말해주기를 기대할 수는 없어요. 스스로 배우지 않고 권위를 세우지 않으면 고통만 받을 뿐이죠. 이 방법이 원래 올바른 방향이냐고요? 아니죠, 의료체계는 그렇게 돌아가면 안 됩니다. 하지만 제대로 움직이게 만드는 방법은 이것뿐이에요."

나는 인터뷰한 모든 여성들에게 의료진에게 오진받고 무시당한 경험이 의료계를 보는 시선을 바꾸었는지 물었다. 대답은 항상 같았다. "지금은 의학에 대한 신뢰가 낮아졌어요." 환자들은 이제 의료진들이 실수할 수 있다는 것을 알게 되었다. 사실 더 나쁜 상황은 의료진도 종종 실수할 수 있다는 사실을 그들이 인정하지 않을 때라고 말했다. 여성의 신뢰를 되찾는 것은 의료계의 몫이다. 그에 필요한 변화 중에는 의료체계 전체와 관련된 거대한 문제도 있다. 이는 시행하기가 어렵고 시간도 오래 걸릴 것이 분명하다. 하지만 당장 내일이라도 해결할 수 있는 간단한 문제도 있다. 바로 여성의 말을 듣는 일이다. 여성이 아프다고 말할 때, 여성을 믿어라. 여기서부터 시작하면, 우리가 공유할 수 있는 수많은 지식이 있다는 사실을 알게 될 것이다.

감사의 말

가장 먼저 감사를 전할 사람은 내게 '의사 이야기'를 공유해준 모든 여성들이다. 백 명이 넘는 여성이 의료계에서 겪은 젠더 편견에 관련된 자신의 경험을 이야기해주기 위해 나에게 편지를 썼고, 나는 그들 중 수십 명을 인터뷰했다. 이 책에 언급되었든 그렇지 않았든, 그 모든 이야기들이 영향을 미쳐서 내 생각을 형성했다. 이야기 하나는 그저 일화일 뿐이지만, 일화들이 모이면 어느 순간 데이터가 된다.

편집자인 줄리아 파스토어와 하퍼원 팀에 감사를 전한다. 사람들이 이 책을 원하고 필요로 한다고 말해주었다. 내가 쓴 기사 하나를 토대로, 줄리아는 여기에 책 한 권의 이야기가 있으리라고 생각했다. 더 놀랍게도 이 책을 쓸 수 있는 사람이 바로 나라고 말해주었다. 나는 이 책이 처음 집필하는 책이었는데도 말이다. 수없이 마감을 어기면서도, 나는 궁극적으로 그 확신에 부응하기를 바란다.

내가 떠나 있는 동안 요새를 지킨 페미니스팅닷컴 동료에게도 감사를 전한다. 특히 슬기롭게 열심히 일해 준 로리 애들먼에게 감사한다. 로리에게는 큰 빚을 졌다. 이 고독한 작업을 하면서 로리와 조스트루트와 함께 했던 일들에 더더욱 감사하게 되었다. 페미니스팅닷컴 동료들에게는 항상 고마운 마음뿐이다. 그들의 사례와 조언은 내 모든 경력의 토대가 되어 주었다.

자료의 사실 관계를 열심히 확인해준 에리카 랭스턴과 윌 그린버그에게도 감사한다.

사랑하는 친구들에게도 감사의 인사를 보낸다. 책을 집필하는 동안 종종 친구들이 보내준 격려의 편지를 읽어보곤 했다. 마사 포크에게도 감사한다. 편집에 대한 사려 깊은 피드백 덕분에 책이 더 훌륭해졌고, 마사의 우정은 모든 것을 완전하게 해주었다. 마사의 책을 편집해줄 날을 손꼽아 기다리는 중이다. 여동생 리사 뒤센베리에게도 고마운 마음이다. 한결같이 연구 보조를 해주었고, 자문 상대가 되어주었으며, 힘들 때 손을 잡아주기도 했다. 리사가 없었다면 이 책은 완성되지 못했을 거라는 점을 누구보다 리사 자신이 더 잘 알 것이다. 부모님께도 감사한다. 반 뒤센베리와 리즈 코빌, 두 분은 지난 여러 달 동안 나를 돌봐주셨을 뿐만 아니라, 여러 해 동안 재정적인 지원을 해주셨다.

마지막으로 의사, 과학자, 환자단체 등 내게 많은 것을 가르쳐주고 도움을 주신 모든 전문가들께 감사드린다. 이들은 나에게 너무 많은 것을 가르쳐주었다. 끊임없이 자기 비판적인 태도를 가지고 발전하는 모습, 항상 더 다양한 지식을 탐구하는 노력, 그 지식을 통해 우리 모두가 건강해지도록 더 나은 길을 찾는 것과 같은, 의학이 바로 그래야 하는 방향으로 나아갈 것이라는 희망을 품게 해주었다.

누구의 의학이며, 누구의 지식인가

한 여성이 병원 응급실로 걸어 들어간다. 이 여성은 응급실에 있는 의료진에게 방금 자신이 심장마비를 일으켰으며, 그에 적합한 의료적 조치를 해달라고 요구한다. 의료진은 여성의 요구를 무시한다. 사실 이 여성은 의사로, 대학병원 외과를 책임지는 과장으로 일하고 있다. 자신이 일하는 병원 동료들에게 걱정을 끼치고 싶지 않기 때문에 다른 병원을 택한 것이다. 여성은 자신이 활용할 수 있는 권위와 자원을 동원하여 자신은 분명히 심장마비를 겪었으며, 즉시 조치를 취하지 않을 경우 위험해질 것이라고 호소하지만 의료진들은 듣지 않는다. 다급해진 여성은 수많은 연구들에서 여성의 심장마비 증상이 백인 남성이 보이는 증상과는 다를 수 있으며, 그 때문에 자신과 같은 수많은 흑인 여성들이 심장 마비를 제대로 진단받지 못하고 있음을 절박하게 설명한다. 하지만 의료진은 관련 검사를 시행하는 대신 정신과 의사를 호출한다. 정신과 전문의는 여성에게 묻는다. 최근에 스트레스를 많이 받았냐고, 여성 '외과 과장'으로 일하는 동시에 엄마의 역할을 하는 것이 힘들지 않았는지를 평온한 얼굴로 묻는다. 여성은 계속해서 주장한다. 그것은 물론 힘든 일이지만, 지금 내가 겪은 것은 심장마비이고, 제발 검사를 해달라고 말이다.

이는 미국 드라마 〈그레이 아나토미〉의 한 장면이다. 이 에피소드는 여성의 증상을 외면한 의료진들 때문에 결국 주인공이 골든타임을 놓치지만, 이 여성의 동료들이 천재적인 수술을 통해 그녀를 구해내는 것으로 마무리된다. 위험에 빠진 여성을 천재적인 수술로 구해내는 결말은 비현실적이지만 그 앞의 상황은 충분히 현실적이다.

그렇다면 여성 외과 과장을 보는 일조차 매우 드문 한국 사회에서 통증을 호소하는 여성들, 견딜 수 없는 피로를 호소하는 여성들은 어디로 가고 있을까? 증상을 무시하거나 그저 아픔을 잘 견디지 못하고 참을성 없이 불평하는 존재로 취급하고, 충분한 검사와 진단 과정을 거치지 않은 채 그저 '화병'이나 '우울증'으로 결론짓는 것을 어렵지 않게 떠올릴 수 있다. 이 책이 주로 다루는 미국과는 보건의료체계가 다르기 때문에 생기는 다른 상황들도 있다. 환자의 이야기를 충분히 듣고 진지하게 대하는 대신 끊임없이 효과가 엄밀하게 검증되지 않은 다양한 의료 상품을 팔고, 의료 시장에서 소비하도록 유인하는 경우이다. 병원에 가도 어떤 문제도 해결되지 않은 채 무시당한 경험, '진짜 문제'에 대해서는 진지하지 않으면서 의료 상품을 구매할 '지갑'으로 취급된 경험, 그리고 그것에 만족하지 못하면 우울하고 히스테릭하며 유별난 존재로 여기는 경험들이 축적되어 있다. 이 과정에서 여성들은 의료를 불신하게 된다.

대중들이 페미니즘에 열광하고, 다양하고 흥미로운 페미니즘 담론이 각 영역에서 쏟아지고 있는 지금도, 의학과 과학의 영역에서는 어떤 새로운 방향성이 보이지 않는다. 자신의 몸을 제대로 설명해주지 않는 의학 대신 '마음에 화가 있어서, 자궁이 냉해서, 여성의 몸은 본래 불완전하기 때문에' 아프다는 대안적인 설명에 의존하는 것이 우리를 구원할 수 있을까? 한편에서는 여성의 생리는 좀 아픈 것이 정상이라며 생리통 때문에 병원을 가는 것은 유난스럽다고 하고, 다른 한편에서는 모든 여성의 문제는 자궁을 제대로 관리하지 못한 탓이라고 이야기하는 상황에서 여성들은 자신의 몸에 대해 어떤 질문을 던지고, 어떻게 그 답을 찾아낼 수 있을까? 여성의 몸은 자궁과 호르몬으로 빚어진 '신비한' 존재이기 때문에 현대 의학은 여성의 몸을 이해할 수 없고, 약물을 포함한 모든 화학물질은 여성의 몸을 해친다는 말은 '여성은 자연, 남성은 문명'이라는 도식을 반복하며 다시 여성을 최신 의학의 혜택 밖으로 밀어내는 건 아닐까?

이 책을 처음 읽었을 때는 진료실에서 차별당하고, 무시당하는 여성들의 이야기가 눈에 들어왔다. 이는 여성이라는 요소와 함께 그의 인종, 계급, 연령, 직업, 체중, 외모, 더 나아가 정상 가족에 속해 있어서 자신을 함께 변론해줄 '남편'이 있는지, 과거에 정신 병력이 있는지 등과 결합하여 '진료실'이라는 것이 진공 상태의 실험실이 아니라 '차별과 억압이 작동하는 사회적 공간'임을 알 수 있었다. 책을 다시 읽었을 때는 저자가 과학이라는 거대한 세계에서 여성의 위치를 묻고 있음을 알 수 있었다. 이 책은 과학주의와 반과학주의 사이를 또렷한 관점으로 뚫고 나가며, 지식이라는 것이 어떻게 형성되고 채택되는지, 지식과 실천은 어떻게 연결될 수 있는지 묻는다. '연구 자금은 어떻게 배분되는가? 연구 자금의 배분은 누가 심사하는가? 주요 저널에서는 연구진들이 연구에서 어떤 기준을 충족하도록 요구하는가? 여성의 질병은 왜 충분히 연구되지 않는가? 의과대학이나 의료기관에서는 의사들에게 최신 연구들을 어떻게 전달하는가?'라는 질문들이다. 우리는 자신이 느끼는 고통을 스스로 의심하거나 팽창하는 의료 시장에 우리의 몸을 맡기기 이전에 '과학'에게 더 많이 물어야 한다.

오랫동안 번역하고 싶었던 책에 뒤늦게 참여하게 되었고, 이 책을 번역하는 동안 고통의 경험, 질병의 경험, 여성의 몸의 경험, 이야기 되지 않는 것, 또는 부차적으로 다루어온 것들에 대해서 더 많이 이야기하고 나눌 필요가 있다고 생각했다. 그리고 그것은 그저 고통에 대한 위안과 노하우를 나누는 것이 아니라 '과학'이라는 지식의 형성에 개입하는 것이며, 국가와 사회가 각자의 자리에서 해야 할 역할을 질문하는 것이며, 진료실을 포함하여 우리가 살아가는 사회가 차별과 억압에서 자유로운 세계가 아님을 다시금 고발하며 더 나은 사회로 향해가는 과정이다. 이 책은 무시와 비하에도 불구하고, 자신의 아픈 경험들을 나누고, 동료와 조직을 만들었으며, 자신들이 원하는 것을 국가와 사회에 요구하고 관철하였으며, 결국에는 의학 연구와 발전에 기여해낸 용감한 여성들의 이야기이기도 하다.

주

글을 시작하며

1. American Autoimmune Related Diseases Association, "Autoimmune Disease statistics," www.aarda.org/news-information/statistics/.

2. Donna Jackson Nakazawa, *The Autoimmune Epidemic*(New York: Touchstone Books, 2008).

3. American Autoimmune Related Diseases Association, "Do You Know Your Family AQ?,"www.aarda.org/wp-content/uploads/2016/12/AARDA-Do_you_know_your_family_AQ-DoubleSided.pdf.

4. American Autoimmune Related Diseases Association, "Autoimmune Disease in Women," www.aarda.org/autoimmune-information/autoimmune-disease-in-women/.

5. Aaron Young et al., "A Census of Actively Licensed Physicians in the United States, 2014," *Journal of Medical Regulation* 101, no. 2 (2015), www.fsmb.org/media/default/pdf/census/2014census.pdf.

6. Karen Skelton and Angela Timashenka Geiger, "The Shriver Report Overview," *The Shriver Report*, 2010, www.alz.org/shriverreport/overview.html.

7. Tara Bahrampour, "New Study Ranks Alzheimer's as Third Leading Cause of Death, after Heart Disease and Cancer," *The Washington Post*, March 5, 2014, www.washingtonpost.com/local/new-study-ranks-alzheimers-as-third-leading-cause-of-death-after-heart-disease-and-cancer/2014/03/05/8097a452-a48a-11e3-8466-d34c451760b9_story.html.

8. Institute of Medicine, *Relieving Pain in America: A Blueprint for Transforming Prevention, Care, Education, and Research* (National Academy of Sciences, June 2011), www.nationalacademies.org/hmd/Reports/2011/Relieving-Pain-in-America-A-Blueprint-for-Transforming-Prevention-Care-Education-Research.aspx.

9. Mary Lou Ballweg et al., *Chronic Pain in Women: Neglect, Dismissal and Discrimination*, Campaign to End Chronic Pain in Women, May 2010, www.endwomenspain.org/Common/file?id=20.

10. Reva C. Lawrence et al., "Estimates of the Prevalence of Arthritis and Other Rheumatic Conditions in the United States, Part II," *Arthritis and Rheumatism* 58, no. 1 (January 2008), doi:10.1002/art.23176.

11. Michele Reyes et al., "Prevalence and Incidence of Chronic Fatigue Syndrome in Wichita, Kansas," *Archive of Internal Medicine* 163, no. 13 (July 2003), doi:10.1001/archinte.163.13.1530.

12. Alison W. Rebman, Mark J. Soloski, and John N. Aucott, "Sex and Gender Impact Lyme Disease Immunopathology, Diagnosis and Treatment," in *Sex and Gender Differences in Infection and Treatments for Infectious Diseases*, eds. Sabra L. Klein and Craig W. Roberts (Cham, Switzerland: Springer International Publishing, 2015), doi:10.1007/978-3-319-16438-0_12.

13. Stanley M. Caress and Anne C. Steinemann, "Prevalence of Multiple Chemical Sensitivities: A Population-Based Study in the Southeastern United States," *American Journal of Public Health* 94, no. 5 (May 2004), doi:10.2105/AJPH.94.5.746.

14. National Institutes of Health: Office of Research on Women's Health, NIH Revitalization Act of 1993, S. Doc. No. 1, 103rd Congress (1993), https://orwh.od.nih.gov/resources/pdf/NIH-Revitalization-Act-1993.pdf.

15. E. H. Chen et al., "Gender Disparity in Analgesic Treatment of Emergency

Department Patients with Acute Abdominal Pain," *Academic Emergency Medicine* 15, no. 5 (May 2008), doi:10.1111/j.1553-2712.2008.00100.x.

16. J. Hector Pope et al., "Missed Diagnoses of Acute Cardiac Ischemia in the Emergency Department," *The New England Journal of Medicine* 342, no. 16 (April 2000), doi:10.1056/NEJM200004203421603.

17. Ruth Hadfield et al., "Delay in the Diagnosis of Endometriosis: A Survey of Women from the USA and the UK," *Human Reproduction* 11, no. 4 (April 1996), doi:10.1093/oxfordjournals.humrep.a019270.

18. The Brain Tumour Charity, *Finding Myself in Your Hands: The Reality of Brain Tumor Treatment and Care* (Hampshire, UK: The Brain Tumour Charity, 2016), www.thebraintumourcharity.org/media/filer_public/b6/db/b6dbb5d4-ce20-4169-a587-96f5195bd670/cfindingmyself_healthcarereport _rgb_finalc.pdf.

19. Anna Kole and Francois Faurisson, *The Voice of 12,000 Patients: Experiences and Expectations of Rare Disease Patients on Diagnosis and Care in Europe* (Paris: Eurordis, 2009), www.eurordis.org/IMG/pdf/voice_12000_patients/EURORDISCARE_FULLBOOKr.pdf.

20. Barbara Ehrenreich and Deirdre English, *For Her Own Good: Two Centuries of the Experts' Advice to Women* (1978; reprint, New York: Anchor Books, 2005), 37.

21. William Cobbett, quoted in Ehrenreich and English, *For Her Own Good*, 52.

22. *Women in Medicine: A Review of Changing Physician Demographics, Female Physicians by Specialty, State and Related Data* (Irving, TX: Staff Care, 2015), www.amnhealthcare .com/uploadedFiles/MainSite/Content/Staffing_Recruitment/Staffcare-WP-Women%20in%20Med.pdf.

23. Eliza Lo Chin, "Looking Back Over the History of Women in Medicine," MOMMD, www.mommd.com/lookingback.shtml.

24. Dolores Burns, ed., *The Greatest Health Discovery: Natural Hygiene and Its Evolution, Past, Present, and Future* (Chicago: Natural Hygiene Press, 1972), 118.

25. Gena Corea, *The Hidden Malpractice: How American Medicine Mistreats Women* (New York: HarperCollins, 1985), 27.

26. Abraham Flexner, *Medical Education in the United States and Canada: A Report to the Carnegie Foundation for the Advancement of Teaching* (New York: The Carnegie Foundation for the Advancement of Teaching, 1910), http://archive.carnegiefoundation.org/pdfs/elibrary/Carnegie_Flexner_Report.pdf.

27. Flexner, *Medical Education*.

28. Shari L. Barkin et al., "Unintended Consequences of the Flexner Report: Women in Pediatrics," *Pediatrics* 126, no. 6 (December 2010), doi:10.1542/peds.2010-2050.

29. Association of American Medical Colleges, "Medical Students, Selected Years, 1965 – 013," table 1, www.aamc.org/download/411782/data/2014_table1.pdf.

30. Leslie Laurence and Beth Weinhouse, *Outrageous Practices: How Gender Bias Threatens Women's Health* (1994; reprint, New Brunswick, NJ: Rutgers Univ. Press, 1997), 29.

31. Association of American Medical Colleges, "Medical Students," table 1.

32. Association of American Medical Colleges, "Medical Students," table 1.

33. Aaron Young et al., "A Census of Actively Licensed Physicians in the United States, 2014," *Journal of Medical Regulation* 101, no. 2 (2015), www.fsmb.org/media/default/pdf/census/2014census.pdf.

34. Center for Workforce Studies, *2014 Physician Specialty Data Book* (Association of American Medical Colleges, November 2014), https://members.aamc.org/eweb/upload/Physician% 20Specialty%20Databook%202014.pdf.

35. Center for Workforce Studies, *2014 Physician Specialty Data Book*.

36. Lyndra Vassar, "How Medical Specialties Vary by Gender," *AMA Wire*, February 18, 2015, https://wire.ama-assn.org/education/how-medical-specialties-vary-gender.

37. Center for Workforce Studies, *2014 Physician Specialty Data Book*.

38. Diana M. Lautenberger et al., *The State of Women in Academic Medicine* (Association of American Medical Colleges, 2014), https://members.aamc.org/eweb/upload/The%20State%20of%20Women%20in%20Academic%20Medicine%202013-2014%20FINAL.pdf, 2.

39. Lautenberger et al., *The State of Women*, 2.

40. Anupam B. Jena et al., "Sex Differences in Academic Rank in US Medical Schools in 2014," *JAMA* 314, no. 11 (September 2015), doi:10.1001/jama.2015.10680.

41. Sally Rockey, "Women in Biomedical Research," National Institutes of Health Office of Extramural Research, August 8, 2014, https://nexus.od.nih.gov/all/2014/08/08/women-in-biomedical-research/.

42. Giovanni Filardo et al., "Trends and Comparison of Female First Authorship in High Impact Medical Journals: Observational Study (1994–014)," *The BMJ* 352, no. 847 (March 2016), doi:10.1136/bmj.i847.

43. K. Amrein et al., "Women Underrepresented on Editorial Boards of 60 Major Medical Journals," *Gender Medicine* 8, no. 6 (December 2011), doi:10.1016/j.genm.2011.10.007.

44. Anupam B. Jena, Andrew R. Olenski, and Daniel M. Blumenthal, "Sex Differences in Physician Salary in US Public Medical Schools," *JAMA Internal Medicine* 176, no. 9 (September 2016), doi:10.1001/jamainternmed.2016.3284.

45. Anthony T. Lo Sasso et al., "The $16,819 Pay Gap for Newly Trained Physicians: The Unexplained Trend of Men Earning More Than Women," *Health Affairs* 30, no. 2 (February 2011), doi:10.1377/hlthaff.2010.0597.

46. P. L. Carr et al., "Faculty Perceptions of Gender Discrimination and Sexual Harassment in Academic Medicine," *Annals of Internal Medicine* 132, no. 11 (June 2000), www.ncbi.nlm.nih.gov/pubmed/10836916.

47. Jagsi Reshma et al., "Sexual Harassment and Discrimination Experiences of Academic Medical Faculty," *JAMA* 315, no. 19 (May 2016), doi:10.1001/jama.2016.2188.

48. Universite de Montreal, "Female Doctors Better Than Male Doctors, but Males Are More Productive," *ScienceDaily*, October 17, 2013, www.sciencedaily.com/releases/2013/10/131017100601.htm.

49. Debra L. Roter and Judith A. Hall, "Women Doctors Don't Get the Credit They Deserve," *Journal of General Internal Medicine* 30, no. 3 (March 2015), doi:10.1007/s11606-014-3081-9.

50. Filardo et al., "Female First Authorship."

51. Janine A. Clayton and Francis S. Collins, "Policy: NIH to Balance Sex in Cell and Animal Studies," *Nature* 509 (May 15, 2014), doi:10.1038/509282a.

52. Roni Caryn Rabin, "Health Researchers Will Get $10.1 Million to Counter Gender Bias in Studies," *The New York Times*, September 23, 2014, www.nytimes.com/2014/09/23/health/23gender.html?_r=1.

53. Alina Salganicoff et al., *Women and Health Care in the Early Years of the ACA: Key Findings from the 2013 Kaiser Women's Heath Survey*, The Henry J. Kaiser Family Foundation, May 15, 2014, http://kff.org/womens-health-policy/report/women-and-health-care-in-the-early-years-of-the-aca-key-findings-from-the-2013-kaiser-womens-health-survey/. DoingHarm_6p.

54. The Henry J. Kaiser Family Foundation, *Women's Health Insurance Coverage*, The Henry J. Kaiser Family Foundation, October 21, 2016, http://kff.org/womens-health-policy/fact-sheet/womens-health-insurance-coverage-fact-sheet/.

55. Jessica Arons and Lucy Panza, "Top 10 Obamacare Benefits at Stake for Women," *ThinkProgress*, May 24, 2012, https://thinkprogress.org/top-10-obamacare-benefits-at-stake-for-women-5ff541dfdf53 #.36n0gciws.

56. "Preventive Services Covered Under the Affordable Care Act," U.S. Department of Health and Human Services, September 23, 2010, www.hhs.gov/healthcare/facts-and-features/fact-sheets/preventive-services-covered-under-aca/.

57. The Henry J. Kaiser Family Foundation, *Women's Health Insurance Coverage*.

58. Rachel Garfield and Andy Damico, *The Coverage Gap: Uninsured Poor Adults in States That Do Not Expand Medicaid*, The Henry J. Kaiser Family Foundation, October 19, 2016, http://kff.org/uninsured/issue-brief/the-coverage-gap-uninsured-poor-adults-in-states-that-do-not-expand-medicaid/.

59. Salganicoff, "Women and Health Care."

60. Salganicoff, "Women and Health Care."

61. Salganicoff, "Women and Health Care."

62. Salganicoff, "Women and Health Care."

63. Guttmacher Institute, "Contraceptive Use in the United States," September 2016, www.guttmacher.org/fact-sheet/contraceptive-use-united-states.

64. Rachel K. Jones and Jenna Jerman, "Population Group Abortion Rates and Lifetime Incidence of Abortion: United States, 2008 – 014," *American Journal of Public Health* 107, no. 12 (December 2, 2017), doi:10.2105/AJPH.2017.304042.

65. Gretchen Livingston and D'Vera Cohn, *Childlessness Up Among All Women; Down Among Women with Advanced Degrees*, Pew Research Center, June 25, 2010, www.pewsocialtrends.org/2010/06/25/childlessness-up-among-all-women-down-among-women-with-advanced-degrees/2/.

66. "Bad Medicine: How a olitical Agenda Is Undermining Women's Health Care," National Partnership for Women & Families, 2016, www.national partnership.org/research-library/repro/bad-medicine-download.pdf.

67. Guttmacher Institute, "Induced Abortion in the United States," September 2016, www.guttmacher.org/fact-sheet/induced-abortion-united-states.

68. Mara Gordon, "The Scarcity of Abortion Training in America's Medical Schools," *The Atlantic*, June 9, 2015, www.theatlantic.com/health/archive/2015/06/learning-abortion-in-medical-school /395075/.

69. Gordon, "Scarcity of Abortion Training."

70. Guttmacher Institute, "Contraceptive Use."

71. Ann Friedman, "Why Isn't Birth Control Getting Better?" *Good*, April 24, 2011, www.good.is/articles/why-isn-t-birth-control-getting-better.

72. Nina Martin and Renee Montagne, "Focus on Infants During Childbirth Leaves U.S. Moms in Danger," NPR.org and *ProPublica*, May 12, 2017, www.npr.org/2017/05/12/527806002/focus-on-infants-during-childbirth-leaves-u-s-moms-in-danger.

73. World Health Organization et al., *Trends in Maternal Mortality: 1990 to 2013* (Geneva: World Health Organization, 2014).

74. Francine Coeytaux, Debra Bingham, and Nan Strauss, "Maternal Mortality in

the United States: A Human Rights Failure," *Contraception Journal* 83, no. 3 (March 2011), doi:10.1016/j.contraception.2010.11.013.

75. Centers for Disease Control and Prevention, "Pregnancy Mortality Surveillance System," last modified January 21, 2016, www.cdc.gov/reproductivehealth/maternalinfanthealth/pmss.html.

76. Coeytaux, Bingham, and Strauss, "Maternal Mortality."

77. World Health Organization and Human Reproduction Programme, "WHO Statement on Caesarean Section Rates: Executive Summary," 2015, www.who.int/reproductivehealth/publications /maternal_perinatal_health/cs-statement/en/.

78. Tina Rosenberg, "In Delivery Rooms, Reducing Births of Convenience," *The New York Times*, May 7, 2014, http://opinionator.blogs.nytimes.com/2014/05/07/in-delivery-rooms-reducing-births-of-convenience/.

79. Jennifer J. Frost, Lori F. Frohwirth, and Mia R. Zolna, *Contraceptive Needs and Services, 2014 Update*, Guttmacher Institute, September 2016, www.guttmacher.org/report/contraceptive-needs-and-services-2014-update.

80. Guttmacher Institute, "Unintended Pregnancy in the United States," September 2016, www.guttmacher.org/fact-sheet/unintended-pregnancy-united-states.

81. Kathy Davis, *The Making of Our Bodies, Ourselves: How Feminism Travels Across Borders* (Durham, NC: Duke Univ. Press, 2007), 21.

82. Patricia P. Rieker and Chloe E. Bird, "Rethinking Gender Differences in Health: Why We Need to Integrate Social and Biological Perspectives," *The Journals of Gerontology Series B: Psychological Sciences and Social Sciences* 60, no. 2 (October 2005), doi:10.1093/geronb/60.Special_Issue_2.S40.

83. Centers for Disease Control and Prevention, National Center for Health Statistics, *Health, United States, 2015: With Special Feature on Racial and Ethnic Health Disparities*, 2016, www.cdc.gov/nchs/data/hus/hus15.pdf#015.

84. "Percent of Adults Reporting Fair or Poor Health Status, by Gender," Kaiser Family Foundation Analysis of the Centers for Disease Control and Prevention (CDC)'s Behavioral Risk Factor Surveillance System (BRFSS)

2013–015 Survey Results, http://kff.org/other/state-indicator/percent-of-adults-reporting-fair-or-poor-health-by-gender/.

85. Vicki A. Freedman, Douglas A. Wolf, and Brenda C. Spillman, "Disability-Free Life Expectancy over 30 Years: A Growing Female Disadvantage in the US Population," *American Journal of Public Health* 106, no. 6 (June 2016), doi:10.2105/AJPH.2016.303089.

86. Anne Case and Christina H. Paxson, "Sex Differences in Morbidity and Mortality," *Demography* 42, no. 2 (May 2005), doi:10.1353/dem.2005.0011.

87. Jessie Gerteis et al., *Multiple Chronic Conditions Chartbook* (Rockville, MD: Agency for Healthcare Research and Quality, 2014).

1장. 지식의 간극

1. U.S. Public Health Service, "Report of the Public Health Service Task Force on Women's Health Issues," *Public Health Reports* 100, no. 1 (January–ebruary 1985), www.ncbi.nlm.nih.gov/pmc/articles/PMC1424718/.

2. U.S. General Accounting Office, "National Institutes of Health: Problems in Implementing Policy on Women in Study Populations," (Testimony by Mark V. Vadel before Subcommittee on Health and the Environment, Committee on Energy and Commerce, House of Representatives), GAO/T-HRD-90-38, June 18, 1990, http://archive.gao.gov/d48t13/141601.pdf.

3. Gina Kolata, "N.I.H. Neglects Women, Study Says," *The New York Times*, June 19, 1990, www.nytimes.com/1990/06/19/science/nih-neglects-women-study-says.html.

4. E. Barrett-Connor et al., "Heart Disease Risk Factors and Hormone Use in Postmenopausal Women," *JAMA* 24, no. 20 (May 1979), doi:10.1001/jama.1979.03290460031015.

5. Quoted in Laurence and Weinhouse, *Outrageous Practices*, 62.

6. U.S. Food and Drug Administration, "Gender Studies in Product Development:

Historical Overview," May 20, 2016, www.fda.gov/ScienceResearch/ SpecialTopics/WomensHealthResearch/ucm134466.htm.

7. U.S. General Accounting Office, "FDA Needs to Ensure More Study of Gender Differences in Prescription Drugs Testing," GAO/HRD-93-17, October 1992, www.gao.gov/products/GAO/HRD-93-17.

8. Laurence and Weinhouse, *Outrageous Practices*, 62.

9. Nanette K. Wenger, "You've Come a Long Way, Baby: Cardiovascular Health and Disease in Women: Problems and Prospects," *Circulation* 109, no. 5 (February 9, 2004), doi:10.1161/01.CIR.0000117292.19349.D0.

10. Ruth L. Kirschstein, "Research on Women's Health," *American Journal of Public Health* 81, no. 3 (March 1991), www.ncbi.nlm.nih.gov/pmc/articles/PMC1405014/pdf/amjph00203-0021.pdf.

11. U.S. Department of Health and Human Services, Office of Research on Women's Health, *Report of the National Institutes of Health: Opportunities for Research on Women's Health: September 4-6, 1991* (Hunt Valley, MD: NIH Publication no. 92-457, 1992).

12. Katherine A. Liu and Natalie A. Dipietro Mager, "Women's Involvement in Clinical Trials: Historical Perspective and Future Implications," *Pharmacy Practice* 14, no. 1 (January-arch 2016), doi:10.18549/PharmPract.2016.01.708.

13. The National Commission for the Protection of Human Subjects of Biomedical and Behavioral Research, *The Belmont Report: Ethical Principles and Guidelines for the Protection of Human Subjects of Research*, DHEW Publication No. (OS) 78-013 and No. (OS) 78-014, April 18, 1979, www.hhs.gov/ohrp/regulations-and-policy/belmont-report/.

14. Barbara Seaman and Susan F. Wood, "Role of Advocacy Groups in Research on Women's Health," *Women and Health* (December 2000), doi:10.1016/B978-012288145-9/50005-X.

15. Suzanne White Junod, "FDA and Clinical Drug Trials: A Short History," U.S. Food and Drug Administration, last modified April 11, 2016, www.fda.gov/AboutFDA/WhatWeDo/Hi

16. Tracy Johnson and Elizabeth Fee, "Women's Participation in Clinical

Research: From Protectionism to Access," in *Women and Health Research: Ethical and Legal Issues of Including Women in Clinical Studies*, vol. 2 (Washington, DC: The National Academies Press, 1999), www.ncbi.nlm.nih.gov/books/NBK236577/.

17. U.S. Department of Health and Human Services, *General Considerations for the Clinical Evaluation of Drugs in Infants and Children*, HEW (FDA) 77–041, September 1977, www.fda.gov/downloads/drugs/guidancecomplianceregulatoryinformation/guidances/ucm071687.pdf.

18. Vanessa Merton, "The Exclusion of Pregnant, Pregnable, and Once-Pregnable People (a.k.a. Women) from Biomedical Research," *American Journal of Law & Medicine* 19, no. 4 (1993), https://ssrn.com/abstract-1292951.

19. Joan W. Scott, "How Did the Male Become the Normative Standard for Clinical Drug Trials," *Food and Drug Law Journal* 48, no. 2 (1993), http://hdl.handle.net/10822/749306.

20. Anna C. Mastroianni, Ruth Faden, and Daniel Federman, eds., *Women and Health Research: Ethical and Legal Issues of Including Women in Clinical Studies*, vol. 1 (Washington, DC: National Academies Press, 1994).

21. Laurence and Weinhouse, *Outrageous Practices*, 71.

22. Laurence and Weinhouse, *Outrageous Practices*, 5.

23. Ellen Goodman, "Science and Sex: All-Male Research Bitter Pill for Women to Swallow," *The Boston Globe*, June 24, 1990, http://articles.chicagotribune.com/1990-06-24/features/9002210663_1_bias-in-health-research-women-in-clinical-trials-ovarian-cancer-and-osteoporosis.

24. Laurence and Weinhouse, *Outrageous Practices*, 79.

25. NIH: Office of Research on Women's Health, NIH Revitalization Act of 1993.

26. U.S. Food and Drug Administration, "Guideline for the Study and Evaluation of Gender Differences in the Clinical Evaluation of Drugs," *Federal Register* 58, no. 139 (July 1993), www.fda.gov/downloads/RegulatoryInformation/Guidances/UCM126835.pdf.

27. Carolyn M. Mazure and Daniel P. Jones, "Twenty Years and Still Counting: Including Women as Participants and Studying Sex and Gender in

Biomedical Research," *BMC Women's Health* 15, no. 94 (October 2015), doi:10.1186/s12905-015-0251-9.

28. Clayton and Collins, "Policy: NIH to Balance."

29. U.S. Food and Drug Administration, "Investigational New Drug Applications and New Drug Applications," *Federal Register* 63, no. 28 (February 1998), www.fda.gov/ScienceResearch/SpecialTopics/WomensHealthResearch/ucm133181.htm.

30. U.S. General Accounting Office, "NIH Has Increased Its Efforts to Include Women in Research," GAO/HEHS-00-96, May 2000, www.gao.gov/archive/2000/he00096.pdf.

31. U.S. General Accounting Office, "Women Sufficiently Represented in New Drug Testing, but FDA Oversight Needs Improvement," GAO-01-754, July 2001, www.gao.gov/new.items/d01754.pdf.

32. Janet Heinrich, "Drug Safety: Most Drugs Withdrawn in Recent Years Had Greater Health Risks for Women," U.S. General Accounting Office, January 19, 2001, www.gao.gov/assets/100/90642.pdf.

33. U.S. General Accounting Office, "Better Oversight Needed to Help Ensure Continued Progress Including Women in Health Research," GAO-01-754, October 2015, www.gao.gov/assets/680/673276.pdf.

34. U.S. General Accounting Office, "Better Oversight."

35. Stacie E. Geller, Marci Goldstein Adams, and Molly Carnes, "Adherence to Federal Guidelines for Reporting of Sex and Race/Ethnicity in Clinical Trials," *Journal of Women's Health* 15, no. 10 (December 2006), doi:10.1089/jwh.2006.15.1123.

36. Stacie E. Geller et al., "Inclusion, Analysis, and Reporting of Sex and Race/Ethnicity in Clinical Trials: Have We Made Progress," *Journal of Women's Health* 20, no. 3 (March 2011), doi:10.1089 /jwh.2010.2469.

37. Kat Kwiatkowski et al., "Inclusion of Minorities and Women in Cancer Clinical Trials, a Decade Later: Have We Improved?" Cancer 119, no. 16 (August 15, 2013), doi:10.1002/cncr.28168.

38. Nancy Reame, quoted in Laurence and Weinhouse, *Outrageous Practices*, 79.

39. Andrea H. Weinberger, Sherry A. McKee, and Carolyn M. Mazure, "Inclusion of Women and Gender-Specific Analyses in Randomized Clinical Trials of Treatments for Depression," *Journal of Women's Health* 19, no. 9 (September 2010), doi:10.1002/cncr.28168.

40. Basmah Safdar et al., "Inclusion of Gender in Emergency Medicine Research," *Academic Emergency Medicine* 18, no. 2 (February 2011), doi:10.1111/j.1553-2712.2010.00978.x.

41. All quotes from author's interview with Jan Werbinski (executive director of the Sex and Gender Women's Health Collaborative).

42. All quotes from author's interview with Phyllis Greenberger (former president of the Society for Women's Health Research).

43. U.S. Food and Drug Administration, *Collection, Analysis, and Availability of Demographic Subgroup Data for FDA-Approved Medical Products*, August 2013, www.fda.gov/downloads/RegulatoryInformation/Legislation/Significan tAmendmentstotheFDCAct/FDASIA/UCM365544.pdf.

44. All quotes from author's interview with Susan Wood (former director of the FDA's Office of Women's Health).

45. U.S. Food and Drug Administration, *FDA Action Plan to Enhance the Collection and Availability of Demographic Subgroup Data*, August 2014, www.fda.gov/downloads/RegulatoryInformation/Legislation/SignificantAme ndmentstotheFDCAct/FDASIA/UCM410474.pdf.

46. U.S. Food and Drug Administration, "Drug Trials Snapshots," last modified November 28, 2016, www.fda.gov/Drugs/InformationOnDrugs/ucm412998. htm.

47. Nancy A. Brown et al., "Re: [Docket No. FDA—014-N-1818] Comments on FDA Drug Trials Snapshots" (letter to Margaret Hamburg, Commissioner of Food and Drugs, U.S. Food and Drug Administration), January 23, 2015, www.heart.org/ idc/groups/ahaecc-public/@wcm/@adv/documents/downloadable/ ucm_471897.pdf.

48. All quotes from author's interview with Vivian Pinn (former director of the Office of Research on Women's Health).

49. Theresa M. Wizemann, *Sex-Specific Reporting of Scientific Research: A Workshop Summary* (Washington, DC: The National Academies Press, 2012).

50. Society for Women's Health Research, "XX or XY: Medical Journals Must Report Sex Differences," *HuffPost*, February 9, 2015, www.huffingtonpost.com/society-for-womens-health-research/xx-or-xy-medical-journals_b_6288960.html.

51. Institute of Medicine, *Women's Health Research: Progress, Pitfalls, and Promise* (Washington, DC: The National Academies Press, 2010), doi:10.17226/12908.

52. Gendered Innovations, "Sex and Gender Analysis Policies of Peer-Reviewed Journals," https://genderedinnovations.stanford.edu/sex-and-gender-analysis-policies-peer-reviewed-journals.html.

53. Julia Belton, "The Desperate Need to Include Pregnant Women in Clinical Research: Proposed Recommendations to Increase Enrollment of Pregnant Women in Research," *Law School Student Scholarship* 660 (2015), http://scholarship.shu.edu/student_scholarship/660.

54. Institute of Medicine (U.S.) Committee on Ethical and Legal Issues Relating to the Inclusion of Women in Clinical Studies, "Women's Participation in Clinical Studies" in *Women and Health Research: Ethical and Legal Issues of Including Women in Clinical Studies*, vol. 1 (Washington, DC: The National Academies Press, 1994), www.ncbi.nlm.nih.gov/books/NBK236540/.

55. K. E. Shields and A. D. Lyerly, "Exclusion of Pregnant Women from Industry-Sponsored Clinical Trials," *Obstetrics & Gynecology* 122, no. 5 (November 2013), doi:10.1097/AOG.0b013e3182a9ca67.

56. Nina Martin, "Most Drugs Aren't Tested on Pregnant Women. This Anti-Nausea Cure Shows Why That's a Problem," *ProPublica*, May 26, 2016, www.propublica.org/article/most-drugs-not-tested-pregnant-women-anti-nausea-cure-why-thats-a-problem.

57. Mary A. Foulkes et al., "Clinical Research Enrolling Pregnant Women: A Workshop Summary," *Journal of Women's Health* 20, no. 10 (October 2011), doi:10.1089/jwh.2011.3118.

58. The Second Wave Initiative, "Case Statement: Ending the Knowledge Gap of Treating Illness in Pregnant Women," 2016, http://secondwaveinitiative.org/Case_Statement.html.

59. Francoise Baylis, "Pregnant Women Deserve Better," *Nature* 465 (June 10, 2010), doi:10.1038/465689a.

60. U.S. Department of Health and Human Services, Centers for Disease Control and Prevention, "Treating for Two," January 16, 2015, www.cdc.gov/pregnancy/meds/treatingfortwo/facts.html.

61. Euni Lee et al., "National Patterns of Medication Use During Pregnancy," *Pharmacoepidemiology and Drug Safety* 15, no. 8 (August 2006), doi:10.1002/pds.1241.

62. National Institute of Child Health and Human Development, Request for applications for obstetric-fetal pharmacology research units (HD-03-017), 2003, http://grants.nih.gov/grants/guide/rfa-files/RFA-HD-03-017.html.

63. Anne Drapkin Lyerly, Margaret Olivia Little, and Ruth Faden, "The Second Wave: Toward Responsible Inclusion of Pregnant Women in Research," *International Journal of Feminist Approaches to Bioethics* 1, no. 2 (Fall 2008), doi:10.1353/ijf.0.0047.

64. Lyerly, Little, and Faden, "The Second Wave."

65. Lyerly, Little, and Faden, "The Second Wave."

66. Margaret P. Adam, Janine E. Polifka, and J. M. Friedman, "Evolving Knowledge of the Teratogenicity of Medications in Human Pregnancy," *American Journal of Medical Genetics Part C: Seminars in Medical Genetics* 157, no. 3 (August 2011), doi:10.1002/ajmg.c.30313.

67. Susan E. Andrade et al., "Prescription Drug Use in Pregnancy," *American Journal of Obstetrics & Gynecology* 191, no. 2 (August 2004), doi:10.1016/j.ajog.2004.04.025.

68. Martin, "Most Drugs Aren't Tested on Pregnant Women."

69. Adam, Polifka, and Friedman, "Evolving Knowledge."

70. Lyerly, Little, and Faden, "The Second Wave."

71. Lyerly, Little, and Faden, "The Second Wave."

72. Anne Drapkin Lyerly et al., "Risk and the Pregnant Body," *The Hastings Center Report* 39, no. 6 (November – December 2009), www.ncbi.nlm.nih.gov/pmc/articles/PMC3640505/.

73. U.S. Department of Health and Human Services, Food and Drug Administration, Center for Drug Evaluation and Research, *2004 Guidance for Industry Pharmacokinetics in Pregnancy—tudy Design, Data Analysis, and Impact on Dosing and Labeling*, www.fda.gov/ScienceResearch/SpecialTopics/WomensHealthResearch/ucm133348.htm.

74. U.S. Department of Health and Human Services, Food and Drug Administration, *List of Pregnancy Exposure Registries*, www.fda.gov/ScienceResearch/SpecialTopics/WomensHealthResearch/ucm134848.htm.

75. Lyerly, Little, and Faden, "The Second Wave."

76. Paul M. Ridker et al., "A Randomized Trial of Low-Dose Aspirin in the Primary Prevention of Cardiovascular Disease in Women," *The New England Journal of Medicine* 352, no. 13 (March 2005), doi:10.1056/NEJMoa050613.

77. All quotes from author's interview with Marianne Legato (founder of the Partnership for Gender-Specific Medicine).

78. AARDA, "Autoimmune Disease in Women."

79. Institute of Medicine, *Exploring the Biological Contributions to Human Health: Does Sex Matter?* (National Academy of Sciences, 2001), www.nationalacademies.org/hmd/Reports/2001/Exploring-the-Biological-Contributions-to-Human-Health-Does-Sex-Matter.aspx.

80. Tiziana Vavala and Silvia Novello, "Women and Lung Cancer: Literature Assumptions and News from Recent Publications," *European Medical Journal Oncology* 2 (November 2014), https:// doaj.org/article/87ab6df376464c2ba8ed1bd4075ccee8.

81. John G. Canto et al., DoingHarm_6p. "Association of Age and Sex with Myocardial Infarction Symptom Presentation and In-Hospital Mortality," *JAMA* 307, no. 8 (February 2012), doi:10.1001/jama.2012.199.

82. O. P. Sodin and D. R. Mattison, "Sex Differences in Pharmacokinetics and

Pharmacodynamics," *Clinical Pharmacokinetics* 48, no. 3 (2009), doi:10.2165/00003088-200948030-00001.

83. Emmanuel O. Fadiran and Lei Zhang, "Effects of Sex Differences in the Pharmacokinetics of Drugs and Their Impact on the Safety of Medicines in Women," in *Medicine for Women*, ed. Mira Harrison-Woolrych (Switzerland: Springer International Publishing, 2015), 42 – 3.

84. Sabrina Tavernise, "Drug Agency Recommends Lower Doses of Sleep Aids for Women," *The New York Times*, January 10, 2013, http://www.nytimes.com/2013/01/11/health/fda-requires-cuts-to-dosages-of-ambien-and-other-sleep-drugs.html.

85. Lesley Stahl, "Sex Matters: Drugs Can Affect Sexes Differently," *CBS Interactive Inc.*, February 9, 2014, https://www.cbsnews.com/news/sex-matters-drugs-can-affect-sexes-differently/.

86. Roni Caryn Rabin, "The Drug-Dose Gender Gap," *The New York Times*, January 28, 2013, https://well.blogs.nytimes.com/2013/01/28/the-drug-dose-gender-gap/.

87. Heather P. Whitley and Wesley Lindsey, "Sex-Based Differences in Drug Activity," *American Family Physician* 80, no. 11 (December 2009), www.aafp.org/afp/2009/1201/p1254.html.

88. Institute of Medicine, *Does Sex Matter?*

89. Anne Fausto-Sterling, "The Bare Bones of Sex: Part 1—ex and Gender," *Signs* 30, no. 2 (Winter 2005), doi:10.1086/424932.

90. Marianne J. Legato, *Eve's Rib: The Groundbreaking Guide to Women's Health* (New York: Three Rivers Press, 2003).

91. Women's Health Initiative, *Findings from the WHI Postmenopausal Hormone Therapy Trials*, last modified September 21, 2010, www.nhlbi.nih.gov/whi/.

92. Institute of Medicine, *Women's Health Research*.

93. Laurence and Weinhouse, *Outrageous Practices*, 65.

94. Annaliese K. Beery and Irving Zucker, "Sex Bias in Neuroscience and Biomedical Research," *Neuroscience & Biobehavioral Reviews* 35, no. 3

(January 2011), doi:10.1016/j.neubiorev.2010.07.002.

95. Erin Schumaker, "Sexism in the Doctor's Office Starts Here," *HuffPost*, November 10, 2015, www.huffingtonpost.com/entry/women-are-excluded-from-clinical-trials_us_5637ad65e4b0c66bae5d36ba.

96. Dustin Y. Yoon et al., "Sex Bias Exists in Basic Science and Translational Surgical Research," *Surgery* 156, no. 3 (September 2014), doi:10.1016/j.surg.2014.07.001.

97. Sabra L. Klein et al., "Sex Inclusion in Basic Research Drives Discovery," *PNAS* 112, no. 17 (April 28, 2015), doi:10.1073/pnas.1502843112.

98. Irving Zucker and Annaliese K. Beery, "Males Still Dominate Animal Studies: Many Researchers Avoid Using Female Animals," *Nature* 465 (June 10, 2010), doi:10.1038/465690a.

99. Brian J. Prendergast, Kenneth G. Onishi, and Irving Zucker, "Female Mice Liberated for Inclusion in Neuroscience and Biomedical Research," *Neuroscience & Biobehavioral Reviews* 40 (March 2014), doi:10.1016/j.neubiorev.2014.01.001.

100. Roger B. Fillingim et al., "Sex, Gender, and Pain: A Review of Recent Clinical and Experimental Findings," *The Journal of Pain: Official Journal of the American Pain Society* 10, no. 5 (May 2009), doi:10.1016/j.jpain.2008.12.001.

101. Jeffrey S. Mogil and Mona Lisa Chanda, "The Case for the Inclusion of Female Subjects in Basic Science Studies of Pain," Pain 117, nos. 1 – (September 2005), doi:10.1016/j.pain.2005.06.020.

102. Kelly Oakes, "This Scientist Says Pain Research Must Include More Female Mice," *BuzzFeed*, July 13, 2016, www.buzzfeed.com/kellyoakes/pain-research-must-include-more-female-mice?utm_term=.wu091qBEWm#.ctgAdXpx4j.

103. Jeffrey S. Mogil, "Perspective: Equality Need Not Be Painful," *Nature* 535, no. 7 (July 14, 2016), doi:10.1038/535S7a.

104. R. N. Hughes, "Sex Does Matter: Comments on the Prevalence of Male-Only Investigations of Drug Effects on Rodent Behaviour," *Behavioural Pharmacology* 18, no. 7 (November 2007), doi:10.1097/FBP.0b013e3282eff0e8.

105. Erika Check Hayden, "Sex Bias Blights Drug Studies," *Nature* 464 (March 2010), doi:10.1038/464332b.

106. Chelsea Wald and Corinna Wu, "On Mice and Women: The Bias in Animal Models," *Science* 327, no. 5973 (March 26, 2010), doi:10.1126/science. 327.5973.1571.

107. Clayton and Collins, "Policy: NIH to Balance."

108. Clayton and Collins, "Policy: NIH to Balance."

109. Azeen Ghorayshi, "Here's Why Some Feminists Have a Problem with the Feds' New Animal Testing Rules," *BuzzFeed*, November 26, 2015, www. buzzfeed.com/azeenghorayshi/fight-over-female-mice?utm term=. gaKMWyabrQ#.mwEOkYWM31; Sarah S. Richardson et al., "Opinion: Focus on Preclinical Sex Differences Will Not Address Women's and Men's Health Disparities," PNAS 112, no. 44 (November 2015), doi:10.1073/ pnas.1516958112.

110. Carolyn M. Mazure, "Our Evolving Science: Studying the Influence of Sex in Preclinical Research," *Biology of Sex Differences* 7 (February 2016), doi:10.1186/s13293-016-0068-8.

111. Klein et al., "Sex Inclusion in Basic Research."

112. U.S. Department of Health and Human Services, Council on Graduate Medicinal Education, *Fifth Report: Women and Medicine*, HRSA-P-DM-95-1, July 1995, www.hrsa.gov/advisorycommittees/bhpradvisory/ cogme/Reports/fifthreportfull.pdf.

113. U.S. Department of Health and Human Services et al., *Women's Health in the Medical School Curriculum, Report of a Survey and Recommendations* (Washington, DC: U.S. Department of Health and Human Services, Health Resources and Services Administration, and the National Institutes of Health, 1996).

114. Alyson J. McGregor et al., "Advancing Sex and Gender Competency in Medicine: Sex & Gender Women's Health Collaborative," *Biology of Sex Differences* 4 (2013), doi:10.1186 /2042-6410-4-11.

115. Janet B. Henrich, Catherine M. Viscoli, and Gallane D. Abraham, "Medical Students' Assessment of Education and Training in Women's Health and in

Sex and Gender Differences," *Journal of Women's Health* 17, no. 5 (June 2008), doi:10.1089/jwh.2007.0589.

116. Sarah Knab Keitt et al., "Positioning Women's Health Curricula in US Medical Schools," *MedScape*, May 28, 2003, www.medscape.com/viewarticle/455372.

117. Carol S. Weisman and Gayle L. Squires, "Women's Health Centers: Are the National Centers of Excellence in Women's Health a New Model?" *Women's Health Issues* 10, no. 5 (September–October 2000), doi:10.1016/S1049-3867(00)00055-4.

118. Virginia M. Miller et al., "Embedding Concepts of Sex and Gender Health Differences into Medical Curricula," *Journal of Women's Health* 22, no. 3 (March 2013), doi:10.1089/jwh.2012.4193.

119. Janet B. Henrich and Catherine M. Viscoli, "What Do Medical Schools Teach About Women's Health and Gender Differences?" *Academic Medicine* 81, no. 5 (May 2006), doi:10.1097/01.ACM.0000222268.60211.fc.

120. Virginia M. Miller, Pricilla M. Flynn, and Keith D. Lindor, "Evaluating Sex and Gender Competencies in the Medical Curriculum: A Case Study," *Gender Medicine* 9, no. 3 (June 2012), doi:10.1016/j.genm.2012.01.006.

121. "Programs & Projects," Sex and Gender Women's Health Collaborative, 2015, http://sgwhc.org/about/programs-and-projects/#sthash.39yCKNxO.dpbs.

122. Carissa R. Violante, "The Long Road: Where Women's Health Has Been and Where It's Going," Yale School of Medicine, December 20, 2016, https://medicine.yale.edu/news/article.aspx?id=14132.

123. Wizemann, *Sex-Specific Reporting*.

124. Steven Epstein, *Inclusion: The Politics of Difference in Medical Research* (Chicago: The Univ. of Chicago Press, 2007), 13.

125. Pierre Roussel, *Systeme physique et moral de la femme ou Tableau philosophique de la constitution, de l'etat organique, du temperament, des moeurs et des fonctions propres au sexe* (Paris, 1775), quoted in Epstein, *The Politics of Difference*, 35.

126. W. F. Bynum, Science and the Practice of Medicine in the Nineteenth Century (Cambridge: Cambridge Univ. Press, 1994), 211, quoted in Carol S. Weisman, *Women's Health Care: Activist Traditions and Institutional Change* (Baltimore: Johns Hopkins Univ. Press, 1998), 34.

127. Weisman, *Women's Health Care*, 33.

2장. 신뢰의 간극

1. All quotes from author's interview with Maggie.

2. Adrienne B. Hancock and Benjamin A. Rubin, "Influence of Communication Partner's Gender on Language," *Journal of Language and Social Psychology* 34, no. 1 (2015), doi:10.1177/0261927X14533197.

3. Women's Media Center, *The Status of Women in the U.S. Media 2015* (Women's Media Center, 2015), https:// wmc.3cdn.net/83bf6082a319460eb1_hsrm680x2.pdf.

4. Plato, Timaeus, quoted in Mark S. Micale, *Approaching Hysteria: Disease and Its Interpretations* (Princeton, NJ: Princeton Univ. Press, 1995), 19.

5. The Hippocratic Places in Man 47 (L6.344), quoted in Helen King, "Once Upon a Text: Hysteria from Hippocrates," in *Hysteria Beyond Freud*, ed. Sander L. Gilman et al. (Berkeley: Univ. of California Press, 1993), 12 – 3.

6. Cecilia Tasca, "Women and Hysteria in the History of Mental Health," *Clinical Practice and Epidemiology in Mental Health* 8 (2012), doi:10.2174/17450179012 08010110.

7. Micale, *Approaching Hysteria*, 20.

8. Edw.ard Jorden, A Briefe Discourse of a Disease Called the Suffocation of the Mother (London: John Windet, 1603), quoted in Micale, *Approaching Hysteria*, 48.

9. Thomas Willis, *An Essay on the Pathology of the Brain and Nervous Stock* (London: Dring, Harper and Leigh, 1681), 76 –, quoted in Andrew Scull, *Hysteria:*

The Disturbing History (Oxford: Oxford Univ. Press, 2011), 30.

10. Willis, Pathology, 76–8, quoted in Scull, *Hysteria*, 31.

11. Richard Blackmore, *A Treatise of the Spleen and Vapours: Or, Hypochondriacal and Hysterical Affections* (London: Pemberton, 1726), 96, quoted in Scull, Hysteria, 40.

12. The Entire Works of Dr. *Thomas Sydenham, Newly Made English*, ed. John Swan (London: Cave, 1742), 367–1, quoted in Scull, Hysteria, 32.

13. George Man Burrows, *Commentaries on Insanity* (London: Underwood, 1828), 146, quoted in Gilman et al., *Hysteria Beyond Freud*, 252.

14. Frederick Hollick, *The Diseases of Woman, Their Causes and Cure Familiarly Explained* (New York: Excelsior Publishing House, 1849), quoted in Ehrenreich and English, *For Her Own Good*, 132.

15. G. L. Austin, *Perils of American Women or A Doctor's Talk with Maiden, Wife, and Mother* (Boston: Lee and Shepard, 1883), quoted in Rita Arditti, "Women as Objects: Science and Sexual Politics," Science for the People, September 1974, 9.

16. Ben Barker-Benfield, "The Spermatic Economy: A Nineteenth Century View of Sexuality," *Feminist Studies* 1, no. 1 (Summer 1972), 45–4, quoted in Ehrenreich and English, For Her Own Good, 136.

17. Howard A. Kelly, "Conservatism in Ovariotomy," *Journal of the American Medical Association* 26 (February 1896), 251, quoted in Scull, Hysteria, 92.

18. Paul Chodoff, "Hysteria and Women," *American Journal of Psychiatry* 139, no. 5 (May 1982), 546, quoted in Elaine Showalter, "Hysteria, Feminism, and Gender," in *Hysteria Beyond Freud*, ed. Sander L. Gilman et al. (Berkeley: Univ. of California Press, 1993), 286–87.

19. Silas Weir Mitchell, *Wear and Tear, or Hints for the Overworked*, 5th ed. (Philadelphia: Lippincott, 1891), 56, quoted in Scull, Hysteria, 99.

20. Edward H. Clarke, *Sex in Education: or, A Fair Chance for the Girls* (Boston: Houghton, Mifflin and Company, 1884), quoted in Ehrenreich and English, *For Her Own Good*, 140.

21. John S. Haller Jr. and Robin M. Haller, *The Physician and Sexuality in Victorian America* (Urbana: Univ. of Illinois Press, 1974), 143–4, quoted in Ehrenreich and English, *For Her Own Good*, 123–24.

22. Ehrenreich and English, For Her Own Good, 123–24.

23. Mary Putnam Jacobi, "On Female Invalidism," in *Root of Bitterness: Documents of the Social History of American Women*, ed. Nancy F. Cott (New York: E. P. Dutton, 1972), 207, quoted in Ehrenreich and English, For Her Own Good, 127.

24. Lucien C. Warner, *A Popular Treatise on the Functions and Diseases of Woman* (New York: Manhattan Publishing Company, 1874), 109, quoted in Ehrenreich and English, *For Her Own Good*, 125–26.

25. Ann Douglas Wood, "'Fashionable Diseases': Women's Complaints and Their Treatment in Nineteenth-Century America," *The Journal of Interdisciplinary History* 4, no. 1 (Summer 1973), doi:10.2307/202356.

26. Mitchell, *Wear and Tear*, 32, quoted in Scull, *Hysteria*, 99.

27. Robert Brudenell Carter, *On the Pathology and Treatment of Hysteria* (London: Churchill, 1853), 111, quoted in Scull, Hysteria, 69–0.

28. Charles E. Rosenberg, *Our Present Complaint: American Medicine, Then and Now* (Baltimore: Johns Hopkins Univ. Press, 2007), 18.

29. Carroll Smith-Rosenberg, *Disorderly Conduct: Visions of Gender in Victorian America* (1985; reprint, Oxford: Oxford Univ. Press, 1986), 197.

30. Barbara Ehrenreich and Deirdre English, *Complaints and Disorders* (New York: Feminist Press, 2011), 91.

31. Ehrenreich and English, *Complaints and Disorders*, 148.

32. Etienne Trillat, Histoire de l'hysterie (Paris: Seghers, 1986), 274, quoted in Micale, *Approaching Hysteria*, 169.

33. Micale, *Approaching Hysteria*, 220.

34. Micale, *Approaching Hysteria*, 174.

35. Richard Webster, "Freud, Charcot and Hysteria: Lost in the Labyrinth," excerpted from Webster, *Freud* (London: Weidenfeld & Nicolson, 2003), www.

richardwebster.net/freudandcharcot.html.

36. James R. Morrison, "Management of Briquet Syndrome (Hysteria)," *The Western Journal of Medicine* 128, no. 6 (June 1978), www.ncbi.nlm.nih.gov/pmc/articles/PMC1238186/.

37. Carol North, "The Classification of Hysteria and Related Disorders: Historical and Phenomenological Considerations," *Behavioral Sciences* 5, no. 4 (November 2015), doi:10.3390/bs5040496.

38. Wilhelm Stekel, quoted in Z. J. Lipowski, "Somatization: A Borderland Between Medicine and Psychiatry," *CMAJ* 135, no. 6 (September 1986), doi:10.1016/S0196-0644(87)80335-9.

39. Lipowski, "Somatization: A Borderland."

40. Lipowski, "Somatization: A Borderland."

41. Susan Sontag, *Illness as Metaphor* (1977; reprint, New York: Farrar, Straus and Giroux, 1978), 55–7.

42. J. P. Greenhill, *Office Gynecology* (Chicago: Year Book Medical Publishers, 1971), quoted in Gena Corea, *The Hidden Malpractice: How American Medicine Mistreats Women* (New York: Harper Colophon Books, 1985), 80.

43. S. Munch, "Gender-Biased Diagnosing of Women's Medical Complaints: Contributions of Feminist Thought, 1970–995," *Women & Health* 40, no. 1 (2004), doi:10.1300/J013v40n01_06.

44. Jacqueline Wallen, Howard Waitzkin, and John Stoeckle, "Physician Stereotypes About Female Health and Illness: A Study of Patient's Sex and the Informative Process During Medical Interviews," *Women & Health* 4, no. 2 (Summer 1979), doi:10.1300/J013v04n02_03; Karen J. Armitage, Lawrence J. Schneiderman, and Robert A. Bass, "Response of Physicians to Medical Complaints in Men and Women," *JAMA* 241, no. 20 (May 1979), doi:10.1001/jama.1979.03290460050020.

45. Barbara Bernstein and Robert Kane, "Physicians' Attitudes Toward Female Patients," *Medical Care* 19, no. 6 (June 1981), www.jstor.org/stable/3763923.

46. Armitage, Schneiderman, and Bass, "Response of Physicians to Medical Complaints."

47. Mary C. Howell, "What Medical Schools Teach About Women," *The New England Journal of Medicine* 291 (August 8, 1974), doi:10.1056/NEJM 197408082910612.

48. Margaret A. Campbell, *Why Would a Girl Go into Medicine? Medical Education in the United States: A Guide for Women* (New York: Feminist Press, 1973).

49. Greenhill, *Office Gynecology*, quoted in Corea, *The Hidden Malpractice*, 80.

50. Greenhill, Office Gynecology, quoted in Corea, *The Hidden Malpractice*, 80.

51. Greenhill, Office Gynecology, quoted in Corea, *The Hidden Malpractice*, 81.

52. North, "The Classification of Hysteria."

53. Z. J. Lipowski, "Somatization: The Concept and Its Clinical Application," *American Journal of Psychiatry* 145, no. 11 (November 1988), doi: 10.1176/ ajp.145.11.1358.

54. Arthur J. Barsky, Heli M. Peekna, and Jonathan F. Borus, "Somatic Symptom Reporting in Women and Men," *Journal of General Internal Medicine* 16, no. 4 (2001), doi:10.1046/j.1525-1497.2001.00229.x.

55. E. Othmer and C. DeSouza, "A Screening Test for Somatization Disorder (Hysteria)," *American Journal of Psychiatry* 142, no. 10 (1985), doi:10.1176/ ajp.142.10.1146.

56. David Edelberg, "Fibromyalgia Confounds Allopathic Habits of Mind," *AMA Journal of Ethics* 14, no. 4 (April 2012), http://journalofethics.ama-assn. org/2012/04/ecas2-1204.html.

57. Lipowski, "Somatization: The Concept."

58. Elizabeth M. Marks and Myra S. Hunter, "Medically Unexplained Symptoms: An Acceptable Term?" *British Journal of Pain* 9, no. 2 (May 2015), doi: 10.1177/2049463714535372.

59. Annemarie Jutel, "Medically Unexplained Symptoms and the Disease Label," *Social Theory & Health* 8, no. 3 (November 2010), doi:10.1057/sth.2009.21.

60. Michael Sharpe, "Somatic Symptoms: Beyond 'Medically Unexplained,'" *The British Journal of Psychiatry* 203, no. 5 (November 2013), doi:10.1192/bjp.

주

bp.112.122523.

61. Jon Stone et al., "What Should We Say to Patients with Symptoms Unexplained by Disease? The 'Number Needed to Offend,'" *BMJ* 325 (December 2002), doi:10.1136/bmj.325.7378.1449.

62. Tim C. Olde Hartman et al., "Explanation and Relations. How Do General Practitioners Deal with Patients with Persistent Medically Unexplained Symptoms: A Focus Group Study," *BMC Family Practice* 10 (2009), doi:10.1186/1471-2296-10-68.

63. Peter Salmon, Sarah Peters, and Ian Stanley, "Patients' Perceptions of Medical Explanations for Somatisation Disorders: Qualitative Analysis," *BMJ* 318, no. 7180 (February 1999), www.ncbi.nlm.nih.gov/pmc/articles/PMC27727/.

64. Jerome Groopman, *How Doctors Think* (New York: Houghton Mifflin Harcourt, 2007), 276.

65. Allen Frances, "The New Somatic Symptom Disorder in DSM-5 Risks Mislabeling Many People as Mentally Ill," *BMJ* 346 (March 2013), doi:10.1136/bmj.f1580.

66. Heather Huang and Robert M. McCarron, "Medically Unexplained Physical Symptoms: Evidence-Based Interventions," *Current Psychiatry* 10, no. 7 (July 2011), www.mdedge.com/currentpsychiatry/article/64365/depression/medically-unexplained-physical-symptoms-evidence-based.

67. Annemarie Goldstein Jutel, *Putting a Name to It: Diagnosis in Contemporary Society* (Baltimore: Johns Hopkins Univ. Press, 2011), 30.

68. Jutel, *Putting a Name to It*, 82.

69. Jutel, *Putting a Name to It*, 86.

70. Charles Lasegue, quoted in Angela Kennedy, *Authors of Our Own Misfortune? The Problems with Psychogenic Explanations for Physical Illnesses* (New York: Village Digital Press, 2012), 17.

71. Eliot Slater, "Diagnosis of 'Hysteria,'" *British Medical Journal* 1, no. 5447 (May 1965), doi:10.1136/bmj.1.5447.1395.

72. Laurie Endicott Thomas, "Are Your Patient's Medically Unexplained Symptoms Really 'All in Her Head'" *Medical Hypotheses* 78, no. 4 (April 2012),

doi:10.1016/j.mehy.2012.01.031.

73. Lipowski, "Somatization: A Borderland."

74. Jutel, *Putting a Name to It*, 83.

75. Oliver Omaya, Catherine Paltoo, and Julian Greengold, "Somatoform Disorders," *American Family Physician* 76, no. 9 (November 2007), www.aafp. org/afp/2007/1101/p1333.html.

76. Teus Kappen and Sandra van Dulmen, "General Practitioners' Responses to the Initial Presentation of Medically Unexplained Symptoms: A Quantitative Analysis," *Biopsychosocial Medicine* 2 (November 2008), doi:10.1186/1751-0759-2-22.

77. Madelon den Boeft, "Recognition of Patients with Medically Unexplained Physical Symptoms by Family Physicians: Results of a Focus Group Study," *BMC Family Practice* 17, no. 55 (May 2016), doi:10.1186/s12875-016-0451-x.

78. C. Nimnuan, M. Hotopf, and S. Wessely, "Medically Unexplained Symptoms: How Often and Why Are They Missed?" *QJM* 93, no. 1 (January 2000), doi:10.1093/qjmed/93.1.21.

79. Michael Sharpe, "ME. What Do We Know—eal Physical Illness or All in the Mind?" (lecture, University of Strathclyde, Glasgow, October 1999), quoted in Kennedy, *Authors of Our Own Misfortune?*, 158.

80. Antoinette J. Church, "Myalgic Encephalitis: An Obscene Cosmic Joke?" Medical Journal of Australia 1, no. 7 (April 1980): 307–, quoted in Robert A. Aronowitz, *Making Sense of Illness: Science, Society, and Disease* (Cambridge: Cambridge Univ. Press, 1998), 33.

81. Diane O'Leary, "Re: The New Somatic Symptom Disorder in DSM-5 Risks Mislabeling Many People as Mentally Ill," *BMJ* 346 (2013), www.bmj.com/ content/346/bmj.f1580/rr/638352.

82. Mark L. Graber, "The Incidence of Diagnostic Error in Medicine," *BMJ Quality Safety* (June 15, 2013), doi:10.1136/bmjqs-2012-001615.

83. National Academies of Sciences, Engineering, and Medicine; Institute of Medicine; Board on Health Care Services; Committee on Diagnostic Error in Health Care, *Improving Diagnosis in Health Care*, eds. Erin P. Balogh, Bryan T.

Miller, and John R. Ball (Washington, DC: The National Academies Press, 2015), doi:10.17226/21794.

84. "About Diagnostic Error," Society to Improve Diagnosis in Medicine, www.improvediagnosis.org/page/AboutDiagnosticErr.

85. Hardeep Singh, Ashley N. D. Meyer, and Eric J. Thomas, "The Frequency of Diagnostic Errors in Outpatient Care: Estimations from Three Large Observational Studies Involving US Adult Populations," *BMJ Quality Safety* (April 17, 2014), doi:10.1136/bmjqs-2013-002627.

86. Martin A. Makary and Daniel Michael, "Medical Error—he Third Leading Cause of Death in the US," *The BMJ* 353 (2016), doi:10.1136/bmj.i2139.

87. Eta S. Berner and Mark L. Graber, "Overconfidence as a Cause of Diagnostic Error in Medicine," *The American Journal of Medicine* 121, no. 5 (May 2008), doi:10.1016/j.amjmed.2008.01.001.

88. Susan Wendell, "Old Women Out of Control: Some Thoughts on Aging, Ethics, and Psychosomatic Medicine" in *Mother Time: Women, Aging, and Ethics*, ed. Margaret U. Walker (Lanham, MD: Rowman and Littlefield, 1999), 140.

89. Kennedy, *Authors of Our Own Misfortune?*, 221.

90. Lipowski, "Somatization: A Borderland."

91. S. Wessely, "Old Wine in New Bottles: Neurasthenia and 'ME,'" *Psychological Medicine* 20, no. 1 (February 1990), www.ncbi.nlm.nih.gov/labs/articles/2181519/.

92. Quoted in Martin Pall, *Explaining Unexplained Illnesses: Disease Paradigm for Chronic Fatigue Syndrome, Multiple Chemical Sensitivity, Fibromyalgia, Post-Traumatic Stress Disorder, Gulf War Syndrome and Others* (Boca Raton, FL: CRC Press, 2007), 113.

93. Carolyn E. Wilshire and Tony Ward, "Psychogenic Explanations of Physical Illness: Time to Examine the Evidence," *Perspectives on Psychological Science* 11, no. 5 (September 29, 2016), doi:10.1177/1745691616645540.

94. Pall, *Explaining Unexplained Illnesses*, 217.

95. B. L. Miller et al., "Misdiagnosis of Hysteria," *American Family Physician* 34, no.

4 (October 1986), http://europepmc.org/abstract/med/3766359.

96. National Institute of Mental Health, "Major Depression Among Adults," 2015, www.nimh.nih.gov/health/statistics/prevalence/major-depression-among-adults.shtml; National Institute of Mental Health, "Any Anxiety Disorder Among Adults," www.nimh.nih.gov/health/statistics/prevalence/any-anxiety-disorder-among-adults.shtml.

97. Thomas J. Moore and Donald R. Mattison, "Adult Utilization of Psychiatric Drugs and Differences by Sex, Age, and Race," *JAMA Internal Medicine* 177, no. 2 (February 2017), doi:10.1001/jamainternmed.2016.7507.

98. Ramin Mojtabai and Mark Olfson, "Proportion of Antidepressants Prescribed Without a Psychiatric Diagnosis Is Growing," *Health Affairs* 30, no. 8 (August 2011), doi:10.1377/hlthaff.2010.1024.

99. Bonnie J. Floyd, "Problems in Accurate Medical Diagnosis of Depression in Female Patients," *Social Science & Medicine* 44, no. 3 (February 1997), doi:10.1016/S0277-9536(96)00159-1.

100. Elizabeth A. Klonoff and Hope Landrine, *Preventing Misdiagnosis of Women: A Guide to Physical Disorders That Have Psychiatric Symptoms* (Thousand Oaks, CA: SAGE Publications, 1997), xxii.

101. Floyd, "Problems in Accurate Medical Diagnosis."

102. Pat Croskerry, "The Importance of Cognitive Errors in Diagnosis and Strategies to Minimize Them," *Academic Medicine* 78, no. 8 (August 2003), http://journals.lww.com/academicmedicine/Fulltext/2003/08000/The_Importance_of_Cognitive_Errors_in_Diagnosis.3.aspx.

103. Diane E. Hoffmann and Anita J. Tarzian, "The Girl Who Cried Pain: A Bias Against Women in the Treatment of Pain," *Journal of Law, Medicine & Ethics* 29 (2001), doi:10.1111/j.1748-720X.2001.tb00037.x.

104. B. S. Faherty and M. R. Grier, "Analgesic Medication for Elderly People Post-Surgery," *Nursing Research* 33, no. 6 (November–ecember 1984), www.ncbi.nlm.nih.gov/pubmed/6567868.

105. Karen L. Calderone, "The Influence of Gender on the Frequency of Pain and Sedative Medication Administered to Postoperative Patients," *Sex Roles*

23, no. 11 (December 1990), doi:10.1007/BF00289259.

106. Judith E. Beyer et al., "Patterns of Postoperative Analgesic Use with Adults and Children Following Cardiac Surgery," Pain 17, no. 1 (September 1983), doi:10.1016/0304-3959(83)90129-X.

107. Hoffmann and Tarzian, "The Girl Who Cried Pain."

108. William Breitbart et al., "The Undertreatment of Pain in Ambulatory AIDS Patients," Pain 65, nos. 2 - (May 1996), doi:10.1016/0304-3959(95)00217-0.

109. Roger B. Fillingim et al., "Sex, Gender, and Pain: A Review of Recent Clinical and Experimental Findings."

110. Ester H. Chen et al., "Gender Disparity in Analgesic Treatment of Emergency Department Patients with Acute Abdominal Pain," Academic Emergency Medicine 15, no. 5 (May 2008), doi:10.1111/j.1553-2712.2008. 00100.x.

111. Kate Hunt et al., "Do Women Consult More Than Men? A Review of Gender and Consultation for Back Pain and Headache," Journal of Health Services Research & Policy 16, no. 2 (April 2011), doi:10.1258/jhsrp.2010.009131.

112. Roxanne Pelletier et al., "Sex-Related Differences in Access to Care Among Patients with Premature Acute Coronary Syndrome," CMAJ: Canadian Medical Association Journal 186, no. 7 (April 2014), doi:10.1503/cmaj.131450.

113. All quotes from author's interview with Lauron.

114. Lipowski, "Somatization: A Borderland."

115. Lipowski, "Somatization: The Concept."

116. T. C. O'Dowd, "Five Years of Heartsink Patients in General Practice," BMJ 297, no. 6647–0038.pdf. (August 1988), www.ncbi.nlm.nih.gov/ pmc/articles/PMC1840368/pdf/bmj00300-0038.pdf.

117. Lisa Sanders, Every Patient Tells a Story: Medical Mysteries and the Art of Diagnosis (New York: Broadway Books, 2009), 183.

118. Laurence J. Kirmayer et al., "Explaining Medically Unexplained Symptoms," Canadian Journal of Psychiatry 49, no. 10 (October 2004), https://ww1.cpa-apc.org/Publications/Archives/CJP/2004/october/kirmayer.asp.

119. Lipowski, "Somatization: The Concept."

120. James R. Morrison, "Management of Briquet Syndrome (Hysteria)," *Western Journal of Medicine* 128, no. 6 (June 1978), www.ncbi.nlm.nih.gov/pmc/articles/PMC1238186/pdf/westjmed00262-0032.pdf.

121. Chloe Atkins, *My Imaginary Illness: A Journey into Uncertainty and Prejudice in Medical Diagnosis* (Ithaca, NY: Cornell Univ. Press, 2010), 149.

122. Atkins, *My Imaginary Illness*, 126.

3장. 심장병과 생명을 위협하는 응급 상황

1. All quotes from author's interview with Carolyn Thomas.

2. Laurence and Weinhouse, *Outrageous Practices*, 85 – 6.

3. Laxmi S. Mehta et al., "Acute Myocardial Infarction in Women: A Scientific Statement from the American Heart Association," Circulation 133, no. 9 (March 1, 2016), doi:10.1161/CIR.0000000000000351.

4. American Heart Association, "Women and Cardiovascular Diseases," last modified 2015, www.heart.org/idc/groups/heart-public/@wcm/@sop/@smd/documents/downloadable/ucm _472913.pdf.

5. C. Noel Bairey Merz, "The Single Biggest Health Threat Women Face," TEDxWomen, December 2011, www.ted.com/talks/noel_bairey_merz_the_single_biggest_health_threat_women_face?language=en#t-858816.

6. Lori Mosca, Elizabeth Barrett-Connor, and Nanette Wenger, "Sex/Gender Difference in Cardiovascular Disease Prevention," *Circulation* 124, no. 19 (November 2011), doi:10.1161/CIRCULATIONAHA.110.968792.

7. Mehta et al., "Acute Myocardial Infarction."

8. Bernadine Healy, "The Yentl Syndrome," *The New England Journal of Medicine* 325 (July 1991), doi:10.1056/NEJM199107253250408.

9. Lori Mosca et al., "Twelve-Year Follow-Up of American Women's Awareness of Cardiovascular Disease Risk and Barriers to Heart Health," *Circulation: Cardiovascular Quality and Outcomes* 3, no. 2 (March 2010), doi:10.1161/CIRCOUTCOMES.109.915538.

10. Mosca et al., "Twelve-Year Follow-Up."

11. 112 Still, as recently as 2005, only 8 percent . . . Lori Mosca et al., "National Study of Physician Awareness and Adherence to Cardiovascular Disease Prevention Guidelines," Circulation 111 (February 2011), doi:10.1161/01.CIR .0000154568.43333.82.

12. C. Noel Bairey Merz et al., "Knowledge, Attitudes, and Beliefs Regarding Cardiovascular Disease in Women," *Journal of the American College of Cardiology* 70, no. 2 (July 2017), doi:10.1016/j.jacc.2017.05.024.

13. Aimee Galick, Elizabeth D'Arrigo-Patrick, and Carmen Knudson-Martin, "Can Anyone Hear Me? Does Anyone See Me? A Qualitative Meta-Analysis of Women's Experiences of Heart Disease," *Qualitative Health Research* 25, no. 8 (August 2015), doi:10.1177/1049732315584743.

14. M. Bonte et al., "Women and Men with Coronary Heart Disease in Three Countries: Are They Treated Differently?" *Women's Health Issues* 18, no. 3 (May–une 2008), doi:10.1016/j.whi.2008.01.003.

15. Mosca et al., "National Study of Physician Awareness."

16. Jan C. Frich, Kristi Malterud, and Per Fugelli, "Women at Risk of Coronary Heart Disease Experience Barriers to Diagnosis and Treatment: A Qualitative Interview Study," *Scandinavian Journal of Primary Health Care* 24, no. 1 (2006), doi:10.1080/02813430500504305.

17. Jean C. McSweeney, Leanne L. Lefler, and Beth F. Crowder, "What's Wrong with Me? Women's Coronary Heart Disease Diagnostic Experiences," *Progress in Cardiovascular Nursing* 20, no. 2 (Spring 2005), doi:10.1111/j.0889-7204.2005.04447.x.

18. Dariush Mozaffarian et al., "Heart Disease and Stroke Statistics—015 Update: A Report from the American Heart Association," *Circulation* 131 (December 2015), doi:10.1161/CIR.0000000000000152.

19. Mosca, Barrett-Connor, and Wenger, "Sex/Gender."

20. American Heart Association, "Most Young Women Don't Recognize Heart Attack Warning Signs," *ScienceDaily*, May 11, 2007, www.sciencedaily.com/releases/2007/05/070510160957.htm.

21. Bairey Merz, "Biggest Health Threat."

22. Viola Vaccarino et al., "Sex-Based Differences in Early Mortality After Myocardial Infarction," *The New England Journal of Medicine* 341, no. 4 (July 22, 1999), doi:10.1056/NEJM199907223410401.

23. Viola Vaccarino et al., "Sex Differences in Mortality After Acute Myocardial Infarction: Changes from 1994 to 2006," *Archives of Internal Medicine* 169, no. 19 (October 2009), doi:10.1001/archinternmed.2009.332.

24. Mehta et al., "Acute Myocardial Infarction."

25. Frich, Malterud, and Fugelli, "Women at Risk."

26. J. Hector Pope et al., "Missed Diagnoses of Acute Cardiac Ischemia in the Emergency Department," *The New England Journal of Medicine* 342, no. 16 (April 20, 2000), doi:10.1056/NEJM200004203421603.

27. K. Hamberg, "Gender Bias in Medicine," *Women's Health* 4, no. 3 (May 2008), doi:10.2217/17455057.4.3.237.

28. MeiLan K. Han et al., "Gender and Chronic Obstructive Pulmonary Disease," *American Journal of Respiratory and Critical Care Medicine* 176, no. 12 (December 15, 2007), doi:10.1164/rccm.200704-553CC.

29. Kenneth R. Chapman, Donald P. Tashkin, and David J. Pye, "Gender Bias in the Diagnosis of COPD," *Chest Journal* 119, no. 6 (June 2001), doi:10.1378/chest.119.6.1691.

30. American Lung Association, *Taking Her Breath Away: The Rise of COPD in Women*, June 2013, www.lung.org/assets/documents/research/rise-of-copd-in-women-summary.pdf.

31. Maia Szalavitz, "New Research Suggests the Disorder Often Looks Different in Females, Many of Whom Are Being Misdiagnosed and Missing Out on the Support They Need," *Scientific American*, March 1, 2016, https://www.scientificamerican.com/article/autism-it-s-different-in-girls/; Jenny Anderson, "Decades of Failing to Recognize ADHD in Girls Has Created a

'Lost Generation' of Women," *Quartz*, January 19, 2016, https://qz. com/592364/decades-of-failing-to-recognize-adhd-in-girls-has-created-a-lost-generation-of-women/.

32. All quotes from author's interview with Mae.

33. G. C. Manzoni, "Gender Ratio of Cluster Headache over the Years: A Possible Role of Changes in Lifestyle," *Cephalalgia* 18, no. 3 (April 1998), doi:10.1046/j.1468-2982.1998.1803138.x.

34. Mehta et al., "Acute Myocardial Infarction."

35. Mehta et al., "Acute Myocardial Infarction."

36. Lori Mosca et al., "Effectiveness-Based Guidelines for the Prevention of Cardiovascular Disease in Women—011 Update: A Guideline from the American Heart Association," *Circulation* 123, no. 11 (March 2011), doi: 10.1161/CIR.0b013e31820faaf8.

37. Pamela Ouyang et al., "Strategies and Methods to Study Female-Specific Cardiovascular Health and Disease: A Guide for Clinical Scientists," *Biology of Sex Differences* 7 (March 2016), doi:10.1186/s13293-016-0073-y.

38. Martha Weinman Lear, "The Woman's Heart Attack," *The New York Times*, September 20, 2014, www.nytimes.com/2014/09/28/opinion/sunday/womens-atypical-heart-attacks.html?_r=1.

39. Lori Mosca et al., "Fifteen-Year Trends in Awareness of Heart Disease in Women: Results of a 2012 American Heart Association National Survey," *Circulation* 127, no. 11 (March 19, 2013), doi: 10.1161/CIR.0b013e318287cf2f.

40. John G. Canto, "Association of Age and Sex with Myocardial Infarction Symptom Presentation and In-Hospital Mortality," *JAMA* 307, no. 8 (February 2012), doi:10.1001/jama.2012.199.

41. Anoop S. V. Shah et al., "High Sensitivity Cardiac Troponin and the Under-Diagnosis of Myocardial Infarction in Women: Prospective Cohort Study," *The BMJ* 350 (February 2015), doi:10.1136/bmj.g7873.

42. Judith H. Lichtman et al., "Symptom Recognition and Healthcare Experiences of Young Women with Acute Myocardial Infarction," *Circulation: Cardiovascular Quality and Outcomes* 9, no. 6 (November 2016), doi:10.1161/

CIRCOUTCOMES.114.001612.

43. C. J. Lisk and L. Grau, "Perceptions of Women Living with Coronary Heart Disease: An Overview of Study Findings," *American Journal of Geriatric Cardiology* 8, no. 4 (July 1999), doi:10.1300 /J013v29n01_03.

44. Gabrielle Rosina Chiaramonte, "Physicians' Gender Bias in the Diagnosis, Treatment, and Interpretation of Coronary Heart Disease Symptoms," (Ph.D. diss., Stony Brook Univ., 2007), https://dspace.sunyconnect.suny.edu/bitstream/handle/1951/44285/000000052.sbu.pdf?sequence=2.

45. Cardiovascular Research Foundation, "Signs of Heart Disease Are Attributed to Stress More Frequently in Women Than Men," *ScienceDaily*, October 14 2008, www.sciencedaily.com/releases/2008/10/081012121314.htm.

46. Pelletier et al., "Sex-Related Differences in Access to Care Among Patients with Premature Acute Coronary Syndrome."

47. Nancy N. Maserejian et al., "Disparities in Physicians' Interpretations of Heart Disease Symptoms by Patient Gender: Results of a Video Vignette Factorial Experiment," *Journal of Women's Health* 18, no. 10 (October 2009), doi:10.1089/jwh.2008.1007.

48. Basmah Safdar and Gail D'Onofrio, "Women and Chest Pain: Recognizing the Different Faces of Angina in the Emergency Department," *The Yale Journal of Biology and Medicine* 89, no. 2 (June 2016), www.ncbi.nlm.nih.gov/pmc/articles/PMC4918863/.

49. Denise Dador, " 'Medical Sexism': Women's Heart Disease Symptoms Often Dismissed," *ABC Eyewitness News*, November 2, 2011, http://abc7.com/archive/8416664/.

50. Debra K. Mosner et al., "Reducing Delay in Seeking Treatment by Patients with Acute Coronary Syndrome and Stroke: A Scientific Statement from the American Heart Association Council on Cardiovascular Nursing and Stroke Council," *Circulation* 114, no. 2 (July 2006), doi:10.1161/CIRCULATIONAHA.106.176040.

51. Mehta et al., "Acute Myocardial Infarction."

52. C. Kreatsoulas et al., "The Symptomatic Tipping Point: Factors That Prompt

주

Men and Women to Seek Medical Care," *Canadian Journal of Cardiology* 30, no. 10 supp. (October 2014), www.onlinecjc.ca/article/S0828-282X (14)00661-8/pdf.

53. Judith H. Lichtman, "Symptom Recognition and Healthcare Experiences of Young Women with Acute Myocardial Infarction," *Circulation: Cardiovascular Quality and Outcomes* 9, no. 6 (February 2015), doi:10.1161/CIRCOUTCOMES. 114.001612.

54. Unless otherwise noted, all Patti Digh quotes are from the author's interview with Digh.

55. Patti Digh, "No, You Are Not an Hysterical Female, and This Is Not Just Anxiety," *HuffPost*, January 29, 2017, www.huffingtonpost.com/patti-digh/no-you-are-not-an-hysteri_b_9110982.html.

56. All quotes from author's interview with Alyson McGregor (director of the Division of Sex and Gender in Emergency Medicine at the Warren Alpert Medical School of Brown University).

57. David E. Newman-Toker et al., "Missed Diagnosis of Stroke in the Emergency Department: A Cross-Sectional Analysis of a Large Population-Based Sample," *Diagnosis* 1, no. 2 (April 2014), doi:10.1515/dx-2013-0038.

58. Johns Hopkins Medicine, "ER Doctors Commonly Miss More Strokes Among Women, Minorities and Younger Patients," April 3, 2014, http://www.hopkinsmedicine.org/news/media/releases/er_doctors_commonly_miss_more_strokes_among_women_minorities_and_younger_patients.

59. Luke K. Kim et al., "Sex-Based Disparities in Incidence, Treatment, and Outcomes of Cardiac Arrest in the United States, 2003–012," *Journal of the American Heart Association* 5, no. 6 (June 2016), doi:10.1161/JAHA.116.003704.

60. "Gender Gap Found in Cardiac Arrest Care, Outcomes," *American Heart Association*, June 22, 2016, http://newsroom.heart.org/news/gender-gap-found-in-cardiac-arrest-care-outcomes.

61. "Gender-Specific Research Improves Accuracy of Heart Disease Diagnosis in Women," *American Heart Association*, June 16, 2014, http://newsroom.heart.org/news/gender-specific-research-improves-accuracy-of-heart-

disease-diagnosis-in-women.

62. Carl J. Pepine et al., "Emergence of Nonobstructive Coronary Artery Disease: A Woman's Problem and Need for Change in Definition on Angiography," *Journal of the American College of Cardiology* 66, no. 17 (October 2015), doi:10.1016/j.jacc.2015.08.876.

63. Kamakki Banks et al., "Angina in Women Without Obstructive Coronary Artery Disease," *Current Cardiology Reviews* 6, no. 1 (February 2010), doi:10.2174/157340310790231608.

64. Raffaele Bugiardini and C. Noel Bairey Merz, "Angina with 'Normal' Coronary Arteries," *JAMA* 293, no. 4 (January 2005), doi:10.1001/jama.293.4.477.

65. Leslee J. Shaw et al., "The Economic Burden of Angina in Women with Suspected Ischemic Heart Disease: Results from the National Institutes of Health – National Heart, Lung, and Blood Institute – ponsored Women's Ischemia Syndrome Evaluation," *Circulation* 114, no. 9 (August 2006), doi:10.1161/CIRCULATIONAHA.105.609990.

66. Martha Gulati et al., "Adverse Cardiovascular Outcomes in Women with Nonobstructive Coronary Artery Disease: A Report from the Women's Ischemia Syndrome Evaluation Study and the St James Women Take Heart Project," *Archives of Internal Medicine* 169, no. 9 (May 2009), doi:10.1001/archinternmed.2009.50.

67. Barry Sharaf et al., "Adverse Outcomes Among Women Presenting with Signs and Symptoms of Ischemia and No Obstructive Coronary Artery Disease: Findings from the NHLBISponsored Women's Ischemia Syndrome Evaluation (WISE) Angiographic Core Laboratory," *American Heart Journal* 166, no. 1 (July 2013), doi:10.1016/j.ahj.2013.04.002.

68. Bugiardini and Bairey Merz, "Angina."

69. Mehta et al., "Acute Myocardial Infarction."

70. S. E. Reis et al., "Coronary Microvascular Dysfunction Is Highly Prevalent in Women with Chest Pain in the Absence of Coronary Artery Disease: Results from the NHLBI WISE Study," *American Heart Journal* 141, no. 5 (May 2001), www.ncbi.nlm.nih.gov/pubmed/11320360.

71. Bong-Ki Lee et al., "Invasive Evaluation of Patients with Angina in the Absence of Obstructive Coronary Artery Disease," *Circulation* (February 20, 2015), doi:10.1161/CIRCULATIONAHA.114.012636.

72. Safdar and D'Onofrio, "Women and Chest Pain."

73. Filippo Crea, Paolo G. Camici, and Cathleen Noel Bairey Merz, "Coronary Microvascular Dysfunction: An Update," *European Heart Journal* 35, no. 17 (May 1, 2014), doi:10.1093/eurheartj/eht513.

74. Pepine et al., "Emergence of Nonobstructive Coronary Artery Disease."

75. Bairey Merz, "Biggest Health Threat."

76. All quotes from author's interview with Dr. C. Noel Bairey Merz.

77. Chiara Melloni et al., "Representation of Women in Randomized Clinical Trials of Cardiovascular Disease Prevention," *Circulation: Cardiovascular Quality and Outcomes* 3, no. 2 (March 2010), doi:10.1161/CIRCOUTCOMES. 110.868307.

78. Sanket S. Dhruva, Lisa A. Bero, and Rita F. Redberg, "Gender Bias in Studies for Food and Drug Administration Premarket Approval of Cardiovascular Devices," *Circulation: Cardiovascular Quality and Outcomes* 4, no. 2 (March 2011), doi:10.1161/CIRCOUTCOMES.110.958215.

4장. 자가면역질환과 그 진단에 이르는 긴 여정

1. All quotes from author's interview with Jackie.

2. American Autoimmune Related Diseases Association, "Autoimmune Disease Statistics."

3. Stephen J. Walsh and Laurie M. Rau, "Autoimmune Diseases: A Leading Cause of Death Among Young and Middle-Aged Women in the United States," *American Journal of Public Health* 90, no. 9 (September 2000), doi:10.2105/AJPH.90.9.1463.

4. Nakazawa, *The Autoimmune Epidemic*, xv.

5. American Autoimmune Related Diseases Association, "AARDA Launches 'My Autoimmune Story' Video Series," www.aarda.org/video-series-autoimmune-story/.

6. Warwick Anderson and Ian R. Mackay, *Intolerant Bodies: A Short History of Autoimmunity* (Baltimore: Johns Hopkins Univ. Press, 2014) and Nakazawa, *The Autoimmune Epidemic*.

7. Nakazawa, The Autoimmune Epidemic, 37.

8. Thomas Sydenham, quoted in Katherine A Phillips, ed., *Somatoform and Factitious Disorders* (Washington, DC: American Psychiatric Publishing, 2001), 103.

9. C. L. Talley, "The Emergence of Multiple Sclerosis, 1870–950: A Puzzle of Historical Epidemiology," *Perspectives in Biology and Medicine* 48, no. 3 (Summer 2005), doi:10.1353/pbm.2005.0079.

10. Talley, "Multiple Sclerosis."

11. quoted in Talley, "Multiple Sclerosis."

12. Talley, "Multiple Sclerosis."

13. Marilyn R. Kassirer and Donald H. Osterberg, "Pain in Chronic Multiple Sclerosis," *Journal of Pain and Symptom Management* 2, no. 2 (Spring 1987), doi:10.1016/S0885-3924(87)80022-2.

14. Kassirer and Osterberg, "Pain in Chronic Multiple Sclerosis."

15. Netta Levin, Michal Mor, and Tamir Ben-Hur, "Patterns of Misdiagnosis of Multiple Sclerosis," *Israeli Medical Association Journal* 5, no. 7 (July 2003), www.ima.org.il/FilesUpload/IMAJ/0/54/27188.pdf.

16. All quotes from author's interview with Virginia Ladd (executive director of the AARDA).

17. Rudolf H. Moos, "Personality Factors Associated with Rheumatoid Arthritis: A Review," *Journal of Chronic Diseases* 17, no. 1 (January 1964), doi: 10.1016/0021-9681(64)90038-4.

18. American Autoimmune Related Diseases Association, "News Briefing for Autoimmune Disease Awareness Month 2014," www.aarda.org/news-

briefing-for-autoimmune-disease-awareness-month-2014/.

19. Alicia Ault, "Auto-immune Disease Coalition Seeks to Increase Physician Knowledge," *Clinical Endocrinology News*, March 18, 2014, www.mdedgecom/clinicalendocrinologynews/article/81050/multiple-sclerosis/autoimmune-disease-coalition-seeks.

20. Liz Welch, "Autoimmune Epidemic: The Medical Experts," *Self*, March 31, 2015, www.self.com/story/autoimmune-epidemic-doctors-working-toward-answers.

21. Welch, "Autoimmune Epidemic."

22. American Autoimmune Related Diseases Association, "Do You Know Your Family AQ?"

23. American Autoimmune Related Diseases Association, Highlights from *"The State of Autoimmune Disease: A National Summit"* (Eastpointe, MI: American Autoimmune Related Diseases Association, 2015), www.aarda.org/wp-content/uploads/2017/04/HighlightsFromSummitMarch20151-1.pdf.

24. All quotes from author's interview with Katie Ernst.

25. Charles W. Schmidt, "Questions Persist: Environmental Factors in Autoimmune Disease," *Environmental Health Perspectives* 119, no. 6 (June 2011), doi:10.1289/ehp.119-a248.

26. Jin-Bao Feng et al., "Gender and Age Influence on Clinical and Laboratory Features in Chinese Patients with Systemic Lupus Erythematosus: 1,790 Cases," *Rheumatology International* 30, no. 8 (June 2010), doi:10.1007/s00296-009-1087-0.

27. V. Fuchs et al., "Factors Associated with Long Diagnostic Delay in Celiac Disease," *Scandinavian Journal of Gastroenterology* 49, no. 11 (November 2014), doi:10.3109/00365521.2014.923502.

28. The Centre for International Economics, *The Cost to Patients and the Community of Myasthenia Gravis* (prepared for Myasthenia Gravis Asso-ciation of Queensland), November 2013, www.thecie.com.au/wp-content/uploads/2014/06/Final-report_Economic-Impact-of-Myasthenia-Gravis-08112013.pdf.

29. Benjamin Bleicken et al., "Delayed Diagnosis of Adrenal Insufficiency Is Common: A Cross-Sectional Study in 216 Patients," *The American Journal of the Medical Sciences* 339, no. 6 (June 2010), doi:10.1097/MAJ.0b013e31 81db6b7a.

30. L. R. Lard et al., "Delayed Referral of Female Patients with Rheumatoid Arthritis," *The Journal of Rheumatology* 28, no. 10 (October 2001), www.ncbi. nlm.nih.gov/pubmed/11669154.

31. E. Purinszky and O. Palm, "Women with Early Rheumatoid Arthritis Are Referred Later Than Men," *Annals of the Rheumatic Diseases* 64, no. 8 (August 2005), doi:10.1136/ard.2004.031716.

32. K. Forslind, I. Hafstrom, and M. Ahlmen, "Sex: A Major Predictor of Remission in Early Rheumatoid Arthritis?" *Annals of the Rheumatic Diseases* 66, no. 1 (January 2007), doi:10.1136/ard.2006.056937.

33. Katie Ernst, Miss • reated (blog), www.misstreated.org/.

34. The Brain Tumour Charity, *Finding Myself in Your Hands*.

35. Nafees U. Din, "Age and Gender Variations in Cancer Diagnostic Intervals in 15 Cancers: Analysis of Data from the UK Clinical Practice Research Datalink," *PLOS One* 10, no. 5 (May 15, 2015), doi:10.1371/journal.pone. 0127717.

36. 152 A 2013 study, for example, concluded that more than twice . . . Georgios Lyratzopoulos et al., "Gender Inequalities in the Promptness of Diagnosis of Bladder and Renal Cancer After Symptomatic Presentation: Evidence from Secondary Analysis of an English Primary Care Audit Survey," *BMJ Open* 3, no. 6 (2013), doi:10.1136/bmjopen-2013-002861.

37. National Organization for Rare Disorders, "News from NORD: An Update for Our Members and Friends," Fall 2010, http://rarediseases.org/wp-content/ uploads/2014/12/NORD_Newsletter_Fall_2010.pdf.

38. U.S. Department of Health and Human Services, National Institutes of Health, Genetic and Rare Diseases Information Center, "FAQs About Rare Diseases," August 11, 2016, https://rarediseases.info.nih.gov/about-ordr/ pages/31/frequently-asked-questions.

39. Shire, *Rare Disease Impact Report: Insights from Patients and the Medical Community*, April 2013, https://globalgenes.org/wp-content/uploads/2013/04/ShireReport-1.pdf.

40. Kole and aurisson, *The Voice of 12,000 Patients*.

41. Laurie Edwards, "The Gender Gap in Pain," *The New York Times*, March 16, 2013, www.nytimes.com/2013/03/17/opinion/sunday/women-and-the-treatment-of-pain.html.

42. Laurie Edwards, *In the Kingdom of the Sick: A Social History of Chronic Illness in America* (New York: Bloomsbury USA, 2013), 72.

43. Author unknown, "Story: Woman Committed Rather Than Treated," *Miss*Treated* (blog), December 17, 2015, www.misstreated.org/blog/2015/12/17/woman-is-committed-rather-than-getting-the-medical-care-she-needs.

44. Elizabeth N. Chapman, Anna Kaatz, and Molly Carnes, "Physicians and Implicit Bias: How Doctors May Unwittingly Perpetuate Health Care Disparities," *Journal of General Internal Medicine* 28, no. 11 (November 2013), doi:10.1007/s11606-013-2441-1.

45. Salimah H. Meghani, Eeeseung Byun, and Rollin M. Gallagher, "Time to Take Stock: A Meta-Analysis and Systematic Review of Analgesic Treatment Disparities for Pain in the United States," *Pain Medicine* 13, no. 2 (February 2012), doi:10.1111/j.1526-4637.2011.01310.x.

46. Monika K. Goyal et al., "Racial Disparities in Pain Management of Children with Appendicitis in Emergency Departments," *JAMA Pediatrics* 169, no. 11 (November 2015), doi:10.1001/jamapediatrics.2015.1915.

47. Kelly M. Hoffman et al., "Racial Bias in Pain Assessment and Treatment Recommendations, and False Beliefs About Biological Differences Between Blacks and Whites," *PNAS* 113, no. 16 (April 19, 2016), doi:10.1073/pnas.1516047113.

48. Lupus Foundation, "Black Women Develop Lupus at Younger Age with More Life-Threatening Complications," October 24, 2013, www.lupus.org/general-news/entry/black-women-develop-lupus-younger-with-more-

life-threatening-complications.

49. Meghan O'Rourke, "What's Wrong with Me?" *The New Yorker*, August 26, 2013, www.newyorker .com/magazine/2013/08/26/whats-wrong-with-me.

50. American Thyroid Association, "General Information/Press Room," www. thyroid.org/media-main/about-hypothyroidism/.

51. American Thyroid Association, "General Information."

52. Mary Shomon, *Living Well with Hypothyroidism: What Your Doctor Doesn't Tell You . . . That You Need to Know*, rev. ed. (New York: William Morrow Paperbacks, 2005)

53. Mary Shomon, "TSH (Thyroid Stimulating Hormone) Reference Range Wars," *Very Well*, November 04, 2016, www.verywell.com/tsh-thyroid-stimulating-hormone-reference-range-wars-3232912.

54. Sara Gottfried, "Good Housekeeping's Thyroid Storm: A Case of Misogyny?" *Dear Thyroid*, August 2, 2011, http://dearthyroid.org/2011/08/02/good-housekeeping%E2%80%99s-thyroid-storm-a-case-of-misogyny/.

55. A. P. Weetman, "Whose Thyroid Hormone Replacement Is It Anyway?" *Clinical Endocrinology* 64, no. 3 (March 2006), doi:10.1111/j.1365-2265.2006.02478.x.

56. Mary Shomon, "Dear Endocrinologists: Time to Hear What Thyroid Patients Have to Say," *Very Well*, September 15, 2016, www.verywell.com/thyroid-care-feedback-from-patients-to-endocrinologists-3233126.

57. Nakazawa, *The Autoimmune Epidemic*, 24.

58. American Autoimmune Related Diseases Association, Highlights from *"The State of Autoimmune Disease."*

59. Atul Gawande, "Letting Go," *The New Yorker*, August 2, 2010, www. newyorker.com/magazine/2010/08/02/letting-go-2.

60. Atul Gawande, "The Heroism of Incremental Care," *The New Yorker*, January 23, 2017, www.newyorker.com/magazine/2017/01/23/the-heroism-of-incremental-care.

61. Daniela J. Lamas, "When the Brain Is Under Attack," *The Boston Globe*, May

27, 2013, www.bostonglobe.com/lifestyle/health-wellness/2013/05/26/when-brain-attacks-newly-discovered-disease-can-mimic-psychosis/dyixxnwdHJJIUITsNYJC3O/story.html.

62. Roberta Vitaliani et al., "Paraneoplastic Encephalitis, Psychiatric Symptoms, and Hypoventilation in Ovarian Teratoma," *Annals of Neurology* 58, no. 4 (October 2005), doi:10.1002/ana.20614.

63. Josep Dalmau et al., "Paraneoplastic Anti-NMethyl-D-Aspartate Receptor Encephalitis Associated with Ovarian Teratoma," *Annals of Neurology* 61, no. 1 (January 2007), www.ncbi.nlm.nih.gov/pmc/articles/PMC2430743/.

64. Susannah Cahalan, Brain on Fire: *My Month of Madness* (New York: Free Press, 2012), 40.

65. Maarten J. Titulaer et al., "Treatment and Prognostic Factors for Long-Term Outcome in Patients with Anti-N-Methyl-DAspartate (NMDA) Receptor Encephalitis: A Cohort Study," *Lancet Neurology* 12, no. 2 (February 2013), www.ncbi.nlm.nih.gov/pmc/articles/PMC3563251/.

66. Josep Dalmau et al., "Clinical Experience and Laboratory Investigations in Patients with Anti-NMDAR Encephalitis," *Lancet Neurology* 10, no. 1 (January 2011), doi:10.1016/S1474-4422(10)70253-2.

67. Susannah Cahalan, "My Mysterious Lost Month of Madness," *New York Post*, October 4, 2009, https://nypost.com/2009/10/04/my-mysterious-lost-month-of-madness/.

68. Gregory S. Day and Harry E. Peery, "Autoimmune Synaptic Protein Encephalopathy Syndromes and the Interplay Between Mental Health, Neurology and Immunology," *Health Science Inquiry* 4, no. 1 (2013), www.researchgate.net/profile/Gregory_Day/publication/252323135_Autoimmune_synaptic_protein_encephalopathy_syndromes_and_the_interplay_between_mental_health_neurology_and_immunology/links/0deec51f345d51dd84000000.pdf?disableCoverPage=true.

69. Matthew S. Kayser and Josep Dalmau, "The Emerging Link Between Autoimmune Disorders and Neuropsychiatric Disease," *The Journal of Neuropsychiatry and Clinical Neurosciences* 23, no. 1 (Winter 2011), doi:10.1176/appi.neuropsych.23.1.90.

70. Heather R. Williams, Colette M. Gnade, and Colleen K. Stockdale, "A Case of Hysteria: Anti-N-Methyl-DAspartate Receptor Encephalitis Resulting from a Mature Ovarian Teratoma," *Proceedings in Obstetrics and Gynecology* 6, no. 1 (March 2016), http://ir.uiowa.edu/pog/vol6/iss1/5/.

71. Rachel Roberts et al., "Not Hysteria: Ovarian Teratoma-Associated Anti-N-Methyl-D-Aspartate Receptor Encephalitis," *Scottish Medical Journal* 57, no. 3 (August 2012), doi: 10.1258/smj.2012.012026.

72. Thomas A. Pollak, "Hysteria, Hysterectomy, and Anti-NMDA Receptor Encephalitis: A Modern Perspective on an Infamous Chapter in Medicine," *BMJ* 346, no. f3756 (2013), doi:10.1136/bmj.f3756.

5장. 만성통증은 그 자체가 질병

1. All quotes from author's interview with Alexis.

2. Institute of Medicine, *Relieving Pain*.

3. Chronic Pain Research Alliance, *Impact of Chronic Overlapping Pain Conditions on Public Health and the Urgent Need for Safe and Effective Treatment: 2015 Analysis and Policy Recommendations*, May 2015, www.chronicpainresearch.org/public/CPRA_WhitePaper_2015-FINAL-Digital.pdf.

4. Department of Neurology, Johns Hopkins School of Medicine, "Pain Education in North American Medical Schools," *The Journal of Pain* 12, no. 12 (December 2011), doi:10.1016/j.jpain.2011.06.006.

5. D. Blumenthal et al., "Preparedness for Clinical Practice: Reports of Graduating Residents at Academic Health Centers," *JAMA* 286, no. 9 (September 2001), doi:10.1001/jama.286.9.1027.

6. Institute of Medicine, *Relieving Pain*.

7. Institute of Medicine, *Relieving Pain*.

8. Adley Tsang et al., "Common Chronic Pain Conditions in Developed and Developing Countries: Gender and Age Differences and Comorbidity with

Depression-Anxiety Disorders," *Journal of Pain: Official Journal of the American Pain Society* 9, no. 10 (October 2008), doi:10.1016/j.jpain.2008.05.005.

9. Jeffrey S. Mogil, "Sex Differences in Pain and Pain Inhibition: Multiple Explanations of a Controversial Phenomenon," *Nature Reviews Neuroscience* 13, no. 12 (December 2012), doi: 10.1038/nrn3360.

10. Overlapping Conditions Alliance and Campaign to End Chronic Pain in Women, *Chronic Pain in Women: Neglect, Dismissal and Discrimination*, May 2010, www.endwomenspain.org/Common/file?id=20.

11. David Niv, *EFIC's Declaration on Chronic Pain as a Major Healthcare Problem, a Disease in Its Own Right*, October 2001, www.iasp-pain.org/files/Content/ContentFolders/GlobalYearAgainstPain2/20042005RighttoPainRelief/painasadisease.pdf.

12. Clifford J. Woolf, "What Is This Thing Called Pain?" *Journal of Clinical Investigation* 120, no. 11 (November 2010), doi:10.1172/JCI45178.

13. Daniel Goldberg, "Pain Without Lesion: Debate Among American Neurologists, 1850–900," *19: Interdisciplinary Studies in the Long Nineteenth Century* 15 (December 2012), doi:10.16995/ntn.629.

14. Marcia L. Meldrum, "A Capsule History of Pain Management," *JAMA* 290, no. 18 (November 2003), doi:10.1001/jama.290.18.2470.

15. All quotes from author's interview with Daniel Clauw (director of the Chronic Pain and Fatigue Research Center).

16. Vicki Ratner, "The Interstitial Cystitis Association of America: Lessons Learned over the Past 30 Years," *Translational Andrology and Urology* 4, no. 5 (October 2015), doi:10.3978/j.issn.2223-4683.2015.09.02.

17. Unless otherwise noted, all quotes from author's interview with Vicki Ratner.

18. Anthony Walsh, quoted in Jane M. Meijlink, "Interstitial Cystitis/Bladder Pain Syndrome: An Overview of Diagnosis & Treatment," International Painful Bladder Foundation, May 2016, www.painful-bladder.org/pdf/Diagnosis&Treatment_IPBF.pdf.

19. Ratner, "Lessons Learned."

20. Ratner, "Lessons Learned."

21. Ratner, "Lessons Learned."

22. D. C. Webster, "Interstitial Cystitis: Women at Risk for Psychiatric Misdiagnosis," *AWHONN's Clinical Issues in Perinatal and Women's Health Nursing* 4, no. 2 (1993), http://europepmc.org/abstract/med/8242045.

23. Poncie Rutsch, "Why the Urologist Is Usually a Man, but Maybe Not for Long," NPR.org, April 29, 2015, www.npr.org/sections/health-shots/2015/04/29/402850925/why-the-urologist-is-usually-a-man-but-maybe-not-for-long.

24. Jane E. Brody, "Personal Health; Interstitial Cystitis: Help for a Puzzling Illness," *The New York Times*, January 25, 1995, www.nytimes.com/1995/01/25/us/personal-health-interstitial-cystitis-help-for-a-puzzling-illness.html.

25. Meijlink, "Interstitial Cystitis."

26. 186 In 2011, researchers from the RAND Corporation came . . . Sandra H. Berry et al., "Prevalence of Symptoms of Bladder Pain Syndrome/Interstitial Cystitis Among Adult Females in the United States," The Journal of Urology 186, no. 2 (August 2011), doi:10.1016/j.juro.2011.03.132.

27. Katy S. Konkle et al., "Comparison of an Interstitial Cystitis/Bladder Pain Syndrome Clinical Cohort with Symptomatic Community Women from the RAND Interstitial Cystitis Epidemiology Study," *The Journal of Urology* 187, no. 2 (February 2012), doi:10.1016/j.juro.2011.10.040.

28. Konkle et al., "Interstitial Cystitis."

29. Clifford J. Woolf, "Central Sensitization: Implications for the Diagnosis and Treatment of Pain," *Pain* 152, no. 3 (March 2011), doi:10.1016/j.pain.2010.09.030

30. Woolf, "Central Sensitization."

31. All quotes from author's interview with Cynthia Toussaint (founder of For Grace).

32. Nancy Wartik, "In Search of Relief; Hurting More, Helping Less?" *The New*

York Times, June 23, 2002, www.nytimes.com/2002/06/23/health/in-search-of-relief-hurting-more-helping-less.html.

33. Lisa Maria E. Frantsve and Robert D. Kerns, "Patient–rovider Interactions in the Management of Chronic Pain: Current Findings Within the Context of Shared Medical Decision Making," *Pain Medicine* 8, no. 1 (January–ebruary 2007), doi:10.1111/j.1526-4637.2007.00250.x.

34. Anne Werner and Kirsti Malterud, "It Is Hard Work Behaving as a Credible Patient: Encounters Between Women with Chronic Pain and Their Doctors," *Social Science and Medicine* 57, no. 8 (October 2003).

35. Thomas Hadjistarvropoulos, Bruce McMurty, and Kenneth D. Craig, "Beautiful Faces in Pain: Biases and Accuracy in the Perception of Pain," *Psychology and Health* 11, no. 3 (March 1996).

36. Pat Anson, "Women in Pain Report Significant Gender Bias," *National Pain Report*, September 12, 2014, http://nationalpainreport.com/women-in-pain-report-significant-gender-bias-8824696.html.

37. Judy Foreman, *A Nation in Pain: Healing Our Biggest Health Problem* (New York: Oxford Univ. Press, 2014).

38. German Lopez, "A Pain Doctor Explains How He Balances His Patients' Needs with the Opioid Epidemic's Lessons," *Vox*, May 2, 2017, https://www.vox.com/policy-and-politics/2017/5/2/15440000/sean-mackey-opioids-chronic-pain.

39. Chronic Pain Research Alliance, *Impact*.

40. Harold Merskey, "Pain Disorder, Hysteria or Somatization?" *Pain Research and Management* 9, no. 2 (Summer 2004), doi:10.1155/2004/605328.

41. Paula Kamen, *All in My Head: An Epic Quest to Cure an Unrelenting, Totally Unreasonable, and Only Slightly Enlightening Headache* (Boston: De Capo Press, 2006), 109.

42. Harold Merskey, "History of Psychoanalytic Ideas Concerning Pain," in *Personality Characteristics of Patients with Pain*, eds. Robert J. Gatchel and James N. Weisberg (Washington, DC: American Psychological Association, 2000), 25–5.

43. Ronald Melzack, "Pain and the Neuromatrix in the Brain," *Journal of Dental Education* 65, no. 12 (December 2001), www.ncbi.nlm.nih.gov/pubmed/117 80656.

44. Chronic Pain Research Alliance, *Impact*.

45. Daniel J. Clauw, "Round 35: Neurobiology of Chronic Pain: Lessons Learned from Fibromyalgia and Related Conditions," Johns Hopkins Arthritis Center, July 9, 2010, www.hopkinsarthritis.org/physician-corner/rheumatology-rounds/round-35-neurobiology-of-chronic-pain-lessons-learned-from-fibromyalgia-and-related-conditions/.

46. Hong Chen et al., "Relationship Between Temporomandibular Disorders, Widespread Palpation Tenderness and Multiple Pain Conditions: A Case-Control Study," *The Journal of Pain: Official Journal of the American Pain Society* 13, no. 10 (October 2012), doi:10.1016/j.jpain.2012.07.011.

47. All quotes from author's interview with Chris Veasley (director of the Chronic Pain Research Alliance).

48. Fatma Inanici and Muhammad B. Yunus, "History of Fibromyalgia: Past to Present," *Current Pain and Headache Reports* 8, no. 5 (October 2004), doi:10.1007/s11916-996-0010-6; Howard B. Pikoff, "A Study in Psychological Mislabelling: The Rise and (Protracted) Fall of Psychogenic Fibromyalgia," International Musculoskeletal Medicine 32, no. 3 (2010), doi:10.1179/1753614 10X12798116924336.

49. Pierre Briquet, *Clinical and Therapeutic Treatise on Hysteria* (1859), quoted in David B. Morris, *The Culture of Pain* (Berkeley: Univ. of California Press, 1993), 110.

50. James L. Halliday, "Psychological Factors in Rheumatism, Part I," *British Medical Journal* 1, no. 3969 (January 1937), www.ncbi.nlm.nih.gov/pmc/articles/PMC2092737/.

51. Edward W. Boland and William P. Corr, "Psychogenic Rheumatism," *JAMA* 123, no. 13 (November 1943), doi: 10.1001/jama.1943.02840480005002.

52. Bret Stetka, "Fibromyalgia: Maligned, Misunderstood and (Finally) Treatable," *Scientific American*, May 27, 2014, www.scientificamerican.com/article/

fibromyalgia-maligned-misunderstood-and-finally-treatable/.

53. Frederick Wolfe et al., "Criteria for the Classification of Fibromyalgia," *Arthritis and Rheumatism* 33, no. 2 (February 1990), doi:10.1007/978-3-642-86812-2_2.

54. Frederick Wolfe et al., "The American College of Rheumatology Preliminary Diagnostic Criteria for Fibromyalgia and Measurement of Symptom Severity," *Arthritis Care and Research* 62, no. 5 (May 2010), doi:10.1002/acr.20140.

55. Joel Katz, Brittany N. Rosenbloom, and Samantha Fashler, "Chronic Pain, Psychopathology, and DSM-5 Somatic Symptom Disorder," *Canadian Journal of Psychiatry* 60, no. 4 (April 2015), doi:10.1177/070674371506000402.

56. Alex Berenson, "Drug Approved. Is Disease Real?" *The New York Times*, January 14, 2008, www.nytimes.com/2008/01/14/health/14pain.html.

57. Jerome Groopman, "Hurting All Over: With So Many People in So Much Pain, How Could Fibromyalgia Not Be a Disease?" *The New Yorker*, November 13, 2000.

58. Daniel J. Clauw, "Chronic Pain: Is It All in Their Head?," presentation at the University of Michigan on December 5, 2013, www.youtube.com/watch?v=pgCfkA9RLrM.

59. David Edelberg, "Medical Sexism and Fibromyalgia," WholeHealth Chicago, December 5, 2011, http://wholehealthchicago.com/2011/12/05/medical-sexism-and-fibromyalgia/.

60. Brian Walitt et al., "The Prevalence and Characteristics of Fibromyalgia in the 2012 National Health Interview Survey," ed. Mario D. Cordero, PLOS One 10, no. 9 (September 2015), doi:10.1371/journal.pone.0138024.

61. Carroline P. Lobo et al., "Impact of Invalidation and Trust in Physicians on Health Outcomes in Fibromyalgia Patients," *The Primary Care Companion for CNS Disorders* 16, no. 5 (October 2014), doi:10.4088/PCC.14m01664.

62. Edelberg, "Medical Sexism."

63. Amy Berkowitz, *Tender Points* (Oakland: Timeless, Infinite Light, 2015).

64. Frederick Wolfe and Brian Walitt, "Culture, Science and the Changing Nature of Fibromyalgia," *Nature Reviews Rheumatology* 9, no. 12 (December 2013), doi:10.1038/nrrheum.2013.96.

65. Institute of Medicine, *Relieving Pain.*

66. Migraine Research Foundation, "Migraine Facts," https:// migraineresearchfoundation.org/about-migraine/migraine-facts/.

67. Joanna Kempner, *Not Tonight: Migraine and the Politics of Gender and Health* (Chicago: The Univ. of Chicago Press, 2014).

68. Joan Didion, *The White Album: Essays* (New York: Farrar, Straus and Giroux, 2009), 171.

69. Liz McNeil, "Cindy McCain's Secret Struggle with Migraines," *People*, September 2, 2006, http://people.com/celebrity/cindy-mccains-secret-struggle-with-migraines/.

70. P. Phillips, "Migraine as a Woman's Issue—ill Research and New Treatments Help?" *JAMA* 280, no. 23 (December 1998), doi:10.1001/jama.280.23.1975-JMN1216-2-1.

71. Stephen Silberstein, quoted in Kempner, *Not Tonight*, 66.

72. Peter Wallwork Latham, *On Nervous or Sick-Headache: Its Varieties and Treatment* (Cambridge: Deighton, Bell and Co., 1873), 15.

73. Helen Goodell, "Thirty Years of Headache Research in the Laboratory of the Late Dr. Harold G. Wolff," *Headache* 6 (1967), 162, quoted in Kempner, *Not Tonight*, 40.

74. Harold Wolff, *Headache and Other Head Pain*, quoted in Kempner, *Not Tonight*, 40.

75. Walter C. Alvarez, "The Migrainous Woman and All Her Troubles," *Alexander Blain Hospital Bulletin* 4 (1945): 3 - 8

76. Patrick P. A. Humphrey, "The Discovery and Development of the Triptans, a Major Therapeutic Breakthrough," *Headache* 48, no. 5 (May 2008), doi:10.1111/j.1526-4610.2008.01097.x.

77. Kempner, *Not Tonight*, 56.

78. Madeline Drexler, *New Approaches to Neurological Pain: Planning for the Future* (Boston: The Dana Foundation, 2008), 3.

79. Richard . Lipton et al., "Migraine Practice Patterns Among Neurologists," *Neurology* 62, no. 11 (June 2004): 1926 – 1, cited in Kempner, *Not Tonight*, 8.

80. Todd J. Schwedt and Robert E. Shapiro, "Funding of Research on Headache Disorders by the National Institutes of Health," *Headache* 49, no. 2 (February 2009), doi:10.1111/j.1526-4610.2008.01323.x.

81. Domenico D'Amico and Stewart J. Tepper, "Prophylaxis of Migraine: General Principles and Patient Acceptance," *Neuropsychiatric Disease and Treatment* 4, no. 6 (December 2008), doi:10.2147/NDT.S3497.

82. All quotes from author's interview with Maureen.

83. Kempner, *Not Tonight*, 12.

6장. 이브의 저주, 아픈 데 정상이라니

1. All quotes from author's interview with Ellen.

2. Auguste Fabre, L'hysterie viscerale—ouveaux fragments de clinique medicale (Paris: A. Delahaye & E. Lecrosnier, 1883), 3, quoted in Elaine Showalter, "Hysteria, Feminism, and Gender," in *Hysteria Beyond Freud*, ed. Sander L. Gilman et al. (Berkeley: Univ. of California Press, 1993), 287.

3. George Engelmann, quoted in Ehrenreich and English, *For Her Own Good*, 121.

4. Ehrenreich and English, *For Her Own Good*, 121.

5. W. C. Taylor, A Physician's Counsels to Woman in Health and Disease (Springfield: W. J. Holland and Co., 1871), 284 – 5, quoted in Ehrenreich and English, *For Her Own Good*, 122.

6. J. P. Greenhill, Office Gynecology, quoted in Corea, *The Hidden Malpractice*, 80.

7. Robert A. Wilson, *Feminine Forever* (New York: Pocket Books, 1966), 17 and 20, quoted in Joan C. Callahan, "Menopause: Taking the Cures or Curing the Takes?" in *Mother Time: Women, Aging and Ethics*, ed. Margaret Urban Walker (Lanham, MD: Rowman & Littlefield Publishers, 1999), 151.

8. Susan M. Love with Karen Lindsey, *Dr. Susan Love's Hormone Book* (New York: Random House, 1997), 20, quoted in Joan C. Callahan, "Menopause: Taking the Cures or Curing the Takes?" in *Mother Time: Women, Aging and Ethics*, ed. Margaret Urban Walker (Lanham, MD: Rowman & Littlefield Publishers, 1999), 161–2.

9. Joan C. Callahan, "Menopause: Taking the Cures or Curing the Takes?" in *Mother Time: Women, Aging and Ethics*, ed. Margaret Urban Walker (Lanham, MD: Rowman & Littlefield Publishers, 1999), 161–2.

10. Endometriosis Association, "What Is Endometriosis?" www.endometriosisassn.org/endo.html.

11. Robert N. Taylor et al., "Pain and Endometriosis: Etiology, Impact, and Therapeutics," Middle East Fertility Society Journal 17, no. 4 (December 2012), doi:10.1016/j.mefs.2012.09.002.

12. Y. Ozawa et al., "Management of the Pain Associated with Endometriosis: An Update of the Painful Problems," *Tohoku Journal of Experimental Medicine* 210, no. 3 (November 2006), www.ncbi.nlm.nih.gov/pubmed/17077594.

13. N. Sinaii et al., "High Rates of Autoimmune and Endocrine Disorders, Fibromyalgia, Chronic Fatigue Syndrome and Atopic Diseases Among Women with Endometriosis: A Survey Analysis," *Human Reproduction* 17, no. 10 (October 2002), doi:10.1093/humrep/17.10.2715.

14. R. Hadfield et al., "Delay in the Diagnosis of Endometriosis: A Survey of Women from the USA and the UK," *Human Reproduction* 11, no. 4 (April 1996), doi:10.1093/oxfordjournals.humrep.a019270.

15. I. Brosens, S. Gordts, and G. Benagiano, "Endometriosis in Adolescents Is a Hidden, Progressive and Severe Disease That Deserves Attention, Not Just Compassion," *Human Reproduction* 28, no. 8 (August 2013), doi: 10.1093/humrep/det243.

16. Camran Nezhat et al., "Endometriosis: Ancient Disease, Ancient Treatments," *Fertility and Sterility* 98, no. 6 (December 2012), doi:10.1016/j.fertnstert.2012.08.001.

17. Nezhat et al., "Endometriosis."

18. Ella Shohat, "Lasers for Ladies: Endo Discourse and the Inscriptions of Science," *Camera Obscura* 10, no. 2 29 (May 1992), doi:10.1215/02705346-10-2_29-57.

19. Mary Lou Ballweg, "Blaming the Victim: The Psychologizing of Endometriosis," *Obstetrics and Gynecology Clinics of North America* 24, no. 2 (June 1997), doi: 10.1016/S0889-8545(05)70312-0.

20. All quotes from author's interview with Mary Lou Ballweg (founder of the Endometriosis Association).

21. Karen Ballard, Karen Lowton, and Jeremy Wright, "What's the Delay? A Qualitative Study of Women's Experiences of Reaching a Diagnosis of Endometriosis," *Fertility and Sterility* 86, no. 5 (November 2006), doi:10.1016/j.fertnstert.2006.04.054.

22. Kate Seear, "The Etiquette of Endometriosis: Stigmatisation, Menstrual Concealment and the Diagnostic Delay," *Social Science and Medicine* 69, no. 8 (October 2009), doi:10.1016/j.socscimed.2009.07.023.

23. Mary Lou Ballweg, "Primary Dysmenorrhea—enstrual 'Cramps'—atters!" National Women's Health Network, May 9, 2017, www.nwhn.org/primary-dysmenorrhea-menstrual-cramps-matters/.

24. Pallavi Latthe et al., "WHO Systematic Review of Prevalence of Chronic Pelvic Pain: A Neglected Reproductive Health Morbidity," *BMC Public Health* 6, no. 177 (July 2006), doi:10.1186/1471-2458-6-177.

25. M. J. Fuldeore and A. M. Soliman, "Prevalence and Symptomatic Burden of Diagnosed Endometriosis in the United States: National Estimates from a Cross-Sectional Survey of 59,411 Women," *Gynecologic and Obstetric Investigation* 82, no. 5 (2017), doi:10.1159/000452660.

26. Joe Vincent Meigs, "Endometriosis—ts Significance," *Annals of Surgery* 114, no. 5 (November 1941), https://www.ncbi.nlm.nih.gov/pmc/articles/PMC1385984/pdf/annsurg00379-0069.pdf.

27. Robert William Kistner, *Gynecology: Principals and Practice* (Chicago: Year Book Medical Publishers, 1971).

28. R. W. Kistner, quoted in Kate Seear, *The Makings of a Modern Epidemic: Endometriosis, Gender and Politics* (New York: Routledge, 2014), 114.

29. Niels H. Lauersen and Constance deSwann, *The Endometriosis Answer Book: New Hope, New Help* (New York: Rawson Associates/MacMillan, 1988), 20.

30. Kate Seear, *The Makings of a Modern Epidemic: Endometriosis, Gender and Politics* (New York: Routledge, 2014), 43.

31. Stephen Kennedy, "Who Gets Endometriosis?" *Women's Health Medicine* 2, no. 1 (January 2005), doi:10.1383/wohm.2.1.18.58876.

32. Shannon Cohn, *Endo What?*, www.endowhat.com/.

33. Carolyn Carpan, "Representation of Endometriosis in the Popular Press: 'The Career Woman's Disease,' " *Atlantis* 27, no. 2 (Spring/Summer 2003), http://journals.msvu.ca/index.php/atlantis/article/view/1317.

34. Taylor et al., "Pain and Endometriosis."

35. Taylor et al., "Pain and Endometriosis."

36. Robert Albee Jr., "Is Endometriosis All in Your Head?" Endometriosis.org, http://endometriosis.org/news/opinion/albee-is-endometriosis-all-in-your-head/.

37. Shannon Cohn, *Endo What?*, www.endowhat.com/.

38. M. S. Arid et al., "Time Elapsed from Onset of Symptoms to Diagnosis of Endometriosis in a Cohort Study of Brazilian Women," *Human Reproduction* 18, no. 4 (April 2003), doi:10.1093/humrep/deg136.

39. Lisa M. Sammiguel, "What's Wrong with This Picture? Comparing Lived Experience and Textual Representations of Endometriosis," in Norman K. Denzin, ed., *Cultural Studies*, vol. 1 (Bingley, UK: Emerald Publishing Group, 1996).

40. Emma Whelan, "Staging and Profiling: The Constitution of the Endometriotic Subject in Gynecological Discourse," *Alternate Routes* 14 (1997), www.alternateroutes.ca/index.php/ar/article/view/20326.

41. Emma Whelan, "Negotiating Science and Experience in Medical Knowledge:

Gynecologists on Endometriosis," *Social Science and Medicine* 68, no. 8 (April 2009), doi:10.1016/j.socscimed.2009.01.032.

42. Cara E. Jones, "Wandering Wombs and 'Female Troubles': The Hysterical Origins, Symptoms, and Treatments of Endometriosis," *Women's Studies: An Interdisciplinary Journal* 44, no. 8 (November 2015), doi:10.1080/00497878.2015 .1078212.

43. Whelan, "Staging and Profiling."

44. Laurence and Weinhouse, *Outrageous Practices*, 3.

45. All quotes from author's interview with Heather Guidone (surgical program director for the Center for Endometriosis Care).

46. Ray Garry, "The Endometriosis Syndromes: A Clinical Classification in the Presence of Aetiological Confusion and Therapeutic Anarchy," *Human Reproduction* 19, no. 4 (April 2004), doi:10.1093/humrep/deh147.

47. Sylvia Freedman, "With Endometriosis Shouldn't 'Let's Get You Well' Come Before 'Let's Get You Pregnant'" *The Guardian*, February 18, 2016, www.theguardian.com/commentisfree/2016/feb/19/with-endometriosis-shouldnt-lets-get-you-well-come-before-lets-get-you-pregnant.

48. R. Jaffe, foreword to *Endometriosis: The Complete Reference for Taking Charge of Your Health*, eds. M. L. Ballweg and the Endometriosis Association (New York: McGraw-Hill Education, 2003), xv–vii.

49. David B. Redwine and Endometriosis Institute of Oregon, *100 Questions & Answers About Endometriosis* (Sudbury, MA: Jones and Bartlett Publishers, 2009).

50. Shohat, "Lasers."

51. Jones, "Wandering."

52. All quotes from author's interview with Nicole.

53. "Endo Under-Diagnosed and Difficult to Treat," DrDeMarco.com, www.drdemarco.com/charge/rq039.htm.

54. Mary Lou Ballweg and the Endometriosis Association, *The Endometriosis Sourcebook* (Chicago: Contemporary Books, 1995).

55. Alison Prior et al., "Irritable Bowel Syndrome in the Gynecological Clinic:

Survey of 798 Referrals," *Digestive Diseases and Sciences* 34, no. 13 (December 1989), doi:10.1007/BF01536698.

56. Interstitial Cystitis Association, *Because You Care: Exploring the Unique Intimacy Issues of People with Interstitial Cystitis* (Rockville, MD: Interstitial Cystitis Association, 2006).

57. B. L. Harlow and E. G. Stewart, "Population-Based Assessment of Chronic Unexplained Vulvar Pain: Have We Underestimated the Prevalence of Vulvodynia?" *Journal of the American Medical Women's Association* 58, no. 2 (Spring 2003), www.ncbi.nlm.nih.gov/pubmed/12744420.

58. Barbara D. Reed et al., "Prevalence and Demographic Characteristics of Vulvodynia in a Population-Based Sample," *American Journal of Obstetrics and Gynecology* 206, no. 2 (February 2012), doi:10.1016/j.ajog.2011.08.012.

59. B. D. Reed et al., "Pain at the Vulvar Vestibule: A Web-Based Survey," Journal of Lower Genital Tract Disease 8, no. 1 (January 2004), www.ncbi.nlm.nih.gov/pubmed/15874837; R. J. Lavy, L. S. Hynan, and R. W. Haley, "Prevalence of Vulvar Pain in an Urban, Minority Population," *Journal of Reproductive Medicine* 52, no. 1 (January 2007), www.ncbi.nlm.nih.gov/pubmed/17286071.

60. Reed et al., "Prevalence and Demographic Characteristics."

61. T. G. Thomas, *Practical Treatise on the Diseases of Women* (Philadelphia: Henry C. Lea's Son, 1874), 115.

62. Marek Jantos, *A Psychophysiological Perspective on Vulvodynia* (thesis, Univ. of Adelaide, 2009), https://digital.library.adelaide.edu.au/dspace/bitstream/2440/61980/8/02whole.pdf.

63. Amy Kaler, "Gendered Normativities and Shifting Metaphors of Vulvar Pain," paper presented at the annual meeting of the American Sociological Association, Montreal Convention Center, Montreal, Quebec, Canada, August 10, 2006, http://citation.allacademic.com/meta/p_mla_apa_research_citation/0/9/6/9/2/pages96925/p96925-1.php.

64. J. Malleson, "Sex Problems in Marriage with Particular Reference to Coital Discomfort and the Unconsummated Marriage," *Practitioner* 172, no. 1030 (April 1954), ww.ncbi.nlm.nih.gov/pubmed/13155342.

65. Kaler, "Gendered Normativities."

66. M. F. Weiner, "Wives Who Refuse Their Husbands," *Psychosomatics* 14, no. 5 (September – October 1973), doi:10.1016/S0033-3182(73)71320-7.

67. Weiner, "Wives Who Refuse."

68. M. G. Dodson and E. G. Friedrich Jr., "Psychosomatic Vulvovaginitis," *Obstetrics and Gynecology* 51, no. 1 supp. (January 1978), www.ncbi.nlm.nih. gov/pubmed/618469.

69. C. M. Duddle, "Etiological Factors in the Unconsummated Marriage," *Journal of Psychosomatic Research* 21, no. 2 (1977), doi:10.1016/0022-3999(77)90083-6.

70. Amy Kaler, "Classifying Pain: What's at Stake for Women with Dyspareunia," *Archives of Sexual Behavior* 34, no. 1 (February 2005), doi:10.1007/s10508-005-7467-x.

71. P. Lynch, "Vulvodynia: A Syndrome of Unexplained Vulvar Pain, Psychological Disability and Sexual Dysfunction," *Journal of Reproductive Medicine* 31, no. 9 (September 1986), doi:10.1080/713846809.

72. Marilynne McKay, "Vulvodynia: A Multifactorial Clinical Problem," *Archives of Dermatology* 125, no. 2 (February 1989), doi:10.1001/archderm.1989. 01670140108021.

73. All quotes from author's interview with Phyllis Mate (former executive director of the National Vulvodynia Association).

74. Caroline F. Pukall, "Pain Measurement in Vulvodynia," *Journal of Sex and Marital Therapy* 29, no. 1 (February 2003), doi:10.1080/713847136.

75. L. R. Schover, David D. Youngs, and Ruth Cantata, "Psychosexual Aspects of the Evaluation and Management of Vulvar Vestibulitis," *American Journal of Obstetrics and Gynecology* 167, no. 3 (September 1992), doi:10.1016/S0002-9378(11)91562-2.

76. R. Basson, "Vulvar Vestibulitis Syndrome: A Common Condition Which May Present as Vaginismus," *Journal of Sexual and Marital Therapy* 9, no. 3 (1994), doi:10.1080/02674659408409587.

77. Franco Mascherpa, "Vulvodynia as a Possible Somotoform Disorder: More Than Just an Opinion," *The Journal of Reproductive Medicine* 52, no. 2 (February 2007), www.ncbi.nlm.nih.gov/pubmed/17393771.

78. Jennifer J. Connor, Cassandra M. Brix, and Stephanie Trudeau-Hern, "The Diagnosis of Provoked Vestibulodynia: Steps and Roadblocks in a Long Journey," *Sexual and Relationship Therapy* 28, no. 4 (2013), doi:10.1080/14681 994.2013.842969.

79. U.S. Department of Health and Human Services, National Institutes of Health, Eunice Kennedy Shriver National Institute of Child Health and Human Development, *What Are the Treatments for Vulvodynia?*, www.nichd. nih.gov/health/topics/vulvodynia/conditioninfo/Pages/treatment.aspx.

80. U.S. Department of Health and Human Services, National Institutes of Health, Eunice Kennedy Shriver National Institute of Child Health and Human Development, *NIH Research Plan on Vulvodynia*, www.nichd.nih.gov/ publications/pubs/documents/NIH_Vulvodynia_Plan_April2012.pdf.

81. All quotes from author's interview with Rebecca.

82. Karin M. Ouchida and Mark S. Lachs, "Not for Doctors Only: Ageism in Healthcare," *Generations* (Fall 2015), www.asaging.org/blog/not-doctors-only-ageism-healthcare.

83. Stephen Thielke, Joanna Sale, and M. Carrington Reid, "Aging: Are These 4 Pain Myths Complicating Care?" *The Journal of Family Practice* 61, no. 11 (November 2012), www.ncbi.nlm.nih.gov/pmc/articles/PMC4356472/.

84. Juno Obedin-Maliver et al., "Lesbian, Gay, Bisexual, and Transgender-Related Content in Undergraduate Medical Education," *JAMA* 306, no. 9 (September 2011), doi:10.1001/jama.2011.1255.

85. Jaime M. Grant, Lisa A. Mottet, and Justin Tanis, *Injustice at Every Turn: A Report of the National Transgender Discrimination Survey* (Washington, DC: National Center for Transgender Equality and National Gay and Lesbian Task Force, 2011).

86. Naith Payton, "Feature: The Dangers of Trans Broken Arm Syndrome," *PinkNews*, July 9, 2015, www.pinknews.co.uk/2015/07/09/feature-the-dangers-of-trans-broken-arm-syndrome/.

87. Harriet Brown, "For Obese People, Prejudice in Plain Sight," *The New York Times*, March 15, 2010, www.nytimes.com/2010/03/16/health/16essa.html.

88. Christopher N. Sciamanna et al., "Who Reports Receiving Advice to Lose Weight? Results from a Multistate Survey," *Archives of Internal Medicine* 160, no. 15 (August 2000), doi:10.1001/archinte.160.15.2334.

89. Caitlin Anderson et al., "Weight Loss and Gender: An Examination of Physician Attitudes," *Obesity* 9, no. 4 (April 2001), doi:10.1038/oby.2001.30.

90. Ryan Sean Darby, Nicole Henniger, Christine R. Harris, "Reactions to Physician-Inspired Shame and Guilt," *Basic and Applied Social Psychology* 36, no. 1 (February 2014), doi:10.1080/01973533.2013.856782.

91. All quotations from the author's interview with Harriet Brown.

92. R. M. Puhl, T. Andreyeva, and K. D. Brownell, "Perceptions of Weight Discrimination: Prevalence and Comparison to Race and Gender Discrimination in America," *International Journal of Obesity* 32, no. 6 (June 2008), doi:10.1038/ijo.2008.22.

93. Tara Parker-Pope, "Fat Bias Worse for Women," *The New York Times*, March 31, 2008, https://well.blogs.nytimes.com/2008/03/31/fat-bias-worse-for-women/.

94. Catherine M. Phillips et al., "Defining Metabolically Healthy Obesity: Role of Dietary and Lifestyle Factors," ed. Stephen L. Atkin, PLOS One 8, no. 10 (October 2013), doi:10.1371/journal.pone.0076188.

95. A. J. Tomiyama et al., "Misclassification of Cardiometabolic Health When Using Body Mass Index Categories in NHANES 2005–012," *International Journal of Obesity* 40, no. 5 (May 2016), doi:10.1038/ijo.2016.17.

96. Rachel P. Wildman et al., "The Obese Without Cardiometabolic Risk Factor Clustering and the Normal Weight with Cardiometabolic Risk Factor Clustering: Prevalence and Correlates of 2 Phenotypes Among the US Population (NHANES 1999–004)," *Archives of Internal Medicine* 168, no. 15 (August 2008), doi:10.1001/archinte.168.15.1617.

97. American College of Cardiology, "Many Women Not Properly Informed of Heart Risk by Their Doctors: Survey Shows Women Are Less Likely to Get

Recommended Monitoring, Often Told to Lose Weight," *ScienceDaily*, March 23, 2016, www.sciencedaily.com/releases/2016/03/160323185532.htm.

98. Christine Aramburu Alegria and Margaret Louis, "Exploring the Association Between Body Weight, Stigma of Obesity, and Health Care Avoidance," *Journal of the American Academy of Nurse Practitioners* 14, no. 12 (December 2002), doi:10.1111/j.1745-7599.2002.tb00089.x.

99. Gina Kolata, "Why Do Obese Patients Get Worse Care? Many Doctors Don't See Past the Fat," *The New York Times*, September 25, 2016, www.nytimes.com/2016/09/26/health/obese-patients-health-care.html.

100. All quotes from author's interview with Natalie.

101. Lara Parker, "Here Are 29 Stories from Women Whose Doctors Did Not Take Their Pain Seriously," *BuzzFeed*, March 20, 2017, www.buzzfeed.com/laraparker/women-pain?utm_term=.voNVkreQA#.wgRD3wNov.

102. Angela Epstein, "Do You Suffer from Night Sweats? Don't Blame the Menopause Just Yet: After Being Misdiagnosed by Doctors for Two Years, Wendy Discovered She Had Cancer," *Daily Mail*, December 5, 2016, www.dailymail.co.uk/health/article-4002952/Do-suffer-night-sweats-Don-t-blame-menopause-just-misdiagnosed-doctors-two-years-Wendy-discovered-cancer.html.

103. Julissa Catalan (as told to), "Doctors Told Me My Uterine Cancer Was Menopause," *Prevention*, June 7, 2016, www.prevention.com/health/doctors-told-me-my-uterine-cancer-was-menopause.

104. Spotted Quoll, comment on Soraya Chemaly, "How Sexism Affects Women's Health Every Day," *Role Reboot*, June 23, 2015, www.rolereboot.org/culture-and-politics/details/2015-06-how-sexism-affects-womens-health-every-day/#comment-2096176555.

105. notmymonkees, comment on the thread "How Doctors Take Women's Pain Less Seriously (theatlantic.com)," in the subreddit "TwoXChromosomes," Reddit, October 15, 2015, www.reddit.com/r/TwoXChromosomes/comments/3ouv3t/how_doctors_take_womens_pain_less_seriously/cw0u5vw/.

106. Radhika Sanghani, " 'It's Just Lady Pains': Are Doctors Not Taking Women's Agony Seriously Enough?" *The Telegraph*, October 22, 2015, www.telegraph.co.uk/women/womens-life/11948057/Lady-pains-Are-doctors-not-taking-womens-pain-seriously-enough.html.

7장. 경쟁 질병

1. All quotes from author's interview with Jen Brea.

2. Charles E. Rosenberg and Janet Golden, eds., *Framing Disease: Studies in Cultural History* (New Brunswick, NJ: Rutgers Univ. Press, 1992), xiii.

3. Charles V. Ford, "Somatization and Fashionable Diagnoses: Illness as a Way of Life," *Scandinavian Journal of Work, Environment and Health* 23, no. 3 (1997), www.jstor.org/stable/40966698.

4. Hillary Johnson, *Osler's Web: Inside the Labyrinth of the Chronic Fatigue Syndrome Epidemic* (Lincoln, NE: Backinprint.com, 2006), 269.

5. Larry Thompson, "Chronic Fatigue Is Often Mental Illness," *The Washington Post*, May 10, 1988, www.highbeam.com/doc/1P2-1256027.html.

6. Loraine O'Connell, "Fatigue: Fact or Figment?" *Orlando Sentinel*, June 14, 1988, http://articles.orlandosentinel.com/1988-06-14/lifestyle/0040450292_1_fatigue-researchers-chronic.

7. M. J. Kruesi, J. Dale, and S. E. Straus, "Psychiatric Diagnoses in Patients Who Have Chronic Fatigue Syndrome," *Journal of Clinical Psychiatry* 50, no. 2 (February 1989), www.ncbi.nlm.nih.gov/pubmed/2536690.

8. Center for Drug Evaluation and Research and U.S. Food and Drug Administration, *Chronic Fatigue Syndrome and Myalgic Encephalomyelitis*, September 2013, www.fda.gov/downloads/ForIndustry/UserFees/PrescriptionDrugUserFee/UCM368806.pdf.

9. Committee on the Diagnostic Criteria for Myalgic Encephalomyelitis/Chronic Fatigue Syndrome, *Beyond Myalgic Encephalomyelitis/Chronic Fatigue*

Syndrome: Redefining an Illness (Washington, DC: The National Academies Press, 2015).

10. Jin-Mann S. Lin et al., "The Economic Impact of Chronic Fatigue Syndrome in Georgia: Direct and Indirect Costs," *Cost Effectiveness and Resource Allocation* 9, no. 1 (January 2011), doi:10.1186/1478-7547-9-1.

11. Committee on the Diagnostic Criteria, *Beyond Myalgic Encephalomyelitis*.

12. Leonard A. Jason et al., "Frequency and Content Analysis of CFS in Medical Text Books," *Australian Journal of Primary Health* 16, no. 2 (2010), www.ncbi. nlm.nih.gov/pmc/articles/PMC3691015/.

13. E. Unger et al., "CFS Knowledge and Illness Management Behavior Among U.S. Healthcare Providers and the Public" (paper, IACFS/ME conference, Ottawa, CA, 2011).

14. The CFIDS Association of America, *ME/CFS Road to Diagnosis Survey*, conducted January 2014, http://solvecfs.org/wp-content/uploads/2014/01/IOM_RoadtoDiagnosisSurveyReport.pdf; "A Profile of ME/CFS Patients: How Many Years and How Many Doctors?" *ProHealth*, May 16, 2008, www.prohealth.com/library/showarticle.cfm?libid=13672.

15. Committee on the Diagnostic Criteria, *Beyond Myalgic Encephalomyelitis*.

16. Carol Jessop, quoted in Johnson, *Osler's Web*, 3.

17. Jessop, in Johnson, *Osler's Web*, 69.

18. Dorothy H. Broom and Roslyn V. Woodward, "Medicalisation Reconsidered: Toward a Collaborative Approach to Care," *Sociology of Health and Illness* 18, no. 3 (June 1996), doi:10.1111/1467-9566.ep10934730.

19. All quotes from author's interview with Hillary Johnson.

20. Colin P. McEvedy and A. W. Beard, "Royal Free Epidemic of 1955: A Reconsideration," *British Medical Journal* 1, no. 5687 (February 1970), doi:10.1136/bmj.1.5687.7.

21. Colin P. McEvedy and A. W. Beard, "Concept of Benign Myalgic Encephalomyelitis," *British Medical Journal* 1, no. 5687 (January 1970), www.ncbi.nlm.nih.gov/pmc/articles/PMC1700895/pdf/brmedj02268-0023.pdf.

22. Dick Thompson, "Medicine: Stealthy Epidemic of Exhaustion," *Time*, June 29, 1987, http://content.time.com/time/magazine/article/0,9171,964813,00.html.

23. West 57th, CBS, December 10, 1987, quoted in Johnson, *Osler's Web*, 232–33.

24. "Transcript of Frontline Documentary on ME from 1993," *Indigo Jo Blogs*, www.blogistan.co.uk/blog/articles/transcript_of_frontline_documentary_on_me_from_1993.

25. Patricia de Wolfe, "ME: The Rise and Fall of a Media Sensation," *Medical Sociology Online* 4, no. 1 (June 2009), www.medicalsociologyonline.org/oldsite/archives/issue41/pdwolfe.html.

26. S. E. Abbey and P. E. Garfinkel, "Neurasthenia and Chronic Fatigue Syndrome: The Role of Culture in the Making of a Diagnosis," *American Journal of Psychiatry* 148, no. 12 (December 1991), doi:10.1176/ajp.148.12.1638.

27. N. C. Ware and A. Kleinman, "Culture and Somatic Experience: The Social Course of Illness in Neurasthenia and Chronic Fatigue Syndrome," *Psychosomatic Medicine* 54, no. 5 (September–ctober 1992), doi:10.1097/00006842-199209000-00003.

28. Judith A. Richman et al., "Feminist Perspectives on the Social Construction of Chronic Fatigue Syndrome," *Health Care for Women International* 14, no. 4 (2000), doi:10.1080/073993300245249.

29. S. E. Strauss et al., "Allergy and the Chronic Fatigue Syndrome," *Journal of Allergy and Clinical Immunology* 81, no. 5 (May 1988), www.ncbi.nlm.nih.gov/pubmed/2836490.

30. Johnson, *Osler's Web*, 253.

31. S. A. Daugherty et al., "Chronic Fatigue Syndrome in Northern Nevada," *Reviews of Infectious Diseases* 13, no. 1 (January–ebruary 1991), www.ncbi.nlm.nih.gov/pubmed/1850542.

32. Leonard A. Jason, "A Community-Based Study of Chronic Fatigue Syndrome," *Archives of Internal Medicine* 159, no. 18 (October 1999), doi:10.1001/archinte.159.18.2129.

33. Philip M. Boffey, "Fatigue 'Virus' Has Experts More Baffled and Skeptical

Than Ever," *The New York Times*, July 28, 1987, www.nytimes.com/1987/07/28/science/fatigue-virus-has-experts-more-baffled-and-skeptical-than-ever.html?pagewanted=all.

34. All quotes from author's interview with Lucinda Bateman.

35. Thomas L. English, "Skeptical of Skeptics," *JAMA* 265, no. 8 (February 1991), doi:10.1001/jama.1991.03460080032011.

36. Johnson, *Osler's Web*, 264.

37. Johnson, *Osler's Web*, 154.

38. David Tuller, "Chronic Fatigue Syndrome and the CDC: A Long, Tangled Tale," *Virology Blog*, November 23, 2011, www.virology.ws/2011/11/23/chronic-fatigue-syndrome-and-the-cdc-a-long-tangled-tale/.

39. June Gibbs Brown, "Audit of Costs Charged to the Chronic Fatigue Syndrome Program at the Centers for Disease Control and Prevention," Department of Health and Human Services, May 10, 1999, https://oig.hhs.gov/oas/reports/region4/49804226.pdf.

40. U.S. General Accounting Office, "Chronic Fatigue Syndrome: CDC and NIH Research Activities Are Diverse, but Agency Coordination Is Limited," GAO/HEHS-00-98, June 2000, www.gao.gov/new.items/he00098.pdf.

41. Cort Johnson, "Former NIH Official Says Chronic Fatigue Syndrome Program Must Move in Order to Succeed," Health Rising, March 11, 2015, www.healthrising.org/blog/2015/03/11/former-nih-official-says-chronic-fatigue-program-must-move/.

42. Johnson, *Osler's Web*, 260.

43. Johnson, *Osler's Web*, 287.

44. Susan E. Abbey and Paul E. Garfinkel, "Neurasthenia and Chronic Fatigue Syndrome: The Role of Culture in the Making of a Diagnosis," *American Journal of Psychiatry* 148, no. 12 (December 1991), doi:10.1176/ajp.148.12.1638.

45. Wessely, "Old Wine in New Bottles."

46. Wolfe and Walitt, "Culture, Science and the Changing Nature of Fibromyalgia."

47. Dorothy Wall, *Encounters with the Invisible: Unseen Illness, Controversy, and Chronic Fatigue Syndrome* (Dallas: Southern Methodist Univ. Press, 2005), 95.

48. Jennie Spotila, "2015 NIH Spending on ME/CFS Studies," *Occupy M.E.*, February 17, 2016, www.occupycfs.com/2016/02/17/2015-nih-spending-on-mecfs-studies/.

49. Olga Khazan, "A Boost for Chronic Fatigue Syndrome Research," *The Atlantic*, October 29, 2015, www.theatlantic.com/health/archive/2015/10/a-boost-for-chronic-fatigue-syndrome-research/413008/.

50. Mary Burgess and Trudie Chalder, *PACE Manual for Therapists: Cognitive Behaviour Therapy for CFS/ME* (PACE Trial Management Group, MREC version 2.1, December 8, 2004), www.wolfson.qmul.ac.uk/images/pdfs/3.cbt-therapist-manual.pdf.

51. P. D. White et al., "Comparison of Adaptive Pacing Therapy, Cognitive Behaviour Therapy, Graded Exercise Therapy, and Specialist Medical Care for Chronic Fatigue Syndrome (PACE): A Randomised Trial," *The Lancet* 377, no. 9768 (March 2011), doi:10.1016/S0140-6736(11)60096-2.

52. Jeremy Laurance, "Got ME? Just Get Out and Exercise, Say Scientists," *The Independent*, February 18, 2011, www.independent.co.uk/life-style/health-and-families/health-news/got-me-just-get-out-and-exercise-say-scientists-2218377.html.

53. David Tuller, "Trial by Error: The Troubling Case of the PACE Chronic Fatigue Syndrome Study," *Virology Blog*, October 21, 2015, www.virology.ws/2015/10/21/trial-by-error-i/.

54. Ronald W. Davis et al., "An Open Letter to Dr. Richard Horton and The Lancet," *Virology Blog*, November 13, 2015, www.virology.ws/2015/11/13/an-open-letter-to-dr-richard-horton-and-the-lancet/.

55. Julie Rehmeyer and David Tuller, "Getting It Wrong on Chronic Fatigue Syndrome," *The New York Times*, March 18, 2017, www.nytimes.com/2017/03/18/opinion/sunday/getting-it-wrong-on-chronic-fatiguesyndrome.html.

56. Julie Rehmeyer, *Through the Shadowlands: A Science Writer's Odyssey into*

an Illness Science Doesn't Understand (New York: Rodale Books, 2017), 95.

57. Dharam V. Ablashi et al., "An Open Letter to Psychological Medicine About 'Recovery' and the PACE Trial," *Virology Blog*, March 13, 2007, www. virology.ws/2017/03/13/an-open-letter-to-psychological-medicine-about-recovery-and-the-pace-trial/.

58. Satish R. Raj, "The Postural Tachycardia Syndrome (POTS): Pathophysiology, Diagnosis & Management," *Indian Pacing and Electrophysiology Journal* 6, no. 2 (April–une 2006), www.ncbi.nlm.nih.gov/pmc/articles/PMC1501099/.

59. Peter C. Rowe, "General Information Brochure on Orthostatic Intolerance and Its Treatment," Dysautonomia International, March 2014, www. dysautonomiainternational.org/pdf/RoweOIsummary.pdf.

60. Lisa M. Benrud-Larson et al., "Quality of Life in Patients with Postural Tachycardia Syndrome," *Mayo Clinic Proceedings* 77, no. 6 (June 2002), doi:10.4065/77.6.531.

61. D. S. Goldstein et al., "Dysautonomias: Clinical Disorders of the Autonomic Nervous System," *Annals of Internal Medicine* 137, no. 9 (November 2002), doi:10.7326/0003-4819-137-9-200211050-00011.

62. All quotes from author's interview with Lauren Stiles (cofounder of Dysautonomia International).

63. R. Bhatia et al., "Outcomes of Adolescent-Onset Postural Orthostatic Tachycardia Syndrome," *The Journal of Pediatrics* 173 (June 2016), doi:10.1016/j.jpeds.2016.02.035.

64. Oglesby Paul, "Da Costa's Syndrome or Neurocirculatory Asthenia," *British Heart Journal* 58, no. 4 (October 1987), www.ncbi.nlm.nih.gov/pmc/articles/PMC1277260/pdf/brheartj00094-0008.pdf.

65. Paul Wood, "Da Costa's Syndrome: Aetiology. Lecture III," *British Medical Journal* 1, no. 4196 (June 1941), www.ncbi.nlm.nih.gov/pmc/articles/PMC2162062/.

66. Mandel E. Cohen and Paul D. White, "Life Situations, Emotions, and Neurocirculatory Asthenia (Anxiety Neurosis, Neuroasthenia, Effort Syndrome)," *Psychosomatic Medicine* 13, no. 6 (November–ecember 1951), doi:10.1097/

00006842-195111000-00001.

67. Paul Wood, "Da Costa's Syndrome (or Effort Syndrome)," *British Medical Journal* #1, no. 4194 (May 1941), www.ncbi.nlm.nih.gov/pmc/articles/PMC2161922/pdf/brmedj04094-0003.pdf.

68. Paul, "Da Costa's Syndrome."

69. Vidya Raj et al., "Psychiatric Profile and Attention Deficits in Postural Tachycardia Syndrome," *Journal of Neurology, Neurosurgery, and Psychiatry* 80, no. 3 (March 2009), doi:10.1136/jnnp.2008.144360.

70. Attenuated Form of Acute Pandysautonomia?" *Neurology* 43, no. 1 (January 1993), doi:10.1212/WNL.43.1_Part_1.132.

71. David Robertson, "The Epidemic of Orthostatic Tachycardia and Orthostatic Intolerance," *The American Journal of the Medical Sciences* 317, no. 2 (February 1999), doi:10.1016/S0002-9629(15)40480-X.

72. Lauren Stiles, "Quantifying the POTS Patient Experience," presentation, Beth Israel Deaconess Medical Center, 2016, www.dysautonomiainternational.org/pdf/Quantifying_POTS.pdf.

73. Lesley Kavi et al., "Postural Tachycardia Syndrome: Multiple Symptoms, but Easily Missed," *The British Journal of General Practice* 62, no. 599 (June 2012), doi:10.3399/bjgp12X648963.

74. Dysautonomia International, "Postural Orthostatic Tachycardia Syndrome," www.dysautonomiainternational.org/page.php?ID=30.

75. Hongliang Li et al., "Autoimmune Basis for Postural Tachycardia Syndrome," *Journal of the American Heart Association* 3, no. 1 (January 2014), doi:10.1161/JAHA.113.000755; Divyanshu Dubey, Steve Hopkins, and Steven Vernino, "M1 and M2 Muscarinic Receptor Antibodies Among Patients with Postural Orthostatic Tachycardia Syndrome," Dysautonomia International, www.dysautonomiainternational.org/pdf/Vernino_Muscarinic_Abstract.pdf.

76. All quotes are from author's interview with Sherrill.

77. Centers for Disease Control and Prevention, "CDC Provides Estimate of Americans Diagnosed with Lyme Disease Each Year," 2013, www.cdc.gov/media/releases/2013/p0819-lyme-disease.html.

78. Pamela Weintraub, *Cure Unknown: Inside the Lyme Epidemic* (New York: St. Martin's Griffin, 2009), 44.

79. Centers for Disease Control and Prevention, "CDC Provides Estimate."

80. John Aucott et al., "Diagnostic Challenges of Early Lyme Disease: Lessons from a Community Case Series," *BMC Infectious Diseases* 9 (June 2009), doi:10.1186/1471-2334-9-79.

81. Allison Rebman et al., "Characteristics of Seroconversion and Implications for Diagnosis of Post-Treatment Lyme Disease Syndrome: Acute and Convalescent Serology Among a Prospective Cohort of Early Lyme Disease Patients," *Clinical Rheumatology* 34, no. 3 (March 2015), doi:10.1007/s10067-014-2706-z.

82. Alan G. Barbour and Durland Fish, "The Biological and Social Phenomenon of Lyme Disease," *Science* 260, no. 5114 (June 1993), www.wc4eb.org/wp-content/documents/BarbourFish.pdf

83. Sanford P. Solomon et al., "Psychological Factors in the Prediction of Lyme Disease Course," *Arthritis and Rheumatism* 11, no. 5 (October 1998), doi:10.1002/art.1790110514.

84. Leonard H. Sigal, "Summary of the First 100 Patients Seen at a Lyme Disease Referral Center," *American Journal of Medicine* 88, no. 6 (June 1990), doi:10.1016/0002-9343(90)90520-N.

85. Weintraub, *Cure Unknown*, 131.

86. George E. Ehrlich, quoted in Weintraub, *Cure Unknown*, 12.

87. Leonard H. Sigal and Afton L. Hassett, "Contributions of Societal and Geographical Environments to 'Chronic Lyme Disease': The Psychopathogenesis and Aporology of a New 'Medically Unexplained Symptoms' Syndrome," *Environmental Health Perspectives* 110, no. 4 (August 2002), www.ncbi.nlm.nih.gov/pmc/articles/PMC1241213/pdf/ehp110s-000607.pdf.

88. Gary P. Wormser et al., "The Clinical Assessment, Treatment, and Prevention of Lyme Disease, Human Granulocytic Anaplasmosis, and Babesiosis: Clinical Practice Guidelines by the Infectious Diseases Society of America,"

주

Clinical Infectious Diseases 43, no. 9 (November 2006), doi:10.1086/508667.

89. Robert A. Aronowitz, *Making Sense of Illness: Science, Society, and Disease* (Cambridge: Cambridge Univ. Press, 1998), 73.

90. John N. Aucott, Ari Seifter, and Alison W. Rebman, "Probable Late Lyme Disease: A Variant Manifestation of Untreated Borrelia Burgdorferi Infection," *BMC Infectious Diseases* 12 (August 2012), doi:10.1186/1471-2334-12-173.

91. Sigal and Hassett, "Contributions of Societal and Geographical Environments to 'Chronic Lyme Disease.'"

92. Leonard H. Sigal and Afton L. Hassett, "Commentary: 'What's in a Name? That Which We Call a Rose by Any Other Name Would Smell as Sweet.' Shakespeare W. Romeo and Juliet, II, ii(47-8)," *International Journal of Epidemiology* 34, no. 6 (December 2005), doi:10.1093/ije/dyi180.

93. Sigal and Hasset, "Contributions of Societal and Geographical Environments to 'Chronic Lyme Disease.'"

94. Ludwig A. Lettau, quoted in Weintraub, *Cure Unknown*, 132.

95. Gary P. Wormser and Eugene D. Shapiro, "Implications of Gender in Chronic Lyme Disease," *Journal of Women's Health* 18, no. 6 (June 2009), doi:10.1089/jwh.2008.1193.

96. Maryalice Yakutchik, "Science of the Sexes," Johns Hopkins Bloomberg School of Public Health (Spring 2011), http://magazine.jhsph.edu/2011/spring/features/science_of_the_sexes/.

97. Alison W. Rebman, Mark J. Soloski, John N. Aucott, "Sex and Gender Impact Lyme Disease Immunopathology, Diagnosis, and Treatment," in *Sex and Gender Difference in Infection and Treatments for Infectious Diseases*, eds. Sabra L. Klein and Craig W. Roberts (New York: Springer International Publishing, 2015), 337-0.

98. All quotes from author's interview with Alison Rebman (research program coordinator for the Johns Hopkins Lyme Disease Research Center).

99. John N. Aucott et al., "Post-Treatment Lyme Disease Syndrome Symptomatology and the Impact on Life Functioning: Is There Something

Here?" *Quality of Life Research* 22, no. 1 (February 2013), www. hopkinsrheumatology.org/wp-content/uploads/2015/06/aucott_et_al_qol_ research.pdf.

100. Alison Schwarzwalder et al., "Sex Differences in the Clinical and Serologic Presentation of Early Lyme Disease: Results from a Retrospective Review," *Gender Medicine* 7, no. 4 (August 2010), www.lymemd.org/pdf/Sex_ differences.pdf.

101. Alison W. Rebman, "Characteristics of Seroconversion and Implications for Diagnosis of Post-Treatment Lyme Disease Syndrome: Acute and Convalescent Serology Among a Prospective Cohort of Early Lyme Disease Patients," *Clinical Rheumatology* 34, no. 3 (March 2015), doi:10.1007/s10067-014-2706-z.

102. Weintraub, *Cure Unknown*, 372.

103. Weintraub, *Cure Unknown*, 20.

104. Weintraub, *Cure Unknown*, 345.

105. S. M. Caress and A. C. Steinemann, "Prevalence of Multiple Chemical Sensitivities: A Population-Based Study in the Southeastern United States," *American Journal of Public Health* 94, no. 5 (May 2004), www.ncbi.nlm.nih. gov/pubmed/15117694?dopt=Abstract.

106. Pamela Reed Gibson, "An Introduction to Multiple Chemical Sensitivity and Electrical Sensitivity," The Environmental Illness Resource, November 9, 2015, www.ei-resource.org/articles/multiple-chemical-sensitivity-articles/ an-introduction-to-multiple-chemical-sensitivity-and-electrical-sensitivity/.

107. Stanley M. Caress and Anne C. Steinemann, "A Review of a Two-Phase Population Study of Multiple Chemical Sensitivities," *Environmental Health Perspectives* 111, no. 12 (September 2003), www.ncbi.nlm.nih.gov/pmc/ articles/PMC1241652/.

108. Pamela Reed Gibson and Amanda Lindberg, "Physicians' Perceptions and Practices Regarding Patient Reports of Multiple Chemical Sensitivity," portions of paper presented at the International Association for Chronic

Fatigue Syndrome (IACFS) 8th International Conference on Chronic Fatigue Syndrome, Fibromyalgia and Other Related Illnesses, Fort Lauderdale, Florida, January 12–4, 2007, www.mcsresearch.net/journalpapers/Physiciansperceptions.pdf.

109. Jill Neimark, "Is the World Making You Sick?" *Nautilus*, July 24, 2014, http://nautil.us/issue/15/turbulence/is-the-world-making-you-sick.

110. Claudia S. Miller, "White Paper: Chemical Sensitivity: History and Phenomenology," *Toxicology and Industrial Health* 10, nos. 4– (July–ctober 1994), www.ncbi.nlm.nih.gov/pubmed/7778099.

111. Pamela Reed Gibson, "Multiple Chemical Sensitivity, Culture and Delegitimization: A Feminist Analysis," *Feminism and Psychology* 7, no. 4 (November 1997), doi: 10.1177/0959353597074003.

112. L. Soine, "Sick Building Syndrome and Gender Bias: Imperiling Women's Health," *Social Work in Health Care* 20, no. 3 (1995), doi:10.1300/J010v20n03_04.

113. Michelle Murphy, *Sick Building Syndrome and the Problem of Uncertainty* (Durham, NC: Duke Univ. Press, 2006), 5–6.

114. Richard Kreutzer, Raymond R. Neutra, and Nan Lashuay, "Prevalence of People Reporting Sensitivities to Chemicals in a Population Based Survey," *American Journal of Epidemiology* 150, no. 1 (July 1999), doi:10.1093/oxfordjournals.aje.a009908.

115. Duff Wilson, "Crippling Illness or Just 'Hysteria'— It 'Ruined My Life,' Says One Sufferer, a Doctor," *The Seattle Times*, January 5, 1994, http://community.seattletimes.nwsource.com/archive/?date=19940105&slug=1888139.

116. Michelle Murphy, "The 'Elsewhere Within Here' and Environmental Illness; or, How to Build Yourself a Body in a Safe Space," *Configurations* 8, no. 1 (Winter 2000), doi:10.1353/con.2000.0006.

117. National Research Council Steering Committee on Identification of Toxic and Potentially Toxic Chemicals for Consideration by the National Toxicology Program, *Toxicity Testing: Strategies to Determine Needs and*

Priorities (Washington, DC: The National Academies Press, 1984).

118. U.S. Environmental Protection Agency, "The Inside Story: A Guide to Indoor Air Quality," last modified May 31, 2016, www.epa.gov/indoor-air-quality-iaq/inside-story-guide-indoor-air-quality.

119. Claudia S. Miller, "Toxicant-Induced Loss of Tolerance—n Emerging Theory of Disease?" *Environmental Health Perspectives* 105, no. 2 (March 1997), www.ncbi.nlm.nih.gov/pmc/articles/PMC1469811/pdf/envhper00327-0048.pdf.

120. Tarryn Philips, "Debating the Legitimacy of a Contested Environmental Illness. A Case Study of Multiple Chemical Sensitivities," *Sociology of Health and Illness* 32, no. 7 (November 2010), doi:10.1111/j.1467-9566.2010.01255.x.

121. Jill Neimark, "Extreme Chemical Sensitivity Makes Sufferers Allergic to Life," Discover, December 11, 2013, http://discovermagazine.com/2013/nov/13-allergic-life.

122. Dominique Belpomme, Christine Campagnac, and Philippe Irigaray, "Reliable Disease Biomarkers Characterizing and Identifying Electrohypersensitivity and Multiple Chemical Sensitivity as Two Etiopathogenic Aspects of a Unique Pathological Disorder," *Reviews on Environmental Health* 30, no. 4 (2015), doi:10.1515/reveh-2015-0027.

123. David A. Katerndahl et al., "Chemical Intolerance in Primary Care Settings: Prevalence, Comorbidity, and Outcomes," *Annals of Family Medicine* 10, no. 4 (July – ugust 2012), doi:10.1370/afm.1346.

124. Pamela Reed Gibson, Amy Nicole-Marie Elms, and Lisa Ann Ruding, "Perceived Treatment Efficacy for Conventional and Alternative Therapies Reported by Persons with Multiple Chemical Sensitivity," *Environmental Health Perspectives* 111, no. 12 (September 2003), www.ncbi.nlm.nih.gov/pmc/articles/PMC1241653/.

125. Miller, "Toxicant-Induced Loss of Tolerance."

글을 마치며

1. Editorial Board, "Ovarian, Fallopian Tube, and Peritoneal Cancer: Statistics," Cancer.net, August 2016, www.cancer.net/cancer-types/ovarian-fallopian-tube-and-peritoneal-cancer/statistics.

2. H. S. Crossen, "The Menace of 'Silent' Ovarian Carcinoma," *JAMA* 119, no. 18 (August 1942), doi:10.1001/jama.1942.02830350017004.

3. Patricia Jasen, "From the 'Silent Killer' to the 'Whispering Disease': Ovarian Cancer and the Uses of Metaphor," *Medical History* 53, no. 4 (October 2009), www.ncbi.nlm.nih.gov/pmc/articles/PMC2766137/.

4. Archibald Donald Campbell and Mabel A. Shannon, *Gynecology for Nurses*, (Philadelphia, PA: F. A. Davis, 1946), 144; Stanley Way, *Malignant Disease of the Female Genital Tract* (London: J. and A. Churchill, 1951), 182.

5. Hugh R. K. Barber, *Ovarian Carcinoma: Etiology, Diagnosis, and Treatment* (New York: Masson, 1978), 97.

6. Howard C. Jones III, Anne Colston Wentz, and Lonnie S. Burnett, *Novak's Textbook of Gynecology*, 11th ed. (Baltimore: Williams and Wilkins, 1988), 793.

7. C. Wikborn, F. Pettersson, and P. J. Moberg, "Delay in Diagnosis of Epithelial Ovarian Cancer," *International Journal of Gynecology and Obstetrics* 52, no. 3 (March 1996), 266.

8. All quotes from author's interview with Beth.

9. All quotes from author's interview with Dr. Barbara Goff.

10. B. A. Goff et al., "Ovarian Carcinoma Diagnosis," *Cancer* 89, no. 10 (November 2000), doi:10.1002/1097-0142(20001115)89:10⟨2068::AID-CNCR6⟩3.0.CO;2-Z.

11. Foundation for Women's Cancer, "Ovarian Cancer Symptoms Consensus Statement," www.foundationforwomenscancer.org/about-the-foundation/allied-support-group/ovarian-cancer-symptoms-consensus-statement/.

12. Ovarian Cancer Research Fund Alliance, "Symptoms and Detection," 2016, https://ocrfa.org/patients/about-ovarian-cancer/symptoms-and-detection/.

13. M. Robyn Anderson, Kimberly A. Lowe, and Barbara A. Goff, "Value of Symptom-Triggered Diagnostic Evaluation for Ovarian Cancer," *Obstetrics and Gynecology* 123, no. 1 (January 2014), doi:10.1097/AOG.000000000 0000051.

14. Matthew J. Sobnosky, "Experience, Testimony, and the Women's Health Movement," *Women's Studies in Communication* 36, no. 3 (2013), doi:10.1080 /07491409.2013.835667.

15. Ilana Cass and Beth Y. Karlan, "Ovarian Cancer Symptoms Speak Out—ut What Are They Really Saying?" *Journal of the National Cancer Institute* 102, no. 4 (February 2010), doi:10.1093/jnci/djp525

16. All quotes from author's interview with Paula Kamen.

17. Susan Wendell, *The Rejected Body: Feminist Philosophical Reflections on Disability* (New York: Routledge, 1996), 122.

18. All quotes from author's interview with Amy Berkowitz.

19. Wendell, *The Rejected Body*, 125.

20. I. Hickie et al., "Post-Infective and Chronic Fatigue Syndromes Precipitated by Viral and Non-Viral Pathogens: Prospective Cohort Study," *BMJ* 333, no. 7568 (September 2006), doi:10.1136/bmj.38933.585764.AE.

21. Jose Montoya, "Stanford's Dr. Jose Montoya on Chronic Fatigue Syndrome," Mar 11, 2011, www.youtube.com/watch

22. Rehmeyer, *Through the Shadowlands*, 99.

23. Rehmeyer, *Through the Shadowlands*, 246.

찾아보기

DOING HARM

의사는 왜 여자의 말을 믿지 않는가

초판 1쇄 발행 2019년(단기 4352년) 10월 28일
초판 2쇄 발행 2022년(단기 4355년) 8월 12일

지은이 | 마야 뒤센베리
옮긴이 | 김보은, 이유림
감수 | 윤정원
펴낸이 | 심정숙
펴낸곳 | ㈜ 한문화멀티미디어
등록 | 1990. 11. 28. 제21-209호
주소 | 서울시 광진구 능동로43길 3-5 동인빌딩 3층 (04915)
전화 | 영업부 2016-3500 편집부 2016-3507
홈페이지 | http://www.hanmunhwa.com

운영이사 | 이미향
편집 | 강정화 최연실
기획 · 홍보 | 진정근
디자인 제작 | 이정희
경영 | 강윤정 조동희
회계 | 김옥희
영업 | 이광우

만든 사람들
책임 편집 | 최연실 디자인 | 풀밭의 여치srladu.blog.me
인쇄 | 천일문화사

ISBN 978-89-5699-375-1 03330